E. Claus

29. 1. 1979

ROBERT ULSHÖFER

METHODIK DES DEUTSCHUNTERRICHTS

2

MITTELSTUFE I

ERNST KLETT VERLAG STUTTGART

10. Auflage
34.—37. Tausend 1976

Druck: Ernst Klett, 7 Stuttgart, Rotebühlstraße 77
ISBN 3-12-928220-3

INHALTSVERZEICHNIS

VORWORT ZUR 10. AUFLAGE

Diese Methodik wurde in den Jahren 1970—1974 von Vertretern einer marxistisch-neomarxistischen Literatur- und einer behavioristisch-neopositivistischen Sprachdidaktik als bürgerlich-konservativ oder kapitalistisch, die Neufassung des zweiten Mittelstufenbandes 1974 von Vertretern eines traditionalistischen Deutschunterrichts als modernistisch etikettiert. Beides in polemischer Absicht, ohne sachliche Argumente und entgegen ihrer von Anfang an ausgesprochenen Zielsetzung: Sie geht ihren Weg zwischen den Fronten, richtet sich gegen jede Verengung, gegen Radikalismus und Doktrinarismus, gegen didaktischen Formalismus und dialektischen Materialismus; sie sucht gegensätzliche Positionen innerhalb der Didaktik wie der politischen Gruppen auszugleichen und entwickelt von Anfang an schrittweise eine *praxiserprobte kooperative Didaktik.* Die Anleitung zum Verstehen und Hervorbringen (Gestalten) steht im Dienst einer Anleitung zum Handeln. Dabei hat sich uns im Laufe der letzten 10 Jahre immer stärker die Erkenntnis aufgedrängt, daß das Handeln sich nicht auf den beruflichen und sozialhumanitären Bereich beschränken darf, sondern auch den soziopolitischen mitumfassen muß. Dies in dem Bewußtsein, daß der Deutschunterricht in der freiheitlich-sozialen Demokratie die vierfache Aufgabe der wissenschaftspropädeutisch-künstlerischen, der pragmatisch-kreativen, der sozialhumanitären und der soziopolitischen Bildung der Jugend hat.

Die Erklärung der Kultusministerkonferenz vom Mai 1973 ‚Zur Stellung des Schülers in der Schule‘ übernimmt in Kapitel IV ‚Rechte des einzelnen Schülers‘ unter dem Stichwort „Beteiligungsrechte“ *das Prinzip des kooperativen Unterrichts.* Dieses Prinzip läßt sich nur in Verbindung mit einem *mehrdimensionalen Kommunikationsmodell* und einem *mehrdimensionalen Lernzielkatalog* verwirklichen. Deshalb wendet sich diese Methodik gegen ein lineares Kommunikationsmodell und gegen eine formalistische Lernzieltaxonomie und betont sie die Dringlichkeit der Schaffung von Curricula auf der Grundlage einer mehrdimensionalen Lernzieltheorie. In den beiden Bänden der Herderbücherei ‚Politische Bildung im Deutschunterricht jenseits von Restauration und Revolution‘ und ‚Praxis des offenen Unterrichts. Das Konzept einer neuen kooperativen Didaktik‘ wie in Band II dieser Mittelstufenmethodik (Neufassung 1974) wird der Zusammenhang zwischen dem Prinzip des kooperativen Unterrichts, der mehrdimensionalen Sprach- und Literaturtheorie, dem mehrdimensionalen Lernzielkatalog und dem mehrdimensionalen Unterrichtsgeschehen ausführlich dargestellt.

Die beiden Bände der Mittelstufenmethodik bilden eine Einheit und sollten auch nur gemeinsam rezensiert werden.

In dieser Auflage wurden gegenüber der 9. Auflage Korrekturen vorgenommen, Widersprüche zwischen Band I und II ausgeglichen. Das Literaturverzeichnis wurde wie immer von Frau Professorin Dr. Annemarie Kleiner auf den neuesten Stand gebracht. Dafür sei ihr aufrichtig gedankt.

Tübingen, Juni 1976

Robert Ulshöfer

AUS DEM VORWORT ZUR 8. AUFLAGE

Mit der Neubearbeitung dieses Bandes verfolgen wir eine doppelte Absicht: In didaktisch-methodischer Hinsicht meinen wir einen gangbaren Weg aufzuzeigen, wie man einen demokratisch-kooperativen Unterrichtsstil begründen kann; in didaktisch-inhaltlicher Hinsicht möchten wir mit der systematischen Einbeziehung der Massenkommunikationsmittel einen besseren Ausgleich zwischen Tradition und Fortschritt und eine weitere Aktualisierung des Faches erreichen. Es ist anzunehmen, daß sich der Deutschunterricht der 70er Jahre in Richtung auf dieses zweifache Ziel bewegen wird. In folgenden Punkten unterscheidet sich diese Auflage von den früheren:

1. Das 1. Kapitel wurde aufgrund eigener Untersuchungen und statistischer Erhebungen unter Einbeziehung jüngster psychologischer Literatur versachlicht und konkretisiert.
2. Das 2. Kapitel ist, wie im Vorwort der 7. Auflage angekündigt, neu eingefügt. Aus der Theorie des thematisch-verbundenen Deutschunterrichts, die sich allgemein durchgesetzt hat, und dem Prinzip „Unterricht als Regieführung" ergibt sich folgerichtig das Prinzip der „Schaffung eines demokratischen Unterrichtsstils durch kooperative Planung". Ein Mitspracherecht der Schüler am Unterrichtsgeschehen empfiehlt sich vom 5., eine konstruktive Mitbestimmung vom 7., verstärkt vom 9. und vom 11. Schuljahr an. Von dem Gedanken der Unterrichtsplanung aus versuchen wir die Fachdidaktik und die allgemeine Sekundarschuldidaktik neu aufzubauen. — Das Kapitel zeigt u. a die Vielzahl der mit dem Prinzip der Kooperation verbundenen organisatorischen, didaktischen und inhaltlichen Folgerungen. Sollte das Kapitel zu knapp formuliert sein, so bitten wir um Hinweise.
3. Das 3. (bislang 2.) Kapitel ist neu konzipiert. Mit der Einbeziehung des Themas Arbeitstechniken, Grundfertigkeiten, Arbeitsformen und Unterrichtsformen glauben wir eine neue Stufe didaktischer Reflexion zu gewinnen und an praktischen Beispielen zu illustrieren. Daß auf diesem Gebiet in den nächsten Jahren noch viele Erfahrungen gesammelt und Erkenntnisse, die die Effektivität des Unterrichts erhöhen, gewonnen werden, ist vorauszusehen.
4. Das 4. Kapitel ‚Die Massenkommunikationsmittel auf der Mittelstufe: Hörfunk, Film, Fernsehen, Presse' ist neu eingefügt. Zwar bringen schon die früheren Auflagen Beispiele zur Hörspiel- und Filmarbeit sowie zur Werberede. Nunmehr aber widmen wir nach vielen Voruntersuchungen und praktischen Versuchen, an denen sich auch Referendare des Tübinger Seminars beteiligt haben, der systematischen Eingliederung der Massenmedien in den Unterricht ein umfangreiches Kapitel, das vermutlich noch nicht ausführlich genug ist. Weitere praktische Beispiele und Erfahrungen können in der nächsten Auflage eingefügt werden; jedoch dürften sich Zielsetzung und methodischer Weg wenig ändern.
5. Das Kapitel ‚Die Prosaganzschrift' ist erheblich verändert. Nicht mehr zeitgemäße Beispiele sind durch aktuelle ersetzt worden. Neue sprachpsychologische und literatursoziologische Themen werden für die Mittelstufe erschlossen.

6. Das Lyrikkapitel ist völlig umgeformt, inhaltlich durch das politische Gedicht und das Scherzgedicht erweitert, methodisch mannigfaltiger geworden.
7. Das 8. Kapitel ‚Ballade' wurde zu dem Kapitel ‚Klassische Ballade und modernes Erzählgedicht, Song und Moritat' erweitert. Damit ist zugleich eine Modernisierung sowie eine ästhetische und methodische Bereicherung des Faches verbunden.
8. Die übrigen Kapitel sind erheblich verändert bzw. überarbeitet.

Die Schule muß sich heute gegen reaktionär-konservative wie gegen radikal-revolutionäre Bestrebungen gleicherweise zur Wehr setzen, und sie darf sich in ihrem Bemühen um eine entschiedene Modernisierung des Unterrichts nicht — auch nicht durch Polemik — beirren lassen.

Tübingen, Januar 1970

AUS DEM VORWORT ZUR 6. AUFLAGE

Eine Methodenlehre des Deutschunterrichts ist niemals abgeschlossen, sondern in ständiger Bewegung wie der Unterricht selbst. Sie entwickelt sich im Gespräch mit den Fachleuten der Schule und der germanistischen Wissenschaft, in Auseinandersetzung mit der theoretischen Pädagogik sowie der Lern- und Entwicklungspsychologie ununterbrochen weiter. Die Wandlungen in der geistigen Verfassung der Jugend, der Gesellschaft und der Schule machen eine ständige Sichtung des Lektürekanons, der Aufgabenstellung, der Unterrichtsformen und eine Erprobung neuer Wege im Umgang mit Sprache und Dichtung erforderlich. Bereits die 4. und die 5. Auflage dieses Buches haben erhebliche Veränderungen gebracht. Die vorliegende 6. Auflage ist neu bearbeitet und erweitert worden. Die Grundlagen des Werkes, von Anfang an aus dem Grundsatz der muttersprachlichen Bildung und Erziehung abgeleitet, wurden nicht angetastet, sondern lediglich gegen Mißverständnisse besser abgeschirmt.

Tübingen, Herbst 1965

AUS DEM VORWORT ZUR 1. AUFLAGE

Eine Methodik des Deutschunterrichts ist nicht, wie man vielleicht meint, eine Sammlung von technischen Ratschlägen, mit deren Hilfe man ein feststehendes und klar erkennbares Unterrichtsziel rasch und sicher erreiche. Nur wer Bildungsvorgang und Bildungsziel meint rational vollständig fassen zu können, kann zu einer solchen oberflächlich-irrigen Auffassung gelangen. Wo immer Methodentechniker sich breit machen, welche die Schule in eine Einöde verwandeln, und wo immer Methodengegner jedes planvolle Bemühen um ein zielgerichtetes Unterrichtsverfahren mit Geringschätzung abtun, dort fehlt die Einsicht nicht nur in das, was Methodenlehre ist und zu leisten vermag, sondern in das Wesen der Bildung und Erziehung überhaupt.

Zwar bedeutet methodos Hinweg (zu einem Ziel) oder Weg um (ein Ziel) herum. Aber dieses Ziel ist im Bereich des Deutschunterrichts wie im ganzen Bereich der Schule nicht für jeden und nicht jederzeit sichtbar oder gar unverrückbar aufgestellt. Erst im Bemühen um den Weg nimmt das Ziel greifbare Gestalt an, und nur aus dem Wissen um ein bestimmtes Bildungsziel findet man den richtigen Weg. Bildungsaufgabe, Bildungsvorgang und Lehrverfahren bilden in jeder Stunde eine unteilbare Einheit für jeden, dem es darum zu tun ist, in der Schule seine Lebensaufgabe zu erfüllen.

Tübingen, den 1. August 1952

ERSTES KAPITEL

DIE GRUNDLAGEN

Die Pubertät setzt bei den Mädchen in der Regel zwischen dem 11. und 12., bei den Jungen zwischen dem 12. und 13. Lebensjahr ein. Über ihren Verlauf lassen sich keine allgemeingültigen Regeln aufstellen; denn zu viele Determinanten bewirken den komplexen Entwicklungsprozeß. Die Einteilung in Vorpubertät, Pubertät, Jugendkrise, Adoleszenz wird heute als zu starr preisgegeben. Der Terminus Pubertät wird dem der Reifezeit gleichgesetzt und für die gesamte Zeitdauer vom Eintritt der Pubertät bis zum Erwachsensein verwendet. Durch den Verzicht auf eine Phaseneinteilung schützen wir uns vor voreiligen Urteilen. Die ständige Beobachtung des Verhaltens der Jugendlichen wird um so vordringlicher. Die Charakterisierung einzelner Entwicklungsabschnitte innerhalb der Pubertät gibt lediglich eine allgemeine Orientierung, wobei zu bedenken ist, daß körperliche, intellektuelle und soziale Entwicklungsprozesse nicht gleich verlaufen und die letzten durch ganz verschiedene Umwelteinflüsse gehemmt, beschleunigt oder überlagert werden können.

Merkmale eines ersten Abschnitts: Längenwachstum, zweiter Gestaltwandel, Disharmonisierung der Körperformen und des sprachlichen Ausdrucks, starke Ermüdbarkeit, Leistungsrückgang, Trotz und Flegeleien, Erregungszustände, Kritiksucht, Hordenbildung, Geltungsstreben, Freiheitsbedürfnis, Auflehnung gegen die Formen der Autorität, Erlebnishunger, Erwachen des Geschlechtstriebs, Abbau der kindlichen Wertvorstellungen, Übergang vom anschaulichen zum unanschaulichen Denken, vom mechanischen zum sinn-erfassenden Gedächtnis.

Merkmale eines zweiten Abschnitts: Allmähliche Harmonisierung der Gestalt unter Ausprägung der männlichen und weiblichen Körperformen und Verhaltensweisen, Entdeckung des Selbst, verbunden mit Selbstkritik und Selbstkontrolle, Bereitschaft und Fähigkeit zur reflektierten Sachlichkeit, Aufbau von Überzeugungen und geistigen Werthaltungen, Bereitschaft zur Übernahme von Verantwortung.

Merkmale einer Pubertätskrise: Unlust zu jeder Tätigkeit, Nachlassen der Konzentrationsfähigkeit, Flucht- und sogar Selbstmordgedanken. In dieser Phase empfinden die Jugendlichen die Schule als veraltet, überholt, die Gesellschaft als morsch, und manche streben trotz vorhandener theoretischer Begabung einem praktischen Beruf zu oder betätigen sich in politischen oder privaten Zirkeln gegen Schule, Elternhaus und Gesellschaft.

Merkmale einer Umschichtung im Bewußtseinsgefüge des Pubeszenten, ausgelöst durch gesellschaftliche Veränderungen, Massenmedien und Jugendrevolten: frühe Emanzipation des Sexus, harte Kritik an der Schule, am Elternhaus, an den autoritären

Formen der Gesellschaft, Drang nach größerer Selbständigkeit, Forderung der Mitbestimmung im Unterricht, Streben nach Versachlichung der Beziehungen zur Umwelt und — im Kontrast dazu — ein unreflektiertes Bekenntnis zur Emotionalität und Irrationalität.

Nach David P. Ausubel werden die folgenden fünf Hauptkategorien von Entwicklungsaufgaben von der Wissenschaft der Psychologie als entscheidend anerkannt: Die Jugendlichen müssen lernen, 1. ihren eigenen Körper zu akzeptieren und mit ihm fertig zu werden, 2. eine angemessene Geschlechtsrolle zu spielen, 3. sich von der Beherrschung durch Erwachsene (besonders durch die Eltern) unabhängig zu machen, 4. den wirtschaftlichen Status Erwachsener zu erreichen und 5. ein Wertsystem zu entwickeln. Ausubel weist darauf hin, daß diese Entwicklungsaufgaben mit Veränderungen in der Persönlichkeitsstruktur der Jugendlichen, z. B. mit dem Bedürfnis nach Unabhängigkeit des Willens, nach eigenem Status und nach gesteigerter Fähigkeit, Fernziele anzustreben, zusammenhängen [1].

In den weiterführenden Schulen sind die Altersunterschiede und Reifungsgrade innerhalb der einzelnen Klassen beträchtlich. Bereits im 6. Schuljahr beobachten wir bei Jungen vereinzelt die Anzeichen der Vorpubertät. Das erschwert dem Deutschlehrer seine Aufgabe, da er Aufgabenstellung, Arbeitsweise und Lektüre auf den Durchschnitt der Klasse abstellt. Er tut gut, vor allem vom 7. bis zum 10. Schuljahr immer wieder unauffällig durch kleine Tests sich über die Entwicklung der seelisch-geistigen Fähigkeiten und Interessen seiner Schüler zu informieren.

Seit Jahren beobachten wir neben der körperlichen auch eine intellektuelle Frühreife. Die Folge ist, daß wir viele Gegenstände der Lektüre im Verlauf des letzten Jahrzehnts etwa um ein Jahr vorverlegt haben. Insofern scheint es gerechtfertigt, das 7. Schuljahr nicht mehr der Unterstufe, sondern bereits der Mittelstufe zuzuzählen, wenn man überhaupt diese Einteilung, die eine organisatorische Berechtigung hat, für den Aufbau einer Methodik beibehalten will. Im folgenden zählen wir die 7. Klasse der Mittelstufe zu, wobei jeweils das 7. und 8., das 9. und 10. Schuljahr in sich eine größere Einheit bilden. Der Unterricht wird leichter, wenn der Lehrer eine Klasse jeweils zwei Jahre hindurch führt. Im 10. Schuljahr drängen die Schüler bereits über die Arbeitsweisen der Mittelstufe hinaus zu denen der Oberstufe. Insofern scheint es geboten, das 11. Schuljahr voll der Oberstufe zuzuzählen und bereits im 10. Schuljahr in größerem Umfang mit der Arbeitsweise der Oberstufe einzusetzen.

I. Schwierigkeiten und Möglichkeiten des Deutschunterrichts auf der Mittelstufe

Der Deutschunterricht der Mittelstufe macht uns viel zu schaffen. Von allen Seiten wird er vernachlässigt, mißachtet und in seiner Bedeutung verkannt. Viele Deutschlehrer streben zur Oberstufe; der Unterricht an der Mittelstufe gilt als zweitrangig. Jede Fachzeitschrift beschäftigt sich mehr mit den wissenschaftlichen Problemen der

[1] Das Jugendalter. Fakten, Probleme, Theorie. München 1968, S. 64.

Oberstufe als mit den pädagogisch-didaktischen der Unter- und Mittelstufe. Wie oft hört man Klagen darüber, daß die Schüler der Oberstufe nicht einmal die Grundregeln der Rechtschreibung, der Zeichensetzung, der Syntax beherrschten, keinen Sinn für Dichtung besäßen, daß sie vorwiegend technisch-naturwissenschaftlich eingestellt und in ihrer inneren Entwicklung weit hinter ihrer körperlichen zurück seien. Die Schuld daran schiebt man gerne dem Unterricht der Mittelstufe zu. Dies nicht ganz mit Unrecht: In der Zeit der Pubertät wird der Mensch reif zu einem Verständnis sprachlicher Erscheinungen und literarischer Formen. Was von der Schule in dieser Zeit vernachlässigt wird, läßt sich schwer nachholen.

Gewiß, mit dem Beginn der Geschlechtsreife erlahmt die sichtbare Beteiligung des Schülers am Deutschunterricht. Der junge Mensch entdeckt sein Interesse für Mathematik, Physik, Erdkunde, Biologie; im Deutschunterricht wird er schweigsam, verschlossen, unaufmerksam. Eine Interessenverlagerung und Verhaltensänderung ist unverkennbar.

Altersstufenspezifische (entwicklungsbedingte) und gegenwartsspezifische (umweltbedingte) Merkmale des Pubeszenten sind gleicherweise zu berücksichtigen. Drei Beispiele: In einer 9. Jungenklasse des Jahres 1950 liest der Lehrer Storms ‚Immensee' vor. Ein Schüler bemerkt: „Das ist doch alles Schwindel". Eine altersspezifische Äußerung: „Schwindel" sagt der Junge, „unwahr" denkt er, „frei erfunden" will er berichtigt werden. Im Grunde hat ihm die Erzählung gefallen. Heute würde er sie ablehnen. In einer 9. Mädchenklasse des Jahres 1960 wird Hesses ‚Lateinschüler' vorgelesen. Die Mädchen erklären das Werk für Kitsch: „Das ist nicht mehr unsere Welt; wir haben andere Probleme; über linkische Schüchternheit, verschwommene Gefühlsseligkeit und breite Stimmungsmalerei können wir nur lächeln". Das ist eine gegenwartsspezifische Stellungnahme gegen jede Art gefühlsbetonter Literatur. Der Wandel des literarischen Geschmacks seit 1950 wird hier sichtbar, darin spiegelt sich der Wandel der Interessen, Denkgewohnheiten, der Einstellung zur Umwelt und des sozialen Verhaltens. In einer 9. Klasse des Jahres 1969/70 untersucht eine Klasse Borcherts ‚Küchenuhr'. Einige Jungen und Mädchen erklären: „Wir wollen uns nicht mit Kurzgeschichten aus dem Weltkrieg, sondern mit der letzten Nummer von ‚Underground' beschäftigen". In dieser Stellungnahme kündigt sich die Abkehr von Dichtung, die Hinwendung zur Gebrauchsliteratur, zur Darstellung aktueller Probleme an.

Drei Folgerungen leiten wir aus diesen Beispielen ab: Wir beziehen Gebrauchssprache, Sachliteratur und Massenkommunikationsmittel in den Unterricht mit ein; wir prüfen jedes Jahr von neuem den Geschmackswandel der Jugendlichen; wir versuchen, von den Tagesinteressen der Jugendlichen her neue Zugänge zur Beschäftigung mit Sprache und Literatur zu schaffen. Neue Fragestellungen, Untersuchungsaufgaben und Unterrichtsmethoden bestimmen unseren Unterricht. Da altersstufenspezifische und gesellschaftliche Faktoren sich wechselweise bedingen, rechnen wir in den kommenden Jahren mit raschen Veränderungen der Interessen und Verhaltensweisen.

Die psychologische Grundverfassung des Jugendlichen der Mittelstufe ist die der Disharmonie, des Zwiespalts, der Unfreiheit. Mit dem Eintritt in die Pubertät beginnt der Mensch zwei Leben zu führen, eines nach außen, ein anderes nach innen, ein öffentliches und ein privates, ein vordergründig-sichtbares und ein hintergründig-verborgenes, ein aktives und ein kontemplatives. Das äußere, öffentliche Leben wird dem soeben erst entdeckten Verstand unterworfen; Sachlichkeit, Nüchternheit, Widerspruchsgeist herrschen vor. Es ist unmännlich, Gefühle zu haben, unmännlicher, sie zu zeigen. Die wirkliche Welt ist die technisch-naturwissenschaftlich ergründbare. Ganz anders ist das innere, private Leben: der junge Mensch ist hilflos, unsicher, verletzlich, empfindlich; Gewissenskonflikte, Ängste, Einsamkeitsgefühle peinigen ihn. Sehnsucht nach einem Freund, nach dem anderen Geschlecht erwacht. Der Mensch der Pubertätszeit versteht sich nicht und weiß sich nicht zu helfen. Er ist führungslos in dem Augenblick, da in ihm das eigenständige Gewissen sich regt; unvernünftig, da er die Verstandeskräfte entdeckt; nach außen gefühllos, da das eigene Gefühl erwacht; den entbundenen Kräften des Sexus ausgeliefert, da sein Willen durch ein neues Wertbewußtsein sich selbst zu bestimmen beginnt. Beide Welten, die innere und die äußere, stehen unvermittelt nebeneinander; sie stoßen einander ab, statt sich gegenseitig zu ergänzen. Gefühlsumschwünge, Launenhaftigkeit, Unbeherrschtheit, ungezügelter Tatendrang stören in jedem Augenblick das innere Gleichgewicht. Wenn man ihm helfen soll, so kann man es nur dadurch, daß man ihn vor Aufgaben stellt, denen er sich gerne unterzieht und die er durch Konzentration aller seiner Kräfte bewältigen kann: Der Mensch bildet sich in dem Maße, wie er etwas bildet. Es fragt sich daher, welcher Art die Aufgaben sein müssen, vor die wir den Menschen zwischen 13 und 16 Jahren im Deutschunterricht zu stellen haben. Seine seelische Grundverfassung macht ihn fähig zu einem auf Erfahrung sich gründenden Sprach- und Kunstverständnis.

Durch die Beschäftigung mit Sprache und Literatur entwickeln oder klären sich im Bewußtsein des Jugendlichen Grundbegriffe als Anschauungs- und Denkformen, die sein Handeln steuern. Welche Begriffe diese Funktion übernehmen, hängt weniger von der Schule als von den Massenkommunikationsmitteln ab, aber der Deutschunterricht bildet durch die Art, wie er Texte auswählt, Sprache analysiert und Begriffe interpretiert, ein Korrektiv in diesem Prozeß der Bewußtwerdung des Selbst. Vergegenwärtigen wir uns die Bedeutung solcher Anschauungs- und Denkformen an einem Beispiel: Originalität, Freundschaft, Natur, Gespräch, Begeisterung waren Leitbegriffe einer früheren Jugendgeneration. Sie steuerten die ästhetischen und sozialen Denkprozesse und Willensakte. Das literarische Interesse wurde dadurch festgelegt. Bestimmen hingegen Begriffe wie Repression, Emanzipation, Selbstbefreiung, Selbstgenuß, Gleichberechtigung die Denkinhalte, so werden dadurch ganz andere Interessen, Verhaltensweisen, Erfahrungen geprägt.

Was dem Menschen zwischen 13 und 16 Jahren abgeht und worum er sich bemüht, ist Freiheit, Selbstsicherheit und ein Bezugssystem, in das er seine Erfahrungen einordnen kann. Dies zeigt sich in der Einstellung zum Buch. Was treibt den jungen Menschen zum Buch? Es sind dies ganz verschiedene Beweggründe:

1. Nicht selten sind es Langeweile, Flucht vor der Wirklichkeit, Erlebnishunger, Bedürfnis nach Unterhaltung: Das Buch als Lebensersatz. Seit einem Jahrzehnt übernehmen Fernsehen, Beatmusik und Jugendmagazine weit wirkungsvoller diese Funktion.

2. In der Regel sind es sachlich-technologische, anthropologisch-soziologische, naturwissenschaftliche Interessen: Das Buch als Informationsquelle und als Mittel zur Problemerhellung. Jedoch auch hierbei übernehmen heute Fernsehen, Fachzeitschriften und Jugendzeitschriften zum Teil wenigstens diese Funktion des Buches.
3. In wenigen Fällen ist es die Freude an der Sprache, an der literarischen Form: Das Buch als ästhetisches Produkt. Die ästhetischen Bedürfnisse des Jugendlichen werden heute wirkungsvoller durch Kino, Fernsehen und Schallplatten als durch schöngeistige Lektüre befriedigt.

Ergebnis: Der Deutschunterricht steht heute vor einer Aufgabe, die schwieriger ist als jemals in der Vergangenheit, denn er ist auf das Buch als Arbeitsmittel angewiesen und kann sich vermutlich in nächster Zukunft nur in begrenztem Umfang der audiovisuellen Mittel der Literaturvermittlung bedienen. Er wird die literarischen Formen der Massenmedien, vor allem des Journalismus, mehr als bisher berücksichtigen und an Stelle der schöngeistigen Lektüre stärker das Sach- und Zweckschreiben pflegen.

Jedoch wird auch in Zukunft die Lektüre (einschließlich der Sachbücher) die Entwicklung des jugendlichen Bewußtseins mitbestimmen. Der Lehrer wird sich daher über die Leseinteressen seiner Schüler laufend und unauffällig informieren. Diese Interessen sind einem raschen Wandel unterworfen. Was David P. Ausubel für die Jugendlichen der amerikanischen High School feststellt, dürfte i. a. auch für die Bundesrepublik zutreffen:

„Im Jugendalter liest der Jugendliche mehr als in der Vorpubertät [...] und er liest mit mehr Bedacht, kritischer und zielgerichteter [...]. Er liest weniger 'zum Vergnügen' und verfolgt dabei mehr seine eigenen Spezialinteressen [...]. Seine erwachende Kritikfähigkeit und Ernsthaftigkeit beim Lesen zeigt sich in einer zunehmenden Vorliebe für Sachbücher [...], informative Bücher über Politik und Wirtschaft [...], anspruchsvollere Zeitschriften [...], Zeitschriftenartikel über Weltereignisse und politische Nachrichten [...], den Nachrichten-Teil, den Leitartikel und den Gesellschaftsteil der Tageszeitung [...]. Zugleich wünscht sich der Jugendliche mehr für Erwachsene geschriebene schöngeistige und humoristische Literatur [...]."

(‚Das Jugendalter', S. 295)

Zwei Haltungen der Privatlektüre gegenüber sind stark verbreitet; beide sind gleich bedenklich: Ein Teil der Jugendlichen liest gar nicht, ein anderer zu viel. Eine Umfrage, die wir zur Untersuchung dieses Problems in sämtlichen Schulen Württemberg-Hohenzollerns 1952 und 1969 durchgeführt haben, ergab fast übereinstimmend, daß etwa 15 bis 20 % der Schüler der Mittelstufe in ihrer Freizeit überhaupt kein literarisches Werk lesen und etwa 20—25 % aller Mädchen und Jungen im Laufe eines halben Jahres über 30 Bücher verschlungen haben. Diese Zahlen geben zu denken: Rund 40 % aller Jugendlichen dieser Altersstufe sind dem Buch gegenüber unmäßig. Die Untersuchungen aus dem Jahr 1969 ergeben, daß Abenteuerromane, Wildwesthefte, Science-fiction, Comics, Kriminalhefte, Jugendzeitschriften, Zeitungsromane bei den Jungen, Teenagererzählungen, Zeitungsromane, Illustrierte, Jugendzeitschriften bei den Mädchen an erster, Sachbücher bei beiden an zweiter Stelle stehen. Sogenannte gute Literatur wird in der Freizeit kaum gelesen.

Eine andere Schwierigkeit des Mittelstufenunterrichts hängt mit dem Altersunterschied der Schüler und der in einer Klasse nicht gleichzeitig einsetzenden Pubertät zusammen. Zwischen 13 und 16 Jahren erwachen fast Monat für Monat neue Interessen- und Wertrichtungen. Viele Interessen, seien sie entwicklungs-, seien sie umweltbedingt, sind kurzlebig, in anderen zeigt sich schon der Beruf des künftigen Mannes, der künftigen Frau. Alle diese Neigungen erfüllen den jungen Menschen im Augenblick ganz. Derselbe Stoff kann ihm heute gleichgültig sein, ihn in einem Monat begeistern und in zwei Monaten zum Spott reizen; was er heute verurteilt, kann er morgen, wenn ein Freund oder ein Erwachsener es hochschätzt, bewundern. Diesen großen phasen- und umweltbedingten Interessenverschiebungen und Interessenschwankungen gegenüber gibt es nur ein Mittel: Abwechslung im Gegenstand und im Unterrichtsverfahren.

Ein Merkmal der Pubertätszeit: Das Verhältnis von Begabung und Leistung ist häufig gestört. Der allgemein zu beobachtende Leistungsrückgang ist nur zum Teil phasenbedingt; zum Teil hängt er mit dem Beginn der zweiten und dritten Fremdsprache zusammen, die viele unserer Schüler deshalb überfordern, weil die technische Welt, weil auch Rundfunk und Fernsehen ihren Lerneifer beanspruchen; zum Teil aber damit, daß der Unterrichtsstil nicht genügend den geistigen Wachstumsbedürfnissen und dem Betätigungsdrang der heutigen Jugendlichen entspricht. Eine rezeptiv-reaktive Lernhaltung wirkt ebenso ermüdend wie das entwickelnde Verfahren mit Lehrerfrage und Schülerantwort. Die Schüler suchen einen Ausgleich für den nicht befriedigten Tätigkeitsdrang außerhalb der Schule. Das Bedürfnis nach Freiheit und Selbständigkeit, das Bestreben, den eigenen Liebhabereien nachzugehen, ist stark ausgeprägt. Dagegen mit Zwangsmaßnahmen vorzugehen und die Schüler mit Strafen gegen ihren Willen zur Erledigung ihrer Schularbeiten zu zwingen, entspricht nicht unseren pädagogischen Einsichten und der Absicht der muttersprachlichen Bildung. Das Lehrer-Schüler-Verhältnis hat sich demokratisiert, der im 19. Jahrhundert durch autoritäre Strafandrohungen ausgeübte Zwang zum Lernen ist verschwunden. Die Jugendlichen sind gegen Strafen gleichgültig geworden. Das Ausmaß der Ablehnung des Deutschunterrichts lernt der Lehrer in der Regel gar nicht kennen. Manche hervorragend begabte Schüler halten es für ihre Kameradschaftspflicht, nicht über befriedigende Leistungen hinauszukommen, damit der Abstand zu den schwächeren Mitschülern nicht in die Augen fällt. Passiver Widerstand statt Leistungswille herrscht in manchen unserer Mittelstufenklassen.

Wie kann man diese Abneigung überwinden und das Mißverhältnis von Begabung und Leistung beseitigen? — Man ändere den Arbeitsstil im Unterricht; anstelle des Zwangs durch den Lehrer setze man den Zwang durch die vom Schüler als sinnvoll erkannte Aufgabe; anstelle der rezeptiv-reaktiven Lernhaltung trete die Haltung des forschenden Lernens, des Untersuchens, Hervorbringens, des gemeinsamen Tuns. Der Lehrer ist der Motor nicht durch die Fragen, die er stellt, sondern durch die Anregungen für selbständige Unternehmungen. Er bestimmt Tempo und Vorgehen; er macht die Schüler zu seinen Mitarbeitern. Dadurch stärkt er ihr Selbstwertgefühl, weckt er Interesse und das Bewußtsein der Mitverantwortung.

Die Entwicklung des Sprachvermögens auf der Mittelstufe ist mit der Ausbildung des Urteilsvermögens im sozialen und im ästhetischen

Bereich verknüpft. Die Bereitschaft zu klarer Begrifflichkeit, zur Folgerichtigkeit des Denkens, zur sachlichen Kritik, die Reflexion über persönliche Erfahrungen und Wertungen, das Bemühen um allgemeingültige Maßstäbe des richtigen Denkens und Handelns sind Voraussetzungen dafür. Der Deutschunterricht darf die emotionalen Kräfte im Jugendlichen nicht ungenützt liegen lassen, denn sie sind die Antriebskraft für den planenden Willen, aber er muß dem Willen erstrebenswerte Ziele in Form von lohnenden Untersuchungs- und Gestaltungsaufgaben setzen, zu deren Durchführung die Regeln der Sprachlehre, die Gesetze der Logik und die Erkenntnisse der Rhetorik und Ästhetik herangezogen werden. Auf diese Weise trägt die Spracherziehung zu einer Objektivierung des subjektiven Empfindens, zu einer Klärung des Wertbewußtseins und zu einer Versachlichung der zwischenmenschlichen Beziehungen bei.

II. Die zwei Aufgaben des Deutschunterrichts: Verstehen-Lehren und Gestalten-Lehren

Sprache tritt in vierfacher Weise in Erscheinung: durch Sprechen und Hören, durch Schreiben und Lesen. Sprachbildung vollzieht sich durch Anleitung zum Sprechen und Hören, zum Lesen und Schreiben. Durch Hören und Lesen bildet sich im Menschen die Fähigkeit zum Verstehen, durch Sprechen und Schreiben die Fähigkeit zum Gestalten. Anleitung zum Verstehen und zum Gestalten sind die beiden Aufgaben des muttersprachlichen Unterrichts. Sie stehen in ununterbrochenem Wechselbezug.

L e s e n — über die mechanische Fähigkeit hinaus — bedeutet Verstehen oder Sinnerfassen — den Sinn eines Wortes, eines Satzes, einer Abhandlung, einer Rede, einer Dichtung. Zwar handelt es sich bei solchem Verstehen eines sprachlich geformten Gegenstandes nur um das Nachvollziehen eines Sinngefüges und nicht, wie beim Gestalten, um das erstmalige In-Worte-Bringen eines selbst entdeckten Sinnzusammenhangs. Lesenlernen setzt die stufenweise Entfaltung der Fähigkeit des Verstehens voraus, angefangen von den einfachen Sinngefügen bis zu den vielschichtigen Werken der Literatur. Daher kann der alte Goethe sagen: „Wir guten Deutschen wissen nicht, was es einen für Zeit und Mühe kostet, um lesen zu lernen. Ich habe 80 Jahre dazu gebraucht und kann noch jetzt nicht sagen, daß ich am Ziel wäre.“

D a s L e s e n l e h r e n ist eine Anleitung zum Verstehenlernen. Gibt es aber eine Methodik des Verstehenlehrens? Kann man am einzelnen Sprachzeugnis allgemein die Methode des Umgangs mit Sprachwerken lehren und erlernen? Was kann und soll man am Beispiel des einzelnen Wortes, Satzes, Prosawerkes, Gedichts, Dramas usw. an allgemeingültigen Einsichten und übertragbaren Fertigkeiten erwerben? Alles Lehren und Lernen erhält seinen Rang dadurch, daß das Gelernte anwendbar, übertragbar ist. Dies setzt aber voraus, daß Lehrer und Schüler sich über die Leistung des Wortes, die Funktion des Satzes, das Wesen des Gedichts, die Formen des Dramas usw. wie auch über das Erarbeiten eines Werks Rechenschaft ablegen. Eine Methodik des Deutschunterrichts muß ein kritisches Methodenbewußtsein ausbilden helfen. Sie muß den Vorgang des Verstehens analysieren, die Möglichkeiten des Richtig-Verstehens, Halb-Verstehens, Falsch-Verstehens erörtern und auch Maßstäbe vermitteln, nach denen man die Qualität des Sprachzeugnisses beurteilen kann. Schon aus diesen Bemerkungen geht hervor, daß eine Methodik ihre Aufgabe nur bruchstückhaft erfüllen kann.

Die Kunstlehre der Textauslegung nennen wir H e r m e n e u t i k. Sie ist die Grundlage aller Geisteswissenschaften. Wilhelm Dilthey definiert: Hermeneutik ist „die Kunstlehre des Verstehens schriftlich fixierter Lebensäußerungen". Sie beschäftigt sich mit der Frage: „Wie kann eine Individualität eine ihr fremde Lebensäußerung zu allgemeingültigem, objektivem Verständnis bringen?" (‚Die Entstehung der Hermeneutik' Bd. 5, S. 332 f.)

Nach Dilthey ist „die kunstmäßige Auslegung der Dichter" aus dem „Bedürfnis des Unterrichts" erwachsen. Der Unterricht ist auf allgemeingültige Verfahren angewiesen: Aristoteles „lehrte in seiner Rhetorik das Ganze eines literarischen Produkts in seine Teile zerlegen, Stilformen unterscheiden, die Wirkung des Rhythmus, der Periode, der Metapher erkennen" (ebd.). In Jahrhunderten wurden die Regeln der Interpretation ausgebildet. Aber erst Schleiermacher hat den Begriff des Verstehens analysiert und daraus „die Möglichkeit allgemeingültiger Auslegung, deren Hilfsmittel, Grenzen und Regeln abgeleitet". Er hat den hermeneutischen Zirkel erkannt, daß man „aus den einzelnen Worten und deren Verbindungen ... das Ganze eines Werks ... verstehen soll", obgleich doch „das volle Verständnis des einzelnen schon das Ganze" voraussetzt (ebd. S. 330). Dilthey hat die Schleiermachersche Hermeneutik ausgebaut. Bultmann, Heidegger, Gadamer und viele andere Forscher unserer Zeit entwickeln die Grundlagen der Hermeneutik weiter. Manche Gedanken der Schleiermacherschen Hermeneutik, die Dilthey nicht gekannt hat, verdienen, im Deutschunterricht bedacht zu werden.

Da der Deutschunterricht die Doppelaufgabe der Anleitung zum Verstehen und zum Gestalten hat, die beide in Wechselwirkung stehen, ergeben sich für die Methodik des Deutschunterrichts drei Problemkreise:

1. Wie kann man in planmäßiger Folge auf den einzelnen Altersstufen sprachliche Erscheinungen und literarische Werke verstehen lehren? Dabei ist das Anleiten zum Verstehen als Anregung zum selbständigen und planmäßigen Befragen und Untersuchen von Texten nach Inhalt und Sprachform gemeint.
2. Wie kann man planmäßig von Stufe zu Stufe zum selbständigen sprachlichen Schaffen und literarischen Hervorbringen anleiten? Welche Aufgabe stellen wir den Zwölf-, welche den Fünfzehn- und Siebzehnjährigen? Dabei betrachten wir die Lehre des Hervorbringens als Anleitung zum handwerklichen, wissenschaftlichen und künstlerischen Gebrauch der Muttersprache.
3. Wie kann man in einer Klasse von literarisch Gleichgültigen Bereitschaft und Ausdauer zum gründlichen Arbeiten wecken? Diese Erziehungsaufgabe ist mit den beiden anderen unlösbar verbunden. Sie wird in der methodischen Literatur wenig bedacht.

S c h r e i b e n — wiederum von der technischen Fertigkeit abgesehen — heißt, einem noch nicht sprachlich geformten Lebensvorgang oder einer Erscheinung durch die

Wortsprache einen Sinn verleihen. Alles Hervorbringen ist Sinngeben, sei es durch Wort, Ton, Gebärde oder Farbe. Nur wem in einem Vorgang oder einer Erscheinung ein Sinn aufgeht, wird zur Äußerung, zur Mitteilung, zur Formgebung gedrängt. Wer sich äußert, ohne daß eine Sinnerfahrung vorangeht, spricht und redet hohl, aus Ehrgeiz oder Geltungstrieb. Im deutschen Aufsatz zwingen wir die Schüler oft zu solchem Gerede und bringen dadurch das Fach um seine Wirkung.

Die antike Rhetorik war ebensosehr eine Kunst des Verstehens wie eine Kunst des Hervorbringens. Hingegen haben sich die modernen Geisteswissenschaften um die Entwicklung der Hermeneutik bemüht. Sie haben die Kunst des Hervorbringens den bildenden Künsten und der Musik überlassen. Der Deutschunterricht muß jedoch um seines Auftrags willen beides in gleicher Weise entwickeln. Dadurch wird er zu einem Kernfach sowohl des humanwissenschaftlichen als auch des künstlerischen Unterrichts.

Die Ausdrücke „Hervorbringen", „Formgeben" oder „Gestaltgeben" können zu Mißverständnissen führen. Wir verstehen innerhalb des Deutschunterrichts darunter:

1. jede sinnvolle sprachliche Äußerung, sei sie mündlich oder schriftlich, bei der der Schüler selbst einen Gedanken findet und in Sprache faßt;
2. das Verfassen eines Vortrags, einer geschlossenen schriftlichen Darstellung unter Verwendung der dem Gegenstand angemessenen Sprachform (auch Feature, Interview, Reportage);
3. das Hervorbringen literarischer Kleinformen — Fabeln, Kurzgeschichten, Anekdoten, Schwänke, Gedichte, Kurzdramen, Hörspiele;
4. die dem Gegenstand angemessene Wiedergabe eines Textes durch den Vortrag oder die Aufführung.

Aus dieser Erkenntnis, daß das Verstehenlehren in Wechselbezug mit dem Gestaltenlehren stehen muß, leiten wir die Forderung des verbundenen Deutschunterrichts ab (vgl. Bd. 1).

Das Verstehen und das Gestalten setzen unmittelbare und ungeteilte Aktivität des Ichs voraus: Im Verstehen und Gestalten ist das Ich ganz bei der Sache; es kann nur aus sich selbst heraus verstehen und hervorbringen. Wo aber das einen Text untersuchende oder einen Text hervorbringende Ich am Werk ist, kann es nicht sachfremden Weisungen folgen. Da sich diese Methodik als eine Anleitung zum Verstehen- und Gestalten-Lehren versteht, widersetzt sie sich jeglicher Ideologisierung des Deutschunterrichts, sei sie politischer, soziologischer, allgemein weltanschaulicher oder konfessionaler Art. Doch ist sie damit nicht wertfrei oder wertneutral, denn sie setzt die persönliche Freiheit, den persönlichen Gewissensentscheid als oberstes Prinzip der Erziehung und Bildung. Aus den beiden Aufgaben des Deutschunterrichts ergeben sich, psychologisch = anthropologisch betrachtet, zwei Folgerungen für das Unterrichtsverfahren:

Der Deutschunterricht ist einerseits ein F a c h d e r p e r s ö n l i c h e n A n t e i l n a h m e, der spontanen Reaktion und Initiative der Schüler, andererseits ein F a c h d e s s a c h l i c h e n Z w a n g s, der strengen Werk- und Arbeitshaltung im Umgang mit Sprache und Literatur. Wiederum stehen beide Forderungen in einem unaufhebbaren Wechselbezug.

Man könnte sagen, der Deutschunterricht sei ein musisches und ein Leistungsfach. Eine solche Kennzeichnung ist jedoch mißverständlich. Der Ausdruck „musisch“ erweckt unklare Vorstellungen, unerfüllbare Hoffnungen und hochgeschwellte Gefühle. Wir Deutschlehrer sind keine Künstler, wir streben nur danach, Meister unseres Faches zu werden; unsere Schüler können nicht zu Künstlern gebildet, sie sollen nicht zu schöngeistigen Genießern erzogen werden. Ebenso mißverständlich ist das Wort „Leistungsfach“. Es erinnert an Leistungssoll und verordnete Leistungssteigerung; es meint eindeutig-meßbare Leistung. Wert und Erfolg unseres Unterrichts hängen aber nicht von den Zeugnissen unserer Schüler ab. Es geht um die Ausbildung von Fähigkeiten und Fertigkeiten, um die Anleitung zum Handeln durch rechten Gebrauch der Muttersprache. Das Können auf dem Gebiet der Muttersprache läßt sich bis zu einem gewissen Grad eindeutig und objektiv messen.

Der Deutschunterricht ist ein wissenschaftliches, ein künstlerisches und ein pragmatisches, zum Handeln anleitendes Fach. Von der Anleitung zum Handeln im sozialhumanitären Bereich handelt das zweite Kapitel. Die soziopolitische Funktion des Faches wird im 2. Mittelstufenband dargestellt.

W i r f a s s e n z u s a m m e n: Das Verstehen, d. h. das Erfassen von sprachlich vorgeformten Sinnganzheiten, übt der Schüler beim Hören und Lesen; das Hervorbringen, d. h. das Darstellen von Sinnganzheiten durch das Wort, übt er im Sprechen und Schreiben. Gleichzeitig mit diesen beiden Tätigkeiten entwickeln sich im Menschen zwei Grundfähigkeiten:

die Fähigkeit zum Verstehen komplexer (vielschichtiger) Systeme (Strukturen, Gebilde), d. h. die Fähigkeit, Sinn und Struktur eines Sprachgebildes, eines sozialen Systems, eines (wissenschaftlichen) Lehrgebäudes zu erfassen; man kann es im Anschluß an Goethe den „symbolischen Sinn“ oder im Anschluß an Schiller den „Sinn für Totalität“ (für Ganzheit) nennen [1];

die Fähigkeit zum Gebrauch, Hervorbringen oder Gestalten von Sprache, das sprachliche Gestaltungsvermögen oder, wie W. von Humboldt sagt, „den inneren Sprachsinn“ [2].

---

[1] Goethe in ‚Dichtung und Wahrheit‘ (Zweiter Teil, Siebtes Buch). Schiller in ‚Briefe über die ästhetische Erziehung des Menschen‘, besonders im 20. und 21. Brief.

[2] Wilhelm von Humboldt in ‚Über die Verschiedenheit des menschlichen Sprachbaus und ihren Einfluß auf die geistige Entwicklung des Menschengeschlechts‘: „In der Sprache nun, insofern sie am Menschen wirklich erscheint, unterscheiden sich zwei konstitutive Prinzipe: der innere Sprachsinn (unter welchem ich nicht eine besondere Kraft, sondern das ganze geistige Vermögen, bezogen auf die Bildung und den Gebrauch der Sprache, also nur eine Richtung verstehe), und der Laut, insofern er von der Beschaffenheit der Organe abhängt und auf schon Überkommenem beruht. Der innere Sprachsinn ist das die Sprache von innen heraus beherrschende, überall den leitenden Impuls gebende Prinzip. Der Laut würde an und für sich der passiven, Form empfangenden Materie gleichen. Allein vermöge der Durchdringung durch den Sprachsinn, in artikulierten umgewandelt, und dadurch, in untrennbarer Einheit und immer gegenseitiger Wechselwirkung, zugleich eine intellektuelle und sinnliche Kraft in sich fassend, wird er zu dem in beständig symbolisierender Tätigkeit wahrhaft, und scheinbar sogar selbständig, schaffenden Prinzip der Sprache.“

III. Bedeutung und Entfaltung der Fähigkeit zum Verstehen komplexer Systeme und Strukturen

a) Was heißt „verstehen"?

Wie können wir etwas „verstehen"? Wenn der Physiker mit seinen Schülern den Regenbogen betrachtet, so hat er eine andere Absicht damit als der Kunsthistoriker, der vor das Straßburger Münster führt, als der Historiker, der sie mit der griechischen Polis, der Französischen Revolution, dem Sozialismus des 19. Jahrhunderts bekannt macht, oder als der Deutschlehrer, der mit der Klasse einen Werbetext oder Brechts Lehrstück ‚Die Ausnahme und die Regel' analysiert. Der Regenbogen kann ästhetisch gewürdigt werden, aber dem Physiker ist es nicht darum zu tun: Er will das Gesetz der Lichtbrechung erklären, und er will, daß die Schüler es begreifen. Die Naturwissenschaft als mathematisierte Gesetzwissenschaft kann rational erklärt und mit dem Intellekt begriffen werden. Die Humanwissenschaft als Struktur- und Wertwissenschaft kennt — wenigstens heute noch — keine mathematisch berechenbaren Gesetze. Ihr Gegenstand ist die einmalige, werthaltige Gestalt. Diese muß vom Lehrer als Sinnganzes gedeutet und vom Schüler verstanden werden — gleichgültig, ob es sich um eine historische Erscheinung, ein Kunstwerk, einen lebenden Menschen, einen Vorgang des Alltags oder eine Kulturepoche handelt.

Jede Human- und Sozialwissenschaft, einschließlich Linguistik und Ästhetik, ist Struktur- und Wertwissenschaft. Was man verstehen kann oder soll, ist strukturiertes, bewertbares Sein. Was der menschlichen Wertung unterworfen ist, unterliegt verschiedenen Interpretationsmöglichkeiten. Nie läßt sich einem anderen 'beweisen', er habe ein komplexes System richtig oder falsch verstanden. Die Interpretation hängt von der Klarheit des beobachtenden Intellekts, von der Lebenserfahrung und von der Sicherheit des pragmatischen, sozialen und ästhetischen Urteils ab. Unsere zwischenmenschlichen Beziehungen werden durch Mißverständnisse, Vorurteile, Fehldeutungen bedroht.

Wir wollen das Problem des Verstehens an einem einfachen Beispiel, dem Verstehen eines Menschen, klarmachen: Was heißt einen Menschen verstehen? Wir erfassen den Menschen auf Grund seines äußeren Erscheinungsbildes — seiner Physiognomie, seines Körpers, seines Ganges, seiner Gebärden, seiner Sprache, seiner Handlungen. Wir erfassen bewußt und unbewußt eine Vielzahl von Einzelheiten und schaffen uns daraus ein mehr oder weniger stimmendes Bild seiner Individualität. Wenn wir glauben, ihn zu verstehen, so heißt das, daß wir ihn uns aus allen Einzelbeobachtungen als mehr oder weniger widerspruchsfreie, spannungsvolle Ganzheit aufbauen. Wenn wir uns in ihm täuschen, d. h., wenn er uns ent-täuscht, so entdecken wir, daß wir von ihm ein falsches Bild in uns tragen. Sein Wesen freilich bleibt uns und ihm selbst verschlossen; kraft eines in uns liegenden sinnentdeckenden Vermögens erschaffen wir in uns sein Sinngefüge. Immer erschließt diese sinnentdeckende Kraft, bewußt und unbewußt zugleich, aus dem Sichtbaren das Unsichtbare, aus dem Äußeren das Innere, aus dem Teil das Ganze, aus dem wandelbaren Erscheinungsbild das Bleibende.

Daraus folgern wir: Einen Menschen verstehen heißt sein Sinngefüge (Struktur), die

Wesensgesetzlichkeit aus dem Körperlichen und Gegenwärtigen erfassen. Das ist möglich, weil und sofern ihm eine solche innere Ordnung innewohnt. Wäre das nicht der Fall, so wäre ein Verstehen unmöglich.

Der Vorgang beim Verstehen einer geschichtlichen Erscheinung, eines sozialen Systems, eines Kunstwerks ist grundsätzlich wenig verschieden von dem beschriebenen. Einen lebenden Menschen verstehen wir jedoch insofern leichter als ein Sprachwerk, als der Eindruck des Menschen auf uns unmittelbarer, intensiver, mannigfaltiger ist; wir nehmen ihn mit allen unseren Sinnen wahr, wir sehen und hören ihn, empfinden den Druck seiner Hand usw. Ihn verstehen ist insofern schwerer, als er sich ständig wandelt und selbst seine Entwicklung nicht kennt; ein Kunstwerk hingegen ist ein Vollendetes, Fertiges. Aber ein Kunstwerk verstehen setzt besondere Fähigkeiten voraus, denn der Körper des Wortkunstwerks ist selbst wieder ein Sozialgebilde — die Sprache.

Da durch die Sprache alle Vorgänge des wissenschaftlichen, sozialen, ästhetischen, politischen Lebens objektivierbar sind, lassen sich am Sprachgebilde alle Elementarakte des Verstehens üben. Zum Wesen der Kunst gehört es, daß sie Abstraktes in einem Bild versinnbildlicht, Unfaßbares faßbar, Unbewußtes sichtbar macht. Sie ist symbolischer Natur, wie jedes Gebilde aus dem geschichtlichen und politischen Raum, wie jeder Mensch.

Weshalb soll sich der Mensch im Verstehen üben? — Das Verstehen schafft die Grundlage für unser soziales, politisches und ästhetisches Verhalten. Unsere Einstellungen zur Umwelt, zur Gesellschaft, zur Literatur, unsere Bemühungen um Reform oder Revolution werden durch unser Verständnis der Wirklichkeit bestimmt. Viele Konflikte und Protesthaltungen der Jugendlichen haben ihren Ursprung in Vorurteilen, Mißverständnissen, mangelnder Einsicht in die schwer durchschaubaren Strukturen der Familie, der Schule, des Staates, der Berufswelt. Viele Klagen der Erwachsenen über die rebellierende Jugend erklären sich aus deren Unvermögen, sich der raschen Entwicklung anzupassen und die Mängel im bestehenden System zu erkennen.

b) Wie bildet sich die Fähigkeit zum Verstehen komplexer Systeme?

„Der Mensch kennt nur sich selbst, insofern er die Welt kennt, die er nur in sich und sich in ihr gewahr wird. Jeder neue Gegenstand, wohl beschaut, schließt ein neues Organ in uns auf." Jede kritische Betrachtung eines Gegenstandes trägt nach diesem Goethewort zur Organisation des menschlichen Bewußtseins bei. So erklärt sich der funktionale Bildungswert der Sprach- und Literaturbetrachtung. Wenn Schiller die ästhetische Erziehung des Menschen als Voraussetzung für seine produktive soziale und politische Betätigung betrachtet, so aus der Erkenntnis, daß sich durch die Kunstbetrachtung Verständnis für komplexe Strukturen und damit auch die Voraussetzung für soziale Einstellungen entwickeln.

Freilich dürfen wir nicht übersehen, daß die Kunstbetrachtung nur ein Mittel ist, diese Fähigkeit anzuregen. Auch die Familie, die Gemeinde, der Staat, die Schule sind symbolische Gebilde; und sie besitzen einen weit stärkeren Wirklichkeitsgehalt und eine stärkere Prägekraft als die Kunst. Die lebendigen, in stetigem Wandel begriffenen sozialen Organismen als dynamische Systeme zu erfassen, ist für den heranwachsenden Menschen wichtiger als Buch- und Kunstbetrachtung. Jedoch ist Kunstbetrachtung ein

Weg zum Verständnis der vielschichtigen, schwer überschaubaren Sozialgebilde. Wir müssen deshalb unsere Schüler von jedem Sprachtext zur Wirklichkeit, vom ästhetischen Betrachten zum verstehenden Handeln in der Umwelt hinführen. Alles Sinnerfassen hat einen Wert, wenn es zum sinnvollen Handeln anregt.

c) Der hermeneutische Zirkel — Die drei Stufen im Vorgang des Verstehens: Gesamteindruck — Untersuchung — Verstehen

Es gilt das Goethewort „Wir verstehen nur, was wir lieben" ebenso wie das Novaliswort „Wir verstehen nur, was wir machen" und die eigene Erfahrung „Wir verstehen nur, was wir nüchtern-kritisch analysieren". Intensives Bemühen ist unerläßlich. Der beste Weg dazu ist das Nachschaffen eines Gegenstandes, die Reproduktion seines Entstehungsprozesses. Das Verstehen ist ein genetischer Vorgang. Ein Flugblatt, ein Werbetext, ein Sachbericht, eine Novelle, ein Drama, die wir mit unseren Schülern lesen, soll von ihnen selbst aufgebaut, d. h. in irgendeiner Form nachgeschaffen werden. Der Nachvollzug eines künstlerischen, literarischen, wissenschaftlichen, sozialen Werkes oder Produktionsprozesses verläuft, wie die Hermeneutik lehrt, in drei Phasen: a) Gesamteindruck, b) Nachgestaltungsprozeß durch Analyse, c) Verstehen des Baugefüges, des Bezugssystems von Teil und Ganzem, von Inhalt und Form.

Die erste Stufe ist ein spontanes, unmittelbares Betroffenwerden. Dilthey nennt es „Erlebnis"[1]; wir sprechen einfacher von „Gesamteindruck". Heute ist das Wort „Erlebnis" durch zu vielen Gebrauch entwertet. Wenn wir die Schüler auffordern, über ihr Kunsterlebnis zu sprechen, oder wenn wir sie Erlebnisaufsätze schreiben lassen, so entwerten wir das Wort. Wir zwingen sie, über etwas zu reden oder zu schreiben, als ob es ihnen wertvoll geworden wäre. Die Folge ist das Geschwätz, der verwaschene Ausdruck. Die sogenannten Erlebnisaufsätze sind ein Zeugnis dafür.

Die zweite Stufe stellt einen Nachgestaltungsversuch dessen dar, was wir als Gesamteindruck unbewußt in uns aufgenommen haben. Wenn immer ein Eindruck für uns bleibende Bedeutung gewinnt, so nur durch das bewußte Nachzeichnen des Gegenstandes, durch die Reflexion. Dadurch vergewissern wir uns, daß wir diesen richtig erfaßt haben. Diese Vergewisserung ist ein Versuch des Neuschaffens des Gegenstandes in uns mit Mitteln unseres eigenen Ausdrucksvermögens. Dieser Versuch ist in vielen Fällen unvollkommen, oberflächlich, er bietet aber Anlaß zu einer gründlichen, tieferdringenden Beschäftigung mit dem Gegenstand. Die Bemühung um das Verständnis setzt ein: ein Zusammenwirken der Kräfte des Erkennens, Urteilens und Wertens. Der Volksmund hat den Wert der ersten Stufe für das Erfassen eines Gebildes richtig erkannt. Er sagt antithetisch: „Der erste Eindruck ist der beste" und „Der erste Eindruck trügt". Er ist einerseits insofern der beste, als er der unmittelbarste, meist unvoreingenommene und umfassende ist, und er trügt andererseits, da er ungenau und unvollständig ist. Für uns Lehrer ist die zweite Stufe insofern entscheidend, als wir hier die Möglichkeit der Kontrolle und der Hilfestellung haben.

---

[1] W. Dilthey: Ideen über eine beschreibende und zergliedernde Psychologie; Die Entstehung der Hermeneutik. Ges. Schr. V; Der Aufbau der geschichtlichen Welt in den Geisteswissenschaften, ebd. VII. In der letzten Schrift II, 1, 1: „Die Geisteswissenschaften beruhen auf dem Verhältnis von Erleben, Ausdruck und Verstehen."

Die dritte Stufe, das eigentliche Verstehen, wächst aus der zweiten heraus. Im Grunde kommen wir nie ganz über die zweite Stufe hinaus, denn ein restloses Verstehen gibt es in keinem Fall; das letzte Geheimnis des Objekts wird sich uns nie ganz erschließen. Im Verstehen sind Ichverständnis und Objektverständnis eins.

Wir haben damit begründet, daß die Sprach- und Literaturbetrachtung insoweit einen Wert hat, als sie die eigenen Gestaltungskräfte anregt. Zwei Grundsätze für die Betrachtung von Sprachwerken leiten wir daraus ab:

1. Ein Werk muß aus den Kräften verstanden oder nachgeschaffen werden, aus denen es entstanden ist.
2. Ein Werk muß als strukturiertes System verstanden werden, oder es ist nicht verstanden.

Die drei Stufen im Vorgang des Verstehens entsprechen dem methodischen Dreischritt: Synthese — Analyse — Synthese, der unter dem Terminus „hermeneutischer Zirkel" bekannt ist. Schleiermacher hat, wie Dilthey nachweist, das Verfahren entwickelt, das sich seitdem allgemein durchgesetzt hat:

> „Er begann mit einer Übersicht über die Gliederung, welche einer Lesung zu vergleichen war, tastend umfaßte er den ganzen Zusammenhang, beleuchtete die Schwierigkeiten, bei allen einen Augenblick in die Komposition gewährenden Stellen hielt er überlegend inne. Dann erst begann die eigentliche Interpretation." [1] (‚Die Entstehung der Hermeneutik', Ges. Schriften V, S. 330.)

Zu diesem hermeneutischen Zirkel bekennen sich heute die Humanwissenschaftler, die über die Grundlagen ihres Forschens nachdenken, auch wenn sie über Dilthey hinausweisen. Rudolf Bultmann:

> „Wie schon Aristoteles sah, ist die erste Forderung (der Interpretation) die formale Analyse eines literarischen Werkes hinsichtlich seines Aufbaues und seines Stils. Die Interpretation hat die Komposition des Werkes zu analysieren, das Einzelne aus dem Ganzen, das Ganze vom Einzelnen aus zu verstehen. Die Einsicht, daß sich jede Interpretation in einem 'hermeneutischen Zirkel' bewegt, ist damit gegeben." (‚Glauben und Verstehen', 2. Bd., S. 213.)

Emil Staiger:

> „Längst hat uns die Hermeneutik gelehrt, daß wir das Ganze aus dem Einzelnen, das Einzelne aus dem Ganzen verstehen. Das ist der hermeneutische Zirkel, von dem wir heute nicht mehr sagen, daß er an sich 'vitiosus' sei. Wir wissen aus Heideggers Ontologie, daß alles menschliche Erkennen sich in dieser Weise abspielt ... Wir haben den Zirkel also nicht zu vermeiden, wir haben uns zu bemühen, richtig in ihn hineinzukommen." (‚Die Kunst der Interpretation', S. 11.)

Stellen wir die drei Stufen noch einmal übersichtlich dar:

I.	II.	III.
Erster Gesamteindruck (spontane Synthese) als Gesamtübersicht oder Inhaltsübersicht, aus der die zu untersuchenden Fragen hervordrängen. Dieser erste Gesamteindruck ist noch stark subjektiv.	Untersuchung (Analyse) der Syntax, der Metaphern, des Rhythmus, des Aufbaus, der Stilform, der Wortinhalte, der Leitbegriffe und Motive: „Grammatische Interpretation" (nach Schleiermacher).	Verstehen (durch Reflexion gewonnene Synthese) als Verknüpfen aller Einzeluntersuchungen zum Erfassen der Baugesetzlichkeit, d. h. der Einheit von Inhalt und Form.

Die graphische Darstellung der drei Stufen verdeutlicht den Prozeß:

I Gesamteindruck oder spontane Synthese

Ich versetze mich unvoreingenommen in den Gegenstand; d. h. ich nehme ihn ohne Vorurteile in mich auf.

Ich
Gegenstand

II Analyse

Ich analysiere sachlich-kritisch die Teilbezüge.

III Zweite Synthese

Ich rekonstruiere durch ständige Analyse und Synthese die Struktur und nehme wertend Stellung.

Ich
Gegenstand

Dieses Verfahren gilt spätestens vom 5. Schuljahr an; wir beginnen dort mit der Gestaltanalyse. Auf der Mittelstufe wird der Vorgang der Interpretation auf anderer Reflexionsstufe bewußtgemacht. Auf der Oberstufe führt dieses Verfahren weiter zu einem soziologisch-geschichtlichen Verstehen der literarischen Werke. Daß dort den Schülern die geschichtliche Bedingtheit aller Sprachzeugnisse verstehbar gemacht werden muß, leiten wir aus einer Erkenntnis der Hermeneutik ab, die Bultmann so formuliert:

„Mit der Einsicht in die geschichtliche Entwicklung der Sprache geht Hand in Hand die Erkenntnis der geschichtlichen Entwicklung überhaupt, die Erkenntnis also der geschichtlichen Bedingtheit aller literarischen Dokumente durch die Umstände von Zeit und Ort, und deren Kenntnis muß nunmehr als Voraussetzung jeder sachgerechten Interpretation dienen." (‚Glaube und Verstehen', 2. Bd., S. 213.)

Die sachgerechte Interpretation ist nicht voraussetzungslos und wertneutral. Dies begründet wiederum Bultmann:

„Ein Verstehen ist stets an eine bestimmte Fragestellung, an ein bestimmtes Woraufhin, orientiert. Das schließt aber ein, daß sie nie voraussetzungslos ist; genauer gesagt, daß sie von einem Vorverständnis der Sache geleitet ist, nach der sie den Text befragt." „Die Fragestellung aber erwächst aus einem Interesse, das im Leben des Fragenden begründet ist, und es ist die Voraussetzung aller verstehenden Interpretation, daß dieses Interesse in irgendeiner Weise in den zu interpretierenden Texten lebendig ist und die Kommunikation zwischen Text und Aussage stiftet." (Ebd., 2. Bd., S. 216 f.)

Damit ist nachgewiesen, daß die Schule zuerst und mit allen Mitteln Interesse für die Beschäftigung mit Sprache und Literatur wecken muß, daß auch das stoffliche Interesse der Schüler an einer Erzählung, einem Gedicht, einem Drama seine Berechtigung hat, daß aber alles stoffliche Interesse nur Anlaß ist, um zu Form- und Sprachuntersuchungen weiterzuführen. Alle psychologischen, biographischen, philosophischen, soziologischen, ästhetischen Interessen der Schüler sind zu aktivieren; aber sie sollen als subjektive, persönliche Interessen erkannt und zu einem umfassenden objektiven Erkenntnisstreben entwickelt werden.

Damit begründen wir folgende Sätze:

1. Der thematische Deutschunterricht hat auf allen Stufen seine Berechtigung, denn die übergreifende Fragestellung weckt die Bereitschaft der Schüler zur streng werkbezogenen Untersuchung.
2. Die Leitfrage als Anregung zur ersten häuslichen Lektüre ist berechtigt, sofern sie die Bereitschaft zur Sprachanalyse weckt und in das Kernproblem eines Werkes einführt.
3. Anstelle der Leitfrage soll von Stufe zu Stufe immer stärker die Aufforderung an die Schüler treten: „Lest das Werk, fertigt eine Inhaltsangabe an und stellt Fragen an das Werk, die eine gemeinsame Untersuchung in der Klasse lohnen." Dieses Verfahren läßt sich vom 5. Schuljahr an durchführen.
4. Jede Interpretation von Sprachzeugnissen — auch im Geschichts- und Religionsunterricht — ist zur Analyse der Syntax, der Metaphern, des Aufbaus und der literarischen Gattung verpflichtet, ganz besonders aber die Interpretation im Deutschunterricht. Dieser macht den Wechselbezug von Aussageabsicht und Sprachform zum eigentlichen Gegenstand der Interpretation. Schleiermacher hat für die zweite Stufe des Prozesses den Begriff der „grammatischen Interpretation" eingeführt, die er als Vorstufe zum eigentlichen Verstehen bezeichnet.
5. Da Schüler die Probleme der sprachlichen Form literarischer Werke am leichtesten erkennen, wenn sie selbst zum sprachlichen Hervorbringen kleiner literarischer Gebilde angeleitet werden, so bemühen wir uns, 'Verstehen' und 'Gestalten' in Wechselbezug zu bringen.

IV. Über Wesen und Entwicklung des inneren Sprachsinns

Jeder sprachbegabte Mensch besitzt Gestaltungsvermögen, nicht nur der Künstler. Es ist nichts anderes als die Fähigkeit, den Sinn eines Lebensvorgangs oder eines Seienden zu begreifen und durch die Sprache (wir verstehen darunter nicht nur das Wort, sondern auch die Ton-, Zeichen- oder Bildersprache) darzustellen. Wie der symbolische Sinn die Keimzelle unseres geistig-reproduktiven Seins, so ist „der innere Sprachsinn", unter welchem wir mit Wilhelm von Humboldt „nicht nur eine besondere Kraft, sondern das ganze geistige Vermögen, bezogen auf die Bildung und den Gebrauch der Sprache", verstehen, die Keimzelle unseres geistig-aktiven oder produktiven Wesens. Alle Selbstbildung und alle Kraft zum selbständigen Schaffen, zum eigenen Werk, zur Kultur, beruht auf ihm. Alle Sprachbildung, alle Bildung überhaupt, dient der Pflege und Entfaltung dieses Sinns.

a) Die drei Stufen im Gestaltungsvorgang: Sinnentdecken — Ausdruck — Gestaltung

Die erste Stufe: Jeder Gestaltungsvorgang wird dadurch ausgelöst, daß in einem Geschehen, einem Vorgang, einer Erscheinung etwas Witziges, Paradoxes, Groteskes, Überraschendes, Charakteristisches von allgemeiner Bedeutung erkannt wird. Wir beobachten z. B. den heftigen Wortwechsel zweier Menschen, die Zurückbleibenden auf einem Bahnsteig, einen lachenden Menschen, ein fremdes Wohnzimmer, eine uns unbekannte Stadt, einen Vogel im Flug. Plötzlich entdecken wir den Grund und die Eigenart der Feindseligkeiten der streitenden Menschen, die Einstellung der Zurückbleibenden zu den Abfahrenden, die Trauer hinter dem lachenden Gesicht, das Anheimelnd-Geschmackvolle des Zimmers, die städtebauliche Anlage der Stadt, die rhythmische Bewegung im Vogelflug. Der Gegenstand wird für uns „bedeutsam", wir erkennen ein Bezugssystem von allgemeiner Geltung, dem wir alle Einzelbeobachtungen einordnen können.

Mit dieser Einsicht stützen wir unsere These: Es gibt keine Sprachbildung (im weitesten Sinne als Ausbildung des inneren Gestaltungsvermögens) ohne die Entfaltung des Vermögens zum Erfassen von Zusammenhängen. Je mehr uns solche Zusammenhänge, der Sinn einer Sache, aufgehen, um so stärker werden wir zum Wort, zur Tat, zum Werk gedrängt. Diese Erkenntnis leitet uns im Unterricht. Wir lassen Beobachtungen auf den verschiedensten Gebieten anstellen, versuchen, das Unterscheidungs- und Abstraktionsvermögen in gleicher Weise wie das Bildvermögen planmäßig zu steigern und das Qualitätsgefühl an den der Altersstufe gemäßen Gegenständen zu erproben.

Noch eine andere Einsicht erschließt sich uns: Wir betrachten die ästhetische Bildung nicht als unser Hauptanliegen. Das Gesellschaftsleben ist das umfassendste Betätigungsfeld schaffenden Menschentums. Kunst und Wissenschaft entspringen und dienen der Gesellschaft und erhalten dadurch ihre Berechtigung und Erfüllung. Die Reflexion über Grundfragen des Zusammenlebens ist von dem Augenblick an zu üben, da der junge Mensch zum selbständigen, reflektierenden Sinnerfassen und Handeln fähig ist. Wenn wir mit ihm im Geschichtsunterricht, in der Erdkunde, im Biologieunterricht Lebenszusammenhänge erörtern, ist er zum Reflexionsaufsatz fähig. Jeder Aufsatz ist der Versuch einer Sinngebung, gleichgültig, ob es sich um eine Schilderung, eine Charakteristik, eine Erörterung oder eine Werberede handelt.

Drei Voraussetzungen müssen erfüllt sein, damit der junge Mensch zur reflektierten Sinngebung fähig ist:

1. D a s I c h e r l e b n i s : Der junge Mensch muß sich als einmaliges, besonderes und von den übrigen Menschen verschiedenes Wesen entdeckt haben. Dadurch erfaßt er sich als im Gegensatz stehend zu den übrigen Menschen. Er spürt die Not der Individuation, das Gefühl des Alleinseins, den Kampf um die Erhaltung der eigenen Person und ringt darum, den Gegensatz zwischen Ich und Welt zu überbrücken.

2. D a s Z e i t e r l e b n i s. Der junge Mensch erfährt sich als der Zeit unterworfen. Er entdeckt das Gesetz des Werdens und Vergehens und damit die Endlichkeit des Menschseins. Dieses Zeiterlebnis ist der Ausgangspunkt dafür, daß der Jugendliche sich als ein geschichtlich bedingtes Wesen begreift.

3. D a s W e r t e r l e b n i s. Die Erfahrung einer Ordnung und individueller oder allgemeiner Normen ist unmöglich ohne die Erfahrung der Unordnung, des Wertlosen. Diese Erfahrung setzt mit dem Augenblick der Pubertät verstärkt ein und zwingt zur intellektuellen Auseinandersetzung mit der Welt.

D i e z w e i t e S t u f e des Gestaltungsvorganges — der Ausdruck: Dem Ausdruck fehlt die Rundung, die Fülle, die Einheit und Geschlossenheit, welche dem fertigen Werk eigen sind. Die Ausdrucksübungen, die wir anfertigen lassen, müssen wir unter diesem Gesichtspunkt einer kritischen Prüfung unterziehen. Die Übungen, welche unsere Spracherziehungswerke bereitstellen, kranken zum Teil daran, daß sie den Schülern keine Gelegenheit zum Sinnentdecken bieten und deshalb nicht die Ausdruckskraft steigern.

Das Muster einer Ausdrucksübung stellt die B e o b a c h t u n g s s k i z z e dar. Wir fordern dazu auf, täglich eine kleine Einzelbeobachtung in knappen Worten festzuhalten. Was dabei zustande kommt, ist kein abgerundeter Hausaufsatz üblicher Art, wohl aber eine selbständige, ausdrucksstarke Skizze, die auf ihre sprachliche Richtigkeit leicht überprüft werden kann. Solche „Zwergaufsätze" lassen wir regelmäßig über die verschiedensten Gegenstände anfertigen, auch als Beschreibungsskizzen. Beispiele: Meine Arbeitsecke, mein Freund denkt angestrengt nach, mein Bruder ist empört, das Netteste vom Tage, eine kleine Begegnung, eine unscheinbare Begebenheit, eine Panne, ein Ausländer, Herr A., Frau B., ein Zusammenstoß. Als Regel gilt: einige kennzeichnende Einzelzüge in wenigen Zeilen anschaulich festhalten.

D i e d r i t t e S t u f e, die Vollendung eines Werkes, ist Schülern selten vergönnt. Wir müssen uns in der Schule mit Gestaltungsversuchen begnügen, doch dürfen wir nicht vergessen: Schaffensfreude, Qualitätsgefühl und Selbstvertrauen entzünden sich am selbstgeschaffenen Werk.

Die Gegenstände, an denen wir das Hervorbringen üben, wechseln mit den Interessen und Konfliktstoffen der Schüler. Deshalb brauchen wir jedes Jahr neue Themen. Anregungen dazu bieten die Jugendzeitschriften; denn diese stellen sich auf die Leserbedürfnisse ein.

S i n n e n t d e c k e n — A u s d r u c k — F o r m g e b u n g, das sind die drei Stufen, die wir bei der Sprachbildung zurücklegen. Wenn wir wirklich einen Sinnzusammenhang entdeckt haben, so versuchen wir, ihm die ihm gemäße Form zu geben. Diese Haltung dem Schüler zu vermitteln, ist entscheidend.

b) Die Entfaltung des Gestaltungsvermögens in der Pubertät

Daß die Bildung des persönlichen Stils erst von der Pubertät an möglich ist, liegt auf der Hand; denn die Voraussetzung ist die Preisgabe des naiv-kindlichen Weltbildes und der Durchbruch zu einer realistischen, sachbezogenen Wirklichkeitserfassung, wobei man dem eigenen Verstand und dem eigenen Wollen kritisch-prüfend gegenübersteht und die Übereinstimmung von Wort und Sache untersuchen kann.

Der Gestaltungstrieb ganz allgemein, nicht nur im sprachlich-literarischen Raum, ist in der Pubertät grundsätzlich verschieden von dem der Unterstufe. Der Umbruch, der sich hier vollzieht, läßt sich am Beispiel des Zeichenunterrichts anschaulich machen: Das Kind der Unterstufe malt unbefangen. Es besitzt ein naiv-intuitives Gestaltungsvermögen von überraschender Kraft und Farbigkeit. Wir bewundern die Bilder aus dieser Epoche wegen ihrer Stilreinheit und Geschlossenheit. Dieses naiv-kindliche Gestaltungsvermögen erlischt mit dem Eintritt in die Vorpubertät. Die Bilder, die der 13jährige malt, sind — gemessen an den früheren — ohne Harmonie, ohne Form- und Farbwirkung. Woher kommt das? — Der junge Mensch hat neue Sinne bekommen, nicht nur neue Augen und einen neuen Tastsinn. Mit ihnen entdeckt er den Raum, die Perspektive, die Proportionen und Beziehungen der Dinge zueinander. Nun erwacht in ihm die Fähigkeit zur Bewältigung des Raumes. Das realistische Weltbild, das im Werden ist, fordert ihn heraus zu neuen Gestaltungsaufgaben. Der junge Mensch muß den Raum erobern. Deshalb will er modellieren, basteln, konstruieren. Das Fach Bildende Kunst stellt ihn vor entsprechende Aufgaben. Jetzt setzt schon die Kunstbetrachtung ein, sie wird mit den eigenen Schaffensversuchen verbunden.

Die Besonderheit des Gestaltungsvermögens auf dem sprachlich-literarischen Gebiet ist schwieriger zu erfassen als auf dem des bildhaften Gestaltens. Es ist eine Erfahrungstatsache, daß der junge Mensch der Pubertät lieber bastelt oder experimentiert als schreibt. Die wenigen Gedichte, die entstehen, können nicht als Zeugnis sprachlichen Schaffens, sondern höchstens als spärlicher Ausfluß innerer Bedrängnis gewertet werden. Andererseits ist es undenkbar, daß in dieser Zeit stärksten inneren Wachstums nicht auch der sprachliche Schaffensdrang neuen Auftrieb erhielte. Was ihn hemmt, ist die Dynamik des inneren Erlebens, die Scheu vor der Selbstdarstellung und der in dieser Zeit schwach ausgeprägte Mitteilungstrieb. Was können wir tun? — Wir müssen im Deutschunterricht Ventile schaffen, dem Expressionismus Raum geben, den jungen Menschen mittelbar, auf Umwegen und von Gebieten her, die ihn mehr interessieren als das Schreiben, zum Gestalten hinführen. Dazu gibt es eine Reihe von Möglichkeiten:

Der Darstellungstrieb. Der junge Mensch hat Scheu, sich selbst darzustellen, aber er versetzt sich gerne in die Rolle eines Fremden (Erfinder, Filmstar, Clown, Redner). Er wünscht sich einen Wirkungskreis. Wenn er eine Rolle spielt, so schafft er fremdes Leben nach, ohne das eigene den Augen anderer preiszugeben. Die Mittelstufe ist eine günstige Zeit für das Schulspiel: Keine Dramenlektüre ohne szenische Lesung. Ein Thema für schriftliche Darstellungen lautet: „Wie viele Rollen spielt ein Schüler? Beschreibe sie.“, „Masken, die wir alle tragen“.

Neben dem Darstellungstrieb soll der Sozialtrieb betätigt und in den Dienst des sprachlichen Schaffens gestellt werden. Der Sozialtrieb ist immer verbunden mit einem ästhetischen Bedürfnis und mit dem Trieb, sich beliebt zu machen. Bedenken wir, daß die Sprache dem Sozialtrieb des Menschen ihre Entstehung verdankt und daß sich der Sozialtrieb des Kindes zunächst als Mitteilungstrieb äußert, so verstehen wir, von welch entscheidender Bedeutung dieser Trieb für die sprachliche Bildung ist. Dem Sozialtrieb stellt sich in der Pubertät die innere Unsicherheit hemmend in den Weg. Die Zeit der Introversion ist zugleich die Zeit des Impressionismus. Wir müssen dem Schüler deshalb einen Weg zeigen, sich von seinen Stimmungen zu befreien. Dazu hilft z. B. auch die Beschäftigung mit Film und Fotoapparat. Dies sind die Künste und Techniken, die wir für die Lyrik auswerten. Auch die Verfertigung eines Hörspiels oder eines gemeinsam verfaßten Buches kann Hemmungen lösen.

Der dritte Grundtrieb, den wir für die muttersprachliche Bildung auswerten, ist der Trieb zur Sache, zur Sachlichkeit. Auf der Mittelstufe nutzen wir das Interesse im 8. und 9. Schuljahr für Erdkunde, Biologie, Mathematik und Physik für die Spracherziehung. Wir wünschen uns den Reflexionsaufsatz als Grundform der schriftlichen Arbeit in allen Unterrichtsfächern und weisen dem Deutschunterricht die besondere Aufgabe zu, das Verhältnis von Sprache und Sache an ausgewählten Beispielen aus den einzelnen Unterrichtsgebieten anschaulich zu machen: Man hat die Sache erst, wenn man das Wort hat; sachlich ist der Mensch, wenn er das Wesen der Sache knapp, klar und gültig im Begriff festhält. Die guten und schlechten Erörterungsaufsätze aus den übrigen Fächern sind das beste Übungsbuch für den Sprachunterricht. Im 7. Schuljahr setzen unsere Definitionsübungen ein, an denen sich die Schüler gerne und lebhaft beteiligen. Dem Schüler, dem die Funktion der Sprache bewußt werden soll, dürfen jetzt keine sinn- und gegenstandslosen Grammatik- und Aufsatzübungen mehr zugemutet werden.

Der literarische Gestaltungstrieb, der vierte Grundtrieb, verkümmert in der Schule, obgleich er in ebenso starker Ausprägung vorhanden ist wie der musikalische und bildnerische. Die jungen Menschen zwischen zehn und neunzehn Jahren haben eine schaffende Phantasie, Kombinationsgabe, Freude am treffenden Wort, an Klang und Rhythmus und das Bedürfnis, die vorhandenen Fähigkeiten zu erproben. Auf der Mittelstufe schaffen wir Fabelbücher, Kurzgeschichten, Hörfolgen aus Prosavorlagen, szenische Einakter, Interviews, Reportagen, Werbetexte, Drehbuchszenen.

Eine Übersicht zeige die Möglichkeiten der Anleitung zum Verstehen und Gestalten:

Verstehen	Hervorbringen
a) mündlich	a) mündlich
durch die Formen des Unterrichts	durch Nachgestalten und Neuschaffen
1. Rundgespräch	1. Dichtungsvortrag
2. Streitgespräch	2. Redeübung
3. Gruppenarbeit	3. Aufführung
b) schriftlich	b) schriftlich
durch die Formen der schriftlichen Arbeiten	durch das Hervorbringen literarischer Gebilde in Einzel- und Gemeinschaftsarbeit
1. den kurzen schriftlichen Arbeitsauftrag im Unterricht und das Unterrichtsprotokoll	1. Verfassen von Fabeln, Anekdoten, Kurzgeschichten, Sagen, Schwänken
2. die Einübung der Inhaltsangabe	2. Verfassen von reimlosen rhythmischen Gebilden und Prosaschilderungen
3. den Interpretationsaufsatz vom 8. oder 9. Schuljahr an	3. Verfassen von Hörspielen und dramatischen Skizzen
4. die Einführung in die Facharbeit im 9./10. Schuljahr	4. Einüben journalistischer Formen (Bericht, Kommentar, Interview, Feature)

Das Verstehen und Hervorbringen ist die Grundlage jeder Art von Betätigung im privaten wie im beruflichen, im sozialhumanitären wie im soziopolitischen Bereich.

ZWEITES KAPITEL

SCHAFFUNG EINES DEMOKRATISCHEN UNTERRICHTSSTILS DURCH KOOPERATIVE PLANUNG

I. Das Prinzip der kooperativen Unterrichtsplanung [1]

Drei Schwierigkeiten sind es vor allem, die den Deutschunterricht der Mittelstufe belasten:

1. Der Schüler hat kein unmittelbares Bedürfnis zur Untersuchung sprachlicher Erscheinungen und zur Erörterung literarischer Werke. Daß eine gründliche Analyse durchzuführen sei, leuchtet ihm selten ein. Auch besitzt er noch wenig Lebenserfahrung und Stoff zur mündlichen und schriftlichen Äußerung.
2. Der Deutschunterricht kennt keine fachimmanente Systematik wie der Fremdsprachen- oder der Mathematikunterricht. Der Lehrer wählt mit einer gewissen Willkür die Stoffe aus, die nicht selten unverbunden aufeinanderfolgen. Oft kennt der Schüler die Auswahlprinzipien nicht. Unbewußt empfindet er sich als der Gegängelte. Wie soll da spontane Bereitschaft zu aktiver Mitarbeit entstehen?
3. Die Unterrichtsmethode auf der Mittelstufe ist immer noch von psychologischen Vorstellungen des 19. und von dem fragend-entwickelnden Verfahren des beginnenden 20. Jahrhunderts bestimmt; die Lehrerfrage herrscht vor. Ein Teil der Klasse arbeitet mit, der Rest hört schweigend zu oder schaltet ab.

Diese drei Schwierigkeiten kennzeichnen den uns überkommenen Unterrichtsstil. Dabei ist doch gerade das Fach Deutsch auf freiwillige Mitarbeit aller Schüler angewiesen. Hierzu bedarf es des Appells an die Einsicht, an den Willen, an das Selbstvertrauen und die produktiven Kräfte. Die Schwierigkeiten lassen sich durch drei Gegenmaßnahmen überwinden, die einen neuen Unterrichtsstil begründen helfen:

1. Der Deutschlehrer plant den Unterricht mit den Schülern gemeinsam auf längere Sicht; die Klasse nimmt sich Aufgaben vor, die dem Intellekt Probleme aufgeben, dem Gestaltungstrieb Ziele setzen und dem Sozialtrieb eine literarisch anregende Betätigung eröffnen.
2. Der Deutschunterricht, der thematisch ausgerichtet ist, erhält von seinem Gegenstand, der Muttersprache, und von langfristigen Arbeitsvorhaben her seine Einheit und Folgerichtigkeit. Zwar ist die Frage, welche Möglichkeiten hierfür auf der Mittelstufe vorhanden sind, noch nicht hinreichend geklärt; es müssen noch viele

[1] Auf das 15. Kapitel ‚Kooperative Unterrichtsplanung auf der Unterstufe' und auf das 1. Kapitel ‚Der Bildungsgang des Deutschlehrers' des Unterstufenbandes wird verwiesen.

Versuche in den einzelnen Klassen von verschiedenen Lehrerindividualitäten durchgeführt werden; doch lassen sich Grundsätze für den thematisch-geplanten Unterricht auf der Mittelstufe auf Grund mehrjähriger Versuche aufstellen und erläutern.

3. Die herkömmliche Unterrichtsweise ist statisch, starr und einförmig; wir ersetzen sie durch eine dynamische, unkonventionelle und spannungsreiche: Unterricht als Regieführung.

Der Deutschunterricht ist ein pragmatisches, ein wissenschaftliches und ein künstlerisches Fach. Er benötigt einen Lehrer, der sich in dreifacher Hinsicht um die Schüler bemüht.

Wie der Handwerksmeister die Lehrlinge zu Gesellen ausbildet, indem er vormacht, vorzeigt, erklärt, überprüft, so lehrt der Lehrer die Arbeitstechniken und die Unterrichtsformen — das sinngliedernde, rhythmische Lesen, das Berichten, Erzählen, Beschreiben, Erklären, Zusammenfassen, die Formen der Gesprächsführung in Diskussion und Debatte, das Untersuchen von Texten in Einzel- und in Gruppenarbeit, das Erläutern und Definieren von Begriffen, das Gliedern von Referat und Aufsatz, das Exzerpieren. Hierzu gehört die wissenschaftliche Anleitung zum sachgemäßen Fragen, zum Erkennen und Lösen von Problemen, zum Interpretieren und Argumentieren, zum Darstellen von Sachverhalten. Die Einführung in die Methode wissenschaftlichen Arbeitens geht mit der Einübung der Arbeitstechniken Hand in Hand; sie erfordert von den Schülern Initiative, Spontaneität, Wille und planende Kraft, Abstraktionsvermögen und Sinn für Sprachstrukturen. Darüber hinaus betätigt sich der Lehrer gleichzeitig als Regisseur oder Spielleiter. Wie der Regisseur seine Schauspieler anspornt und zu einem Ensemble zusammenführt, wie der Dirigent die Mitglieder seines Orchesters zum Zusammenspiel bewegt, so wandelt der Lehrer die Klasse, eine Schar von Einzelnen, in eine sich selbst verantwortliche Arbeitsgemeinschaft um, die den Unterricht mit vorbereitet und sprachlich-literarische Kollektivunternehmen durchführt. Der Gedanke der kooperativen Unterrichtsplanung ergibt sich folgerichtig aus der Forderung des thematisch-verbundenen Unterrichts und dem Prinzip „Unterricht als Regieführung". Dabei unterscheiden wir zwei Arten des planbaren Unterrichts, die innerhalb des Deutschunterrichts allerdings nicht scharf zu trennen sind: Vorhaben und Lehrgang. Ist das Ziel der Unterrichtseinheit ein vorweisbares Werk, eine Sammlung von Kurzgeschichten, ein Hörspiel, ein szenisches Spiel, eine Nummer der Schülerzeitschrift, ein Interview, so führen wir ein Vorhaben durch. Steht am Ende eine Erkenntnis, eine Fertigkeit, ein Können, ein Methodenverständnis, so nimmt der Unterricht den Charakter eines Lehrgangs an. Beide haben fünf Merkmale gemein:

1. Jeder Teilnehmer kennt das Ziel von Anfang an und bejaht es: Prinzip der relativen Freiwilligkeit;
2. jeder Teilnehmer beteiligt sich aktiv an der Durchführung: Prinzip der Mitbeteiligung oder Mitbestimmung;
3. die Unterrichtseinheit ist straff und folgerichtig gegliedert: Prinzip der Arbeitsökonomie;
4. das vorweisbare Werk des Vorhabens wird der öffentlichen Kritik ausgesetzt. Leistungskontrolle oder Leistungstest beschließen den Lehrgang. Die Leistungskriterien

sind den Beteiligten bekannt, die Leistungsmessung (Zeugnisfestsetzung) erfolgt öffentlich und, soweit möglich, kooperativ: Prinzip der kooperativen Leistungsfeststellung;

5. Gesamtanalyse, Durchführung und Ergebnis der Unterrichtseinheit werden rückblickend unter inhaltlichen, methodisch-funktionalen und sozialen Gesichtspunkten der Kritik unterzogen: Prinzip der kooperativen Kritik.

Die Vorzüge der kooperativen Unterrichtsplanung sind:

1. Das Fach erhält Zielstrebigkeit, Folgerichtigkeit, Gliederung; die Mitbestimmung der Schüler bei der Planung ermöglicht und fordert die Mitarbeit und Mitbestimmung am Unterrichtsablauf; es entsteht eine Lern- und Arbeitsmotivation; der versteckte oder offene Widerstand gegen das Fach, den Gegenstand, den Unterrichtsstil und die Schule wird abgebaut; es kommt zu einer sozialen Interaktion zwischen Lehrern und Schülern.
2. Die Schüler werden gesprächiger, sozialer; sie lernen methodisch arbeiten;
3. die Zusammenarbeit mit Fachkollegen und mit den Vertretern verwandter Fächer wird durch die Planung aller Fächer ermöglicht;
4. die individualisierende Unterrichtsform des Arbeits- und Untersuchungsauftrags sowie die sozialen Unterrichtsformen der Gruppenarbeit, des Rund- und des Streitgesprächs werden zu einem festen Bestandteil des Unterrichts;
5. das fragend-entwickelnde Verfahren erhält als Kontrast zu den arbeitsunterrichtlichen Formen der Gruppenarbeit, des Arbeitsauftrags und des Rundgesprächs eine neue Funktion: systematische Einführung der ganzen Klasse in Arbeitstechniken und Arbeitsmethoden.

Die bei der Umstellung des Unterrichts vom konventionellen Verfahren auf das Prinzip der Kooperation auftauchenden Schwierigkeiten sind allerdings beachtlich. Zählen wir sie auf:

1. Je später man damit beginnt, desto schwieriger ist diese Umstellung für Lehrer und Schüler.
2. Ein Lehrer allein braucht Monate, bis er die Schüler von den Vorzügen der neuen Arbeitsform überzeugt hat; er muß ihnen den Sinn des Prinzips — Anleitung zum selbständigen Arbeiten — erläutern. Wenn jedoch mehrere oder alle Lehrer einer Schule nach diesem Prinzip unterrichten, so erlernen die Schüler zwar schnell die Arbeitstechniken und sozialen Unterrichtsformen, aber es entsteht die Gefahr der Überforderung.
3. Viele Schüler wollen ihre Bequemlichkeit und ihre Ablehnung gegenüber der Schule nicht preisgeben, sie wollen in Ruhe gelassen werden; das Trägheitsmoment stellt einen Widerstand gegen diese Unterrichtsreform dar.
4. Manche Schülergruppen widersetzen sich dem Prinzip der Kooperation, weil sie nicht die Reform der Schule, sondern Anarchie anstreben und jegliche Form der Leistung und wissenschaftlichen Grundbildung ablehnen.
5. Der kooperative Unterricht als Bestandteil der inneren Schulreform setzt die äußere Schulreform voraus, die Einrichtung von Niveau- und Interessenkursen mit verschiedenem Stoffangebot und verschiedenem Arbeitstempo, einen differenzierten

Leistungsbegriff, eine differenzierende Aufgabenstellung, die Möglichkeit zum Überspringen einer Klasse für die Hochbegabten, eine neue Form der Prüfung bei Abitur I und II, eine Schulbücherei, eine Klassenbücherei mit Nachschlagewerken aller Art, einen Fernsehraum in der Schule, Vorführgeräte u. a. Trotz den Schwierigkeiten und Widerständen wird sich jedoch das Prinzip der Mitbestimmung der Schüler bei der Planung und Durchführung des Unterrichts im Fache Deutsch vom 5. Schuljahr an schrittweise durchsetzen. Die differenzierende Gesamtschule wird Interessen- und Niveaukurse im Fache Deutsch mit verschiedenem Kursangebot und die Möglichkeit eines früheren Abschlusses für die Tüchtigen schaffen.

II. Themengruppen für Vorhaben und Lehrgänge

Themen für Unterrichtseinheiten finden wir, sobald die Funktions- und Lernziele des Faches für die einzelnen Klassen erkannt sind. Nicht alle Themen lassen sich mit jeder Klasse durchführen. Lehrer und Schüler brauchen einen Bewegungsspielraum. Die Themen werden so gewählt, daß sie den Intellekt, den Gestaltungstrieb und den Sozialtrieb zugleich ansprechen. Auf diese Weise werden die theoretischen wie die künstlerischen und die sozialen Begabungen erfaßt: sie alle erfahren den Wechselbezug von Aufnehmen und Hervorbringen, von Denken und Handeln. Der thematische Unterricht verbindet die Teilgebiete des Faches vom Thema und von der gestellten Aufgabe her zu einem Ganzen. Naturgemäß liegen Schwerpunkt und Zielsetzung das eine Mal mehr bei der Anleitung zum Verstehen, das andere Mal mehr beim sozialen Handeln oder beim produktiven Gestalten.

Die Themen sollen nicht nur eine Konzentration innerhalb des Faches, sondern nach Möglichkeit auch die Zusammenarbeit mit anderen Fächern veranlassen. Mit Bildender Kunst, Geschichte, Religionslehre, mit den neueren Sprachen, Leibesübungen und mit der Biologie hat der Deutschunterricht manche Phänomene gemein, die gleichzeitig von mehreren Fächern nach deren Untersuchungsmethoden angegangen werden. Wir reden nicht einem Gesamtunterricht nach dem Muster der Grundschule das Wort; die Eigengesetzlichkeit der Fächer soll vielmehr den Schülern bewußt werden, weil sie nur so zu einer ersten Methodenbesinnung und selbständigen Arbeitsweise gelangen, doch dürfen wir zwischen den Fächern keine künstlichen Schranken errichten, sondern müssen die vorhandenen Türen öffnen. Die Anregung zur Zusammenarbeit kann vom Deutschunterricht ausgehen.

Ein Thema wird in der Regel nicht länger als drei bis vier Wochen behandelt, damit das Interesse nicht erlahmt. Die Schüler wirken bei der Wahl, der Planung und der Durchführung des Themas mit. Entsprechend den drei Aufgabengebieten — handwerkliches Können, wissenschaftspropädeutisches Arbeiten, künstlerisches Gestalten — finden wir drei großen Zyklen von übergreifenden Themen für mögliche Unterrichtseinheiten:

a) Wir üben eine sprachliche Darstellungsform (handwerklich).
b) Wir lösen gemeinsam ein Problem (wissenschaftspropädeutisch).

Dabei gehen wir aus entweder
1. von der Frage nach den literarischen Formen und Gattungen oder
2. von dem Wunsch, uns einen ersten Einblick in eine interessante literarische Epoche oder Erscheinung zu verschaffen oder
3. von einer allgemein-menschlichen Frage.

c) Wir erarbeiten ein Gemeinschaftswerk oder eine Vorführung (künstlerisch).

Einem Mißverständnis sei vorgebeugt: Zwar sollen alle Themen die einzelnen Gebiete des Faches verbinden, doch wird immer ein Teilgebiet im Vordergrund stehen, denn stets muß die Arbeit von einer konkreten Aufgabenstellung aus in Gang gesetzt werden. Unsere Themengruppen bezeichnen die Ausgangsfragestellung und den Schwerpunkt der Arbeit. Damit ist schon angedeutet, daß wir in der Abfolge der Themengruppen im Laufe eines Jahres abwechseln. Im folgenden zählen wir mögliche Themen auf und erläutern diejenigen, die neuartig sind und nicht an anderer Stelle ausführlich behandelt werden.

a) Sprachliche Darstellungsformen

Im 7. und 8. Schuljahr üben wir:
1. Inhaltsangabe und Précis in Verbindung mit der Lektüre von Prosawerken,
2. den Sachbericht in Verbindung mit dem Biologie- und Geschichtsunterricht.

Im 8. und 9. Schuljahr üben wir:
3. die Charakteristik in Verbindung mit der Dramenlektüre,
4. die Naturschilderung in Verbindung mit der Gedichtbetrachtung.

Im 8. bis 10. Schuljahr üben wir:
5. die Erörterung in Verbindung mit der Lektüre, mit Rund- und Streitgespräch,
6. die Einführung in den Interpretationsaufsatz am Beispiel von Anekdote, Kurzgeschichte, Gedicht und Ballade,
7. die Gesprächsführung beim Rundgespräch und Streitgespräch in Verbindung mit der Lektüre,
8. das Kurzreferat in Verbindung mit der Lektüre, auch der Privatlektüre,
9. Interview und Reportage in Verbindung mit Rund- und Streitgespräch über soziale, politische und kulturelle Fragen,
10. Pamphlet, Reklame und das Verfassen von Leitartikeln in Verbindung mit der Redaktion der Schülerzeitschrift der Schule.

Gewiß lassen sich diese Darstellungsformen bei vielen Anlässen mitüben, selten findet jedoch dabei bislang eine grundsätzliche methodische Besinnung und Vorplanung statt. Es ist deshalb ratsam, die einzelnen Formen zum Gegenstand einer eigenen Unterrichtseinheit zu machen und systematisch zu üben.

b) Die Erörterung eines sprachlich-literarischen oder allgemein-menschlichen Problems

Im Deutschunterricht der Mittelstufe überwiegt heute in der Regel die inhaltliche Erörterung allgemein-menschlicher Probleme. Auch bei einem thematisch orientierten

Unterricht hat die Erörterung einer Lebensproblematik ihre Berechtigung; aber sie wird als „Einstieg" in ein sprachlich-literarisches Problem benützt. Insgesamt messen wir diesem zweiten großen Themenzyklus nicht mehr Gewicht bei als den beiden anderen.

1. Einführung in das Verständnis der literarischen Formen und Gattungen

Einführung in die literarischen Kurzformen. Dabei verbinden wir gerne zwei Formen zu einer Einheit: Kurzgeschichte und Anekdote; Schwank und Satire; Kunstmärchen und science fiction. Die Werkuntersuchungen stehen in Verbindung mit eigenen Gestaltungsversuchen. Nebenbei entsteht als Gemeinschaftswerk ein Buch ‚Selbsterfundene Kurzgeschichten', ‚Fabeln', ‚Schwänke'.

Einführung in die Ballade oder das lyrische Gedicht in Verbindung mit Vortragsübungen, Situationsbildern und Interpretationsaufsatz.

Einführung in die Ganzschrift: Novelle, Roman, Drama, Lustspiel, Hörspiel in Verbindung mit Lese-, Spiel- und Vortragsübungen, mit der Einübung der Inhaltsangabe, der Charakteristik, der Erörterung, sowie mit eigenen Gestaltungsversuchen.

Diese drei Themenkreise sind seit Jahrzehnten üblich, wenn sie auch nicht systematisch behandelt werden. Es ist jedoch ein Unterschied, ob wir im 7. Schuljahr lediglich ankündigen: „Wir lesen in den nächsten Stunden ‚Der fahrend Schüler ins Paradeis' ", oder ob wir hinzufügen: „Wir wollen untersuchen, was ein Schwank ist und wie er sich von einer Lügengeschichte und von einer Erzählung aus ‚So zärtlich war Suleyken' unterscheidet." Der Unterricht hat jeweils eine andere Ausrichtung, wenn wir im 8. Schuljahr nur mitteilen: „Wir lesen Geschichten von Weisenborn, Schnurre und Brecht", oder wenn wir anfügen: „Wir wollen prüfen, ob und weshalb diese Erzählungen uns fesseln und was sie gemeinsam haben. Wir wollen in 14 Tagen einen Aufsatz über eine moderne Kurzgeschichte schreiben." Noch anders gestaltet sich der Unterricht, wenn wir nicht die Texte vorschreiben, sondern einigen Schülern Wochen vorher eine Sammlung von Schwänken in die Hand geben mit der Aufforderung, der Klasse vorzuschlagen, welche Texte wir untersuchen sollen.

2. Einführung in ein erstes Verständnis einer literarisch interessanten Epoche in Verbindung mit verwandten Fächern

Versuche im Tübinger Seminar für Studienreferendare haben ergeben, daß man im 8., 9. und 10. Schuljahr je einmal eine der großen Epochen zum Gegenstand einer Unterrichtseinheit machen kann. Der Deutschunterricht wird in dem Maße ernsthafter und kurzweiliger, wie er den Blick auf große Räume und soziokulturelle Fragen richtet. Wir geben Beispiele:

Leben und Literatur der Germanen. Unterrichtseinheit im 8. Schuljahr. Unser Stoffplan: Auszüge aus der ‚Germania' des Tacitus, Lektüre und Analyse der Lachswassertalsaga oder der Njalsaga, des Thrymliedes, eine Darstellung Thors und Wotans durch Eckart Peterich in ‚Götter und Helden der Germanen', die Merseburger Zaubersprüche im Urtext und in Übersetzung. — Im Geschichtsunterricht wird nach Absprache gleichzeitig die Christianisierung der Germanen und die Welt der Wikinger behandelt. — Im Fach Bildende Kunst werden Runensprüche gestochen oder geschnitten; das Vaterunser wird auf gotisch und althochdeutsch geschrieben. Die Wände des Klassenzimmers werden mit Bildern zur Kunst und Kultur der Germanen geschmückt.

Gestaltungsversuche: Eine Saga wird teilweise in Stabreimverse umgeformt. Zum Abschluß der Unterrichtseinheit wird eine andere Saga ausgeteilt. Die Schüler erhalten den Auftrag, auf Grund der erworbenen Kenntnisse und Fertigkeiten den Inhalt mit ihren Worten wiederzugeben und das Geschehen zu kommentieren. Damit haben wir die erste Stufe des Interpretationsaufsatzes erreicht.

Einführung in die mittelhochdeutsche Sprache und in die Welt der Staufer im 8. oder 9. Schuljahr. Bereits auf der Unterstufe kann man einige Lieder Walthers von der Vogelweide und Neidharts von Reuenthal in der Ursprache lesen und auswendig lernen, so z. B. ‚Muget ihr schouwen, waz dem meien', ‚Uns hât der winter geschât über al', ‚Diu welt was gelf, rôt unde blâ', ‚Uf dem berge und in dem tal'. Im 7. und 8. Schuljahr mögen andere Walthergedichte hinzukommen. Auf der Mittelstufe empfiehlt es sich, in einem geschlossenen Lehrgang von fünf bis sechs Wochen in die mittelhochdeutsche Sprache und in die Staufische Klassik einzuführen. Wir tun es, wenn im Geschichtsunterricht die Staufer behandelt werden. Da auch der Geschichtslehrer mehr und mehr zu arbeitsunterrichtlichen Formen übergeht, da außerdem der Musikunterricht Lieder, etwa von Oswald von Wolkenstein, singen lehrt, bietet das 8. oder 9. Schuljahr eine Gelegenheit für das Zusammenspiel der Fächer Deutsch, Geschichte und Musik in einem mehrwöchigen Lehrgang. — Im Fach Bildende Kunst wird einer der Staufischen Dome betrachtet; die Wände der Klassenzimmer werden zur Illustration der staufischen Epoche verwendet.

P l a n u n g : In einer Vorbesprechung koordinieren die drei Fachlehrer mit der Klasse Unterrichtsziel und Stoffplan. Der Arbeitsplan wird festgelegt, langfristige und nach Gruppen differenzierte Arbeitsaufträge werden erteilt. Der Musiklehrer lädt zur freiwilligen Mitarbeit in einem Chor ein. Am Ende der Unterrichtseinheit veranstaltet die Klasse einen Elternabend oder eine Abschlußstunde im Klassenzimmer in Anwesenheit von Gästen.

A b s c h l u ß : Eine Gruppe von vier bis fünf Schülern berichtet über die geschichtlichen Ereignisse, das Mainzer Hoffest von 1184, die Kreuzzüge, das Interregnum, über das Leben der Adligen auf den Burgen, der Bürger in den Städten, der Bauern auf dem Lande. Eine andere Gruppe trägt Gedichte Walthers und Neidharts, Sprüche aus Freidanks ‚Bescheidenheit' in der Ursprache auswendig vor und gibt eine Übersetzung mit Kommentar. Der Chor singt Vagantenlieder und Lieder Oswalds von Wolkenstein.

D u r c h f ü h r u n g : Bei vier Deutsch-, zwei Musik- und zwei Geschichtsstunden in der Woche läßt sich das Programm in fünf bis sechs Wochen so erarbeiten, daß die Schüler einfache mittelhochdeutsche Texte phonetisch richtig lesen und einen Einblick in die Lebensweise und Kultur der Menschen der Stauferzeit erhalten, der dem Geschichtsverständnis wie der sprachlich-literarischen Bildung mehr dient, als wenn die Fächer unabhängig voneinander ihr „Pensum" erledigen. Die Konzentration innerhalb des Faches und zwischen den Fächern führt zu einer psychischen Konzentration der Schüler. Der Eifer der Schüler, nicht zuletzt durch die Abschlußveranstaltung angeregt, belohnt den Lehrer für die aufgewandte Mühe.

Andere Möglichkeiten für die gleiche Zusammenarbeit der Fächer im 9. Schuljahr: „Die Welt Luthers, Hans Sachsens, Huttens und der Bauernkrieg." „Die Welt des barocken Menschen mit seinen Kirchen, Schlössern, Liedern und Gedichten." Im 10. Schuljahr kann man eine oder zwei der folgenden Epochen auf ähnliche Weise erarbeiten: „Sturm und Drang", „Romantik", „Naturalismus", „Expressionismus", „Gegenwartsliteratur".

Rechtfertigung unseres Verfahrens: Ohne erstes geschichtliches Verständnis ist die Lektüre eines Eddatextes, die Behandlung der Nibelungensage unfruchtbar. Literarisches Werkverständnis ist mit einem Verständnis der historischen Welt verknüpft; das eine soll gleichzeitig mit dem anderen aufgebaut werden. Die jungen Menschen in der Pubertät werden häufig schulmüde, weil ihnen der Unterricht kein konkretes Betätigungsfeld eröffnet. Die Literaturbetrachtung beschränkt sich zu stark auf die Werke des 19. Jahrhunderts. Es fehlen die großen Kontraste innerhalb der Lektüre; folglich werden auch nicht die weiten Horizonte eröffnet. Wie anders, wenn wir die Welt der Saga in Kontrast mit den modernen Kurzgeschichten, einige Walthergedichte in Gegensatz zu Eichgedichten stellen, selbst Stabreime anfertigen, wenn wir die mittelhochdeutsche Sprache mit der Gegenwartssprache konfrontieren, wenn die Bildende Kunst staufische Dome mit modernen Kirchenbauten vergleicht. Das Befangensein der Schüler in einer engen Vorstellungswelt löst sich.

Was unterscheidet die Einführung in das Epochenverständnis auf der Mittelstufe von dem der Oberstufe? Auf der Mittelstufe herrscht das stoffliche Interesse am konkreten Einzelfall vor: es fesselt die einmalige geschichtliche Person eines Dichters (Walthers) und die konkrete soziale Situation, aus der heraus er spricht. Daher müssen der konkrete Raum und die konkrete Zeit greifbar werden. Hier wirken Bildende Kunst, Musik und Dichtungsbetrachtung zusammen. Auf der Mittelstufe liegt der Akzent auf der Schaffung konkreter Bezüge, die Geistesgeschichte interessiert nur am Rande. Auf der Oberstufe tritt das Konkrete zwar nicht zurück, wohl aber wird das Interesse an der gesellschaftlichen Einordnung größer; der Überblick über einzelne Epochen vertieft das Verständnis für die Sprache und Literatur der Gegenwart.

3. Die Erörterung eines allgemein-menschlichen Problems

Die Einführung in die Stilform der Erörterung erfordert die Klärung von Lebensfragen in Verbindung mit der Privat- und Klassenlektüre. Die Lesebücher der Mittelstufe bieten geeignete Texte, doch tun wir gut, immer wieder neue Texte selbst zu sammeln und den Unterricht von der Sache her zu beleben. Die folgende Themenliste soll den Umfang der Möglichkeiten kennzeichnen und zu weiteren Versuchen anregen:

Tiersprache und Menschensprache. Eine Unterrichtseinheit im 8. oder 9. Schuljahr in Verbindung mit dem Biologieunterricht. Dort wird die Sprache der Bienen behandelt. Die Schüler werden aufgefordert, Beobachtungen über die Verständigungsweisen je eines Tieres anzustellen und damit die Wortsprache des Menschen zu vergleichen. Der Lehrer teilt einen kurzen Ausschnitt aus Friedrich Kainz ‚Sprachpsychologie' mit. Die Untersuchungsfrage lautet: Was kann das Tier durch Gebärden und Laute ausdrücken und was der Mensch durch Gebärde und Wort?

Der Mensch im Angesicht des Todes. Es werden Texte unter dem Gesichtspunkt erörtert, wie verschieden sich die Menschen in der äußersten Gefahr verhalten. Die Texte werden nicht nur auf dieses Thema hin befragt, sondern auch auf die Sprachform untersucht (Stilanalyse). Wir lesen das Tagebuch der Anne Frank; Jens ‚Ahasver'; Böll ‚Im Durchgangslager' und als Gegenstück Werke, in denen sich die Menschlichkeit auch im Augenblick des Todes bewährt.

Diebstahlgeschichten: Eich: ‚Züge im Nebel'; Gaiser ‚Die schlesische Gräfin', Risse ‚Der Diebstahl', Hebel ‚Geschichten vom Zundelheiner und Zundelfrieder ...'

Das Fliegen, ein Traum der Menschheit: Mythos und Wirklichkeit, von der Antike bis zur Gegenwart.[1]

Wie stellt man die Technik in Wort und Bild dar? Eine Untersuchung moderner Gedichte und Prosatexte in Verbindung mit eigenen Versuchen unter Mitwirkung des Faches Bildende Kunst.

c) Das Gemeinschaftswerk und die Schülervorführung

Je mehr wir die produktiven Kräfte des Intellekts, der Phantasie und des Spieltriebs auf ein konkretes Ziel hin ausrichten, desto lebendiger, anregender, dynamischer wird der Unterricht. In den folgenden Kapiteln werden hierfür Möglichkeiten beschrieben:

Wir schaffen gemeinsam ein Buch: ‚Moderne Kurzgeschichten', ‚Anekdoten', ‚Fabeln', ‚Moderne Gedichte', ‚Flugblätter', ‚Filmkritiken'.

Wir verfassen ein Hörspiel, eine Szenenfolge, ein Lustspiel und führen es auf.

Wir planen die Unterrichtseinheit so, daß am Ende eine Aufführung vor Gästen oder einfach die Abschlußstunde im Klassenzimmer steht.

Wir analysieren ein Drama zu dem Zweck, nach sechs Stunden die wichtigsten Szenen mit verteilten Rollen in der Klasse zu lesen.

Voraussetzung für solche Versuche ist die Überzeugung von ihrer Notwendigkeit. Der Lehrer wage einen Versuch, und er wird merken, daß den Unterricht ein frischer Wind durchweht und ein neues persönliches Verhältnis Lehrer und Schüler verbindet.

Haben wir uns die Themengruppen für einen kooperativen Unterricht zurechtgelegt, so entsteht die Frage nach der Planung und Durchführung im einzelnen. Dabei unterscheiden wir drei Zeitstufen oder Planungsformen:

Die Planung und Durchführung der Unterrichtseinheit gemeinsam mit den Schülern,

die Planung und Durchführung des Tertials- oder des Jahresunterrichts gemeinsam mit den Schülern und in Absprache mit den Vertretern verwandter Fächer,

die Planung des Stufenunterrichts (7. und 8., 9. und 10. Schuljahr) gemeinsam mit den Deutschlehrern und in Absprache mit den Vertretern verwandter Fächer.

In den zukünftigen Lehrplanrichtlinien sollte die Kooperation mit den Schülern, den Fachvertretern und den Vertretern verwandter Fächer institutionell festgelegt werden.

---

[1] Brauchbares Material in: Dichter reisen zum Mond. Utopische Reiseberichte aus zwei Jahrtausenden, hrsg. von Helmut Swoboda. Fischerbücherei 1040, September 1969.

III. Planung und Durchführung der Unterrichtseinheit

Mit jedem Vorhaben oder Lehrgang verfolgen wir gleichzeitig mehrere Lernziele:

1. inhaltlich: Die Schüler eignen sich Erfahrungen und Kenntnisse aus einem Gebiet der Sprache oder der Literatur mit den dazugehörenden Grundbegriffen und Darstellungsformen an;
2. sozialpädagogisch: sie entwickeln ihre Fähigkeit zum partnerschaftlichen Arbeiten und Handeln, zum Organisieren und Durchführen gemeinsamer Unternehmungen;
3. künstlerisch: sie üben sich im Hervorbringen literarischer und rhetorischer Formen;
4. methodisch-wissenschaftspropädeutisch: sie lernen argumentieren, interpretieren, referieren, werten.

Aus dieser Zielsetzung ergibt sich unser differenzierter Leistungsbegriff, der für die Leistungsbeurteilung entscheidend ist. Die Grundsätze der Notengebung werden mit der Klasse erörtert; für jede Unterrichtseinheit übernimmt eine Expertengruppe die Mitverantwortung für die Notengebung. Wir unterscheiden:

Lern- und Wissensleistung: Abfragbares Wissen, Kenntnis der Grundregeln der Grammatik, Kenntnis literarischer Werke und ihrer Verfasser, Auswendiglernen einiger Textstellen im Laufe des Jahres.

Soziale Verhaltensleistung: Mitgestaltung des Unterrichts, Aktivität in der Gruppe, Mitwirken bei der Organisation von Kollektivunternehmungen, Übernahme von Sonderaufgaben, Fähigkeit zur Leitung einer Diskussion.

Künstlerische Leistung: Tätigkeit im Hervorbringen literarischer Kleinformen, im Vortrag und freien Sprechen.

Verstehens- und Arbeitsleistung: Fähigkeit des schriftlichen und mündlichen Erklärens, Erläuterns, Deutens, Beschreibens, Wertens.

Der heute häufig verwendete Begriff der Kreativität umfaßt die Fähigkeit zu sozialer, künstlerischer und wissenschaftspropädeutischer Eigenleistung.

Bei der Planung und Durchführung einer Unterrichtseinheit unterscheiden wir drei Phasen mit je verschiedenen Schwierigkeiten, die jedoch nicht immer deutlich voneinander zu trennen sind:

a) die Informations- und Planungsphase,
b) die Ausführungsphase,
c) die Integrationsphase, verbunden mit Leistungs- oder Erfolgstest und kritischem Rückblick.

a) Die Informations- und Planungsphase

Sie erfüllt eine dreifache Funktion:

1. Schaffung einer Lern- und Arbeitsmotivation. Ein Thema wird in seiner Problematik und Aktualität vom Lehrer so anschaulich vorgeführt, daß es Interesse, Forschertrieb und Gestaltungswillen weckt. Die Klasse kann Gegenvorschläge machen.
2. Festlegung eines operationalen, d. h. realisier- und übertragbaren Lern- und Arbeitsziels mit Bestimmung des Zeitplans und der Art der Leistungskontrolle am Ende des Unterrichtszyklus.

3. Verteilung der Arbeitsaufträge mit kurz- und langfristigen, differenzierenden Hausaufgaben für Referate, Untersuchungen, Diskussionen, literarische Versuche; Benennung einer Expertengruppe, bestehend aus drei bis vier Schülern, die gemeinsam mit dem Lehrer die Arbeit steuert, und eines (oder mehrerer) Protokollführers für das Klassenprotokollheft.

Hinweise zur Durchführung der Informations- und Planungsstunde:

Erstes Beispiel: Massenmedien im 9. Schuljahr

„Ihr wünscht euch eine Beschäftigung mit Film und Fernsehspiel, mit Zeitung, Zeitschrift und Groschenroman. Als Themen für unsere Arbeit in den nächsten Wochen bieten sich an: Theater und Film. Film und Fernsehspiel. Die Sprache der Groschenhefte. Propaganda und Reklame. Wir wollen Darstellungsmittel und Qualität der Massenmedien an einem oder zwei Beispielen kennenlernen. In einer Woche entscheiden wir uns. Gemeinsam mit der Expertengruppe wird das Arbeitsprogramm vorbereitet. In 14 Tagen beginnen wir. Zeitdauer: Vier Wochen. Ziel und Leistungstest könnt ihr mitbestimmen. Möglichkeiten für diesen Test: Schriftliche Kritik eines Films, den wir gemeinsam besuchen; sprachliche Analyse eines Werbetextes; Umsetzen eines Prosatextes in eine Drehbuchszene; Verfassen eines Artikels für eine Jugendzeitschrift; Verfassen eines Flugblatts oder eines Werbetextes."

Zweites Beispiel: Einführung in einen Zyklus „Gegenwartslyrik" im 9. Schuljahr

„Ihr interessiert euch für Gedichte der Gegenwart; die Texte provozieren, weil sie dunkel und doch faszinierend sind. Wir wollen auf einem Umweg zu ihrem Verständnis kommen. Ich schlage vor, daß wir selber charakteristische Motive als Situationsbilder aus dem Alltag in der Form moderner Lyrik gestalten. Unser erster Schritt: wir sammeln Motive. Ich nenne euch zur Anregung einige Beispiele: Beat, Kaugummi, Schlagerplatten, APO, Mißwirtschaft, Verkalkt, Verschnupft, Verdummt, Verdammt, Verkohlt, Campingplatz, Autofriedhof, Rummelplatz, Hausarbeit, Klassenarbeit, Lärm im Klassenzimmer. Ihr haltet eure Beobachtungen zum Thema schriftlich im Telegrammstil oder in Form einer Skizze und als Schnappschuß mit dem Fotoapparat fest. Dieser erste Versuch wird überarbeitet; wir machen daraus „Lyrik". Welche Formmerkmale kennzeichnen moderne Lyrik? Wir wollen Beispiele daraufhin untersuchen. Unsere Absicht: Wir wollen Unterhaltungsliteratur und Lyrik produzieren und an vorgegebenen Mustern lernen, wie solche Produkte gemacht werden. Zum Abschluß des Lehrgangs wollen wir die besten Fotos und Texte prämiieren; dazu brauchen wir ein Preisrichterkollegium. Ein Interpretationsaufsatz über ein modernes Gedicht soll den Unterrichtszyklus abschließen."

Drittes Beispiel: Einführung in das Wesen des Komischen im 9. Schuljahr

„Ihr habt Freude am Theaterspiel und äußert den Wunsch, ein lustiges Spiel zur Aufführung vorzubereiten. Unsere Absicht: Wir wollen komische Situationen selbständig im Alltag und in der Literatur aufsuchen und mimisch darstellen." Der Lehrer hilft komische Grundsituationen der Comedia dell'arte skizzenhaft in den heutigen Alltag übertragen. Aus den Lustspielen Shakespeares, Molières, Lessings, Hauptmanns, Dürrenmatts, aus Prosastücken von Tucholsky, Kästner, Busch, Lenz, Böll werden komische Situationen von Schülern ausgesucht, vorgeführt und analysiert. Während des Lehrgangs schreibt jeder Schüler eine selbstbeobachtete komische Situation szenisch nieder. Anregungen hierzu:

‚Der Schluckauf bei der Festrede'; ‚Er hat sich lächerlich gemacht'. Typen in einer komischen Situation: Der unbeholfen-dicke Wirt läuft wie der Blitz davon; Der eifersüchtige Liebhaber macht seiner Freundin eine Szene.

Wird im Theater oder im Fernsehen ein Lustspiel aufgeführt, so sehen wir es uns soweit möglich gemeinsam an; am konkreten Beispiel wird jetzt die Machart des Komischen analysiert.

Die Schülerarbeiten werden zu einem Gemeinschaftswerk ‚Komische Situationen im Alltag und in der Literatur' zusammengestellt und von einem Preisrichterkollegium beurteilt. Komische Szenen werden gruppenweise zum Spiel in der Klasse vorbereitet.

Viertes Beispiel: Der gut und der schlecht gemachte Kriminalroman

Groß ist das Interesse für Kriminalromane. Wir untersuchen zwei Werke und erarbeiten uns Maßstäbe zur Beurteilung von Kriminalgeschichten und zur Wertung von Büchern. Unterrichtsziel: Anleitung der Klasse zum Befragen und Untersuchen literarischer Werke, zur Methodenbesinnung, zur Bildung des literarischen Geschmacks, zum Gattungsverständnis.

Beispiel: Der Vergleich der ‚Judenbuche' mit einem Groschenheft.

Die Klasse übernimmt es, beide Geschichten mit dem Bleistift in der Hand zu lesen. An einzelne Gruppen werden folgende Aufträge verteilt:

1. Gruppe: Schriftliche Inhaltsangabe beider Werke.
2. Gruppe: Welche Einzelhandlungen kennzeichnen die Hauptpersonen, und wie werden diese von der Umwelt beurteilt?
3. Gruppe: Untersuchung des Aufbaus beider Werke mit graphischer Darstellung.
4. Gruppe: Welches sind die Gelenkstellen in beiden Werken? Begründung der Wahl.
5. Gruppe: Welches sind die wiederkehrenden Sprachbilder und die Eigentümlichkeiten des Satzbaues?

Das Planen von Unterrichtseinheiten will gelernt sein. Nicht selten erweist sich der gemeinsam aufgestellte Plan als unökonomisch: die Schüler ermüden, der Zeitplan wird nicht eingehalten — ein Zeichen, daß der Lehrer sich zuviel vorgenommen hat und die Schüler überfordert. Daher muß jeder Plan variabel entworfen, elastisch durchgeführt, u. U. verkürzt und die Art der Mitarbeit der Klasse geändert werden.

b) Die Durchführung der Unterrichtseinheit

Der Lehrer bespricht die Planung zunächst mit der Expertengruppe, dann mit der Klasse und entwirft daraufhin ein Arbeitsprogramm für die gesamte Unterrichtseinheit. Beim ersten Versuch mit der sozial-integrierten Unterrichtsweise stellen sich folgende Schwierigkeiten ein, die nicht entmutigen sollten:

(1) Arbeitstechniken und Unterrichtsformen werden nicht beherrscht; zu ihrer Einübung benötigt man Monate;

(2) die Schüler bereiten sich nicht gründlich vor; die freiwillig übernommenen Hausaufgaben werden nicht oder oberflächlich erledigt;

(3) die Schüler halten den traditionellen Unterricht für bequemer, sie möchten zu ihm zurückkehren;

(4) die Expertengruppe beteiligt sich nicht aktiv;

(5) der Lehrer meint, er könne den Schülern das Feld überlassen, und hört auf, den Unterricht zu lenken. Die Folge ist, daß die Schüler weniger lernen als im traditionellen Unterricht.

Das bestehende Schulsystem erschwert die Durchführung eines kooperativen Unterrichts; aber wir können mit seiner Verwirklichung nicht warten, bis die Gesellschaft die Schule anders organisiert hat. Im bestehenden System können wir die Schwierigkeiten durch folgende Maßnahmen beseitigen:

(1) Das Einüben der Arbeitstechniken und Unterrichtsformen wird den Schülern als Hauptaufgabe des Unterrichts erläutert;

(2) Die Unterrichtsformen werden in den ersten Monaten des Schuljahres systematisch geübt;

(3) die differenzierten Hausaufgaben werden z. T. schriftlich ausgearbeitet und mündlich vorgetragen;

(4) mit der Expertengruppe werden außerhalb des Unterrichts zwei Planbesprechungen durchgeführt;

(5) der Lehrer greift ständig durch Zusammenfassung der Ergebnisse, durch neue Fragestellungen und Arbeitsaufträge in den Unterricht ein; er steuert, bestimmt das Niveau und hilft mit bei der Fixierung der Teilziele;

(6) notfalls werden Arbeitstempo und Zeitdauer für den Lehrgang abgeändert.

c) Zusammenfassung der Ergebnisse, Leistungstest, Schülerbeurteilung, Kritik

Manchmal scheitert das sozial-integrative Unterrichtsverfahren in der dritten Phase, bei der Integration der Teilergebnisse; denn jede Schülergruppe ist vorwiegend nur an ihrer speziellen Aufgabe interessiert; die übergreifende Fragestellung wird noch nicht erkannt: ein Zeichen, daß der Lehrer die Schüler überfordert. Am einfachsten ist die Integration zu erreichen beim Vorhaben. Deshalb empfiehlt es sich, viele Lehrgänge als Vorhaben durchzuführen. Am Ende liegt das fertige Werk vor, ein Buch, eine Bandaufnahme, die Vorführung eines Streitgesprächs vor Gästen, ein Interpretationsaufsatz, eine Diskussion über den Unterrichtsertrag, von einem Schüler geleitet, die Vorlesung wichtiger Protokolle von gelungenen Einzelstunden.

Auch wenn kein solches Vorhaben am Ende der Unterrichtseinheit steht, erfolgt die Beurteilung der Schülerleistungen in öffentlicher Form in der Klasse. Die Expertengruppe ist beauftragt, die schriftlichen und mündlichen Leistungen zu begutachten und ihr Urteil der Gesamtheit vorzulegen. Der Lehrer leitet die Diskussion, denn nicht immer sind alle Schüler zu einer sachlichen Leistungsbeurteilung fähig. Aber es ist schon viel erreicht, wenn die Grundsätze der Zeugnisgebung am Beispiel den Mitschülern erläutert werden.

Bei der öffentlichen Benotung von Schüleraufsätzen verfahren wir so: Ein Schüleraufsatz wird hektographiert. Die Prinzipien der Bewertung werden gemeinsam besprochen und schriftlich festgehalten. In Gruppen zu drei bis fünf Schülern wird der Aufsatz korrigiert, beurteilt und benotet. Anschließend erfolgt die Diskussion über die richtige Note. Es fällt der Klasse schwer, sich auf eine Note zu einigen. So wird am Einzelfall die Problematik der Beurteilung geklärt. — Jede Aufsatzart stellt andere Anforderungen an die Korrektur; „Inhalt" bei der Inhaltsangabe meint etwas anderes als 'Inhalt' bei einer Charakteristik, einer Schilderung. Deshalb: wird eine neue Aufsatzart eingeübt, dann korrigieren wir jedesmal gemeinsam einen Aufsatz, weil wir auch gemeinsam uns die Korrekturrichtlinien erarbeiten bzw. die weiterhin gültigen überprüfen.

Die Expertengruppe korrigiert mit dem Lehrer noch einen weiteren Aufsatz, wenn es vom Verfasser gewünscht wird.

Am Ende jedes Lehrgangs steht die Kritik der Klasse an Planung, Durchführung und Ergebnis der Unterrichtseinheit, am Lehrer und an den Mitschülern. Schüler äußern in der Regel zunächst subjektive Meinungen. Es kostet einige Mühe, mit ihnen Kriterien zu einer sachlichen Kritik zu erarbeiten und sie zu einem objektiv-kritischen Verhalten anzuleiten. Entscheidend ist, daß wir bei unserer Art der Unterrichtsorganisation die Schülerkritik institutionalisieren.

Die Anleitung zur Kritik ist ein operationales Lehrziel. Zur Aufstellung der Kriterien bedienen wir uns folgenden Schemas:

Graphische Darstellung der Phasen der Unterrichtsorganisation

Operationales Lernziel

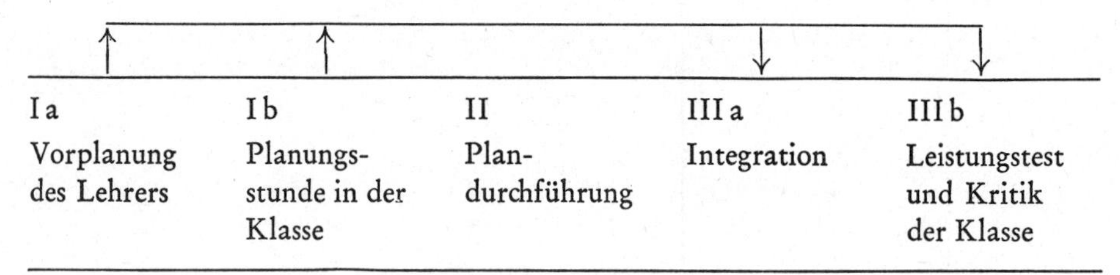

Kriterien zur Beurteilung der Unterrichtssequenz:

1. War der Unterricht vom Lehrer und von der Expertengruppe zweckmäßig vorgeplant?
2. Hat sich der Unterrichtsgegenstand als lohnend erwiesen?
3. Wurde das Unterrichtsziel ganz oder teilweise erreicht?
4. Wie war die Mitarbeit der Klasse, die Führung durch den Lehrer, die Tätigkeit der Expertengruppe?
5. Methodische Vorschläge für die weitere Arbeit.

IV. Planung und Durchführung des Tertials- und Jahresunterrichts

Die Mitbestimmung der Schüler im Unterricht setzt die Tertials- oder Jahresplanung voraus. Der Jahresplan besteht in der Regel aus einer Folge von etwa acht bis zwölf Einzelvorhaben und Lehrgängen, zwischen denen nicht geplante Unterrichtsstunden oder -zyklen erscheinen.

a) Die Aufstellung eines Tertials- oder Jahresplans

Erste Möglichkeit: Der Lehrer legt der Klasse einen Entwurf mit Variationsmöglichkeiten und Alternativvorschlägen hektographiert entweder am ersten Schultag oder am letzten Tag des abgelaufenen Jahres zur Stellungnahme vor. Die Klasse äußert Wünsche, macht Abänderungsvorschläge. So entsteht ein Tertials- oder Jahresplan, der jederzeit durch gemeinsamen Beschluß abgeändert werden kann. Dieser Plan wird den Lehrern verwandter Fächer mit der Bitte um Zusammenarbeit zugestellt. Nicht mehr als zwei Unterrichtseinheiten werden mit einem anderen Fach im Laufe des Jahres durchgeführt. Für jede Unterrichtseinheit tragen sich frühzeitig drei bis vier Schüler als Experten ein. Mit diesen Expertengruppen (siehe oben) bespricht der Lehrer Stoffauswahl, Zeitdauer, Arbeitsaufträge und Ziel der Lehrgänge. Im 7. und 8. Schuljahr genügt es, die Arbeit auf drei Monate im voraus gemeinsam festzulegen, im 9. und 10. Schuljahr empfiehlt es sich, die Jahresarbeit vorzubesprechen. Zwar erschwert die Planung der Jahresarbeit bzw. der Unterrichtseinheit dem Lehrer zunächst seine Arbeit, aber sie ist unumgänglich; und eines wird eindeutig erreicht: eine Straffung der Arbeit bei allen Beteiligten. Die Schüler können Stellung nehmen, eigene Vorschläge unterbreiten, jeder einzelne kann sich mit einem Sondergebiet beschäftigen; der Lehrer muß seine Vorschläge begründen und bewirkt eine stärkere Lernmotivation.

Zweite Möglichkeit: Der Lehrer teilt am ersten Schultag einen Informations- und Wunschzettel aus mit der Bitte, ihn genau auszufüllen. Der Zettel informiert über das, was während des Jahres unbedingt getan werden muß, und erbittet Angaben über das, was die Schüler lesen, schreiben und lernen wollen. Aufgrund dieser Schülerangaben erstellt der Lehrer einen Jahres- oder Tertialsplan mit Alternativvorschlägen.

b) Gliederung des Jahresplans

Die 120 Wochenstunden des Jahres gliedern wir folgendermaßen auf:

Zwei Lehrgänge: Anleitung zum Schreiben, Einführung in neue Darstellungsformen (Aufsatzarten), verbunden mit der Anleitung zur Begriffserläuterung, zum Streitgespräch und mit der Lektüre; zusammen etwa	20 Stunden
Ein Vorhaben: Aufführung eines Spiels, verbunden mit der Lektüre eines Dramas, oder Vorführung eines selbstverfaßten Hörspiels, verbunden mit der Analyse eines literarischen Hörspiels etwa	12—16 Stunden
Zwei Lehrgänge: Einführung in je eine literarische Gattung, verbunden mit Gestaltungsübungen und Textinterpretation zusammen etwa	20 Stunden

Ein Vorhaben: Rundgespräch, Streitgespräch, Referat mit Themen aus Privatlektüre, Jugendzeitschriften, Presse; zum Abschluß ein Rund- oder Streitgespräch vor Gästen etwa 12 Stunden

Ein Lehrgang: Einführung in Bauform und Wandlung der Gegenwartssprache (Grammatik), verbunden mit der Analyse von Werbe- und Propagandatexten etwa 12 Stunden

Ein Lehrgang: Einführung in Sprache und Darstellungsformen eines der Massenmedien, erarbeitet an einem Beispiel in Verbindung mit eigenen Versuchen 12—16 Stunden

Für Klassenaufsätze, Klassenarbeiten und Besprechung der Aufsätze rechnen wir insgesamt 24—32 Stunden

Beispiele für Alternativvorschläge des Lehrers, zu denen die Schüler Stellung nehmen:

Ein Lehrgang Kitsch und Schund: Gute und schlechte Kriminalromane, gute und schlechte Zukunftsromane, gute und schlechte Gedichte.

Ein Lehrgang Sprache: Die Sprache der Tiere, der Taubstummen, der Kinder.

Ein Lehrgang: Eine literarische Epoche in altersgemäßer Einkleidung. Im 9. Schuljahr: Welt und Leben der Germanen; Die Menschen um 1200, ihre Sprache, ihre Lebensweise; Grimmelshausen und die Menschen während des 30jährigen Krieges; Der Naturalismus.

Ein Lehrgang — aktuelle Werke der außerdeutschen Literatur: Rußland, USA, China, Japan.

Variation des Plans

Wir sehen 8—12 Lehrgänge und Vorhaben von 4—16 Stunden Dauer vor:

1. Anleitung zum Schreiben: Einübung neuer Aufsatzarten, Wiederholung bereits geübter Aufsatzarten; Einführung in journalistische Darstellungsformen.
2. Aufführung eines Spiels: Lektüre eines Dramas, verbunden mit der Aufführung einzelner Szenen, oder Analyse eines Hörspiels und Anfertigung eines eigenen Hörspiels, verbunden mit einer Bandaufnahme.
3. Einführung in eine epische oder lyrische Gattung, verbunden mit Gestaltungsübungen, Textinterpretation und Fragen der literarischen Wertung. Berühmte Werke der außerdeutschen Literatur können einbezogen werden.
4. Erziehung zum Sprechen: Einführung in die Formen des Gesprächs und der Rede: Diskussion, Debatte, Referat. Privatlektüre, Jugendzeitschriften, Tagespresse, Schulleben liefern die Themen; am Abschluß stehen vor Gästen geführte Diskussionen, Debatten, Referate oder die schriftliche Erörterung eines Problems in Aufsatzform.
5. Die Bedeutung der Sprache für den Menschen, untersucht an der Sprache der Tiere, der Kinder, der Taubstummen.
6. Untersuchungen zur Gegenwartssprache, zu ihrer Bauform und ihrem Wandel (Grammatik), verbunden mit der Analyse von Werbe- und Propagandatexten.

7. Einführung in eine literarische Epoche im 9. und 10. Schuljahr: Welt und Leben der Germanen; Die Menschen um 1200, ihre Sprache, ihre Dichtung, ihre Lebensweise; Grimmelshausen und die Zeit des 30jährigen Krieges; Der Naturalismus; Der Expressionismus.

V. Stufenplanung und Bildung von Niveau- und Interessengruppen

Die Planung der Unterrichtseinheit schafft die Voraussetzung für die Einführung sozialer Unterrichtsformen, die Jahresplanung für das Zusammenspiel verwandter Fächer, die Stufenplanung für die Modernisierung des Bildungsziels und des Lehrprogramms der Schule. Drei Grundsätze gelten für alle Stufen:
(1) Jedes Jahr hat der Stoffplan seine eigenen Schwerpunkte. Es muß der Eindruck vermieden werden, als wiederhole sich jedes Jahr derselbe Stoff. Daher jedes Jahr neue Bereiche der Literatur, neue Formen der Schreiberziehung, neue Formen für Gestaltungsversuche; daneben ein fester Bestand an immer wieder zu übenden Fertigkeiten.
(2) Jedes Jahr werden Werke der Gegenwartsliteratur, der Weltliteratur, der deutschen Vergangenheit und der Gebrauchsliteratur (Massenmedien) erschlossen. Dabei wird der Blick der Schüler auf die europäischen Grundlagen unserer Kultur und die globale Gültigkeit der literarischen Formen gelenkt.
(3) Die Stufenpläne sollen von den Deutschlehrern an den einzelnen Schulen in Abstimmung mit den Plänen verwandter Fächer als Rahmenpläne aufgestellt werden. Sie müssen so elastisch sein, daß sie keine Fessel, sondern eine Stütze für Lehrer und Schüler sind.

Die folgende Übersicht soll die Aufgabe und die damit verbundene Problematik sichtbar machen:

a) Modell für einen Stufenplan. Das Prinzip der Schwerpunktbildung

	7. Schuljahr	8. Schuljahr	9. Schuljahr	10. Schuljahr
1. Einführung in literarische Formen und Gattungen, verbunden mit Gestaltungsaufgaben	Anekdoten und Kurzgeschichten, Üben der Inhaltsangabe	Kurzgeschichten mit Interpretationsaufsatz		
		Das ernste Drama (Brecht, Schiller), falls nicht im 9. Schuljahr	Lustspiel und Komödie	Das Dokumentationstheater, falls nicht im 11. Schuljahr
		Die Novelle	Der literarisch wertvolle Roman des 19. Jh.s, falls nicht im 10. Schuljahr	Der Roman der Gegenwart

	7. Schuljahr	8. Schuljahr	9. Schuljahr	10. Schuljahr
	Der Schwank Die klassische Ballade Das technische Sachbuch	Der Abenteuerroman Das moderne Erzählgedicht, falls nicht im 9. Schuljahr	Der Kriminalroman Das lyrische Gedicht der Gegenwart, falls nicht im 10. Schuljahr Die Biographie	Der Schelmenroman Song und Moritat. Das Gedicht aus dem Computer. Dadaismus Die literarische Darstellung
2. Nationalliteratur	Hans Sachs, Fastnachtsspiele, Volksbücher, moderne Schwankliteratur	Welt und Werk der Germanen. Götter- und Heldensage in Verbindung mit Geschichte und Religion: Thrymlied, Lachswassertalsaga, Texte aus der Edda, Zaubersprüche, Texte über Bräuche der Germanen	Die Menschen um 1200: Ritter, Bürger, Bauern. Walther, Auszüge aus Nibelungenlied, Meier Helmbrecht, Freidank in Verbindung mit Geschichte, Religion, Musik	Menschen und Werke aus der Zeit des 30jährigen Krieges in Verbindung mit Musik, Bildender Kunst, Religion. Grimmelshausen, Gryphius, Angelus Silesius, falls nicht im 9. oder 11. Schuljahr
3. Weltliteratur	Homer und seine Welt, Auszüge in Übersetzung. Heinrich Schliemann. Quellentexte, Vasen, Architektur in Verbindung mit Geschichte	Don Quijote und seine Welt, in Verbindung mit Geschichte	Die Commedia dell'arte in Verbindung mit der Einführung in die Komödie. Einführung in die russische Literatur: Tolstoj, Lesskow, Turgenjew, Molière oder Shakespeare	Werke europäischer Völker aus dem 20. Jh. Etwa: Majakowski, Ostrowski. Hemingway oder Ibsen
4. Einführung in die Darstellungsformen der Massenmedien	Verfassen von Hörspielen nach Prosavorlage in Verbindung mit der Untersuchung von Hörspielen von Weyrauch, Andersch, Eich u. a. Besuch im Funkstudio	Kritische Auseinandersetzung mit Jugendzeitschriften oder mit Trivialliteratur	Einführung in die Darstellungsmittel des Films in Verbindung mit Versuchen zur Herstellung von Drehbuchszenen aus Prosavorlagen. Besuch eines Filmstudios. Diskussion über gemeinsam gesehene Fernsehsendungen und Filme	Einführung in die Darstellungsformen des Journalismus. Illustrierte, Bildzeitung, Tageszeitungen. Propaganda, Reklame, Leitartikel, Technik der Zeitungsherstellung. Die Aufgabe des Journalisten. Wir schaffen eine Nummer der Schülerzeitschrift.

	7. Schuljahr	8. Schuljahr	9. Schuljahr	10. Schuljahr
5. Einführung in die Aufsatzarten der Mittelstufe	Das sachliche Schreiben: Inhaltsangabe, Beschreibung, Bericht, Unterrichtsprotokoll. Der Précis	Einführung in die Erörterung, in die Charakteristik, in den Interpretationsaufsatz	Einführung in die Schilderung in Verbindung mit der Gedichtbetrachtung	Begriffserläuterung und Erörterung
6. Einführung in journalistische Formen		Die Reportage	Das Interview	Der Leitartikel
7. Anleitung zum Gespräch und zur Rede	Streitgespräch	Das Kurzreferat Das Rundgespräch	Die Propagandarede (= Werberede)	Pamphlet und Agitationsrede
8. Sprachkunde Grammatik, Stilistik	Die Periode: Formen des Nebensatzes; Abschluß der Zeichensetzlehre Sprichwort und Redensart; Namenkunde	Tempusbildung, Modi, Zeitenfolge; Wortbildung, Bedeutungswandel	Das Sprachbild: Metapher, Vergleich, Chiffre; Sprachlenkung	Rhetorische Figuren
9. Sprachtheoretische Betrachtungen		Die Sprache der Tiere, der Kinder	Die Sprache der Reklame und der Propaganda	Der Mensch ohne Sprache: Der Taubstumme. Helen Keller. Wolfskinder. — Politische Rede

Zu einem anderen Modell für einen Stufenplan gelangt man, wenn man das Prinzip des Kontrastes stärker bei der Anlage der einzelnen Unterrichtseinheit und der Aufstellung der Jahrespläne betont. So kann man jeweils ein Werk oder eine Epoche der deutschen Vergangenheit mit einem Werk oder einer Erscheinung der Gegenwart zu einer Unterrichtseinheit verbinden oder die Werke der Weltliteratur in Parallele zu Werken der deutschen Gegenwart setzen. Man kann Reportage und Interview als eine Einheit betrachten (8. Klasse), ebenfalls Propagandarede und Pamphlet (9. Klasse); fürs 10. Schuljahr lassen sich gegensätzliche Formen des Romans — Kriminalroman, Schelmenroman, ernster Roman — als ein Lehrgang ansetzen. Auch ist eine geschlossene Unterrichtseinheit klassische Ballade — modernes Erzählgedicht (einschließlich Song und Moritat) in der 9. oder 10. Klasse möglich.

Wie immer man den Stufenplan entwirft, er muß Schwerpunkte bilden, Alternativvorschläge enthalten und Wahlmöglichkeiten anbieten. Möglicherweise wird man in Kürze schon eine Abordnung der Schüler bei der Aufstellung eines schulinternen Stufenplans zu Rate ziehen, denn der Stufenplan bestimmt den Jahresplan und die Struktur der einzelnen Unterrichtseinheit. Der Arbeitsertrag wird erhöht, wenn die Prinzipien der Planung und der Lernziele der einzelnen Unterrichtseinheiten konkret formuliert und gemeinsam zwischen Lehrern und Schülern diskutiert werden.

b) Der Stufenplan als Voraussetzung zur Bildung von Niveau- und Interessengruppen

Das Deutsche Schulwesen entwickelt sich für das 5. bis 10. Schuljahr offensichtlich in Richtung auf die differenzierte Gesamtschule mit Niveau- und Interessengruppen. Selbst innerhalb des Gymnasiums werden sich in gewissem Umfang vermutlich bald Niveau- und Interessengruppen bilden. Jedenfalls empfiehlt es sich, mit solchen Gruppen didaktische Versuche durchzuführen. Im folgenden seien hierzu einige Anregungen gegeben:

Nehmen wir eine Schule mit drei und mehr Parallelklassen, gleichgültig, ob Realschule, Gymnasium oder Gesamtschule, so lassen sich bei Auflösung des starren Jahrgangssystems Niveau- und Interessengruppen (A-, B-, C-Züge) mit ständiger Durchlässigkeit bilden, die alle zur mittleren Reife (Abitur I) führen.

Alle Züge haben eine bestimmte Anzahl von G r u n d l e h r g ä n g e n gemein, unterscheiden sich jedoch in den Z u s a t z - oder E r g ä n z u n g s lehrgängen. Die Grundlehrgänge umfassen: Sprachlehre, Sprachkunde, Einführung in die Formen der schriftlichen Darstellung, der Rede und des Gesprächs, Einführung in die Gruppenarbeit, in die literarischen Gattungen und die sprachlichen Formen der Massenmedien. Zusatzlehrgänge für die A- und B-Züge enthalten — je nach Wunsch der Schüler — Einführung in die mittelhochdeutsche Sprache und Literatur, in das Barock, in die Weltliteratur (Homer, italienische, spanische, russische Literatur).

Die C-Züge befassen sich intensiver mit den Grundlehrgängen, vor allem der Gegenwartssprache und den Massenmedien, und verzichten auf frühere Epochen der deutschen Literatur, u. U. sogar auf außerdeutsche Schriftsteller.

Die Leistungsmessung erfolgt in allen drei Zügen nach den gleichen Grundsätzen: Nicht die Stoffkenntnis, sondern das sprachliche Können und die Fähigkeit zum selbständigen Arbeiten und Mitarbeiten in der Gruppe bestimmen das Zeugnis. Daher ist der Aufstieg vom C-Kurs nach Kurs B und A für arbeitswillige und begabte Schüler jederzeit möglich.

DRITTES KAPITEL

LERNZIELE UND VERFAHRENSWEISEN

Die Verwirklichung des kooperativen Unterrichtsprinzips ist nötig, wenn man vier Ziele erreichen will:

I. das Einüben von Arbeitstechniken und Unterrichtsformen, von sachlichen und sozialen Verhaltensweisen;

II. das Vermitteln von Grundfertigkeiten, z. B. des rhythmischen Lesens, des Freisprechens, des Diskutierens und Argumentierens;

III. den Aufbau sprachlich-literarischer Grundbegriffe;

IV. die Aneignung mündlicher und schriftlicher Darstellungsformen.

Methodenbewußtsein beim Schüler bildet sich durch das Verfolgen dieser vier Ziele. Allerdings sind manche der dabei auftauchenden didaktischen Probleme noch nicht geklärt; wir befinden uns am Anfang einer neuen didaktischen Reflexion über Formen der Unterrichtsgestaltung und können erst die Richtung zeigen, in der die Entwicklung verlaufen dürfte.

Die theoretischen und praktischen Schwierigkeiten beginnen bei der Definition der Begriffe. In der didaktischen Literatur wird zwischen Arbeitstechniken, Grundfertigkeiten, Arbeitsformen, Unterrichtsformen wenig geschieden. Wir wissen nicht, welches die wichtigsten Techniken, Grundfertigkeiten und Arbeitsformen sind, ein Zeichen, daß die Voraussetzungen zu einem planvollen Unterricht noch nicht hinlänglich geschaffen sind.

Unter Arbeitstechniken verstehen wir im folgenden elementare, isolierbare, mechanisierbare Fertigkeiten, die zum Erstellen von Arbeitsformen nötig sind. Daneben gibt es komplexe Fertigkeiten (Grundfertigkeiten, geistige Leistungen), die nicht als Arbeitstechniken angesprochen werden können, wie z. B. die Fertigkeit des rhythmisch-gliedernden Lesens, des Freisprechens, des Argumentierens und Diskutierens. Diese Grundfertigkeiten bekunden sich in schriftlichen und mündlichen Darstellungsformen wie Referat, Rede und in der Beherrschung der Aufsatzarten. Unterrichtsformen dagegen sind die Formen gemeinsamen Lehrens und Lernens, mit deren Hilfe der Schüler Information erhält, Arbeitstechniken und Grundfertigkeiten sich aneignet, sowie sachlich-soziale Verhaltensweisen ausbildet. Die Einübung der Unterrichtsformen ist eine wesentliche Aufgabe des Unterrichts selbst.

Regelkreis des kooperativen Unterrichts

Der Zusammenhang zwischen Unterrichtsplanung, Unterrichtsformen, Arbeitsformen, Arbeitstechniken und Grundfertigkeiten läßt sich durch nebenstehenden Regelkreis anschaulich machen, wobei der einzelne Faktor alle übrigen mitsteuert.

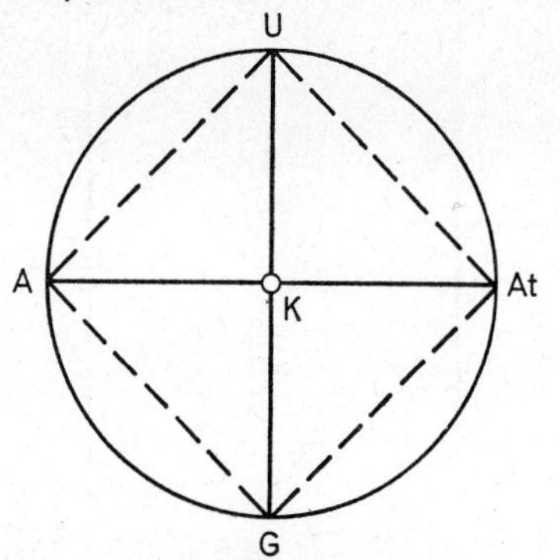

U = Unterrichtsformen
A = Arbeitsformen
At = Arbeitstechniken
G = Grundfertigkeiten
K = kooperative Planung und Durchführung des Unterrichts

I. Das Einüben von Arbeitstechniken und Unterrichtsformen, von sachlichen und sozialen Verhaltensweisen

a) Arbeitstechniken

In den nächsten Jahren werden wir eine Liste mit klar umrissenen Arbeitstechniken aufstellen müssen, allein schon um zu prüfen, wieweit innerhalb des Faches der Unterricht programmierbar ist. Vermutlich sind nur Arbeitstechniken mechanisierbar und programmierbar. Im folgenden soll an Beispielen ihre Funktion aufgezeigt werden. Techniken haben keinen Selbstwert; sie sind nötig zum Schaffen, Gestalten und Handeln.

1. Techniken, die beim Freisprechen geübt und beherrscht werden sollen

In der Regel ist der Schüler, wenn er vor der Klasse vorlesen oder frei sprechen soll, unbeholfen, gehemmt, kurzatmig, unfrei. Er atmet falsch, verschluckt Silben, vor allem Endungen. Die Klasse hört in der Regel gleichgültig oder unaufmerksam zu. Bei Rund- und Streitgesprächen beobachten wir, daß die Jugendlichen im Debattieren ungeübt sind und nicht aufeinander eingehen. Jeder setzt seine Meinung neben die seiner Kameraden.

Wie ändern wir diesen Zustand? Wir vermitteln ihnen die Technik des Freisprechens, des Diskutierens und der Gesprächsführung und schaffen dazu die Lernmotivation. Hinweise bringt Abschnitt II dieses Kapitels. Folgende Techniken werden geübt:

(1) Atemtechnik: Wir beginnen mit Lockerungsübungen zur Entkrampfung des Körpers und der Sprechorgane. Die Bedeutung der Bauch- und Zwerchfellatmung für den Organismus und den Sprechvorgang wird demonstriert. Die Zungen- und Lippen-

bewegung ist entscheidend für Artikulation und Modulation der Stimme sowie für das Vorne-Sprechen. Das Kehlkopfsprechen kann man erfolgreich durch bewußte Lippenbewegung bekämpfen: Vokale und Konsonanten beginnen zu klingen, die Stimme wird frei, leicht, vernehmbar, fest.

(2) Stichwortzettel: Wer frei spricht, braucht einen Stichwortzettel als Gedächtnisstütze, er dient gleichzeitig als Hilfe zur Aufsatzgliederung.

(3) Rhetorische Formeln als Hilfen beim Argumentieren während des Rund- und Streitgesprächs: Das Aufeinanderhören und Aufeinandereingehen wird mittels einer einfachen Technik erlernbar: Wir stellen eine Liste von Redewendungen zusammen, die ständig benutzt werden können. Solche Formeln schaffen Sicherheit, sie ermöglichen auch dem Wortkargen die Teilnahme am Gespräch. Beispiele:

„A. hat mich überzeugt; ich berichtige meine Auffassung"
„B. hat mich in einem Punkt überzeugt, aber nicht im folgenden . . ."
„C. hat einen Gedanken ins Spiel gebracht, den ich weiterführen möchte . . ."
„D. hat zwar alle Gründe für die Sache angeführt, aber vergessen, auf die Gegenargumente einzugehen . . ."
„E. versteht es zu überreden; überzeugt hat er mich nicht"
„F. widerspricht sich selbst, wenn er sagt . . ."
„Die Meinung von G. steht im Gegensatz zu der des H. . . ."
„Leicht könnte man die Argumente des J. ins Scherzhafte (Lächerliche) ziehen, man müßte nur . . .; ich will es aber nicht tun, sondern dagegen setzen . . ."

Eine Liste solcher Redewendungen gemeinsam als Vorbereitung auf das Streitgespräch zu sammeln, ist reizvoll. Die Schüler erkennen dabei das Spielelement im Streitgespräch. Die Grundregel, die wir notieren, lautet: Anerkenne oder lobe zuerst irgend etwas an deinem Gegner, ehe du ihn angreifst; du schaffst dadurch eine verbindliche Atmosphäre: Fortiter in re, suaviter in modo.

(4) Die Technik der Diskussionsleitung: Gemeinsam werden die Aufgaben des Diskussionsleiters festgehalten. Der Leiter nennt das Ziel des Gesprächs und erläutert die zu erörternden Fragen; er bittet um Vorschläge zum Verlauf, bittet um Wortmeldungen, erteilt das Wort in der Reihenfolge der Meldungen und faßt das Ergebnis des Gesprächs zusammen. Bei der Durchführung unterstützt der Lehrer den Schüler, der als Diskussionsleiter fungiert.

(5) Die Technik des Hörens: Das aktive Hören setzt voraus, daß der Jugendliche sich Thema und Stichworte der Rede, sowie Fragen zum Inhalt und Einwände in sein Arbeitsheft notiert.

An diesen Beispielen wird deutlich, daß Arbeitstechniken nur im Zusammenhang mit verschiedenen Arbeits- und Unterrichtsformen geübt werden können. Das szenische Spiel, Vortragen, Vorlesen und Erzählen sind Arbeitsformen, Rund- und Streitgespräch sind Unterrichtsformen, die die Schüler bereitwillig durchführen, wenn man ihnen erklärt, daß sie dabei die Technik des Sprechens, Vortragens und Argumentierens erlernen; denn an der Technik des Arbeitens sind sie interessiert. Deshalb lauten unsere Regeln: Keine Dramenlektüre ohne abschließende Darstellung einer Szenenfolge; alle 4—8 Wochen eine Vortrags- oder Lesestunde, die wir unter ein Thema stellen: Anekdoten oder Kurzgeschichten oder heitere Geschichten oder Witze. Die zuhörende Klasse schreibt Stichworte auf, stellt Fragen, übt Kritik und beurteilt die Leistung.

Der Sprechchor auf der Mittelstufe: Wie sehr das Einüben von Arbeitstechniken die Haltung der Klasse beeinflußt, sei am Beispiel des Chorsprechens erläutert. Die Schüler der Mittelstufe, die noch vor 10 Jahren bereitwillig das Chorsprechen geübt haben, lehnen es heute ab, weil es ihrem Drang nach Unabhängigkeit widerspricht. Schicken wir uns aber an, ihnen die Technik des rhythmischen Sprechens zu vermitteln, so ist das Chorsprechen ein naheliegendes Hilfsmittel. Der Lehrer übt abwechslungsweise mit Fünfergruppen. Als Texte eignen sich Szenen aus Brechts Dramen, ein Chorlied aus Sophokles' ‚Antigone', ‚Untergrundbahn' von Yvan Goll, ‚Reklame' von Ingeborg Bachmann. Beim Chorsprechen wird der Sprechrhythmus elementarisiert, mechanisiert, einprägsam.

2. Techniken zum Einüben des Texterklärens

Das Interpretieren ist eine komplexe Fertigkeit, die nur teilweise lehrbar ist. Was aber lehrbar ist, sind die Arbeitstechniken. Es kommt darauf an, den vielschichtigen Vorgang in einzelne Elemente aufzulösen und diese — im Zusammenhang mit einer größeren Aufgabe — für sich einzuüben. Das fragend-entwickelnde Unterrichtsverfahren reicht dazu nicht; in der Kleingruppe und durch den individuellen Untersuchungsauftrag lassen sich diese Techniken besser üben. Hierzu Hinweise:

Wir lesen mit dem Bleistift in der Hand und unterstreichen alle auffallenden Wörter. Aus dieser Gewohnheit entwickelt sich eine Reihe von Techniken:

(1) Das systematische Suchen von Leitwörtern in einem Text. Haben wir in einem Text von 10 Seiten etwa 20—30 Wörter unterstrichen, so lesen wir sie im Zusammenhang und prüfen, ob sich daraus eine innere Ordnung ergibt. Handelt es sich um eine Abhandlung, dann wissen wir, daß die Leitwörter in der Regel am Anfang oder Ende eines Abschnittes oder eines Absatzes stehen; denn der geübte Schreiber geht nach einer Gliederung vor und entwickelt seine Gedanken aus Leitwörtern, die er an markanter Stelle festhält.

(2) Haben wir dieses Prinzip erkannt, so fällt es uns nicht schwer, die Gliederung eines Textes zu erfassen. Die Gliederung selbst ist das Endprodukt dieses Arbeitsvorgangs. Wir schreiben sie mit Überschrift und Angabe des Verfassers übersichtlich geordnet in unser Arbeitsheft. Dieser technisierbare Prozeß wird auf der Mittelstufe an verschiedenen Texten systematisch, d. h. lehrgangsweise durchgeführt.

(3) Die Technik des Exzerpierens brauchen wir, sobald wir uns auf Rund- und Streitgespräche vorbereiten. Dabei werden Leitwörter und ganze Sätze mit Überschrift und Angabe der Seitenzahl festgehalten.

(4) Das Zitieren setzt das Exzerpieren voraus. Recht besehen, ist es die Argumentation mit Hilfe fremder Autoritäten: Man stützt die eigene Meinung unter Berufung auf das Urteil anderer.

(5) Das Stellen von Fragen an einen Text nach vorgegebenem Schema. Dies ist die Grundlage für jede Interpretation. Unser Fragenkatalog lautet:

1. Sachfragen zum inhaltlichen Verständnis.
2. anthropologische und soziologische Fragen zu den Personen: Welches sind die charakteristischen Verhaltensweisen und die Beziehungen der Personen zueinander?,
3. philologische Fragen zum Aufbau (Höhepunkt, Gelenkstellen), zur Syntax und zur Wortwahl, zu Sprachbildern und Leitwörtern,
4. ästhetische Fragen zur literarischen Gattung und zur Wertung.

Der selbständige Umgang mit dem Buch setzt das Benutzen von Verfasser- und Sachkatalogen in den Bibliotheken sowie von Wörterbüchern, Grammatiken und Kommentaren voraus. Damit die Jugendlichen sich an den Umgang mit dem Buch gewöhnen, ist es erforderlich, an allen Sekundarschulen größere Arbeitsbibliotheken und kleine Klassenbibliotheken einzurichten. Die Schulbibliotheken sollen soviele Arbeitsplätze aufweisen, daß 5 % der Schülerschaft der Anstalt darin arbeiten können.

Alle aufgeführten Techniken sollten von Beginn der Mittelstufe an gelehrt werden. Die Notwendigkeit dazu ergibt sich, wenn die Jugendlichen den Unterricht mitplanen und das Schreiben von Interpretationsaufsätzen und Facharbeiten üben. Erkenntnis: Wenn wir Arbeitstechniken vermitteln wollen, müssen wir entsprechende Arbeitsformen einführen.

3. Techniken zur Schreiberziehung

Unter dem Stichwort „Handwerkslehre des Schreibens" wird dieses Thema im Band Mittelstufe II ausführlich dargestellt. Hier nur einige Hinweise zur Erhellung des Themas Arbeitstechnik: Alle knappen Arbeitsanweisungen und Gliederungsschemata elementarisieren und mechanisieren komplizierte geistige Vorgänge und machen sie lehr- und lernbar. Vielleicht ist alles Lehren nur ein Vermitteln von Techniken mit dem ständigen Hinweis, daß dahinter erst das produktive Arbeiten beginnt. Schemata irgendwelcher Art geben dem Durchschnittsschüler das Gefühl der Sicherheit, der Durchschaubarkeit. Der Begabte weiß, daß die Abwandlung des Schemas im konkreten Einzelfall einen kreativen Akt darstellt; jedermann wird empfohlen, das vorgegebene Schema abzuwandeln.

Das Finden von Gedanken lösen wir in eine Reihe von Techniken auf: Das Definieren von konkreten Begriffen nach dem Schema: Suchen des Oberbegriffs, Abgrenzung von verwandten Begriffen. Das Analysieren von abstrakten Begriffen führen wir mit Hilfe des Begriffskreises durch (vgl. Mittelstufe II). Das Sammeln von Gegensatzpaaren nach dem Schema Dank — Undank, Freiheit — Unfreiheit, Liebe — Haß, Freundschaft — Feindschaft, Schwarz — Weiß und von Polaritätsbegriffen nach dem Schema Blau — Gelb, Freiheit — Ordnung, Spannung — Entspannung kann in Gruppen geübt werden. Es gibt Stoff zu eigenen Gedanken. Das Erläutern eines abstrakten Begriffs durch Beispiele aus der eigenen Erfahrung wird ebenfalls als Technik eingeübt.

Das Gliedern eines Aufsatzes ist in gleicher Weise mechanisierbar. Die Schüler sind dankbar für alle Schemata. Das äußere Formschema — Einleitung (E) — Hauptteil (H) I, II, III — Schluß (S) — gilt für alle Erörterungen. Für die Inhaltsangabe lautet es abgewandelt: (E) Vorschau mit näheren Angaben über den Verfasser; (H) Inhalt kurz, knapp, sachlich, im Präsens; (S) Rückschau mit persönlicher Stellungnahme. Selbst für den Interpretationsaufsatz geben wir ein Gliederungsschema, das jedermann einen Durchschnittserfolg sichert.

4. Techniken zum Einüben von Grammatikkenntnissen

Alles Einüben geht mit Hilfe von Arbeitstechniken vonstatten. Wir vermitteln dem Schüler die Einsicht in die Technik, damit er mit geringem Zeit- und Kraftaufwand lernt.

Das Analysieren eines Satzes nach Wortarten, Satzgliedern und Gliedsätzen mittels des Satzbaukastens sowie das Anfertigen einer graphischen Satzfigur nach dem Schema

```
HS       ______,                 ______
NS I              ______, ______,
NS II                 ______
```

sind Arbeitstechniken ebenso wie das Umsetzen eines Satzes von Aktiv in Passiv, eines Textes von direkter in indirekte, von indirekter in direkte Rede, von Präsens in Präteritum, von Präteritum in Präsens. Um das Einüben schmackhaft zu machen, verwenden wir bestimmte Arbeitsformen. So dialogisieren wir epische Texte und führen sie auf. Ebenso episieren wir eine dramatische Szene und tragen sie als spannende Erzählung vor.

T a f e l s k i z z e, T a f e l s c h e m a und W a n d p l a k a t. Wir haben noch keine Didaktik der Tafelbenutzung. Doch vermuten wir, daß im Deutschunterricht der Tafelanschrieb vorwiegend der Vermittlung von Übersichten und Arbeitstechniken dient. Viele Gliederungsschemata, Strukturskizzen, Übersichten, Regeln, die an der Tafel erscheinen, sind Arbeitstechniken oder Erkenntnisse, die aus ihrer Anwendung gewonnen werden. Das Wandplakat — etwa „Die übersichtliche Darstellung der deutschen Grammatik“, „Übersicht über die Literatur der DDR“, „Übersicht über die Stilformen und Aufsatzarten“, „Übersicht über die literarischen Gattungen und Formen“, „Schema zur Interpretation eines Gedichts“ — ist ein technisches Hilfsmittel, das dem Schüler, der an seiner Erstellung beteiligt ist, eine Orientierung und den Ansatz zu eigener Arbeit vermittelt.

b) Unterrichtsformen

Jeder Unterricht hat eine vierfache Funktion: Information, Einübung von Arbeitstechniken und Arbeitsmethoden, Anleiten zum selbständigen Untersuchen und Gestalten sowie Einübung sozialer Verhaltensweisen. Dafür stehen sechs Unterrichtsformen zur Verfügung:

1. Darbietung als Form der Information,
2. der isolierende oder individualisierende Arbeitsauftrag als Anleitung zum selbständigen Untersuchen,
3. das fragend-entwickelnde Verfahren als Mittel zur Einübung von Arbeitstechniken, Arbeitsmethoden und Fertigkeiten,
4. die Gruppenarbeit als Mittel zur Gewöhnung an soziale Arbeitsweisen,
5. das Rundgespräch als Mittel zur Einübung des Diskutierens,
6. das Streitgespräch als Mittel zur Einübung des Argumentierens.

Bei der Einführung dieser Unterrichtsformen verdienen folgende Überlegungen, beachtet zu werden:

1. Alle sechs Formen wollen erlernt sein. Der Lehrer muß ihre Funktion und die Regeln ihrer Handhabung kennen, damit er sie den Schülern vermitteln kann; sie sollen sie beherrschen lernen.
2. Ein Abwechseln in der Methode ist möglich durch die Einübung dieser Unterrichtsformen.
3. Jede Unterrichtsform wird in ihrem Wert erst durch den Kontrast zu den fünf anderen erkannt. Die beiden Unterrichtsformen, die heute den Unterricht bestimmen — Lehrervortrag und fragend-entwickelndes Verfahren — sind durch zu häufigen Gebrauch entwertet. Gelingt es, die vier anderen Formen einzubürgern, so wird man ihren Stellenwert im gesamten System erkennen.
4. Es gibt individualisierende und kollektivierende Formen. Der Schüler soll im isolierenden Arbeitsauftrag sein eigenes Urteil, seine eigene Sprache, seinen eigenen Standpunkt finden, und er soll durch die sozialen Formen auf andere Menschen hören und mit ihnen arbeiten lernen. Im Prozeß der Individualisierung und der Kollektivierung des Unterrichts vollzieht sich die Bildung sachlicher und sozialer Verhaltensweisen.
5. Die sechs Formen sollen nicht vermischt, sondern nach Möglichkeit in reiner Form angewandt werden.
6. In einer Unterrichtsstunde sollten mindestens zwei der genannten sechs Formen zur Geltung kommen.
7. Die sozialen Formen setzen die häusliche Mitarbeit voraus: Gruppenunterricht, Rundgespräch und Streitgespräch haben einen geringen Erfolg, wenn sich die Schüler hierfür nicht vorbereiten: Wer nicht Bescheid weiß, kann nicht sachgerecht diskutieren.
8. In welchem Umfang die einzelnen Formen angewandt werden sollen, hängt von der Altersstufe und dem Ausbildungsstand der Klasse ab. Untersuchungen darüber stehen noch aus. Stellen wir eine Faustregel als Arbeitshypothese auf:
   10—30 % Darbietung,
   15—20 % Arbeits- und Untersuchungsauftrag,
   20—40 % fragend-entwickelndes Verfahren,
   15—30 % Gruppenarbeit,
   10—20 % Rund- und Streitgespräch.
9. Die Schaffung eines kooperativen Unterrichtsstils hängt von der Einübung dieser sechs Unterrichtsformen ab.
10. Es kann einem einzelnen Lehrer nicht gelingen, diese Formen im Laufe eines Jahres so einzuüben, daß sie die Schüler beherrschen. Nur durch das Zusammenwirken mehrerer Lehrer und Fächer bildet sich ein demokratischer Unterrichtsstil. Nicht zu hohe Schülerzahlen, Doppelstunden, bewegliches Gestühl, Verdunkelungsvorrichtungen sind Voraussetzungen dafür.

Über Rund- und Streitgespräch wird in dem Kapitel ‚Erziehung zum Sprechen' gehandelt; hier seien einige Hinweise zu den vier anderen Formen gegeben:

1. Darbietung

Im Rahmen des kooperativen Unterrichts erhält der Lehrervortrag eine eindeutig bestimmbare Funktion. Er erfüllt fünf Aufgaben:

Einführung in ein neues Gebiet mit dem Ziel, Interesse zu wecken und die zu untersuchenden Probleme anschaulich vorzuführen (Informationsstunde);

Überblick über ein größeres, den Schülern unbekanntes Stoffgebiet, etwa die sozialen Grundlagen der Barockliteratur, des Expressionismus, der DDR-Literatur, nach Möglichkeit verbunden mit Tafelskizzen und Wandplakaten;

Lesung eines literarischen Werkes als Einführung in die Aufgaben der Interpretation;

Vorführung von Filmen, Hörspielen, Sprechplatten, Dia-Reihen;

Zusammenfassung der Ergebnisse einer Unterrichtseinheit mit dem Ziel, den Gegenstand in größere Zusammenhänge zu rücken und neue Perspektiven zu eröffnen.

Die Darbietung vermittelt in kurzer Zeit viel Information, vor allem auch solche, die nicht in einem Lehrbuch steht. Sie ist persönlich, auf die Klasse abgestellt. Aber sie hat den Nachteil, daß Schüler abschalten können, ohne daß der Vortragende es merkt. Damit sie beim Vortrag nicht in einer bloß rezeptiven Haltung verharren, erteilen wir Arbeitsaufträge vor Beginn der Darbietung. Das Thema wird im Arbeitsheft festgehalten: „Bitte notiert Fragen zu den Ausführungen; haltet die Gliederung des Films fest; untersucht eine bestimmte Einzelheit; übt Kritik an der Sprechplatte." Die Erziehung zum Hören setzt solche Arbeitsaufträge voraus. Zwei Schüler tragen anschließend ihre Notizen vor. Dabei stellt sich heraus, daß es schwer ist, zuzuhören und gleichzeitig Stichwörter niederzuschreiben.

Auch der Lehrer sollte sich an Regeln halten: nicht länger als 10 bis 20 Minuten sprechen, denn das Zuhören ermüdet; während des Vortrags sich nicht selbst unterbrechen, wohl aber der Klasse jederzeit gestatten, Fragen zu stellen. Die Vermischung des Vortrages mit dem fragend-entwickelnden Verfahren ist wahrscheinlich eine Unsitte (Formlosigkeit des Unterrichts).

2. Der Arbeits- oder Untersuchungsauftrag

Nicht die übliche Stillbeschäftigung ist gemeint, während der sich der Lehrer nicht um die Klasse kümmert, sondern der Auftrag an jeden einzelnen zur schriftlichen Bewältigung einer Aufgabe bei Hilfestellung des Lehrers. Durch solche Aufträge wird das Lernen gelehrt.

Eine dreifache Funktion hat der Arbeitsauftrag:

(1) Der Schüler lernt Probleme erkennen. Beispiele: „Formuliert alle Fragen zu dem vorgetragenen Gedicht (Lesestück, Reklametext); notiert, was gemeinsam untersucht werden soll." Diese Anleitung zum Problemsehen erfolgt systematisch.

(2) Die Schüler machen sich über den Lösungsweg und die Verwendung von Hilfsmitteln Gedanken; sie lernen die Arbeit in der Gruppe planen. Beispiele: „Entwerft einen Arbeitsplan zur Umformung von Wolfdietrich Schnurres Erzählung ‚Die Tat' in ein Hörspiel (Film); wir wollen in 5 Stunden fertig sein." Das Organisieren der Arbeit zu

lehren ist nötig, wenn wir kooperativ verfahren und die Planungsgespräche ergiebig durchführen wollen.

(3) Die Schüler lernen selbständig analysieren und interpretieren. Beispiele: „Versucht eine Gliederung zu dem Lesestück ‚Geschwindigkeit ist keine Hexerei' von Robert Musil; gebt eine graphische Darstellung des ersten Satzes von Kleists ‚Bettelweib von Locarno'; gruppiert die Personen im ‚Zerbrochenen Krug'; analysiert den vorliegenden Reklametext."

Der Arbeitsauftrag ist eine Vorübung zur Durchführung von Facharbeiten. Die Dauer beschränken wir zunächst auf 5 Minuten. Es schadet nichts, wenn die Schüler nicht fertig sind; sie sollen rasch arbeiten lernen. Allmählich steigern wir die Zeitdauer auf 10 Minuten. Während der Durchführung beobachtet der Lehrer, welche Schüler der Aufgabe nicht gewachsen sind. Er läßt zwei Arbeiten vorlesen, ohne zu unterbrechen. Die Erörterung des Ergebnisses und der Lösungswege ist ergiebig, weil jeder Schüler sich zuvor um die Sache bemüht hat.

3. Das fragend-entwickelnde Verfahren

Es dient der Einübung von Interpretations- und Gestaltungsmethoden und geht in der Regel dem Arbeitsauftrag voraus. Die Art, wie man einen Aufsatz gliedert, einen Begriff erläutert, einen Text analysiert, einen Zeitungskommentar liest, Fragen an einen Text stellt, eine Filmszene kritisiert, wird am konkreten Beispiel im Lehrer-Schüler-Gespräch gelernt. Grundsätzlich könnte man diesem Verfahren immer die Worte voranstellen: „Wir lernen am Beispiel eine Methode kennen, wie man ähnliche Aufgaben löst. Anschließend werdet ihr euch einzeln oder in Kleingruppen an anderen Gegenständen versuchen."

Durch die Art, wie der Lehrer das fragend-entwickelnde Verfahren handhabt, bestimmt er Tempo und Niveau des Unterrichts. Daß zügig gearbeitet wird, lernen die Schüler hierbei. Das ist wichtig, weil die Gefahr des Trödelns und Verplauderns bei diesem Verfahren groß ist.

4. Die Gruppenarbeit

Sowohl technische (große Klassen, kleine Räume) und organisatorische (45-Minutenstunde, autoritär gesteuertes Schulsystem) als auch fachimmanente und sozialpsychologische (Ablehnung der Schule) Hindernisse stehen der Einführung der Gruppenarbeit im Wege. Da aber der Teamarbeit in den meisten technischen und wissenschaftlichen Berufen die Zukunft gehört, setzen wir alles daran, die Jugendlichen frühzeitig daran zu gewöhnen. Die Schulklasse ist ein spannungsgeladenes, heterogenes „soziales System" (C. Wayne Gordon), selten eine kooperierende Arbeitsgruppe. Cliquen mit Machtkämpfen, Sympathie- und Antipathiebezeugungen, mit mehr oder weniger deutlich demonstrierter Schulverdrossenheit schaffen kein günstiges Klima für die Kleingruppe. Führen wir die Gruppenarbeit ein, so müssen wir vermeiden, daß sich in den Gruppen die Situation der Klasse wiederholt. Deshalb liegt viel daran, der Gesamtheit den Sinn der Gruppenarbeit und das Ziel der Änderung des Unterrichtsstils zu erklären.

Die Kleingruppe von 3—5 Mitgliedern hat einen Doppelcharakter. Sie ist Sympathiegruppe und will sich freiwillig bilden, und sie ist Arbeitsgruppe zur Erledigung konkreter Aufgaben. Mittels des Soziogramms stellen wir die Sympathien und Antipathien in der Klasse fest und schlagen die Gruppeneinteilung vor. Gruppensprecher und Protokollführer werden von den Gruppen selbst gewählt. Gelingt es, Vertreter anderer Fächer auch für die Gruppenarbeit zu gewinnen, so wird der Erfolg erhöht; denn die Gruppen sollten täglich mindestens einmal zur gemeinsamen Arbeit zusammentreten, damit sie sich an disziplinierte Zusammenarbeit gewöhnen.

Wie führen wir die Gruppenarbeit ein? — Wir beginnen mit dem Vorhaben. Die Schaffung eines Gemeinschaftswerks ist ohne Arbeitsteilung nicht denkbar. Die Schüler sehen den Sinn der Sache ein und arbeiten willig mit. — Im übrigen gehen wir von der differenzierenden Hausaufgabe zur arbeitsteiligen Gruppenarbeit über. Beispiele: Ein Huchel-(Enzensberger-)Gedicht, ein Reklametext, eine Zeitungsnachricht sind im fragend-entwickelnden Verfahren interpretiert worden. Als Hausarbeit werden für jede Arbeitsgruppe verschiedene Texte derselben Art zur schriftlichen Ausarbeitung verteilt; der Lehrer vergewissert sich, daß die Aufgaben erledigt worden sind. In den Kleingruppen werden nunmehr die Einzelarbeiten berichtigt, die beste Arbeit wird ermittelt und in Zusammenarbeit aller Mitglieder ergänzt und vom Sprecher als Gruppenleistung der Klasse vorgetragen.

Die Ausbildung eines Gruppenbewußtseins ist erforderlich, damit alle Schüler mitarbeiten. Sache des Lehrers ist es, dafür zu sorgen, daß dies geschieht. — Die Vorzüge des Verfahrens sind unverkennbar: Die Schüler werden gesprächiger, sicherer im Urteil, selbständiger, sozialer. Die Gruppenarbeit schafft eine Voraussetzung für das Rund- und Streitgespräch. Gelingt es, diese sozialen Formen in der Schule einzubürgern, so wird sich das Prinzip der Kooperation durchsetzen.

II. Das Vermitteln von Grundfertigkeiten, dargestellt am Beispiel des rhythmischen Lesens

Argumentieren, Referieren, Diskutieren, Interpretieren, Hervorbringen einfacher literarischer Gebilde und das rhythmische Lesen sind komplexe Fertigkeiten, die der Deutschunterricht systematisch zu üben hat. Im folgenden skizzieren wir einen bzw. zwei Lehrgänge „Übungen im rhythmisch-gliedernden Lesen“ für das 7. und 8. Schuljahr. Dabei knüpfen wir an die Arbeit der Unterstufe an (‚Methodik der Unterstufe‘, 6. und 7. Kapitel).

D i e S p r e c h p l a t t e beginnt das Lautlesen im Klassenzimmer abzulösen. Eine bedenkliche Entwicklung, die wir durch eine bessere ersetzen: Die Sprechplatte als Anreger des rhythmischen Sprechens.

a) Informations- und Planungsphase

Der Einführungsvortrag des Lehrers bewirkt die Arbeitsmotivation. Die folgenden Hinweise müssen dem Fassungsvermögen und der Sprache der Jugendlichen angepaßt werden: Wer von euch besitzt Sprechplatten, besprochen von Schriftstellern und Schauspielern? Welche sollen wir in unsere Arbeit einbeziehen? Wir wollen sprechen, vortragen und frei sprechen lernen. Weshalb? Wer als Politiker, Wirtschaftsführer, Diplomingenieur, Rechtsanwalt sich durchsetzen, wer im persönlichen Leben seine Person zur Geltung bringen will, kann es durch seine Stimme, seine Sprache und die Fähigkeit, gut zu sprechen. Die Wirkung der Sprache steckt im treffenden Wort, im Ton und im Rhythmus der Perioden. Welche Wirkung übt der Rhythmus aus? Die Rhythmisierung des Tagesablaufs, des Verhältnisses von Arbeit und Freizeit schafft Wohlbefinden, erleichtert die Arbeit und erhöht den Erfolg. Die Rhythmisierung der Bewegungsabläufe erhöht unsere Leistung im Sport, die des Sprechens unsere Wirkung auf andere. Sie bringt uns in Form, wir werden sicherer, zuversichtlicher, geselliger. Rhythmus erzeugt Rhythmus. Wir erfahren es im Tanz: Jazzrhythmus fährt in die Beine. Der Sprechrhythmus überträgt sich auf die Hörer. Der Rhythmus beruhigt: Wir spüren es beim Anblick des Meeres. Der Rhythmus verbindet: Wir erfahren es bei Spiel, Sport und gemeinsamer Arbeit. Was ist Rhythmus? Rhythmen sind Bewegungsabläufe in der Natur und im menschlichen Leben, die sich innerhalb gleicher Zeitstrecken bald zögernd, bald beschleunigt nach einer festen Ordnung, einem Takt, wiederholen. Sie entstehen aus dem regelmäßigen Wechsel von Spannung und Entspannung, Lösung und Bindung, Straffung und Lockerung. Rhythmus und Takt unterscheiden sich wie Welle und Maßstab, mit dem die Welle gemessen wird. Es gibt gestörte, arhythmische Bewegungsabläufe: Wir beobachten sie beim Lachen, Sprechen, Gehen vieler Menschen; das Lachen klingt gezwungen, schrill; das Sprechen hart, gepreßt; das Gehen wirkt steif, gestelzt. Jeder Mensch hat Zeiten, in denen er verkrampft ist. Tanzen und rhythmisches Sprechen sind Mittel dagegen. Durch die Rhythmisierung des Sprechens wird der Sprechende entspannt.

Das Arbeitsprogramm stellen wir nach den Bedürfnissen der Klasse zusammen. Wer eine Sprechplatte vorführt, übt und spricht zuvor den Text selbst. Wir schlagen der Klasse ein kontrastreiches Programm vor: Zu Beginn üben wir den Knittelvers an einem Hans-Sachsschen Schwank, weil dessen Rhythmus schwer zu erfassen ist, gehen dann zum germanischen Stabreim über, stellen selbst Stabreime her, erproben uns an der modernen Spruchdichtung, versuchen den Sprechchor an Brecht-Texten; den Walzerrhythmus verbinden wir mit daktylischen Gedichten; die Prosatexte dienen als Sprech-, Hör- und Interpretationsübungen. Rhetorische Versuche (Ansprachen, Werbereden, politische Reden) stehen am Ende. Den Abschluß bildet ein Leistungstest: Vortragsübungen werden auf Band aufgenommen; eine schriftliche Interpretation nach vorgegebenem Schema erhöht die Arbeitsmotivation. Aus diesem Programm können die Schüler auswählen.

Kritik an unserer Informations- und Planungsstunde: Sie ist ein Beispiel für den didaktischen Pragmatismus. Wir appellieren an die elementaren Bedürfnisse, sich beliebt zu machen und von Verkrampfungen zu lösen. Starke Kontraste bei der Textauswahl und bei den Arbeitsformen: Hören, Sprechen, Hervorbringen, Urteilen, Kritisieren und Leistungsfeststellung bestimmen unseren Arbeitsrhythmus. Unsere Absicht ist es, in 10—12 Stunden elementare Techniken des Sprechens und Vorlesens zu vermitteln.

b) Die szenische Darstellung von Gemütsbewegungen. Der Knittelvers

Wir bereiten den Hans Sachsschen ‚Fahrenden Schüler ins Paradeis' zu einer Aufführung vor. Damit sich mehrere Schüler beteiligen, bilden wir zwei Spielgruppen. Zunächst leiten wir sie an, Spielsituationen im Text zu entdecken. Der Text selbst ist Nebensache, die Spielsituation die Hauptsache: Bevor die Bäuerin zu sprechen beginnt, flickt sie umständlich eine zerrissene Hose. Aus dieser Situation erwachsen Seufzer und Klagen, und dann erst finden sich die Worte.

Zum Einüben eines mimischen und szenischen Bildes eignen sich für den Anfang die starken Gemütsausbrüche wie Freude, Zorn, Wut, z. B. der Wutausbruch des Bauern:

Ach, Hérr Gótt, wie hab ích ein Wéib, ◡/ /◡◡/◡/
Die íst an Séel, Vernúnft und Léib, ◡/◡/◡ /◡/
Ein Dílldapp, Stóckfisch, hálbèr Nárr, ◡/◡/◡ /◡/
... Ìhresglèich ist nít in únsrer Pfárr, /◡/◡/◡/◡/
Die sích läßt überréden léider ... ◡/◡/◡ / ◡/◡

Der Bauer drückt seine Wut im Mienenspiel, den Gesten, im Gang und in Worten aus. Wir lassen die Schüler selbst Lösungen finden. Wann stampft er stehend mit dem Fuß, wann geht er stampfend; wann setzt er sich erschöpft; wann springt er auf; wann drückt sich die Gemütsbewegung nicht im Gang, sondern in heftigen Handbewegungen aus? Die rhythmische Bewegung durchbricht das Metrum.

Ist den Spielern an einer Stelle aufgegangen, daß Gefühlsaufwallungen sich zugleich in Bewegungen und in Worten entladen, so lassen wir sie auch die weniger explosiven Gemütsbewegungen in dem Stück — naive Freude, spitzbübische Freude, Zorn, Ärger, Mitleid, Dankbarkeit, Reue — suchen und die Möglichkeiten einer szenischen Darstellung finden.

c) Der germanische Stabreimrhythmus

Das Thrymlied

Grímm ward da Wíngthor, áls er erwáchte
und umsónst séinen Hámmer súchte:
er schwáng das Haár, er schwénkte den Bárt,
jä́h grìff um sich der Jö́rd Sprö́ßling.

Den Schülern fällt es schwer, den Hebungen das gebührende Gewicht zu verleihen und dennoch eine rhythmische Sprechlinie zu schaffen. Wir helfen nach: „Mit welchem Schrecken, welcher Wut wird Thor aufgewacht sein, mit welcher Gewalt seiner Erregung Luft gemacht haben?" — Wie Donnerschläge fielen seine Worte, wie Wetterleuchten war es, wenn er seinen Bart schwenkte! Nun werfen wir die Worte unseres Gedichtes so, wie Thor seinen Hammer wirft: Wurf auf Wurf, mit Wucht und fortlaufendem Schwung ausgeführt. Wir lassen das Thrymlied mit verteilten Rollen sprechen, so daß viele Schüler gleichzeitig tätig sind.

Im fünften Schuljahr lassen wir aus einer germanischen Heldensage oder einem Prosaspruch selbst Stabreime verfassen. Auf diese Weise werden ihnen nicht nur die Merkmale des Stabreimverses bewußt, sie erkennen auch, welch andere Aussagekraft und Aussageabsicht dem Stabreim innewohnt als dem Endreim.

Die Sage von Wieland dem Schmied wurde unter Leitung eines Studienreferendars im Gruppenverfahren in Stabreimverse übersetzt. Hier die erste Strophe:

Drei Königssöhne   kamen vom Rhein
Schlagfeder, Eigel   und Wieland, der Schmied.
Sie wanderten fort   nach Norden weit
Und fühlten sich wohl

Im achten Schuljahr wurde von einer Studienreferendarin folgende Aufgabe gestellt:

Gestalte folgende Sätze zu Sprüchen in Stabreimform um:

1. Die Germanen kennzeichneten den Nebel mit folgenden Eigenschaften: er ist furchtbar, fährt über das Land und verschlingt dabei Wasser und Wälder; er scheut den Wind, nicht aber die Krieger, und kämpft sogar mit der Sonne.
2. Ein Sprichwort aus der Edda sagt, man solle nicht zu lange als Gast bei der gleichen Familie weilen, da jeder der Liebe leid wird, wenn er von einem Gast zu lange belästigt wird.
3. Die Germanen forderten von den Kindern eines Königs Klugheit, Schweigsamkeit und Kühnheit im Kampf, von dem Helden Heiterkeit und Frohsinn bis zum Tode.
4. Die Germanen glaubten, daß der Ruhm, den ein Mensch sich im Leben durch seine Taten erworben hat, seinen Tod überdauert und ewig lebendig bleibt, während sein Besitzer und die Angehörigen seiner Sippe sterben.
5. Nach einem germanischen Sprichwort ist ein starker Verstand auf Reisen und in einer fremden Umgebung mehr wert als Gold, da Verstand dem Hilflosen immer nützlich sein kann.

Die Lösungen der Schülerinnen:

1. Furchtbar ist er   und fährt über das Land,
   Wasser und Wälder verschlingt er,   den Wind scheut er,
   nicht aber die Krieger   und kämpft mit der Sonne sogar.
2. Weil' nicht zu lang als Gast   bei der gleichen Familie,
   da der Liebe wird leid,   dem zu lange du bleibst.
3. Klug, kühn und mutig   seien die Kinder des Königs,
   die Helden voll Frohsinn   und heiter bis zum Tod.

   Von den Kindern des Königs   wird Klugheit gefordert,
   im Kampf der Männer   Kühnheit und Schweigsamkeit;
   Frohsinn von dem Helden   und Heiterkeit bis zum Tod.
4. Die Taten eines Menschen   überdauern den Tod
   aber der Besitz vergeht   und die Brüder sterben.

   Des Helden Tatenruhm   den Tod überdauert
   doch sterben wird der Besitz   und sterben er selbst.
5. Wer auf Reisen Verstand hat,   wer stark ist und gut,
   der ist in fremder Umgebung   froh zu preisen!
   Für den Hilflosen ist er mehr wert   als ein Haufen von Gold.

   Nicht Reichtum, sondern Verstand   der stark und scharf,
   wird helfen auf Reisen   dem Hilflosen stets.

d) Der Tanzrhythmus daktylischer Strophen

Bei einigen Liedern oder Gedichten läßt er sich einüben:

Heißa Kathreinerle[1]

Heißa Kathreinerle, schnür dir die Schuh,
Schürz dir dein Röckele, gönn dir kein Ruh!
Didel, dudel, dadel, schrum, schrum, schrum
Geht schon der Hopser rum.
Heißa Kathreinerle, frisch immerzu.
Dreh wie ein Rädele flink dich im Tanz!
Fliegen die Zöpfele, wirbelt der Kranz.
...

Heute heißts lustig sein, morgen ists aus!
Blinket der Lichter Schein, gehn wir nach Haus.
...

Nach diesem Lied üben wir den Walzerschritt. Andere Volkslieder im Dreivierteltakt können gesungen und getanzt werden.

Meeresstille (Goethe)

Tiéfe Stílle hérrscht im Wásser,
Óhne Régung rúht das Méer,
Únd bekúmmert siéht der Schíffer
Glátte Fláche ríngs umhér.
Keíne Lúft von keíner Séite!
Tódesstílle fúrchterlích!
Ín der úngeheúern Wéite
Réget kéine Wélle sích.

Glückliche Fahrt (Goethe)

Die Nébel zerréißen,
Der Hímmel ist hélle,
Und Ä́olus lö́set
Das ä́ngstliche Bánd.
Es säúseln die Wínde,
Es rǘhrt sich der Schíffer.
Geschwínde! Geschwínde!
Es téilt sich die Wélle,
Es náht sich die Férne;
Schon séh' ich das Lánd!

‚Meeresstille' und ‚Glückliche Fahrt' sind zwei Gedichte mit entgegengesetztem Bewegungsablauf. An ihnen beobachten wir das Wechselverhältnis von Gemütsbewegung, Satzbau und Sprachrhythmus. Die trochäischen Vierheber des ersten Gedichts drücken Unabänderliches aus. Sie bauen sich wie Mauern hintereinander auf, unüberwindlich. Der Kummer des Schiffers steigert sich zu lähmendem Entsetzen: „Reget keine Welle sich". — Der daktylische Zweiheber des zweiten Gedichts setzt mit Auftakt ein. Er drückt jubelnde Freude aus, die sich von Vers zu Vers steigert bis zu dem erlösenden Ruf „Schon seh' ich das Land". Dieses Wechselverhältnis von Gemütsbewegung, Satzbau und Sprachrhythmus untersuchen die Schüler anschließend an anderen, selbstgewählten Beispielen.

[1] Deutsche Volkslieder. Goldmanns Gelbe Taschenbücher, Bd. 726, S. 116.

e) Prosatexte, als freie Rhythmen gesprochen

Auf der Unterstufe lernen die Schüler den Satz als Spannungsbogen, Tongefüge und syntaktisches System kennen; Satzzeichen werden als Pausenzeichen hörbar; die Sprecheinheit wird als metrisches Gebilde mit freier Taktfüllung gesprochen. Nunmehr untersuchen sie sprechend und hörend den Wechselbezug von Aussageabsicht, syntaktischer Form und Sprachrhythmus.

Wir führen ein Ratespiel durch: Aus den Anfangssätzen eines Sprachwerks lassen sich Inhalt des Geschehens und literarische Form erraten. Der Auftrag lautet: Jeder bereitet einen Text (Kurzgeschichte, Anekdote, Schwank, Novelle, Roman, Bericht, Krimi, Western, Zukunftsroman) vor, liest die Eingangssätze oder die erste Seite vor, ohne Verfasser, Titel und Inhalt zu nennen; die Klasse notiert ihre Beobachtungen und Vermutungen nach folgendem Schema, das je nach Altersstufe und Leistungsstand gekürzt oder erweitert wird:

1. Wie wird gesprochen — scherzhaft, heiter, witzig, ironisch, spöttisch, humorvoll, komisch, polemisch, höhnisch; sachlich-berichtend, überzeugend; getragen, sanft, traurig, stimmungsvoll, stürmisch, drängend, explosiv-expressiv?
2. Welcher Form gehört der Text an — Märchen, Schwank, Anekdote, Kurzgeschichte, Novelle, Roman, Kriminalroman, Western-Heft, Zukunftsroman, Zeitungsroman?
3. Welches ist der vermutliche Inhalt — Revolverstück, soziale Auseinandersetzungen, Liebesgeschichte, erfundene Geschichte, Tatsachenbericht?

Die Begriffe des Schemas müssen nicht alle erarbeitet sein; sie sind zum größten Teil bekannt; die Schüler lernen damit operieren.

Bei der häuslichen Vorbereitung schreibt jeder die Eingangssätze seines Textes in Gedichtform, wobei die Satzzeichen als Versende erscheinen. Das folgende Beispiel wird gemeinsam im Unterricht erarbeitet. Der Lehrer liest und schreibt vor:

Ríp van Wínkle,
ein Náchkomme jener únerschrockenen van Wínkles,
die unter Hendrik Húdson dereinst das amerikanische Lánd erschlossen hátten,
war ein gebórener Fáulenzer,
dabéi,
wie es schéint,
ein hérzensguter Kérl,
der nícht um der Físche willen físchte,
sóndern um zu träúmen,
denn sein Kópf war vóll sogenannter Gedánken,
die mit seiner Wírklichkeit wénig zu tún hatten.
(Max Frisch, aus ‚Stiller‘)

Die Urteile der Schüler:

1. Der Text sei humorvoll, scherzhaft, ironisch, bombastisch, breitbehaglich; Rip schrullig, ein Sonderling. Der Erzähler mache sich über ihn lustig, schildere ihn als Dummkopf und als Taugenichts; dennoch habe er eine Schwäche für ihn, vielleicht aus Mitleid, vielleicht aus Nachsicht.
2. Es könne sich um einen Schwank, eine Anekdote, eine Unsinnsgeschichte handeln.

3. Die Geschichte könne nicht ernst, nicht traurig, nicht rührselig enden; der Erzähler werde bis zum Schluß seinen scherzhaft-ironischen Ton beibehalten.
4. Vielleicht mache Rip als Taugenichts sein Glück; aber das sei unwahrscheinlich.

Wie muß der Text gelesen werden? Jeder Vers besteht aus einem Zwei- oder Dreisilber mit freier Taktfüllung. Rhythmisch wird der Vortrag, wenn wir die Sätze in Sprecheinheiten mit ein, zwei oder drei Hebungen gliedern.

Damit haben wir eine Regel: Wir gliedern alle Prosasätze nach den Satzzeichen in Sprecheinheiten mit jeweils ein bis drei Hebungen.

Um den Wechselbezug von Aussageabsicht und Rhythmus sichtbar und hörbar zu machen, ändern wir die Eingangssätze willkürlich:

Rip van Winkle war ein Nachkomme der van Winkles,
die unter Hendrik Hudson das amerikanische Land erschlossen hatten.
Er war zwar ein Faulenzer,
aber ein herzensguter Kerl.

Was hat sich verändert: Die Länge der Sätze; diese sind straffer, gedrängter geworden; damit auch der Satzrhythmus. Rip ist realistisch gezeichnet. Aus dem Schwank ist der Anfang einer Lebensbeschreibung geworden.

Es gehört zu den Vorbereitungsaufgaben der Schüler, zu ihrem Text auch eine solche syntaktische Umformung vorzunehmen. Dabei stellt sich heraus, daß die Klasse das Ratespiel mit den Umformungen mit Interesse durchführt, daß sie aufmerksam zuhört und sich spielend grundlegende Kategorien der Interpretation aneignet. Noch im 9. und 10. Schuljahr ist eine solche Übung erfolgversprechend.

Der Leistungstest zum Abschluß zeigt, was die Schüler gelernt haben: Das Ratespiel wird als Klassenaufsatz durchgeführt; der Lehrer liest einen Text zweimal vor und schreibt das Original an die Tafel. Aufgabe der Schüler: Beantwortung der Fragen des Schemas und Umformung des Satzrhythmus.

III. Der Aufbau sprachlich-literarischer Grundbegriffe

Sprache entsteht aus der Auseinandersetzung von Ich und Du und von Subjekt und Objekt, aus dem sozialen Bezug und dem Sachbezug. Aus der Erfahrung der Spannungsverhältnisse von Ich und Du, Denken und Handeln, Wort und Sache entstehen die Begriffe. Der Deutschunterricht muß solche Erfahrungen anregen.

a) Reflexion über Spannungsverhältnisse

Wenn wir eine Klasse neu übernehmen, unterrichten wir uns über die Liebhabereien und Freizeitbeschäftigungen der Schüler, über ihre Stellung zum Sport, zum Buch, zur Privatlektüre, zum Fernsehen, zur Technik, zu Jugendgruppen, zur Schule — in Form eines Rund- oder Streitgesprächs oder mittels eines Fragebogens über Schülerwünsche und Schülerklagen. Wir nehmen Flegeleien, Lässigkeiten, Mißhelligkeiten, Unordnung und Gleichgültigkeit, Launenhaftigkeit, wie sie jeder Tag mit sich bringt, zum Anlaß, Fragen der Klassenordnung, der Mitbestimmung zu erörtern. Soziale Konflikte lassen wir beobachten, beschreiben und analysieren nach folgendem Schema:

Beschreibung eines Zusammenstoßes

1. Das Ereignis als Sachbericht
2. Vermutete Motive
3. Auswirkung des Konflikts auf die Umwelt
4. Rückwirkung der Umwelt auf die kämpfenden Parteien
5. Lösung des Konflikts

Die Reflexion über Konflikte und Fehlhandlungen ist für die Spracherziehung wie für die Klärung des Verhältnisses zur Umwelt nötig. Die Elementarakte des Verstehens und sozialen Handelns vollziehen sich in der Gruppe. Kleine Fehlhandlungen werden fruchtbar, wenn sie auf gesellschaftliche Form in Ordnung gebracht werden. Das Verständnis für Sprache und Literatur entwickelt sich durch die Reflexion über solche Elementarakte und Konfliktsituationen. Wie anders will man z. B. die Nebensätze verständlich machen als dadurch, daß man in den didaktischen Grundformen zugleich die Grundformen der zwischenmenschlichen Beziehungen (Temporal-, Kausal-, Konzessiv-, Konsekutiv-, Relativ-, Modalbeziehungen usw.) aufzeigt? Die Syntax liefert das Schema der sozialen Beziehungen und des Denkens darüber. Damit ist der Sprachbetrachtung auf Mittel- und Oberstufe ein fester Ort zugewiesen.

Der Gegensatz von Buch und Leben. Die jungen Menschen flüchten gerne aus der harten, unbefriedigenden Wirklichkeit in die Welt der (audio-visuell dargebotenen) Literatur. Sie schaffen sich ein Traumreich, sie empfinden sich mit der Hauptfigur des Buches als tapfer, kühn, tatenvoll, während ihnen der Alltag weder eine große Rolle zuweist, noch sie sich in ihm eine erschaffen. Wir werden vom 6., und verstärkt vom 7. Schuljahr an, an dem Verhältnis von Wahrheit und Wirklichkeit den Unterschied von Kunst und Kitsch, den Gegensatz von gutem und schlechtem Buch aufzeigen. So fügen wir ab und zu einen Kurzlehrgang ein: „Das kitschige Buch", „Der Kriminalroman", „Science fiction". Jeder Schüler soll aus seiner Privatlektüre eine Textstelle, die ihm spannend erscheint, vorlesen, und wir untersuchen dann: Ist die Spannung echt, ist sie künstlich gemacht, ist das Geschehen glaubwürdig, geschieht etwas Mitteilenswertes? Oft stellen wir fest, daß unsere Schüler auf Stimmungsmache, auf die kitschigste Darstellung hereinfallen.

Der Unterschied von Wahrheit und Wirklichkeit. Auch am guten Buch betrachten wir das Verhältnis von Wahrheit und Wirklichkeit. In ‚Pole Poppenspäler' läßt Storm die kleine Lisei sagen: „Ja, wenn's Geschichtl nur nit derlog'n ist!", und in der ‚Schwarzen Spinne' Gotthelf den Vetter: „Es ist nur schade, daß man nicht weiß, was an solchen Dingen wahr ist. Alles kann man nicht glauben, und etwas muß doch an der Sache wahr sein, sonst wäre das alte Holz nicht da." Beide Dichter betonen, daß man aus ihren Geschichten etwas lernen könne für das eigene Daseinsverständnis. Die Großmutter in Selma Lagerlöfs ‚Christuslegenden' beteuert die Wahrheit ihrer Märchen mit den Worten: „Und all dies ist so wahr, wie ich Dich sehe und wie Du mich siehst.“ Diese Aussagen bilden für die Erarbeitung solcher Werke den natürlichen Ansatzpunkt. Die Schlüsselfrage zum Verständnis lautet: Was ist wahr an der Erzählung? Bei der Beantwortung dieser Frage lernen wir zwischen wirklich und unwirklich, wahr und unwahr, gültig und ungültig, möglich und unmöglich unterscheiden, u. U. ohne die schwierigen Begriffe empirische, seelische und geistige Wirklichkeit verwenden zu müssen.

Der Gegensatz von Aufnehmen und Hervorbringen. Was ist anders, wenn wir ins Theater gehen oder selbst ein Stück aufführen, ein Lied anhören oder selbst in einem Chor mitsingen? Beim Chorsingen lebt der einzelne in seiner Stimme und fühlt sich gleichzeitig getragen von den Stimmen aller; jeder einzelne trägt das Ganze.

b) Wort, Sache, Vorstellung und Begriff

Die Schüler lesen die Vokabeln Akropolis, Südstaaten, Apartheid, Negerballett; Bombennacht, Krieg, Hunger; Kolchose, Genossenschaft; Fließband, Akkordarbeiter, Funktionär u. a. Sie operieren damit, aber sie verstehen nicht ihren vollen Wortinhalt; sie verbinden mit ihnen unklare Vorstellungen, keine Erfahrungen: Es fehlen ihnen die Begriffe. Nun wird der Wortschatz durch die Einbeziehung der Gegenwartssprache, der Massenkommunikationsmittel und der Trivialliteratur in den Deutschunterricht umfangreicher und vielschichtiger. Das Problem der Begriffsbildung wird vordringlicher. Unsere Aufgabe ist es, Grundbegriffe wichtiger soziokultureller Bereiche aufzubauen, in Begriffsfelder einzuordnen und den Schülern eine Methode zu vermitteln, wie sie selbst das Spannungsverhältnis von Wort und Sache im Begriff ausgleichen können. Dabei ist zu bedenken, daß auch der Erwachsene nur von wenigen Wörtern und Erscheinungen klare und umfassende Begriffe hat. Der Vorgang der Begriffsbildung wird durch die Massenmedien gefördert, aber auch gefährdet, denn der passive Wortschatz nimmt rasch, der aktive Wortschatz hingegen in geringem Umfang zu.

Der Deutschunterricht bedient sich bei der Klärung von Begriffen und Begriffsfeldern und bei der Ordnung von Vorstellungsbereichen verschiedener Mittel. Er verwendet:

1. Die dramatische, von persönlicher Erfahrung getragene Illustration durch den Lehrer. Seine Schilderung der unmittelbaren Eindrücke von der Akropolis, von einer Bombennacht, von Hungerödemen wirkt stärker als ein vorgelesener Bericht.
2. Bild und Film. Der Lehrer benützt die audiovisuellen Hilfsmittel. Bei der Erarbeitung des Dramas ‚Biedermann und die Brandstifter‘, der Novelle ‚Der Schimmelreiter‘, des Romans ‚Der geteilte Himmel‘ verwendet er die entsprechenden Filme zur Illustration. Im Verlauf einer Unterrichtseinheit über den „Journalismus“ besucht die Klasse eine Redaktion und eine Druckerei.
3. Das Interview, von Schülern durchgeführt. Begriffe etwa aus dem Bereich der Buchherstellung, des Theaters, des Rundfunks können Fachleute besser erläutern als der Lehrer. Das Schülerinterview ist für die Begriffsbildung von großer Bedeutung, zumal sich die Interviewer zuvor mit dem Gegenstand bei der Abfassung des Fragebogens gründlich beschäftigen müssen.

4. Die Schülerbeobachtung und Schülererfahrung. Soziale Konflikte lernt der Schüler im Elternhaus, in der Schule, in der Öffentlichkeit, die wichtigsten Begriffe der Gesprächsführung durch die sozialen Unterrichtsformen kennen.
5. Die sprachlich-literarische Betätigung. Sie zwingt zur Auseinandersetzung mit dem Wort und mit der Sache.
6. Die theoretische Erörterung über das Verhältnis von Wort, Sache und Begriff. Sie beginnt auf der Unterstufe und wird auf der Mittelstufe in anspruchsvollerer Form fortgesetzt. Hierzu einige Hinweise.

Unterstufe: Wörter wie „Pechvogel", „Angsthase", „Drehstrommotor", „Kondensator" tauchen auf. Die Wörter kennen sie; aber sie haben über ihre Bedeutung nicht nachgedacht. Die beiden ersten werden aus ihren Bestandteilen sinnfällig als Sprachbilder zur Charakteristik von Menschen aufgebaut und durch Beispiele erläutert. Der Pech-Vogel möchte wie jeder Vogel vergnügt sein, aber er läßt sich immer wieder aus Ungeschick auf einer Pechstange nieder, flattert und kommt nur schwer wieder hoch. „Wer von euch kennt einen Pechvogel?" Wir verfassen ein szenisches Spiel oder einen Aufsatz: „Ein Sonntagskind, ein Pechvogel, ein Angsthase machen eine Fahrradtour, fahren miteinander Ski, gehen schwimmen, schreiben einen Klassenaufsatz." Die Absicht: Die Schüler der Unterstufe lernen eine Methode der Begriffserläuterung kennen und anwenden: Auflösen eines Wortes in seine Bestandteile; Erläutern der Wortinhalte, Sammeln von Beispielen zur Illustration. — Die dem Lehrer nicht ganz geläufigen technischen Begriffe (Drehstrommotor, Kondensator) werden vom Wort her erläutert und dem Fachlehrer für Physik zur sachlichen Erklärung zugeleitet.

Mittelstufe: Abstrakte Wörter wie „Freiheit", „Recht", „Macht", „Organisation" oder unklare Begriffe wie „Drehbuch", „Werbetexter", „Layouter" tauchen auf. Zu den ersten suchen wir konkrete Situationen, damit die Schüler in ihnen die konkreten Einzelfälle erkennen. Häufig gehen wir dabei vom Gegensatz aus. Den Begriff „Freiheit" verstehen wir, wenn wir selbst schon eingeengt, eingesperrt, gequält, gehemmt waren. Begriffe aus fremden Sachbereichen eignen wir uns am sichersten an, wenn wir uns in diesen Bereichen betätigen. Zahlreiche Begriffe aus der Filmproduktion, der Werbetextherstellung füllen sich mit Anschauung, wenn wir selbst eine Drehbuchskizze, einen Werbetext herstellen.

Wie entsteht ein Begriff, und was ist der Unterschied zwischen Wort, Sache, Vorstellung und Begriff? Bereits im 8., spätestens im 9. Schuljahr untersuchen wir das Problem. Unser Verfahren: Wir zeigen einen Gegenstand, etwa eine Biene, und fragen: „Was ist das?" An die Tafel setzen wir den Gegenstand und schreiben daneben das Wort.

Biene

Das ist ein Gegenstand,	Das ist ein Wort
= ein Ding, eine Sache (ein Tier).	= 5 Buchstaben, ein Klanggebilde.
Wir nennen die Sache Biene.	Es bezeichnet ein Tier.

„Ist das, was ich gemalt habe, nicht etwa eine Wespe? Wie unterscheidet sich eine Biene von einer Wespe? Meine Vorstellung von der Biene ist offenbar unklar, verschwommen; ich kann nicht einmal ihren Körper zeichnen, geschweige denn ihre Lebensweise und die Funktion der einzelnen Organe erklären. Ich weiß nicht genau, was das Wort „Biene" meint."

Nunmehr ergänzen wir das Tafelbild:

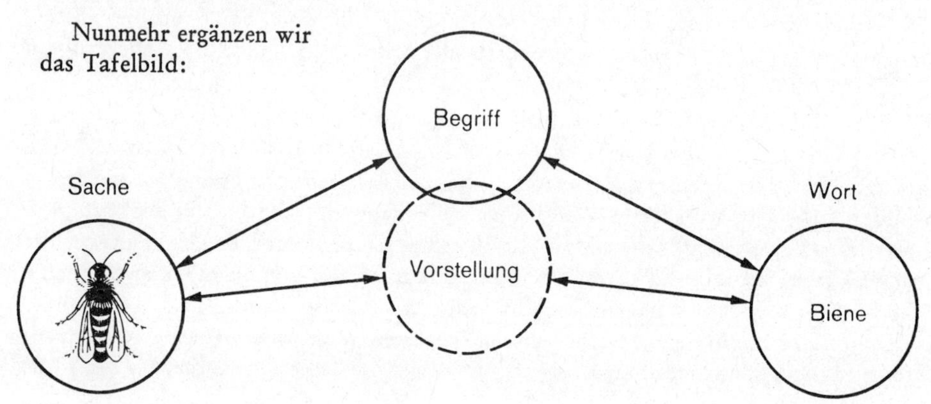

Erkenntnis: Meine Vorstellungen von der Sache können richtig oder falsch sein, genau oder ungenau. Ich kann sie klären, berichtigen, erweitern, ordnen. Wenn ich die Sache gründlich untersuche, dann weiß ich, was das Wort meint, dann bildet sich in mir aus der Vorstellung ein Begriff. Wort und Sache haben unabhängig vom Ich ein Eigenleben; der Begriff jedoch baut sich in mir auf; er ist das Ergebnis meiner Bemühungen um die Sache und um das Wort; im Begriff erfasse ich das Wesen und die besonderen Merkmale der Sache; dem Begriff kommt Allgemeingültigkeit zu (allgemeine Begriffe). Jeder einzelne, der sich Rechenschaft ablegt über das, was er spricht und schreibt, hört oder liest, muß sich um solche Begriffsklärung bemühen. Der Deutschunterricht macht den Vorgang der Begriffsbildung selbst zum Gegenstand der Untersuchung.

c) Form und Formbetrachtung

Die Untersuchung sprachlicher Strukturen ist vom 5. Schuljahr an Aufgabe des Faches; es ist jedoch zu bedenken, daß sich die Untersuchungsaufträge von Stufe zu Stufe erweitern, konkretisieren und differenzieren. Was unter sprachlich-literarischer Formbetrachtung zu verstehen und wie sie durchzuführen ist, darüber bestehen Meinungsverschiedenheiten. Zur Klärung des Sachverhaltes unterscheiden wir — das wird im folgenden an Beispielen deutlicher —:

Grundformen und ihre Formgesetzlichkeiten: Satzbauformen, Grundformen der Gattungen, individuelle Bauform einzelner Werke,

Formelemente: Wörter sind Formelemente des Satzes; Vers, Metrum und Strophe sind Formelemente des Gedichts,

Formkräfte: Als Formkräfte eines Werkes bezeichnen wir die geistigen Kräfte, die dem Inhalt Einheit, Zielrichtung, Wert, Höhenlage — mit einem Wort „Gehalt" — verleihen. Auf der Mittelstufe ersetzen wir den Begriff „Formkraft“ durch den faßlicheren, wenn auch engeren der „Aussageabsicht“.

Ebenso schwierig ist es, den Begriff S t o f f oder I n h a l t zu erfassen. Der Stoff einer Kurzgeschichte, eines Gedichts, eines Dramas ist durch den Autor a u s g e l e s e n und v o r g e p r ä g t. Welcher Prozeß von der Einzelerfahrung, dem Rohmaterial, bis zur literarischen Ausprägung im fertigen Werk vor sich geht, haben Lyriker der Gegenwart an Beispielen unter dem Titel ‚Ein Gedicht entsteht‘ erläutert. In der Schule lassen wir die Schüler solche Erfahrungen über den Prozeß der Formgebung sammeln und in einer literarischen Form darstellen. So wecken wir Verständnis für das Ineinander von Inhalt und Form.

Zur Klärung des Begriffs Stoff oder Inhalt unterscheiden wir die F a b e l des Dramas vom H a n d l u n g s a b l a u f, den man in einer Inhaltsangabe festhält.

Eigentliche Aufgabe der Werkbetrachtung auf der Mittelstufe ist es, die Schüler zum Untersuchen des Ineinander von Inhalt und Form in der Gestalt anzuleiten.

Bereits im 5. Schuljahr beginnen wir mit einfachen grammatischen und literarischen Formuntersuchungen. Wortarten, Satzglieder, Bauformen der Sätze werden verglichen, damit die Kinder die Leistung der Wortarten und Satzglieder und die Wirkung der Satzbauformen erkennen lernen. Darüber hinaus werden die Formelemente des lyrischen Gedichts (Strophe, Vers, Reim, Metrum) analysiert. Die Bauform der literarischen Kleinformen (Fabel, Sage, Legende, Märchen, Schwank, Anekdote) wird aufgesucht. Die Frage: „Was haben die beiden Geschichten A und B gemein, was unterscheidet C von D?“ führt zur Betrachtung der Eigenart dieser Gattungen. Nicht genug: Die Formuntersuchung auf der Unterstufe vermittelt die einfachen Kriterien der literarischen Wertung. Die Frage: „Hat die Geschichte einen Mittelpunkt, ist sie spannend gebaut, wie entsteht und wie löst sich die Spannung; ist sie glaubhaft, gut oder schlecht erfunden?“ führt zur Unterscheidung von „gekonnt“ und „nicht gekonnt“; „glaubhaft“ und „nicht glaubhaft“, „sachgemäß“ oder „schlecht“.

Die Formuntersuchungen auf der Mittelstufe werden differenzierter, planmäßiger und an größeren Werken durchgeführt. Die Begriffe werden schärfer gefaßt. Am Beispiel des lyrischen Gedichts sei das Problem der dichterischen Form, so wie wir es im Unterricht der Mittel- und Oberstufe allmählich faßbar machen, erläutert. Am einzelnen Gedicht untersuchen wir:

1. Formelemente: Reim, Metrum, Versform, Strophenform
2. Bauform des Satzes: Syntax und das Verhältnis von Vers und Satzform
3. die Bildersprache — Metapher, Vergleich, Symbol, Allegorie — und die Leistung der Wortarten und Satzglieder
4. festgefügte, überlieferte Strophenform oder individuelle, freie Form der modernen Lyrik
5. die Aussageweise: subjektive Erlebnisdichtung, objektives Dinggedicht, Gesellschaftsdichtung, reflektierendes gedankliches Gedicht; hymnische, elegische, sachliche Aussageweise
6. Grunderfahrung und Aussageabsicht

Ein vereinfachendes Schema verdeutliche den schwer durchschaubaren Zusammenhang von Form und Inhalt

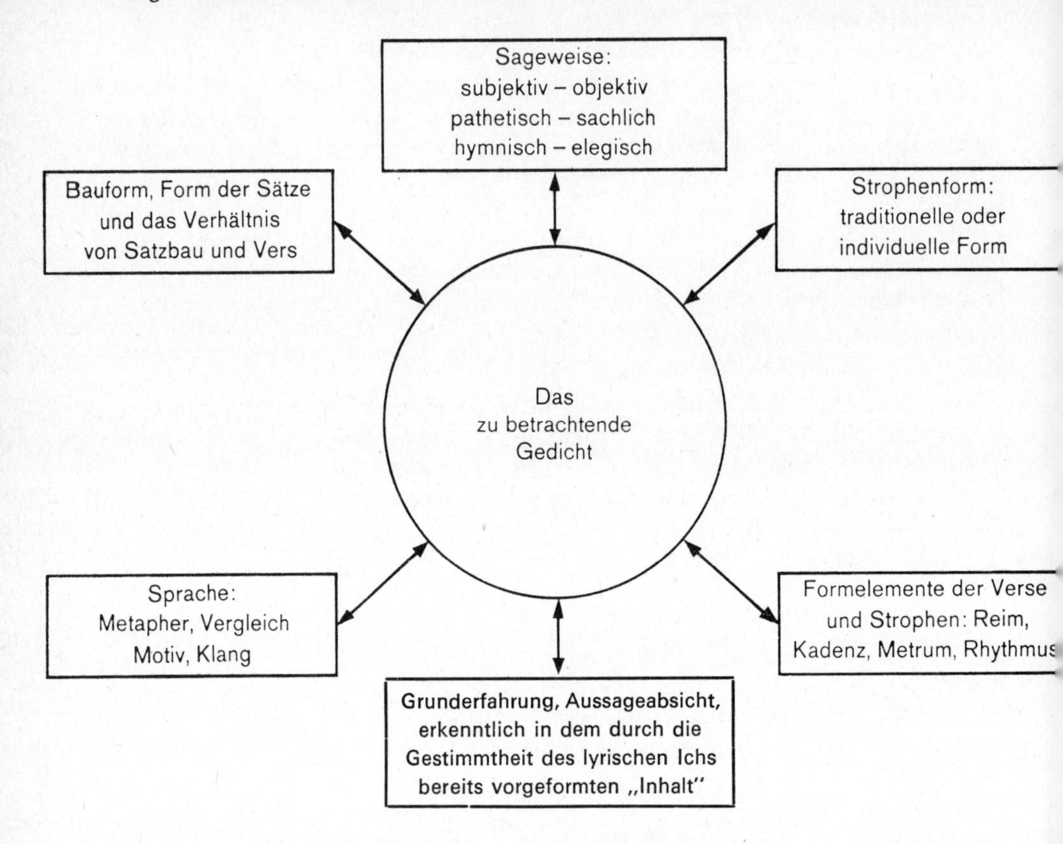

Die Formkräfte eines literarischen Werkes sind es, welche dem Inhalt (dem Erlebnis, der Grunderfahrung, dem Geschehen) Einheit und Rang geben.

Ein zweifacher Irrtum bringt unseren Unterricht um seine Wirkung. Der eine ist: bei der Werkbetrachtung komme es nicht auf den Inhalt an. Im Gegenteil: Wir dürfen ihn nicht vernachlässigen, denn wir stoßen auf den Gehalt nur unter dem Gesichtspunkt der Sprachwerdung des Inhalts, der Formgebung (vgl. dazu 4. Kap.). Der andere: Bei der Werkbetrachtung komme es nicht auf die Form an, der Inhalt sei das Entscheidende. Durch diese Sicht wird der Deutschunterricht zu einem Weltanschauungsfach veräußerlicht. Im ersten Fall herrscht ein literarischer und didaktischer Formalismus, im zweiten ein literarischer und didaktischer Materialismus. Beide verhindern Kunstverständnis und sprachliche Bildung. Die Aufgabe jeder Werkbetrachtung ist es, den Wechselbezug von Aussageabsicht und Darstellungsweise, von Inhalt und Form zu erhellen und die Schüler zum funktionalen Sehen, zum Untersuchen der Funktionszusammenhänge anzuregen, denn nur hierbei wird das Phänomen der Formgebung selbst zum Gegenstand der Untersuchung gemacht.

Zwei Aufgaben ergeben sich daraus für den Unterricht der Mittelstufe. Er muß dazu anregen, daß die Schüler Erfahrung sammeln, weil ohne diese kein Verstehen möglich ist, und er muß den Willen zu Formuntersuchungen wecken.

Noch deutlicher zeigt das nachstehende Schema die Einheit von Inhalt und Form.

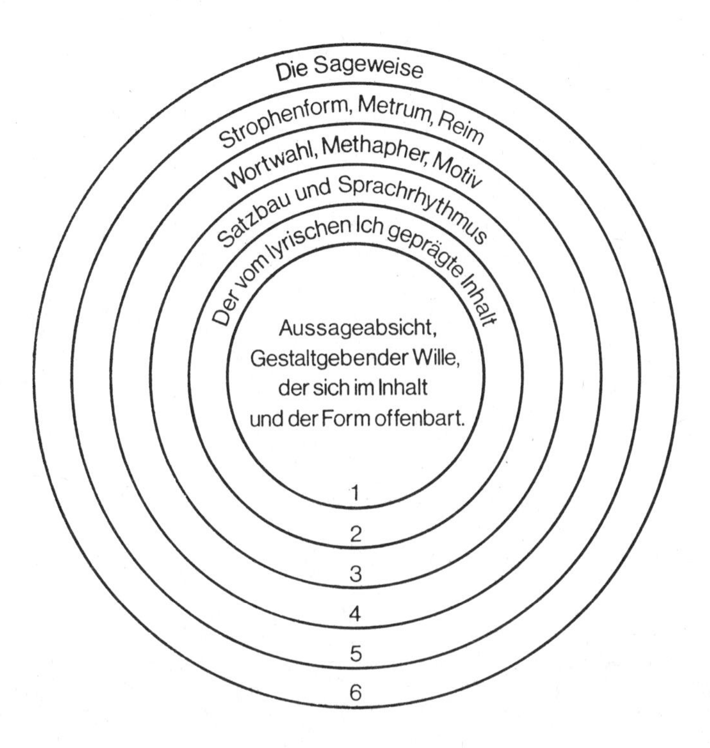

d) Schichten des Wirklichen und ihre sprachlich-literarische Darstellung

Was heißt Wirklichkeit? Wir können auf Mittel- und Oberstufe das vieldeutige Wort nicht einfach definieren, müssen jedoch die Jugendlichen anleiten, verschiedene Schichten und Bereiche des Wirklichen mit den dazugehörigen Kategorien zu unterscheiden; denn unbewußt fallen sie täglich von einer Ebene in die andere und verwirren sich. Man untersuche z. B. in den Spracherziehungswerken und Lesebüchern des 8. Schuljahrs den Wirklichkeitsgehalt der Texte, und man erkennt, welche Akrobaten Schüler sein müssen, die sich zurechtfinden wollen: Sagen, Fabeln, Anekdoten, Schwänke, natur- und humanwissenschaftlichen Abhandlungen liegen ganz verschiedene Wirklichkeitsbegriffe zugrunde, die ihrerseits wieder scherzhaft, ernst, ironisch, humoristisch, satirisch, polemisch, sachlich, realistisch usw. gefaßt werden. Gewiß, der Jugendliche findet sich zurecht; aber wie können wir ihm helfen, diese Bereiche reflektierend-kritisch zu unterscheiden?

Vergegenwärtigen wir uns an dem Beispiel der perspektivischen Raumbetrachtung die Bedeutung dieses Problems: Mit 12—13 Jahren wird der Mensch reif zum Verständnis der räumlichen Perspektive. Er entdeckt den Raum und die Körperlichkeit der Dinge. Das Kind sieht und zeichnet flächenhaft; der Pubeszent entdeckt die dritte Dimension und damit auch die Licht- und Schattenwirkung der Körper. Ebenso wird er nunmehr reif zum Verständnis der geistigen Perspektive. Das vordergründige Geschehen erhält einen Hintergrund, neue Zusammenhänge werden sichtbar, aus der Tiefe steigen neue Ebenen, neue Wirklichkeiten auf. Aber er kann das Ineinander dieser verschiedenen Ebenen nicht übersehen, denn er überschaut die innere Ordnung noch nicht. So lebt er bald auf der Ebene der nüchternen Sachlichkeit und Zweckmäßigkeit, bald auf der Ebene romantischer Verlorenheit. Gelegentlich flüchtet er sich zurück in die Anschauungsweise des Kindes, nimmt Gespenster noch ernst; oft zieht er in ein unwirkliches Scheinreich der Ferne, um dem Alltag zu entkommen, oder er versucht den Alltag zu meistern und scheitert, weil er die den Alltag bestimmenden Kräfte nicht kennt. Was der Verstand anerkennt, verwirft das Gefühl und umgekehrt. Hier kann der Deutschunterricht eingreifen und die verschiedenen Stufen des Wirklichen — die empirische Wirklichkeit der Sinne und der physikalischen Gesetzmäßigkeit, die Triebschicht im Menschen, die seelische Wirklichkeit der Wertgefühle, die geistige Wirklichkeit eines überpersönlichen Seins — als verschiedene Schichten oder Stufen der Welt aufzeigen.

Zwei Beispiele erläutern dem Lehrer die Problematik:

1. Die einzelne Zeitungsnachricht ist ein vorweisbares Faktum, gelegentlich von großer Wirkung. Welche realen Vorgänge liegen ihr jeweils zugrunde? Beeinflußt die sprachliche Darstellung diese Vorgänge, interpretiert sie sie richtig oder falsch? Das sind Grundfragen der Interpretation der Zeitungsnachricht und des Kommentars. Gelegentlich sind die zugrundeliegenden Vorgänge als solche unerheblich; erst die Art der Berichterstattung macht sie aufsehenerregend und verändert sie rückwirkend zugleich. Zwei Schichten des Faktischen — die vorliterarische und die literarische — greifen hier ineinander, stehen in einem Spannungsverhältnis zueinander. Dies gilt grundsätzlich nicht nur für jede Information, sondern auch für einen Gesetzestext, für eine Rechtsverordnung.
2. Aber auch die primäre Schicht ist in sich wieder mehrdimensional: Ein sozialer Konflikt zwischen Lehrer und Schülergruppe ist ein objektiv beobachtbarer Vorgang der empirischen Wirklichkeit. Ihm liegen aber Motive zugrunde: Geltungs- oder Unabhängigkeitsstreben, Unzufriedenheit mit Lehrgegenstand oder Verfahren oder Lehrerverhalten von seiten der Gruppe, mangelnde Bereitschaft zum Umlernen von seiten des Lehrers, d. h. Motive aus dem psychisch-somatischen und psychisch-sozialen Bereich, die nur mit Kategorien der Psychologie und der Soziologie begriffen werden können. Wer die sichtbaren Vorgänge beurteilen will, muß diese Motive und die Kategorien der Psychologie und Soziologie kennen.

Diese Erkenntnis hat Folgerungen für unseren Unterricht: Interpretieren wir Nachrichten der Presse, Gesetzestexte oder soziale Texte, so können wir uns folgenden vereinfachenden Schemas bedienen, um den Sachverhalt anschaulich zu machen.

Ineinandergreifende Schichten des Wirklichen

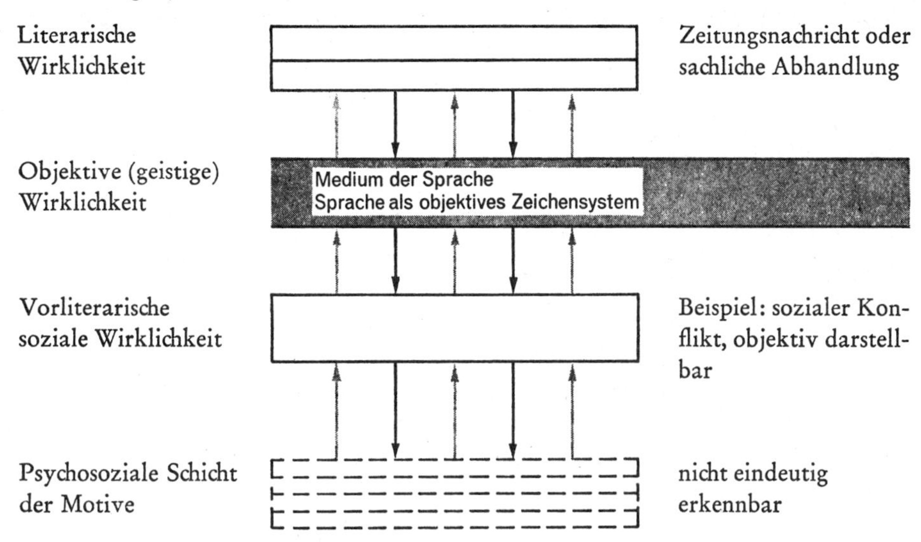

Diese verschiedenen Schichten des Wirklichen mit je eigener Gesetzlichkeit und eigenem Begriffssystem bedingen und verändern sich gegenseitig.

Interpretieren wir jedoch Balladen, Kunstmärchen, realistische, abstrakte, expressionistische Erzählungen oder dadaistische Gedichte, so ist das Schema der ineinandergreifenden Bereiche noch komplizierter.

Da dem Schüler das Erfassen verschiedener Wirklichkeitsbereiche schwerfällt, verwenden wir ein weiteres Schema, wobei wir jeden Bereich durch ein Beispiel erläutern und die Frage stellen, was an diesem Beispiel untersuchenswert sein könnte.

Verschiedene Wirklichkeitsbereiche

Wirklichkeitsbereiche	Beispiele	Ziel der Beobachtung und der Reflexion
1. empirische oder sinnlich-erfahrbare Wirklichkeit, objektiv meßbar	der fallende Stein, die brennende Kerze (physikalische bzw. chemische Vorgänge)	Ursache-Wirkung; Fallgesetz; Ursache-Vorgang-Wirkung; chemische Prozesse (Verbrennung), physikalische Wirkung (Ausbreitung des Lichts)
2. subjektiv erfahrbare oder psychische Wirklichkeit, subjektiv und objektiv analysier- und bewertbar	mein Traum, das Gefühl der Freude (der Angst), (psychische Vorgänge)	Motiv, Anlaß, Art, Deutung des Traums; Anlaß, Art der Freude, Wirkung auf die Umwelt, Rückwirkung auf den Sich-Freuenden

Wirklichkeitsbereiche	Beispiele	Ziel der Beobachtung und der Reflexion
3. geistige Wirklichkeit, allgemein-gültig, intellektuell-begreifbar, objektiv bewertbar	a) die Klassenordnung, eine Absprache (soziale Ordnungen); b) die mathematische Gleichung (logische Operationen);	a) Absicht, Anlaß, Wirkung, Inhalt, Wert für das Zusammenleben in der Klasse, in der Schule; b) logisches Gedankengebäude;
4. (komplexe) soziale Wirklichkeit, sinnenhaft beobachtbar, psychologisch und soziologisch deutbar, objektiv bewertbar	c) die Sprache Bericht über einen Streit zweier Schüler (soziale Konflikte)	c) Strukturen, Aufbau des Systems Ursache, Anlaß, Art des Vorgangs, Rückwirkung des Streits auf die Streitenden, Auswirkung auf die Umwelt, Rückwirkung der Umwelt auf die Streitenden, Auswirkung auf die Klassenordnung. Feststellung und Deutung des Tatbestands. Absicht: Schaffung einer Klassenordnung, die soziale Konflikte vermeiden hilft
5. literar-ästhetische Wirklichkeit, sprachästhetisch, sozial, psychisch deutbar	Kurzgeschichte (mit dem Inhalt: Streit zweier Schüler), (literarische Werke)	formalästhetische, sprachliche, inhaltliche Interpretation

Entscheidend für die Altersstufe ist, daß sie die meßbaren Erscheinungen der Naturwissenschaften und der Technik als einen Ausschnitt (Aspekt) aus der Wirklichkeit begreifen lernt und daneben andere Bereiche, z. B. der Triebe, Träume, Gefühle (Freud), der religiösen Überzeugungen, der sozialen Systeme, der wirtschaftlichen und politischen Interessenverbände sowie die sekundären Bereiche der Kunst und der Wissenschaft wenigstens in Ansätzen und an Beispielen beobachten und sprachlich bewältigen lernt.

Den verschiedenen Begriffen von Wirklichkeit entsprechen verschiedene Begriffe von Wahrheit: die nachprüfbare, allgemeingültige Erkenntnis der Naturwissenschaft, die subjektive symbolische Wahrheit der Dichtung, die sachliche Richtigkeit einer Information.

Unser Stoffplan für die Mittelstufe sollte womöglich alle Grundformen sprachlicher Wirklichkeitsgestaltung umfassen, da mit jeder Grundform eine andere Begrifflichkeit und sprachliche Einstellung verbunden ist. Im Mittelpunkt stehen jedoch die Texte aus den soziokulturellen und dichterischen Bereichen. Dabei allerdings stoßen wir auf die weitere Schwierigkeit, daß die Schriftsteller ihren Werken unterschiedliche Begriffe von sozialer Wirklichkeit und Wahrheit zugrunde legen. Nehmen wir z. B. ‚Der Biberpelz', ‚Die Ausnahme und die Regel', ‚Der Stellvertreter': In drei sozialen Dramen der Mittelstufe finden sich drei verschiedene Begriffe von sozialer Wirklichkeit und dichterischer Wahrheit. Nehmen wir ‚Die schwarze Spinne', ‚Kleider machen Leute', ‚Das Feuerschiff', ‚Das Eisenbahnunglück': In diesen vier epischen Darstellungen finden sich vier verschiedene Formen sozialer Wirklichkeitsdarstellung, die es bei der Lektüre zu analysieren und verstehbar zu machen gilt. Die folgenden Beispiele wollen zeigen, daß Sprachuntersuchungen immer den zugrundeliegenden primären und sekundären Wirklichkeitsbegriff zu klären haben, wenn der Jugendliche interpretieren lernen soll.

Erstes Beispiel: Die sinnlich wahrnehmbare (empirische) Wirklichkeit

Das Kind zweifelt noch nicht an der Genauigkeit seiner Beobachtungen, wohl aber der Pubeszent: Er erfährt ihre Unschärfe ebenso wie die Unvollständigkeit, Einseitigkeit und Ungenauigkeit seiner sprachlichen Darstellung. Wir fördern diese Einsicht: „Beschreibe die Auseinandersetzung zweier Kameraden im Klassenzimmer oder das Bild an der Wand aus dem Gedächtnis (es wird umgedreht) genau." „Beschreibe eine Versuchsanordnung aus dem Physikunterricht und erkläre das Ergebnis des Versuchs." Es gelingt nicht. Wir erschüttern so die naive Sinnengläubigkeit, machen den Schüler gegenüber seiner eigenen Erfahrung kritisch und bauen das Verständnis für die Gültigkeit physikalischer Erkenntnisse durch die Reflexion über die Sprache der Physik auf.

Zweites Beispiel: Die Wahrheit der Mathematik

„Stimmt der Satz von der Winkelsumme im Dreieck für jedes Dreieck? Kannst du dafür deine Hand ins Feuer legen?" Der Schüler, auf die Probe gestellt, bezweifelt die Allgemeingültigkeit eines mathematischen Beweises ebensosehr wie die Exaktheit seiner Beobachtungen von Vorgängen. Die zwingende Folgerichtigkeit des mathematischen Beweises erkennt er, wenn er sich den Begriff „Beweis" in kritischer Reflexion erarbeitet. Das leistet der Mathematikunterricht in der Regel im 7. Schuljahr.

Drittes Beispiel: Die mythische Wirklichkeit

Das Verständnis für mythische Vorstellungen ist für den Jugendlichen ebenso nötig wie die Einsicht in das Wesen mathematischer oder physikalischer Erkenntnis. Wichtige Werke der modernen Literatur und viele Verhaltensweisen unserer Mitmenschen können wir ohne Verständnis der Bilder aus dem mythischen Bereich nicht verstehen. Zu allen Zeiten werden solche Bilder geschaffen (Ingeborg Bachmann) oder reproduziert (Motive der griechischen Mythologie im modernen Drama). Bei der Erschließung Homers im 7. und einiger Texte aus der Edda im 8. Schuljahr versuchen wir, die Entstehung der Mythen historisch-psychologisch zu e r k l ä r e n und den Inhalt der Mythen symbolisch zu d e u t e n. Wir brauchen ein solches Verständnis bei der Beschäftigung mit dem Kunstmärchen (z. B. ‚Das Stuttgarter Hutzelmännlein') und den Balladen (z. B. ‚Erlkönig'); denn Kunstmärchen und Balladen übernehmen Requisiten und Vorstellungen aus dem prähistorischen Bereich.

Zum Verständnis der mythisch-kosmischen Vorstellungswelt der Germanen setzen wir den Donner-schleudernden Donar in Gegensatz zu unserer physikalischen Erklärung von Blitz und Donner. Der Physiker mißt die elektrische Spannung der Atmosphäre, berechnet den Blitzstrahl, erklärt die Entstehung des Schalls. Mythische Vorstellung und physikalische Erklärung sind zwei verschiedene Weisen der Naturbetrachtung mit völlig verschiedener Sprache, die sich nicht ausschließen. Zum Verständnis des Schicksalsglaubens der Germanen setzen wir Donar in Gegensatz zu dem christlichen Gott. Warum sind die Germanen vom 5. Jahrhundert an von ihren Göttern abgefallen, weshalb hat der christliche Monotheismus sich durchgesetzt? — Die Germanen glaubten an einen Kampf der Götter gegeneinander; keiner von ihnen war allmächtig, ewig, gütig und gerecht; im Christentum lebt die Vorstellung, daß es eine die Welt umfassende Gerechtigkeit, Güte und Weisheit gibt. Mit dem Siegeszug des Ein-Gott-Glaubens haben sich die Gesetze und Verhaltensnormen der Menschen verändert. Die Nachwirkung beobachten wir z. B. in der Abschaffung der Sklaverei, der Beseitigung der Rassendiskriminierung, der Ächtung des Völkermordes, der Überwindung des Feudalismus, der Schaffung einer sozialen Gesellschaftsordnung.

Der methodische Gang, den wir hier skizzieren, ist der: Wir versuchen die Texte aus der Edda in den größeren Zusammenhang „Vorstellungen und Zeugnisse der Germanen und der Menschen von heute" zu stellen. Dabei gehen wir von einer konkreten Situation aus, die einer mythischen Betrachtungsweise zugänglich ist. Dieser germanischen Vorstellungs- und Sozialwelt stellen wir die anders geartete physikalische Betrachtungsweise der Naturphänomene einerseits und des Christentums andererseits gegenüber.

Viertes Beispiel: Das Kunstmärchen

Das Volksmärchen ist einsträngig; es spielt in einer nicht realen Zeit an einem nicht realen Ort und handelt von nicht realen Menschen, Tieren und übernatürlichen Wesen. Das Kunstmärchen ist zweisträngig; es spielt in einer historisch-wirklichen (möglichen) und in einer vom Erzähler erfundenen phantastischen Welt. Dieses Ineinander zweier Schichten reizt den Forschertrieb der Zwölf- bis Vierzehnjährigen.

Der Untersuchungsauftrag lautet: Was ist wirklich (möglich) und was unwirklich (unmöglich)? Welche Personen gehören der einen, welche der anderen Schicht an? Wann und weshalb greifen die beiden Bereiche ineinander?- Wie läßt sich die Verzahnung graphisch darstellen?

Mit diesen Fragen zum Inhalt, zu den Personen, zur Gliederung (Struktur) haben wir den Schlüssel zum Verständnis der Kunstmärchen, die wir in Kontrast einerseits zu den Volksmärchen und andererseits zu der Science-fiction-Literatur stellen.

Wir wecken das Interesse der Schüler der frühen Mittelstufe, wenn wir ihnen eine Unterrichtseinheit mit Chamissos ‚Peter Schlemihl' oder Brentanos ‚Märchen von dem Schulmeister Klopfstock und seinen fünf Söhnen', Mörikes ‚Stuttgarter Hutzelmännlein', Kästners ‚Der 35. Mai oder Konrad reist in die Südsee', Frischs ‚Rip van Winkle' und einem Heft der Science-fiction-Reihe anbieten. Durch den Kontrast erarbeiten sie sich zugleich den Qualitätsunterschied.

Fünftes Beispiel: Die realistische Wirklichkeitsauffassung

Wir wollen an der Stormschen Novelle ‚Pole Poppenspäler' aufzeigen, mit welchen Fragen zugleich die Wirklichkeitsbezüge und die dichterische Form im 7. Schuljahr erschlossen werden können. Die Leitfrage: „Gibt es in der Erzählung Menschen, die sich vorbildhaft zeigen?“ Umgreift der Begriff „Vorbild“ die Beziehung von Mensch und Tat, Handlung und Gesinnung, Prüfung und Bewährung? Die Schüler finden an keiner der Personen der Novelle etwas Vorbildhaftes, weil ihr Bild vom Menschen unrealistisch ist. Indem wir ihren Heldenbegriff umwandeln, formen wir ihre Wirklichkeitsauffassung um: den Traumhelden zum Menschen des Alltags, die phantastische Welt zur sozialen Welt. Eine Reihe von Fragen entwickelt sich aus der Leitfrage: „Wer von euch lernt neben der Schule her ein Handwerk oder bastelt unter Anleitung eines Meisters? Was für ein Junge muß der sein, der das tut und überdies in seinen Schulfächern tüchtig ist (vgl. Eingang der Erzählung)?“ — „Was zieht wohl den Erzähler, der in eurem Alter ist, zu Vater Paulsen? Was können das für Dinge sein, die er bei ihm lernt? ‚Dinge ... von denen ... ich später selbst in meinen Primaner-Schulbüchern keine Spur gefunden habe‘ (S. 2)? Mit dieser Frage berühren wir die Form der Rahmenerzählung, die mit der realistischen und symbolischen Wirklichkeitsauffassung Storms eng verbunden ist: Ein tüchtiger Junge von 14 Jahren, der in Schule und Werkstatt etwas leistet, einer, den man sich zum Freund wünscht, überblickt die Lebensgeschichte Paulsens und lernt daraus Wichtigeres als aus seinen Schulbüchern.

Aus drei Grunderfahrungen kann unsere Novelle verstanden werden — und zu drei Grunderfahrungen möchte sie anleiten. Es sind dies: Mühsal und Wert der handwerklichen Arbeit; Freude an eigener handwerklicher oder schöpferischer Tat; eigenes Versagen.

Die Mühsal eigener handwerklicher Arbeit: Unser Erzähler hat u. a. deshalb eine Zuneigung zu Paul Paulsen, weil er in ihm den Meister anerkennt; Vater Tendler und Vater Paulsen freunden sich an, weil sie einander als Fachleute schätzen. Hochachtung vor dem tüchtigen Handwerker und seiner Arbeit ist die Voraussetzung zum Verständnis der sozialen Schichtung in unserer Erzählung, des Unterschiedes von Handwerk und Kunsthandwerk, von Werkarbeit und Kunst, von seßhaften Bürgern und fahrendem Volk. Daß Lisei und Paul trotz der Standes-, Stammes- und konfessionellen Unterschiede ihrer Eltern in ihrer menschlichen und beruflichen Tüchtigkeit einander ebenbürtig sind, das löst das äußere und innere Geschehen aus und bestimmt Gehalt und Form des Werkes.

Die Freude eigener schöpferischer Tat: Warum verläßt Vater Tendler Heimat und gelernten Beruf und führt das mißachtete Leben eines Fahrenden? Die Schüler begreifen es nicht, wenn man ihnen nicht verständlich machen kann, daß es Menschen gibt, die es als ihre Lebensaufgabe ansehen, anderen Freude zu bereiten. Was opfert Vater Tendler auf, was gewinnt er? — Verbittert und vergrämt stirbt er. Weshalb dies alles? Wie sollen die Schüler verstehen, was dazu gehört, ein ganzes Leben dem Theater niederster Rangordnung im Dienst der Kunst zu weihen, wenn sie nicht einmal durch ein mit Mühe und Sorgfalt eingeübtes Lied oder eine Aufführung selbst Freude an solchem Tun verspürt haben?

Eigenes menschliches Versagen: Die 14jährigen entrüsten sich über die Gemeinheit der Buben des Schwarzen Schmidt; aber sie merken nicht, wie rasch sie selbst zu einer wilden, zügellosen Masse werden können und wie schwer es ist, gegen solche Burschen sich zu stellen. Nur aus dem Wissen um eigenes Versagen erwächst die Selbstkritik, die sich prüfend auch mit den Übeltätern vergleicht. Wer in unserer Geschichte hat einmal versagt? Weshalb?

Betrachten wir Erwachsene die Stormsche Erzählung, so merken wir, wie alle künstlerischen Höhepunkte der Darstellung zugleich Höhepunkte eines Wechselbezuges der handelnden Menschen sind. Wir können auf die Kunstform nur aufmerksam machen, wenn wir Realitäten ansehen, wie sie ihr zugrundeliegen. Ein Nachmittag am Schraubstock, die Vorbereitung eines Spieles zur Aufführung, das vorsichtige Eingreifen in eine Konfliktsituation der Klasse sind bessere Hilfsmittel zum Verständnis des Werkes als vieles Reden über seinen Gehalt.

Sechstes Beispiel: Die verschiedenen Formen des Wirklichen in der Darstellung des Scherzhaften, Grotesken, Komischen, Phantastischen, Irrealen

Hans Sachsens ‚Fahrender Schüler', Hauptmanns ‚Biberpelz' dürfen nicht mit den Maßstäben bürgerlicher Moral gemessen werden. Sie sind dem Bedürfnis nach Scherz, Heiterkeit, dem Spiel mit der Wirklichkeit entsprungen. Sie wollen erheitern, von dem quälenden Druck des Alltags befreien und sind ästhetisch und sozial zu werten: Wie erreicht der Verfasser seine Absicht? Ist die Darstellung in sich folgerichtig? Wie sind Scherz und Ernst, Phantasie und Erfahrungswelt verquickt? Wie muß der Text gelesen werden? Zwar erspüren die Jugendlichen den Geist des Ganzen, aber sie können ihn nur schwer begrifflich fassen.

W i r f a s s e n z u s a m m e n : Die muttersprachliche Bildung macht es nötig, daß der Jugendliche die verschiedenen Bereiche des Wirklichen im Umgang mit charakteristischen Sprachwerken begreifen und vergleichen lerne. Er soll die empirische, d. h. die sinnlich-wahrnehmbare Wirklichkeit von der anderen Gesetzen unterworfenen seelischen Wirklichkeit und von der objektiver Geistgebilde, er soll die literarischen Zeugnisse aus dem Bereich des Mythischen von denen aus dem Bereich des Realen usw. unterscheiden lernen. Diese Durchdringung der Wirklichkeitsbereiche ist mit dem Aufbau sprachlicher Ordnungskategorien verknüpft. Jedem Wirklichkeitsbereich ist eine ihm eigene Sprachwelt mit bestimmten literarischen Formen zugeordnet. An einzelnen Werken lernt der Schüler den Wechselbezug von Wirklichkeitsbereich, sprachlicher Eigenwelt und literarischer Form selbständig untersuchen.

Auf der Oberstufe bildet sich daraus allmählich die Erkenntnis, daß in der fortschreitenden Entwicklung der Menschheit immer neue Wirklichkeitsbereiche entstehen und von der Kunst gestaltet werden. Da aber die Erfahrungen früherer Jahrhunderte nachwirken, kann der Künstler der Gegenwart Vorstellungen der mythischen Welt mit denen des Realismus, Elemente des Surrealismus mit denen des Naturalismus, Formen des Impressionismus mit denen des Expressionismus verbinden. Die Dichtung der Gegenwart erhält aber ihr Gepräge nicht primär durch das Nachwirken früherer Stilelemente, sondern zum guten Teil durch die Erfahrungen der zweiten industriellen Revolution und deren Rückwirkung auf den einzelnen wie auf die Gesellschaft.

IV. Die Aneignung mündlicher und schriftlicher Darstellungsformen

a) Grundsätze

Vier Grundsätze verdienen Beachtung:

1. Beseitigung der Sprachbarrieren,
2. Beobachtenlehren,
3. Schaffen natürlicher Rede- und Schreibsituationen,
4. Einbeziehung der Privatlektüre in den Unterricht.

1. Beseitigung von Sprachbarrieren. Die Schule als „Mittelklassen-institution" (Charlotte Lütkens) hat die Kinder der Mittelschicht bevorzugt, weil beide dieselbe Sprache sprechen.

„Das Kind aus der Arbeiterklasse ... ist für einen Sprachgebrauch empfänglich, der sich völlig von dem der Mittelklasse unterscheidet. Die Merkmale dieses Sprachgebrauchs sind die folgenden:

1. Kurze, grammatisch einfache, oft unfertige Sätze von dürftiger Syntax, die meist in der Aktivform stehen.
2. Verwendung einfacher und immer derselben Konjunktionen (so, dann, und).
3. Häufige Verwendung kurzer Befehle und Fragen.
4. Seltener Gebrauch der unpersönlichen Pronomina „es" und „man".
5. Starre und begrenzte Verwendung von Adjektiven und Adverbien.
6. Die Feststellung einer Tatsache wird oft im Sinne einer Begründung und einer Schlußfolgerung verwendet, genauer gesagt, Begründung und Folgerung werden durcheinandergeworfen ...
7. Die individuelle Auswahl aus einer Reihe traditioneller Wendungen oder Aphorismen spielt eine große Rolle.
8. Feststellungen werden als implizite Fragen formuliert, die dann eine Art Kreisgespräch auslösen ... zum Beispiel: „Stell dir vor?" — „Das hätte ich nicht gedacht?" ...
9. Der Symbolismus besitzt einen niederen Grad der Allgemeinheit.
10. Die persönliche Qualifikation wird aus der Satzstruktur weggelassen oder ist nur implizit vorhanden; folglich wird die subjektive Absicht nicht mit Worten explizit gemacht oder erläutert.[1]

Nach Basil Bernstein ist das Kind der sozialen Mittelschicht prädisponiert, die Sprachstruktur des Lehrers zu akzeptieren und darauf zu reagieren, während das Kind aus der Arbeiterklasse sich benachteiligt sieht, an Selbstvertrauen einbüßt und schlechter beurteilt wird.

Die weiterführenden Schulen haben die formelle Sprache der Wissenschaft zu lehren; aber sie müssen stärker als bisher vorhandene Sprachbarrieren beseitigen helfen. Dazu dienen Stütz- und Förderkurse, Einrichtung von Spielgruppen, Diskussions- und Debattierklubs, Rücksichtnahme des Lehrers bei der Beurteilung der sprachlichen Leistung der Unterschichtkinder, stärkere Beachtung kreativer Fähigkeiten (Initiative, Selbständigkeit, planende und produktive Fähigkeiten) bei allen Schülern.

---

[1] Basil Bernstein; Soziokulturelle Determinanten des Lernens. In: Soziologie der Schule, Kölner Zeitschrift für Soziologie und Sozialpsychologie. [6]1969, S. 66 f.

2. Beobachtenlehren. Erziehung zum Sprechen und Schreiben bedeutet Erziehung zum selbständigen Denken und Urteilen. Denken lehrt man auf der Mittelstufe, indem man Beobachten und Kritiküben lehrt. Wir geben Anregung zum Untersuchen von Besonderheiten an Individuen und Vorgängen durch einen Fragenkatalog. In der Regel registriert der Mensch mehr, als er ausspricht und als ihm bewußt wird. Das unreflektierte Aufnehmen von Sinneseindrücken wird durch den Frage- und Beobachtungskatalog bewußt gemacht. Die Fragen regen den Mut zur Kritik, zum Gespräch, zur eigenen Stellungnahme an.

Berichte mündlich oder schriftlich (7. Schuljahr)

1. Was hat dir heute mißfallen — in der Schule, zu Hause, auf der Straße, auf dem Sportplatz, im Fernsehen? Gib den Vorgang mit Einzelheiten an, damit der Hörer (Leser) sich ein Bild machen kann. Begründe dein Mißfallen. Kann man den Sachverhalt ändern?
2. Wem hast du heute widersprochen — bei welcher Gelegenheit, weshalb? Wer war im Recht?
3. Was hast du heute ungern erledigt? Begründe!
4. Was hat dir heute gefallen? — Eine nette Begegnung, eine schlagfertige Antwort, ein Disput, eine Fernsehsendung, das Verhalten eines Menschen.

Ein Mittel zum Beobachtenlernen ist das Fotografieren. Es leitet dazu an, Individualitäten und Bewegungsabläufe exakt zu registrieren. Eine Anregung zur praktischen Durchführung bietet das Unterrichtsbeispiel: „Tübingen. Bilder zu einem Werbefilm“[1]. Die Schüler werden aufgefordert, einen Gegenstand oder einen Landschaftsausschnitt so genau in Worten zu malen, als sei er von einer fotografischen Linse festgehalten; der Leser soll imstande sein, nach der Beschreibung ein Bild zu malen. Diese Aufgabe, die ein natürliches Reizinteresse auslöst, zwingt den Schüler, unter den Sinneseindrücken die visuellen mit dem Apparat festzuhalten und sprachlich wiederzugeben. Das Zusammenspiel von Sinneseindrücken und sprachlicher Darstellung kommt ihm zum Bewußtsein: Er registriert und ordnet Empfindungen und bemüht sich um exakte Beobachtung. Die gestellte Aufgabe gibt ihm zwei Kriterien zur Überprüfung seiner Leistung an die Hand:

1. Stimmt die Beschreibung mit der Wirklichkeit überein, sind charakteristische Einzelheiten festgehalten, ist sie naturnah?
2. Ist das Bild, das ich als Foto und als Beschreibung liefere, in sich geschlossen, ist es komponiert?

Beobachten heißt, einen Gegenstand unter dem Gesichtspunkt einer Frage betrachten. Wir wollen den Schülern im Deutschunterricht der Mittelstufe eine Reihe solcher Gesichtspunkte zum Fragenfinden vermitteln und bedienen uns zu diesem Zweck auch des Lichtbildes. Die Charakteristik bietet Möglichkeiten, die bisher wenig ausgenutzt sind.

Beispiel: Wir haben im 7. Schuljahr die Novelle ‚Krambambuli‘ gelesen, sind auf die Frage der Hunderassen gestoßen und wollen uns darüber Klarheit verschaffen, ob das Äußere der Gestalt Aufschluß über das Wesen der Tiere geben kann. Wir führen verschiedene Hunderassen im Lichtbild vor und stellen die Aufgabe, mit ein paar Wor-

[1] Der Deutschunterricht 1 (1948/49) Heft 1, S. 21 ff.

ten die äußere Gestalt und das Wesen eines der vorgeführten Tiere zu skizzieren. Legen wir dann einige Charakteristiken von Hunderassen vor mit der Weisung, die vorgelegten Texte mit den vorgeführten Tieren zu vergleichen, so können die Schüler aufgrund der Texte und der Anschauungsbilder untersuchen, an welchen äußeren Merkmalen sich die Wesensart der Rasse offenbart. Diese Untersuchung führt zur Wortschatzübung weiter: Wie bezeichnet man die Formen des Kopfes, der Beine, des Rumpfs der einzelnen Rassen?

Dieselbe Übung läßt sich mit den vier menschlichen Temperamenten durchführen. Das Büchlein ‚Johann Caspar Lavater. Physiognomische Fragmente', ausgewählt und kommentiert von Friedrich Märker (bei Heimeran) stellt uns, solange wir nicht selbst bessere gefunden haben, die Bilder und die entsprechenden Beschreibungen zur Verfügung. Auch können wir Bilder zusammenstellen zum Thema „Berühmte Frauen und Männer". Wir lassen die Schüler den Beruf erraten. In allen Fällen sollen die Untersuchungen zu Wortschatzübungen weiterführen, die ihrerseits im Dienste der Charakteristik stehen.

b) Argumentationslehre

Die Jugendlichen zwischen dreizehn und sechzehn Jahren lesen regelmäßig Tageszeitungen und Illustrierte. Sie beschäftigen sich mit Politik. Sie wollen argumentieren und diskutieren über Gegenstände ihrer Wahl. Wir geben ihnen Gelegenheit. Sie dürfen Themen vorschlagen unter der Voraussetzung, daß sie das Reden und Argumentieren systematisch erlernen wollen. Dazu gehört eine gründliche Vorbereitung aller auf ein Thema aufgrund der Lektüre von Informationsmaterial und das Einüben der Formen. Wir üben Werberede und Streitgespräch.

1. Die Werberede nach dem Vorbild der Hyde-Park-Rede. Die Aufgabe lautet: Menschen durch das gesprochene Wort für eine Sache gewinnen, durch eine bessere Einsicht von einem falschen Weg oder einer irrigen Meinung abbringen. Wer von einer Sache überzeugt ist, hat Grund zum Sprechen; dessen Worte verhallen nicht wirkungslos, selbst wenn sie auf Widerspruch stoßen. Der Redner-Schüler muß im 8. Schuljahr bei seinen Kameraden mit den Mitteln des Wortes für etwas werben, was ihm wichtig ist (Fußballspiel, Skilaufen, Schwimmen, Jugendgruppe, Fotografieren, Theaterspielen, Beatmusik, Jazz, ein Buch, ein Film). Er soll in der anschließenden Aussprache seine Sache verteidigen. Die Situation schreibt dem Redner Bedingungen vor: Sprich kurz, nicht länger als fünf Minuten. Sprich so, daß die Zuhörer zu einer Handlung (Eintritt in eine Gruppe, Lektüre eines Buches, Teilnahme an einer Veranstaltung) angeregt werden. Sage nichts, wovon du nicht überzeugt bist. Halte keine schlechte Propagandarede. Wodurch wird eine Rede schlecht? Was versteht man unter unechtem Pathos? Du sollst nicht überreden, sondern überzeugen. Deine Rede muß der Kritik standhalten. Jeder Schüler darf ein Thema selbst wählen, er muß sich jedoch schriftlich vorbereiten. Vor der Klasse spricht er frei, mit dem Stichwortzettel in der Hand. — Die ersten Versuche mißlingen. Wir untersuchen die Gründe. Es sind immer dieselben: Scheu; nicht ausreichende Vorbereitung; der Schüler spricht über etwas, wovon er nicht überzeugt ist. Im Anschluß an die Mißerfolge werden politische Reden

analysiert und Fragen des Aufbaus, der Einleitung, der Steigerung, des Redeschlusses erörtert usw. Die Schüler dürfen nun, statt selber ein Thema frei zu bearbeiten, eine Rede nach fremder Vorlage vorbereiten und halten.

Die Themen können einen sozialen Einschlag haben, nur sollen sie aus einem konkreten Anlaß heraus gewählt werden. „Bürger, schützt Eure Anlagen!", „Kampf dem Nikotin und dem Alkohol", „Aufruf zur Gründung einer Schauspielgruppe", „Tretet ein in den ... Verein!", „Helft mit bei der Sammlung fürs Rote Kreuz!", „Macht mit bei der Vorbereitung einer ... Veranstaltung", „Helft die Not ... lindern!" „Besucht den Film ...„ das Theaterstück ...", „Lest das Buch ... !" Oder: „Vom Wert des Tennisspiels", „Vom Wert des Erlernens einer fremden Sprache", „Politisierung der Schüler", „Reformiert die Schule", „Vom Wert des Zeitunglesens", „Vom Wert des Musizierens", „Arbeitet mit an der Schülerzeitung".

Was wird mit solchen Übungen erreicht? Der junge Mensch möchte wirken, sich hervortun. Er merkt, daß das gesprochene Wort eine bezwingende Gewalt besitzt, wenn man es beherrscht. Er soll es um seiner Wirkung willen beherrschen lernen.

Es empfiehlt sich, in einer Stunde etwa vier Schüler mit verschiedenen Themen zu Wort kommen zu lassen, Diskussion und Kritik nicht zu sehr auszudehnen. Damit der Arbeitseifer der Klasse nicht erlahmt, halten wir in einem Jahr nicht mehr als 5 Vortragsstunden.

2. Die Streitrede. Junge Menschen streiten gern. Werfen wir ihnen einen Zankapfel hin! Freilich muß man eine Klasse kennen, bevor man die richtigen Themen findet. Man kann dabei auch Fragen aus dem Kommunalleben der Heimatstadt aufgreifen, an denen sich die Erwachsenen erhitzen. „Soll da oder dort ein Freibad gebaut werden?", „Sollte man die höheren Schulen schließen und die Schüler in praktische Berufe stecken?", „Ist es nicht besser, ein Handwerk zu lernen als in der Schule zu bleiben?", „Fußball oder Handball?", „Alte oder neue Sprachen?", „Französisch oder Englisch?", „Englisch oder Russisch?". Besonders geeignet sind Thesen im Zusammenhang mit der Lektüre: „Die ‚Judenbuche' ist eine billige Kriminalgeschichte", „Karl May ist ein lesenswerter Schriftsteller", „Schafft den Deutschunterricht ab", „Eltern können 14jährigen nicht mehr einzelne Fernsehsendungen verbieten".

Die Durchführung: Jeweils zwei Schüler mit verschiedener Auffassung tragen ihre Stellungnahme vor. Im Anschluß daran wird in der Klasse debattiert. Die ersten Versuche scheitern; der Lehrer muß eingreifen, Gesichtspunkte aufzeigen, Gedanken ordnen, das Gewicht der Beweggründe abwägen lehren. Es empfiehlt sich, solche Streitreden aus einer normalen Schul- oder Unterrichtssituation herauswachsen zu lassen: Wann immer ein Unterrichtsgegenstand heftige Zustimmung oder Ablehnung eines Großteils der Klasse erfährt — sei es, daß ein Lesestoff als langweilig empfunden wird oder daß Lehrer und Schüler in ihrem Werturteil nicht übereinstimmen —, schon bietet sich eine Gelegenheit zum Streitgespräch.

3. Natürliche Rede- und Schreibsituationen. Viele unserer Sprechübungen sind Übungen am Phantom: unsere Wortschatzübungen, Einsatzübungen und Stilbetrachtungen. Dabei werden Wörter gesammelt, sprachliche Erscheinungen analysiert, ohne daß ein Bemühen um das Wesen der Sache damit verbunden wäre.

Auch viele unserer Aufsatzübungen sind unbrauchbar, Zeitverschwendung, dann nämlich, wenn nicht zugleich eine Technik und eine Arbeitsmethode gelehrt werden.

„Natürlich" nennen wir eine Rede- und Schreibsituation, wenn der Anruf zum Reden und Schreiben nicht vom Lehrer, sondern von der Sache, von einem Gegenüber, von einem Problem ausgeht, wenn das Schweigen unnatürlich wäre, weil das Wort zur Klärung eines Tatbestandes ausgesprochen werden muß. Die natürliche Rede- und Schreibsituation erwächst aus dem kooperativen Unterricht, aus einer aktiven Mitbestimmung der Schüler am Schulleben, aus Schülerklubs und dem Schülerbriefwechsel. Folglich regen wir die Verwirklichung solcher Möglichkeiten an.

S c h u l z e i t u n g. Der Deutschunterricht nimmt sich der Schulzeitung an. Er übt alle journalistischen Formen, kritisiert einzelne erschienene Nummern und bespricht mit der Klasse, wie man die Zeitung besser machen kann. Selbstverfaßte literarische Werke, Film- und Hörfunkkritiken, Kommentare zu Vorgängen in Politik und Schule werden der Redaktion angeboten.

S c h ü l e r b r i e f w e c h s e l u n d T o n b a n d a u s t a u s c h mit Schulen im Ausland und der DDR geben natürlichen Anlaß, Interviews auf Band aufzunehmen, Beschreibungen und Berichte abzufassen und der Partnerschule zuzustellen.

D i e B e r i c h t - u n d E r z ä h l s t u n d e. Ziel: Information und gute Unterhaltung. Rahmenthema: „Eine lustige Geschichte", „Witze", „Scherz und Ernst", „Zukunftsroman", „Fortschritte der Technik und der Naturwissenschaft", „Sehenswerte Filme", „Kritik an Jugendzeitschriften". Jeder Schüler bereitet eine Erzählung oder einen Bericht vor. Der Stichwortzettel ist ausgearbeitet. Der erste Versuch mißlingt. Schüler können nicht andere gut unterhalten. Sie stottern; der Inhalt ihrer Berichte ist banal. Grund genug, den Versuch in regelmäßigen Abständen zu wiederholen.

4. E i n b e z i e h u n g d e r P r i v a t l e k t ü r e i n d e n U n t e r r i c h t. Während in der Schule die höchsten Gipfel der Dichtung erklommen werden, ergehen sich viele Schüler in ihrer Freizeit in den Niederungen der Trivialliteratur. Es klafft eine Lücke zwischen der privaten Sphäre mit ihrem primitiven Stoff- und Erlebnishunger und der Schule mit ihren hohen Ansprüchen. Schlecht nennen wir die Literatur, die nicht die höheren Gefühle gegen die niederen aufruft; kitschig die, welche die höheren Gefühle nur dem Schein nach anspricht, also der Scheinwahrheit, der Scheinheiligkeit, der Gefühlsseligkeit dient. Kitsch verdirbt den Geschmack und den Stil.

Wie gewinnen wir Einfluß auf die Privatlektüre? Wir geben den Schülern gute Bücher in die Hand mit der Aufforderung, zu berichten, was ihnen gefallen hat, was nicht. Ein solcher Bericht soll nicht länger als fünf Minuten dauern. Im 7., 8. und 9. Schuljahr spricht jeder Schüler im Laufe des Jahres über ein Buch, das er seinen Kameraden empfehlen möchte, sagt ein paar Worte über den Verfasser, dann gibt er eine Inhaltsangabe oder Charakteristik der Hauptpersonen und liest einige Stellen des Werkes vor. Der Bericht zählt wie ein Aufsatz und wird von der Klasse unter der Frage besprochen, ob sie einen Eindruck von dem Buch gewonnen habe. Wir erreichen dadurch: Lenkung der Privatlektüre, Anregung der Selbständigkeit auf jugendgemäße Weise, Auswertung der Lektüre zur Spracherziehung, Erziehung zu sinnvollem Lesen und zum freien Vortrag.

Das Lektüreheft. Wir führen es spätestens im 9. Schuljahr ein. In dieses Heft trägt der Schüler in jedem Halbjahr eine kurze Beurteilung oder eine Inhaltsangabe von drei gelesenen Büchern ein. Der Lehrer überprüft das Heft einmal im Jahr.

c) Stilformen

Die Stilformen werden nicht durch den Gegenstand, sondern durch die Einstellung des Schreibers zum Gegenstand, dem Zweck des Schreibens und dem Adressaten bestimmt. Jeder Sachverhalt, jeder Vorgang, jedes Ereignis kann grundsätzlich in fünf verschiedenen Stilformen festgehalten werden, und zwar durch

1. den unpersönlichen Sach- oder Informationsstil; in ihm werden Sachbericht, Steckbrief, Polizeibericht, Inhaltsangabe, sachliche Beschreibung, Meldung abgefaßt;
2. den objektiven Erkenntnis- oder Reflexionsstil, der mit Hilfe des eigenen kritischen Urteilsvermögens Merkmale und Struktur des Gegenstands oder Vorgangs festhält; alle Formen der Erörterung gehören ihm an;
3. den normsetzenden Stil, in dem Gesetze, Ordnungen und Verträge abgefaßt sind;
4. den Stil der Schilderung oder der künstlerischen Gestaltung; dazu zählen Charakteristik, Situations- und Landschaftsschilderung, Kurzgeschichten, Reportagen, Fabeln, Einakter usw.;
5. den Stil des Appells oder der Werbung: Werberede, politische Rede, Propaganda jeder Art, Industriereklame, Werbetexte, Werbeslogans.

1. Der Sachstil zwingt zur scharfen, klaren Beobachtung und zur unpersönlichen, knappen Darstellung. Er nötigt zur Konzentration und zur Sachlichkeit. Durch die unpersönliche Darstellung lernt der Schüler den Unterschied zwischen Subjektivität und Objektivität kennen, sich von den Gegenständen lösen und diese als Eigenwesen betrachten. Je stärker er den Unterschied zwischen einer subjektiven und einer objektiven Einstellung zur Umwelt erlebt, desto mehr wird er zur Reflexion veranlaßt. Wir pflegen den Sachstil an Themen, die auch einer persönlichen Darstellungsweise zugänglich sind, damit wir den Schüler auf den Unterschied der Sprache und der inneren Einstellung aufmerksam machen können. In unseren Schulen wird der Sachstil zu wenig und in der Regel nur am sogenannten Sachbericht geübt, während er doch auch in Inhaltsangaben, Kurzberichten, Protokollen und Beschreibungen herrschen soll.

2. Der Erkenntnis- oder Reflexionsstil ist der Stil der Reflexion, der gedanklichen Durchdringung eines Problems, eines Sachverhalts. Wir verwenden den Terminus anstelle des bisherigen Begriffs „Besinnungsstil“, weil das Wort „Besinnungsaufsatz“ durch seine phonetische Nähe zu „Gesinnungsaufsatz“ ideologisch belastet ist. Das Wort „Besinnungsaufsatz“ ersetzen wir durch „Erörterung“, „Reflexionsaufsatz“ oder „Problemaufsatz“. Entscheidend ist, daß der Schüler sich kritisch mit seinem Thema auseinandersetzt und seine eigenen Gedanken gegliedert niederschreibt.

3. Der normative Stil der Gesetze, Ordnungen und Verträge. Mit jedem Gesetz und jedem Vertrag werden neue Normen für das sozialhumanitäre, das ökonomische, das soziopolitische Verhalten gesetzt. Gesetze, Ord-

nungen und Verträge bestimmen das Leben aller Staatsbürger. Die Schule muß daher zur Untersuchung und zum rechten Gebrauch der normsetzenden Sprache anleiten.

4. Der Stil der Schilderung. Wir regen die Schüler durch jede schriftliche Äußerung zur Auseinandersetzung mit einem Gegenstand an. Die frei erfundene Charakteristik nach dem Schema „Der Mann am Fahrkartenschalter" ist wertlos. Wir üben die Schilderung auf dem Weg über die realistische Beschreibung.

Wie üben wir die Charakteristik?

Erster Schritt: Sachstil — der Steckbrief (7. Schuljahr). Wir bitten einen Bekannten zu einem 10-Minuten-Besuch in unser Klassenzimmer. Den Schülern teilen wir mit, sie sollten sich den Fremden genau ansehen, alles, was ihnen auffalle, in Stichworten festhalten und in 10 Minuten eine sachliche, persongetreue Beschreibung anfertigen, dergestalt, daß die Polizei sie als Steckbrief verwenden könnte.

Zweiter Schritt: Auf dem Wege zur Charakteristik — Rückschlüsse aus dem äußeren Erscheinungsbild auf Beruf und Charakter. Unser Steckbrief ist keine Charakterbeschreibung; eine solche läßt sich nicht nach zehnminütiger Beobachtung anfertigen. Immerhin können wir Vermutungen über Alter, Beruf und Wesensart anstellen: Wir beobachten die Körperform, vor allem Kopfform, Nase, Mund, Kinn, Augen, Gang, die Art zu sprechen, sich zu kleiden, das Mienenspiel und wagen die ersten tastenden Schritte auf das Gebiet der Charakterkunde. Eine Reihe von Beobachtungsmöglichkeiten bietet uns das Berufsleben der Handwerker. Der Zusammenhang von Erscheinungsbild und Berufseignung interessiert. Bei allen unseren schriftlichen und mündlichen Äußerungen nehmen wir eine vorsichtig das eigene Urteil abwägende Haltung ein.

Dritter Schritt: Versuch einer Charakteristik. Nur von Menschen, die wir gut kennen, dürfen wir eine Charakterbeschreibung wagen. Das Rahmenthema lautet: „Ein Mensch, den ich gut kenne, an dem ich zwei Seiten entdecke". Es werden zunächst Erscheinungsbild und Lebensgewohnheiten festgehalten und dann vorsichtige Aussagen über die Wesensart gemacht. Wie verhält sich der Betreffende zum Buch, zum Sport, zur Freizeit, zur Arbeit, zu seinen Eltern und Geschwistern, seinen Freunden, Fremden gegenüber, welches sind seine Liebhabereien?

Vierter Schritt: Literarische Charakteristik. Nachdem wir eine eigene Charakteristik versucht haben, lesen wir die im Lesebuch abgedruckten Charakteristiken historischer Personen und prüfen: Haben wir nun eine Vorstellung vom Wesen dieser Menschen? Wie ist der Verfasser vorgegangen? Ist seine Beschreibung vollständig? Wir erkennen dabei: Die Charakteristik gibt kein vollständiges Bild, sie hält nur die hervorstechenden Merkmale der äußeren Erscheinung und des Wesens fest. Die Auswahl des Beobachteten entscheidet über den Wert einer Charakteristik.

5. Der Stil des Appells oder der Werbung. Immer dringlicher wird die Aufgabe der rhetorischen Schulung der Jugend. Rhetorik ist die Kunst des Argumentierens, Überzeugens und Überredens. Wir üben sie mündlich in der Werberede, in der politischen Rede, schriftlich durch die Werbe- und Kampfschrift, das Flugblatt und den Werbetext. Die Erfahrung der letzten Jahre lehrt, daß diesen schrift-

lichen und mündlichen Darstellungsformen eine eigene Stilform, die des Appells oder der Werbung, zugrundeliegt.

An zwei Beispielen sei gezeigt, daß jeder Gegenstand unter fünf Aspekten in fünf Stilformen dargestellt werden kann:

Thema: „Halbtagsschule" („Unsere Schule")

Sachstil: „Klassenarbeiten, Noten, Strafen. Eine Information über die Schulordnung."

Erörterung: „Halbtagsschule — Ganztagsschule. Vorzüge und Nachteile beider."

Gesetz, Ordnung und Vertrag: „Neufassung der Richtlinien für die Aufgaben der Schülervertretung".

Schilderung: „So schwer haben wir es". Oder „So übel ist die Schule doch nicht. Situationsbilder".

Werbung: Schafft endlich die Ganztagsschule" oder „Was, Ganztagsschule? Die Halbtagsschule ist schon zu viel".

Thema: „Fußball" („Handball", „Tischtennis")

Sachstil: „Erklärung der Spielregeln".

Erörterung: „Fußball — ein Volkssport. Warum eigentlich?"

Gesetz, Ordnung und Vertrag: „Neufassung einer Spielregel" oder „Regeln für Zuschauer".

Schilderung: „Reportage" oder „Das war ein Gedränge".

Werbung: „Mehr Fußball — Mehr Gesundheit".

Die situations- und gesellschaftsgebundene Sprache

Der Begriff Stil geht dem Jugendlichen schwer ein. Er legt Wert auf seine Teenagerkleidung, Teenagersprache; aber er wirft die Sprachebenen — die Hochsprache (Bühnensprache, Schriftdeutsch), die Umgangssprache, die Mundart, die ungepflegte Gassensprache durcheinander. Die Sprache des Arbeiters unterscheidet er nicht von der des Journalisten: Zu jeder Redeweise (Redestil) gehört ursprünglich eine bestimmte Haltung, Absicht und Situation, z. T. sogar eine bestimmte Kleidung. „Warum gehst du nicht im hellen Anzug zur Beerdigung, in Kniehosen zu einer Feier, warum kleidest du dich zum Turnen um? Wie klänge es, wenn ein Bauer in seinem Dorf hochdeutsch redete; und wie wirkt es, wenn ein Städter auf dem Land die Mundart imitiert?"

Auf diese Weise bringen wir den Schülern nahe, daß nicht nur Kleidung und Gang, sondern auch die Sprache situations- und gesellschaftsgebunden sind. Wir machen eine Probe: Wir halten eine kurze Rede von drei Minuten über das Thema „Warum ich gerne Beatmusik höre" in verschiedenen Sprechlagen: 1. Vor Kameraden ohne Lehrer, 2. vor Kameraden mit Lehrer, 3. vor fremden Erwachsenen, 4. auf dem Elternabend.

Ein anderes Beispiel: Wir spielen Hans Sachsens Schwank ‚Der fahrend Schüler ins Paradeis'. Kleidung, Sprache, Gestik und Mimik sollen zusammenstimmen. Weshalb?

VIERTES KAPITEL

DIE MASSENKOMMUNIKATIONSMITTEL AUF DER MITTELSTUFE: RUNDFUNK, FILM, FERNSEHEN, PRESSE

I. Aufgaben, Möglichkeiten und Schwierigkeiten der Medienerziehung

Die stürmische Ausbreitung der Massenmedien Film und Fernsehen, Rundfunk und Schallplatten, Comics, Illustrierte und Tageszeitungen hat die Gesamtverfassung, die Bewußtseinsinhalte und Interessen der Erwachsenen wie der Jugendlichen verändert. In Kürze werden die Massenmedien Gesicht, Inhalt und Methode des Faches Deutsch vom 7. Schuljahr an erheblich verändern. Funk- und Fernseherziehung, Einführung in die Formen der Rhetorik und der Journalistik werden bald einen festen Bestandteil des Unterrichts bilden. Zwei Überlegungen führen uns zu dieser Vermutung:

(1) Die Schule kommt in ihrem Unterrichtssystem gegen den Einfluß der Medien nicht auf, weil diese sich der psychologisch wirksamsten Werbe- und Darbietungsmethoden bedienen. Sie kann die Massenmedien weder ignorieren noch imitieren, deshalb wird sie das oft wissenschaftlich hochwertige und pädagogisch zubereitete Informationsmaterial der Unterhaltungs- und Informationsindustrie in den Unterricht einbeziehen.

(2) Die Anleitung zur Kritik und die Bildung des Urteilsvermögens ist ohne Auseinandersetzung mit den Inhalten und Darstellungsmitteln von Funk, Film und Presse nicht mehr möglich. Eine Diskussion über einen von der Klasse gesehenen Film im 8. oder 9. Schuljahr, über Studenten- und Schülerunruhen im 10. Schuljahr ist auf das Informationsmaterial und auf die Kenntnis der Methoden der publizistischen Berichterstattung angewiesen und muß zu einer Klärung ganzer Begriffsfelder — Filmproduktion, Filmtechnik, Filmverleih, filmische Darstellungsmittel im ersten Fall, Rechtsstaat, Klassenjustiz, Rätesystem, Establishment, Sozialismus im zweiten Fall — führen.

Die Einbeziehung der Massenmedien in den Deutschunterricht ist aus folgenden Gründen notwendig:

(1) Die Bereitschaft der Schüler zur Lektüre und kritischen Auseinandersetzung mit schöngeistiger Literatur — selbst der Gegenwart — nimmt ab.

(2) Die Privatlektüre — sogar der Trivialliteratur — als Freizeitbeschäftigung wird seltener, weil die dafür benötigte Zeit durch Fernsehen besetzt wird.

(3) Die Lern- und Arbeitsmotivation verlagert sich vom Fach Deutsch auf Mathematik, Naturwissenschaften, Sozialwissenschaften. Der Deutschunterricht traditioneller Art hat seine Mittlerrolle innerhalb der Schulfächer, soweit er sie besessen hat, eingebüßt. Er muß sich der veränderten Lage anpassen.

(4) Gebrauchssprache und Trivialliteratur werden im Deutschunterricht stärker als bisher Gegenstand kritischer Untersuchung werden. Durch den Einfluß von Funk und Fernsehen nimmt die Vorliebe für Kriminalstücke, Dokumentarfilme, Sachinformation zu.

(5) Die Themen für Rund- und Streitgespräche in der Schule werden von den Jugendzeitschriften, Illustrierten, der Tagespresse und vom Fernsehen vorgegeben. Die Massenmedien bestimmen die Denkinhalte und den Interessenhorizont der Jugendlichen. Etwa 60 bis 80 % der Dreizehn- bis Sechzehnjährigen lesen regelmäßig eine Tageszeitung, eine Illustrierte oder eine Jugendzeitschrift. Etwa 8—15 Stunden in der Woche verbringen sie vor dem Fernsehschirm.

(6) Die Formen der Aktivität und der Produktivität der Jugendlichen haben sich auf Bereiche und Veranstaltungen außerhalb der Schule verlagert. Literarische Schülerveranstaltungen (Elternabende, Schulspielaufführungen) sind weniger beliebt als noch vor zehn Jahren. Die Schule kann die Jugend wieder zurückgewinnen, wenn sie auch Gegenstände der Unterhaltungs- und Informationsindustrie diskutiert, analysiert und produziert.

(7) Funk- und Filmkunde sowie Journalistik werden von den Schülern als notwendige Gebiete eines gegenwartsbezogenen Unterrichts betrachtet.

Allerdings stehen einer systematischen Einbeziehung der Massenmedien in den Unterricht viele Schwierigkeiten im Weg:

(1) Die Lehrplanrichtlinien berücksichtigen noch nicht genügend die Bedeutung der Medienerziehung und geben keine stofflichen und methodischen Hinweise.

(2) Die Deutschlehrer werden weder an der Universität noch im Studienseminar auf die Arbeit mit Film, Funk, Fernsehen und Presse vorbereitet.

(3) Es fehlt in der Regel der Radio-, Film- und Fernsehraum in der Schule, in dem sich eine Klasse am Nachmittag zu einer Fernseh- oder Hörfunksendung bzw. zur Aufnahme eines Spielfilms zusammenfinden kann.

(4) Es fehlt die Zusammenarbeit zwischen Schule und Rundfunkanstalten, zwischen Schule und Filmverleih. Zu wünschen wäre, daß die Schule ein Auszugsprogramm mit den für den Unterricht wichtigen Abendsendungen der nächsten Monate erhält, damit die Sendungen in die Unterrichtsplanung einbezogen werden können. Öffentliche Film- und Tonbandverleihanstalten sollten dem Lehrer die für den Unterricht wichtigen Filme und Hörspielkonserven kostenlos zur Verfügung stellen.

Trotz der Widerstände beginnen wir mit einer systematischen Medienerziehung. Dabei verfolgen wir ein vierfaches Ziel:

1. Schaffung neuer Lern- und Arbeitsmotivationen durch die Beschäftigung mit aktuellen Stoffen und audiovisuellen Literaturformen.
2. Einführung in Technik, Darstellungsmittel und soziologische Bedeutung des Films, des Rundfunks, des Fernsehens, der Presse am konkreten Beispiel.
3. Anregung zu Rund- und Streitgesprächen über Themen aus dem Bereich der Massenmedien zum Zweck der Einführung in die Film-, Hörspiel-, Fernseh- und Zeitungskritik und in die Sprache der Werbung.

4. Anleitung zum selbständigen Schaffen von Hörfolgen, Hörspielen, Features, Drehbüchern, Interviews, Reportagen, Leitartikeln, Film- und Buchkritiken, Leserbriefen.

Das Verstehen der Techniken und der Darstellungsmittel ist die Voraussetzung für einen kritischen Umgang mit den Massenmedien. Wir wollen die Schüler von der unkritischen Rezeption zur kritischen Produktion führen. Deshalb beziehen wir die Medien in dem Umfang ein, wie es gelingt, die Schüler zum eigenen Schaffen und Hervorbringen anzuleiten.

Die folgenden Vorschläge (vgl. auch Kapitel 3 dieses Bandes) zur Neufassung der Lehrplanrichtlinien tragen dieser Zielsetzung Rechnung:

5. und 6. Schuljahr: Einführung in das Verständnis von Hörfolgen, Verfassen eigener Spieltexte aus Prosavorlagen und Schaffen von Tonbändern.

Kritische Auseinandersetzung mit Comics und Bildserien in Verbindung mit der Herstellung eigener Comics aus literarischen Vorlagen. Aus einem Groschenheft läßt sich ein Comicheft und aus einem Comicstrip ein Groschenheft herstellen.

Anleitung zum Aufnehmen und zur mündlichen und schriftlichen Wiedergabe von Schulfunksendungen.

7. und 8. Schuljahr: Verfassen von Hörspielen nach Prosavorlage in Verbindung mit der Untersuchung von Hörspielen bekannter Autoren. Besuch im Hörspielstudio.

Kritische Auseinandersetzung mit Jugendzeitschriften, Westernheften, Groschenromanen.

8. bis 10. Schuljahr: Einführung in die Darstellungsmittel des Films und in die Technik der Filmproduktion in Verbindung mit der Herstellung von Drehbuchszenen nach Prosavorlagen. Vergleich eigener Produkte mit veröffentlichten Drehbüchern. Besuch eines Filmstudios. Diskussion über gemeinsam gesehene Fernsehspiele und Filme.

Einführung in den Journalismus. Interview, Nachricht, Leitartikel, Kritik. Wie ist eine Illustrierte, eine Tageszeitung gemacht? Kritische Auseinandersetzung mit Illustrierten, der Bildzeitung, mit Jugendzeitschriften.

Anleitung zur Herstellung einer Schülerzeitschrift. Der Beruf des Journalisten.

Einbeziehung von Fernsehsendungen in den Literaturunterricht: Vor- oder Nachbereitung von Fernsehspielen im Unterricht. Anleitung zum Verständnis der Dramaturgie eines Fernsehspiels.

11. bis 13. Schuljahr: Gründung von Interessengruppen zur Film-, Rundfunk-, Fernseh- und Buchkritik.

Untersuchen von Leitartikeln, Feuilletons, Reklametexten führender Wochenzeitschriften in Verbindung mit eigener Produktion von Leitartikeln, Essays und Reklametexten.

Einbeziehen von Filmen, Fernsehspielen und Theateraufführungen in den Literaturunterricht.

Interviews mit Persönlichkeiten des wirtschaftlichen, politischen, sozialen und kulturellen Lebens.

Nicht das ganze hier skizzierte Programm läßt sich bei der knappen Wochenstundenzahl in Deutsch verwirklichen. Es genügt, wenn jedes Jahr ein geschlossener Lehrgang zur Medienerziehung in der Form eines Vorhabens durchgeführt und zusätzlich gelegentlich Film, Fernsehspiel und Jugendzeitschriften als Informationsquelle oder Untersuchungsgegenstand verwendet werden.

Die Einbeziehung der Massenmedien in die Schularbeit setzt die Bereitschaft der Schüler voraus, einen Teil der Freizeit am Nachmittag in der Schule zu verbringen. Dies wiederum bedingt, daß die Schule gesellig-gesellschaftliche Räume besitzt, in denen sich die Schüler ungezwungen und gerne bewegen. Die Ganztagesschule bietet die besten Voraussetzungen hierfür. Die folgenden Ausführungen gehen von den bescheidenen Möglichkeiten einer traditionellen Halbtagsschule aus.

II. Hörfunk und Tonband

Der Hörfunk bietet dem Deutschunterricht der Mittelstufe eine doppelte Hilfestellung: a) durch die sprachtheoretischen, literarischen und literaturkundlichen Schulfunksendungen, b) durch die Vielzahl der gesendeten Hörspiele. Die Schule macht von beiden Angeboten wenig Gebrauch, weil sie technisch noch nicht zureichend ausgestattet ist. Voraussetzung für ein erfolgreiches Einbeziehen von Rundfunksendungen ist, daß der Lehrer oder ein Schüler die geeignete Sendung auf Band aufnimmt oder Bandkonserven von seiner Bildstelle bezieht, daß ein Tonbandarchiv, von einer Sekretärin verwaltet, ein Bandgerät und ein Funk- und Fernsehraum zur Verfügung stehen. Daß der naturwissenschaftliche Unterricht Geräte, Hilfsmittel und Sonderräume benötigt, ist bekannt. In Zukunft kann auch der humanwissenschaftliche Unterricht auf solche Voraussetzungen nicht mehr verzichten.

a) Die sprachtheoretischen, literarischen und literaturkundlichen Schulfunksendungen

In dem Maße wie der Unterricht sich in Lehrgänge mit operationalen Lehrzielen in stetig aufsteigender Folge gliedert, kann der Schulfunk sich auf die Belange des Unterrichts einstellen. Die Zusammenarbeit von Schulfunk und Deutschunterricht muß von beiden Seiten rasch und intensiv in Angriff genommen werden; denn beide sind aufeinander angewiesen. Die Schule sollte ihre Wünsche langfristig anmelden und der Schulfunk seine Sendungen den Bedürfnissen der Unterrichtspraxis anpassen. Im folgenden seien einige Hinweise für eine solche Zusammenarbeit gegeben:

1. Die Schulfunksendungen können zu den sprachkundlichen und literarischen Lehrgängen mit anderen Mitteln als der einzelne Lehrer die Interesse weckende Einführungsstunde (Informationsstunde), die Zusammenstellung von schwer zu beschaffendem Arbeitsmaterial, Beispielinterpretationen und die abschließende Zusammenfassung der Arbeitsergebnisse (Integration) übernehmen. Jedem Lehrgang sollten gute Schülerleistungen (Einzel- oder Kollektivarbeiten) angefügt werden.

2. Der Schulfunk sendet beispielhafte, geschlossene Unterrichtseinheiten für die Lehrer, die sie mitschreiben, um zu zeigen, wie man Lehrgänge kooperativ durchführt.
3. Der Schulfunk kann die Einführung der sozialen Unterrichtsformen dadurch fördern, daß er beispielhafte Rund- und Streitgespräche der Schüler über sprachliche, literarische oder sozialkundliche Themen vorführt und die Art der Einübung und Durchführung dieser Unterrichtsformen erläutert.
4. Der Schulfunk könnte die Bereitschaft und die Fähigkeit der Schüler zum Hervorbringen literarischer Kleinformen durch regelmäßige Preisausschreiben fördern. Aber auch solche literarische Schülerleistungen sollten dem jeweiligen Lehrgang eingefügt werden, damit sich in der Öffentlichkeit die Erkenntnis durchsetzt, daß die Anleitung zum schöpferischen Gestalten eine vordringliche Aufgabe des Faches ist.

Nur wenn der Schulfunk zur Kooperation einlädt, wird er in die Schulen Eingang finden und seine Funktion als fachlicher Anreger, didaktischer Ratgeber und Helfer erfüllen. Vor allem die Mittelstufenklassen sprechen auf solche Öffentlichkeitsarbeit an. Ihr Interesse an sprachlichen Untersuchungen (Werbesprache, Sprache der Kinder, Sprache der Tiere, Verhältnis von Hochsprache, Dialekt und Umgangssprache), literarischen Erörterungen (gute und schlechte Kriminalromane, Schund und Kitsch, das gute und das schlechte Hörspiel, die moderne Kurzgeschichte u. a.) und literaturkundlichen Informationen (ein Feature über Gottfried Keller, Theodor Fontane, Thomas Mann, Günter Eich, Max Frisch, Friedrich Dürrenmatt) wird dadurch geweckt.

b) Das Hörspiel

Viele der gesendeten Hörspiele sind schlechte, auf ungeschulten Publikumsgeschmack berechnete Kriminalstücke; daneben aber bietet der Hörfunk literarisch wertvolle, aktuelle Spiele. Das Hörspiel ist eine literarische Form unserer Zeit, die weit mehr anspricht als Drama, Novelle oder Roman. Die literarische Bildung der Jugend unseres technischen Zeitalters kann deshalb auf die Einbeziehung des Hörspiels in den Unterricht nicht verzichten. Auf der Mittelstufe bedienen wir uns der folgenden vier Arbeitsformen:

1. Wir schaffen eigene Hörspiele aus Prosavorlagen und nehmen sie auf Band auf (vgl. Band Mittelstufe II dieser Methodik).
2. Wir lesen ein Hörspiel nach einem Textbuch, nehmen es auf Band auf und vergleichen unsere Aufnahme mit der Tonkonserve des Rundfunks [1].

---

[1] Das Institut für Film und Bild in Wissenschaft und Unterricht, München, stellt über die Kreisbildstellen folgende Konserven zur Verfügung:

Film: FT 2064 ‚Aufnahme eines Hörspiels', schw./weiß, ca. 26 Min.

Ton: Tb 281 Max Frisch: ‚Herr Biedermann und die Brandstifter', 70 Min.
Tb 283 Erwin Wickert: ‚Der Klassenaufsatz', 56 Min.
Tb 186 Siegfried Lenz: ‚Zeit der Schuldlosen', 68 Min.
Tb 346 Alfred Andersch: ‚Fahrerflucht', 56 Min.
Tb 347 Heinrich Böll: ‚Klopfzeichen', 28 Min.
Tb 2005 Günter Eich: ‚Geh nicht nach El Kuwehd', 84 Min.
Tb 2001 Fred von Hoerschelmann: ‚Das Schiff Esperanza', 86 Min.

3. Wir verfassen ein Hörspiel nach einer Textvorlage, zu der ein Hörspiel-Textbuch gedruckt vorliegt, und vergleichen anschließend unsere Fassung mit der des anerkannten Hörspielautors und auch unser Tonband mit der Tonkonserve.
4. Wir hören gemeinsam ein Hörspiel (Kriminalspiel) und üben Kritik in der Form des Rund- oder Streitgesprächs.

III. Film- und Fernseherziehung

a) Die Aufgaben

Drei Gründe bewegen uns, Film und Fernsehspiel zum Gegenstand des Mittelstufenunterrichts zu machen: ein sachlich-literarischer, ein psychologisch-pädagogischer und ein didaktisch-methodischer:

1. Sachlich-literarische Gegebenheiten

Die fortschreitende Technisierung der Literatur durch Film und Fernsehen läßt sich nicht aufhalten. Wer in das Verständnis und die soziologischen Möglichkeiten der Gegenwartsliteratur einführen will, muß Technik und künstlerische Mittel der Filmproduktion kennen und selbst einen Film illustrieren. Außerdem werden Filme und Fernsehspiele mehr und mehr die 'video-literarischen' Ausdrucksformen unserer Zeit. Die 'Montagetechnik' beim modernen Gedicht, beim epischen Drama und beim Dokumentartheater ist vom Film übernommen. Die Technik des Rückblendens, ein Kunstmittel des Romans und der Novelle, wurde durch den Film popularisiert; sie hat in das Theater Eingang gefunden und die aristotelisch-klassische Dramaturgie außer Kurs gesetzt. Man bedenke, Brecht, der Popularisator des epischen Dramas, hat seine Laufbahn als Theater- und Filmkritiker begonnen. Theater, Film und Fernsehen gehen heute vielfältige Verbindungen ein: Romane, Novellen, Kurzgeschichten werden verfilmt, Theaterstücke als Fernsehspiele gesendet; Film und Fernsehen entwickeln immer neue technische Ausdrucksformen, die das Theater übernimmt. Wenn das Theater sich halten will, so kann es dies nur in enger Zusammenarbeit mit Film und Fernsehen. Der Deutschunterricht muß diesem Sachverhalt der veränderten literarischen Produktions- und Konsumbedingungen Rechnung tragen.

2. Die psychologisch-pädagogischen Erfordernisse

Jugend ist der Zukunft zugewandt. Angesichts der raschen technischen Entwicklung unserer Zeit wird sich die Schule stärker als bisher auf die Zukunftsaufgaben der jungen Generation einstellen. Der junge Mensch ist mehr den technischen, audiovisuellen Formen der Literatur als der klassischen Buchliteratur zugetan. Sobald die Schule die Film- und Fernsehinteressen der Jugend bejaht und nutzt, gelingt ihr die der Gegenwart angemessene literarische Geschmacks- und Urteilsbildung. Was die Buchliteratur der Goethezeit für die Schule des 19. Jahrhunderts war, wird die audiovisuelle Literatur für die Schule der Zukunft sein. Die Umstellung auf die neue Aufgabe der Film-

und Fernseherziehung ist für die Lehrerschaft nicht einfach; aber sie ist im Interesse der Jugend unumgänglich. Der Deutschunterricht kann durch Information und Reflexion über die technischen Herstellungs- und künstlerischen Gestaltungsmittel sowie durch Untersuchung der psychologischen Werbemethoden zu einem kritischen Urteil anregen und das Anspruchsniveau der Konsumenten heben.

3. Didaktisch-methodische Zielsetzung

Der Deutschlehrer kann nicht Film- und Fernsehexperte sein. Aber er kann sich das Rüstzeug zur Einführung in die technisch-literarischen Formen der Massenmedien so weit erwerben, daß er die Schüler an sachgerechte Arbeitsweisen gewöhnt. Die bloße Unterhaltung über Filme genügt nicht. Die Schüler üben am Beispiel des Films und Fernsehspiels die sozialen Formen des Rund- und Streitgesprächs sowie der Gruppenarbeit, die sprachlichen Darstellungsformen des Berichtes, der Beschreibung, der Charakteristik, der Erörterung, die wissenschaftliche Methode des Analysierens, Interpretierens und Wertens, das Verfassen von Drehbuchszenen nach einer epischen Vorlage und das Umsetzen einer Alltagssituation in eine Drehbuch- oder (sofern eine Filmkamera vorhanden ist) Filmszene. Zu wünschen wäre, daß die Dreizehn- bis Vierzehnjährigen in einem Lehrgang „Gestaltung eines szenischen Spiels mittels der Filmkamera“ die erste praktische Anleitung zum aktiven Filmsehen und Filmgestalten erhalten. Da aber die Schulen noch nicht über Filmkameras und entsprechend ausgebildete Deutschlehrer verfügen, führen wir im 9. Schuljahr den ersten und im 11. Schuljahr den zweiten theoretisch-praktischen Lehrgang zur Filmkritik ohne Verwendung der Kamera durch.

b) Der Einführungslehrgang

In einer Unterrichtseinheit von 10 bis 14 Stunden verfolgen wir folgende Ziele: (1) Einführung in die Technik der Kameraführung, (2) in die künstlerischen Gestaltungsmittel, (3) in die Filmproduktion, (4) in die Anlage eines Drehbuchs, (5) in das Umsetzen eines epischen Textes oder einer Alltagssituation in eine Drehbuchszene. Dem Versuch gehen je eine Unterrichtseinheit über die Kurzgeschichte, die Novelle, das Drama, die Charakteristik voraus. Grundbegriffe der Ästhetik wie Konflikt, Spannung, Steigerung, Höhepunkt, Lösung, Symbol werden als bekannt vorausgesetzt; doch kann man sie sehr wohl an Hand eines Spielfilms entwickeln.

Hilfsmittel. Die Landes- und Kreisbildstellen vermitteln uns wertvolles Unterrichtsmaterial. Nur einiges sei erwähnt.

Lichtbildreihen: ‚Wie ein Film entsteht. I und II‘; ‚Die Beleuchtung‘; ‚Der Dekor‘; ‚Bewegung vor der Kamera‘; ‚Der Filmstar‘; ‚Star, Manager und Fans‘.

Filme: ‚Vor der Kamera‘; ‚Eine Filmszene entsteht. I und II‘; ‚Spiel auf der Treppe‘; ‚Gesicht von der Stange‘; ‚Variationen über ein Filmthema‘; ‚Der Filmschnitt‘.

Wir begnügen uns bei dem ersten Lehrgang mit den Filmen ‚Spiel auf der Treppe‘ oder ‚Variationen über ein Filmthema‘, ‚Eine Filmszene entsteht II‘, ‚Der Filmschnitt‘ oder ‚Vor der Kamera‘, mit einem nach einer Schullektüre gedrehten Film ‚Königliche Hoheit‘ oder ‚Das Feuerschiff‘. Zum Abschluß des Lehrgangs unternehmen wir einen ersten Versuch der Filmkritik an einem laufenden Spielfilm.

1. Einführungs- und Planungsstunde

Das Programm des Lehrgangs wird entworfen. Vorführung des Films ‚Spiel auf der Treppe'. Der Beobachtungsauftrag: Notiert die verschiedenen Einstellungen der Kamera (1. und 2. Gruppe); untersucht die Bedeutung von Licht und Schatten. Wie werden die seelischen Vorgänge sichtbar gemacht? (3. und 4. Gruppe); verfaßt eine Inhaltsangabe über die Variationen des Themas (5. und 6. Gruppe). Erwartet wird, daß jeder Schüler während der Vorführung sich Notizen macht und daß die Gruppe entweder die Aufgabe schriftlich erledigt oder genaue Informationsfragen formuliert.

2. Die Einstellungen der Kamera und die künstlerischen Gestaltungsmittel

Der Lehrer stellt die benötigte Fachliteratur (siehe Literaturverzeichnis) und Sachinformation zur Verfügung. Wir beginnen mit der Untersuchung der Kameratechnik, weil diese die Altersstufe interessiert und vom Tun her die Gestaltungsmittel des Films aufzeigt. Die Kenntnis der Einstellungen bietet die Voraussetzung zum sachlich-kritischen Filmsehen, zur Reflexion über Wirkung der Gestaltungsmittel, Konfliktsituation und Wert des Drehbuchs. Vom Schüler erstellte Tabelle:

Die Kameraeinstellungen (Größe des Bildausschnittes, Standplatz der Kamera):

1. Totale: Gesamtansicht. Überblick über den gesamten Schauplatz;
2. Halbtotale: Sie zeigt nicht mehr den Gesamtüberblick, sondern hebt bereits die interessierende Gruppe heraus. Details sind aber noch nicht zu erkennen;
3. Halbnah: Diese Einstellung erfaßt meist Personen in voller Größe, läßt auch ihre Bewegungen und Handlungen allgemein überblicken;
4. Nah: Die Personen sind von der Hüfte an sichtbar;
5. Groß: Das Gesicht der handelnden Personen füllt das Bild;
6. Ganz groß: Nur Einzelheiten einer Person (Augen, Hände, Finger) oder kleine Gegenstände (ein Geldbeutel) erscheinen.

Die erste und zweite Gruppe stößt auf folgende Fragen:

Was ist eine Einstellung und was eine Szene? Werden die Motive für Konfliktsituationen, die Höhe- und Wendepunkte immer in Groß- und Ganzgroßaufnahme vorgeführt? Warum und wann macht die Kamera Sprünge? Wie arbeitet sie mit den Mitteln des Kontrasts, wann und weshalb? Wieviele der sechs Einstellungen haben wir registriert? Wie folgen die Einstellungen aufeinander? Welcher technischen Hilfsmittel bedient sich der Kameramann bei der Aufnahme? Nach welchen Grundsätzen werden die Einstellungen zu Szenen und die Szenen zum Ganzen montiert?

Ergebnis der Besprechung: Die Einstellung[1] ist eine Bildeinheit, die Szene eine Handlungseinheit an einem Ort. Die Szene wird aus mehreren Einstellungen von der

---

[1] Unter „Einstellung" ist eine Aufnahmeeinheit zu verstehen, die auf eine ununterbrochene Aufnahme beschränkt ist, sei es, daß die Kamera einen festen Standort behält oder daß sie sich ohne Unterbrechung während der Aufnahme fortbewegt. Jede Aufnahmeunterbrechung bewirkt eine neue Einstellung. Soll z. B. ein Gegenstand in acht und dann in zwei Meter Entfernung aufgenommen werden, so ist es eine Einstellung, wenn die Kamera sich während der Aufnahme von acht auf zwei Meter an das Objekt heranbewegt, zwei Einstellungen entstehen, wenn die Aufnahme unterbrochen wird. Die Einstellung ist die kleinste filmische Kompositionseinheit. Sie kann eine winzige Einzelheit oder auch eine ganze Bildeinheit zum Inhalt haben. (Aus: Ernst Iros: Wesen und Dramaturgie des Films. Zürich 1957, S. 215.)

Schnittmeisterin (Cutterin) zusammengesetzt. Die Einstellungen folgen sinnvoll aufeinander, sie setzen den Zuschauer ins Bild und machen ihn zum Miterlebenden. Daher beginnt eine Szene in der Regel mit einer Totalen; es folgen Halbtotale, Halbnaheinstellung und dann erst die Groß- und Ganzgroßaufnahme. Motive und Ziele der handelnden Personen werden in Gesten ausgedrückt, in Handlung umgesetzt, durch Licht und Schatten sichtbar gemacht und durch Musik untermalt. Die das Geschehen vorwärtstreibenden Elemente werden in der Regel in Groß- und Ganzgroßaufnahme gezeigt.

Der Kameramann, der für die künstlerische Gestaltung des Bildes verantwortlich ist, arbeitet mit dem Beleuchtungsfachmann zusammen. Schatten, Licht und Farben sind Sinnträger. Die Cutterin, die die Szene aus den Bildstreifen zusammensetzt, bedient sich der Mittel des Kontrastes (Kontrastmontage), der Parallele (Parallelmontage) und der Analogie (Analogiemontage).

Beispiele für die Kontrastmontage: Ein und derselbe Mensch wird unmittelbar hintereinander als lachendes Kind und als mürrischer Erwachsener gezeigt; Großstadtlärm wird in Kontrast zu der Stille der Berge gesetzt.

Beispiele für die Parallelmontage: Ein entführtes Kind in großer Aufregung und die zu seiner Befreiung tätigen Kriminalkommissare oder ein flüchtendes und ein nachfolgendes Auto werden durch den Schnitt unmittelbar miteinander verbunden.

Beispiele für die Analogiemontage: Einem Ringkampf zweier Gegner folgt der Vernichtungskampf zweier Tiere, dem Aufruhr in einem Menschen ein Sturm in der Natur.

Eine Arbeitsgruppe der Schüler mit fotografischem Interesse informiert die Klasse über die Bewegungsmöglichkeiten der Kamera (das Schwenken in horizontaler, vertikaler oder diagonaler Richtung; das Fahren z. B. mit Schienenwagen, gummibereiften Wagen oder dem Zoom-Objektiv [Transfokator-Gummilinse]; den Kamerakran oder Dolly-Fahrwagen zur kontinuierlichen Veränderung der Kamera-Einstellung von der Frosch- zur Vogelperspektive; den Objektivwechsel zur Veränderung des Bildausschnitts vom gleichen Kamerastandpunkt aus) und über Filmtricks (Doppelbelichtung, Spiegeltrick, Zeittransponierung [Zeitraffer oder Zeitdehner], Blendentricks u. ä.).

3. Die Herstellung eines Films

Wir erörtern mit den Schülern wirtschaftliche, technische und vor allem personelle Fragen der Filmproduktion. Die wichtigsten der an einem Film beteiligten Berufsgruppen werden am Anfang und am Ende eines Spielfilms namentlich aufgeführt. Eine Arbeitsgruppe der Schüler stellt eine Liste zusammen und skizziert die Aufgaben der einzelnen Berufe. Um in die Stunde Spannung zu bringen, untersuchen wir gemeinsam den Unterschied zwischen Film und Theater, zwischen Filmproduktion und Theateraufführung. An der Tafel und im Heft erscheint folgendes Schema:

Unterschiedliche und vergleichbare Berufsgruppen

beim Film	beim Theater
1. Produzent:	1a. Träger eines Theaters:
Selbständiger Unternehmer mit eigenem Kapital, mit wirtschaftlichen und künstlerischen	Ein Land (Landestheater) oder eine Stadt (Stadttheater). Dieses Theater ist ein Zu-

Fähigkeiten. Er ist vergleichbar einem Buchverleger. Um weitere Filme herstellen zu können, muß er Gewinne erzielen. Er mietet ein Atelier mit den technischen Hilfskräften und engagiert Regisseur, Schauspieler, Filmkomponist, Kameramänner und erwirbt die Urheberrechte eines Drehbuchs. Manchmal ist er als Regisseur tätig.	schußunternehmen, nicht jedoch das Privattheater. 1b. Intendant: Er wird vom Träger des Theaters auf Zeit gegen Gehalt als künstlerischer und verwaltungstechnischer Verwalter angestellt. Er bemüht sich um die Rentabilität, engagiert die Schauspieler auf Zeit und das technische Personal. Häufig als Spielleiter tätig.
2. Dramaturg: Beurteiler von Drehbüchern und Filmen, Verfasser von Drehbüchern.	2. Dramaturg: Beurteiler von Dramenmanuskripten und Aufführungen. Bearbeiter von Dramen für eine Aufführung.
3. Drehbuchautor	3. Dramenautor
4. Regisseur: Künstlerischer Leiter der Produktion, häufig auch Drehbuchautor	4. Spielleiter: Künstlerischer Leiter der Aufführung, selten auch Autor.
5. Aufnahmeleiter oder Organisationsleiter der Produktion	5. Inspizient
6. Filmkomponist	6. u. U. Theaterkomponist
7. Kameramänner	7. — — —
8. Filmschauspieler	8. Theaterschauspieler
9. Filmarchitekt	9. Bühnenbildner
10. Tonmeister	10. Tonmeister Bedient die elektro-akustischen Anlagen des Theaters
11. Cutterin	11. — — —

Aus dieser Gegenüberstellung leiten wir den Gegensatz von Filmproduktion und Theatervorführung ab: Der Filmproduzent geht als freier Unternehmer ein großes finanzielles Risiko ein; der Intendant eines Theaters dagegen nicht. Der Produzent kann große Gewinne erzielen, wenn er Filme nach dem Geschmack des Publikums dreht. Der Dramaturg beim Film beurteilt Drehbücher auf ihren künstlerischen Rang und möglichen Publikumserfolg hin, während der Dramaturg beim Theater seltener neue Dramen zu beurteilen als vorhandene Dramen auf ihre Aktualisierbarkeit hin zu überprüfen hat. Im Laufe eines Jahres werden weit mehr Filme als Theaterstücke uraufgeführt. Es werden viele Drehbücher benötigt und verfaßt. Dabei will der Film alle Schichten der Bevölkerung ansprechen, während das Theater sich auf Theaterfreunde beschränkt. Die Tätigkeit des Filmschauspielers unterscheidet sich von der des Theaterschauspielers dadurch, daß er seine Rollen nicht ganz auswendig lernen, aber infolge der wechselnden Nähe der Kamera alle Ausdrucksbewegungen stärker kontrollieren muß. Ist der Regisseur für die künstlerische Gestaltung des Films verantwortlich, so der Aufnahmeleiter für den technischen Apparat, der Kameramann für die Gestaltung der einzelnen Einstellung und die Schnittmeisterin in Verbindung mit dem Tonmeister für die Übereinstimmung von Bild und Ton sowie für die Montage der Szene. Die letzte Verantwortung für die Szene wie für das Ganze hat der Regisseur.

4. Versuch der Gestaltung einer Drehbuchszene aus einer Prosavorlage

Die Umformung von Teilen eines Prosatextes in Drehbuchskizzen ist in Gruppenarbeit rasch durchführbar. Wir teilen die Geschichten in Szenen ein, übernehmen ein Schema für das Drehbuch aus der Literatur und beginnen. In zwei Stunden sind wir fertig. Wählen wir ‚Die unwürdige Greisin‘ von Bertolt Brecht, so sehen wir anschließend den gleichnamigen Film. Unsere Absicht im folgenden ist lediglich, eine Textvorlage mit den Augen des Kameramanns sehen zu lehren. Wir stoßen dabei auf ein Problem der Verfilmung durch eigene Arbeit. Mehr wollen wir nicht erreichen. ‚Das Fenster-Theater‘ von Ilse Aichinger diene als Beispiel. Der erste Absatz lautet:

Die Frau lehnte am Fenster und sah hinüber. Der Wind trieb in leichten Stößen vom Fluß herauf und brachte nichts Neues. Die Frau hatte den starren Blick neugieriger Leute, die unersättlich sind. Es hatte ihr noch niemand den Gefallen getan, vor ihrem Haus niedergefahren zu werden. Außerdem wohnte sie im vorletzten Stock, die Straße lag zu tief unten. Der Lärm rauschte nur mehr leicht herauf. Alles lag zu tief unten. Als sie sich eben vom Fenster abwenden wollte, bemerkte sie, daß der Alte gegenüber Licht angedreht hatte. Da es noch ganz hell war, blieb dieses Licht für sich und machte den merkwürdigen Eindruck, den aufflammende Straßenlaternen unter der Sonne machen. Als hätte einer an seinen Fenstern die Kerzen angesteckt, noch ehe die Prozession die Kirche verlassen hat. Die Frau blieb am Fenster.

Der Alte öffnete und nickte herüber. Meint er mich? dachte die Frau. Die Wohnung über ihr stand leer, und unterhalb lag eine Werkstatt, die um diese Zeit schon geschlossen war. Sie bewegte leicht den Kopf. Der Alte nickte wieder. Er griff sich an die Stirne, entdeckte, daß er keinen Hut aufhatte, und verschwand im Innern des Zimmers.

Vereinfachtes Schema eines Drehbuchs

Arbeitsblatt zum Drehbuchentwurf

Drehbuchskizze nach der Kurzgeschichte ‚Das Fenster-Theater‘ von Ilse Aichinger

1. Angaben über Ort, Zeit, Wetter

Ort: Mietskasernenviertel in einer Großstadt; Flußnähe; Häuserschluchten, Schornsteine, Antennen auf den Dächern

Zeit: Werktag im September, kurz vor Einbruch der Dunkelheit

Wetter: ein heller, etwas kühler Frühherbsttag, bedeckter Himmel, Wind

2. Angaben über die Hauptpersonen: Hinweise für Maskenbildner, Kostümschneider, Friseur

Die Frau: Anfang 50, hager, nicht unsympathisch, mittelgroß. Bleiche Gesichtsfarbe, Querfalten auf der Stirn, Furchen von den Nasenflügeln zum Mund; schmale Lippen; starrer Blick. Braunes Haar, zurückgekämmt. Blaues, einfach geschnittenes Kleid, kurzer, spitzer Halsausschnitt.

Der alte Mann: Ende 60, klein, rundlich. Breites, volles Gesicht, Falten strahlenförmig um die runden, lebhaften Augen; weiße Bartstoppeln auf Kinn und Wangen, weißer, lockiger Haarkranz. Verbreitet Behaglichkeit. Dunkelbraune Cordsamthose, blaugestreiftes Hemd, graue, derbe Wollstrickweste.

Nr.[1]	Bildinhalt	Einstellung	Sprache (Dialog, Monolog)	Geräusche, Musik
1/1	Einfaches Zimmer. Eine Frau mittleren Alters schaut zum Fenster hinaus.	Total		Wind in leichten Stößen vom Fluß herauf.
1/2	Sie ist hager, bürgerlich gekleidet. Man sieht sie nur von hinten.	Halbnah		
1/3	Die gegenüberliegende Häuserfront wird sichtbar, vom Zimmer der Frau aus aufgenommen.	Totale Die Kamera schwenkt und dreht.		Geräusche von der Straße dringen herauf.
	Straßen mit Autos tiefer unten.			
1/4	Stadt mit Fluß.	Totale. Kamera schwenkt und dreht vom Fenster aus.		
1/5	Das gegenüberliegende Fenster wird sichtbar.	Halbnah		
1/6	Das Haus, in dem die Frau wohnt. Im zweitletzten Stock erscheint die Frau am Fenster.	Totale. Vom gegenüberliegenden Haus aufgenommen. Kamera schwenkt.		
1/7	Das Gesicht der Frau, hager. Die Augen sind grau.	Großaufnahme		
1/8	Der starre Blick, unruhig, neugierig, irrend, ist bald auf die Straße, bald auf das gegenüberliegende Fenster gerichtet.	Ganzgroßaufnahme		
1/9	Hagere Finger klopfen ungeduldig auf das Fensterbrett.	Ganzgroßaufnahme		
1/10	Die Frau blickt auf die Straße. Ein Radfahrer wird von einem Auto überholt. Ruckartig beugt sich die Frau aus dem Fenster.	Totale. Von oben schwenkende Kamera, vom gegenüberliegenden Fenster aufgenommen.		Musik, unruhig, unrealistisch, phantastisch, wird hörbar.
1/11	Enttäuschter Blick im Gesicht der Frau.	Großaufnahme	„Wieder kein Unfall", sagt sie mit einem Seufzer.	Hupen, Kreischen der Räder.

[1] Fortlaufende Nummern der Szenen und der Einstellungen.

Die Schüler erkennen an dem Beispiel, wie schwer es ist, einen Vorgang, der einfach in Worten darstellbar ist, in Bilder umzusetzen. Wie soll die Schauspielerin den starren Blick neugieriger Leute, die unersättlich sind, sichtbar machen? Wie der Regisseur den Satz „Es hatte ihr noch niemand den Gefallen getan, vor ihrem Haus niedergefahren zu werden" mit den Mitteln des Films ausdrücken? Wie der Kameramann die Aufnahmen durchführen? Mit welcher Musik kann der Filmkomponist die triebhaften Vorgänge in der Frau, ihre sensationslüsternen Wünsche ausdrücken? — Innerhalb des Lehrgangs „Filmerziehung im Deutschunterricht" ist der Versuch der Schaffung einer Drehbuchszene oder eines Drehbuchs von größter Bedeutung, weil er die ganze Problematik der Filmherstellung illustriert.

5. Analyse und Interpretation eines Spielfilms

Haben wir die Technik der Filmherstellung, der Einstellungen, die Darstellungsmittel des Films und die Anlage des Drehbuchs an Beispielen kennengelernt, so besuchen wir gemeinsam einen nach einem literarischen Werk gedrehten Film, um ihn gemeinsam zu analysieren und zu kritisieren. Die Kriterien zur Analyse und zur Kritik werden im Unterricht zusammengestellt.

1. Welches ist das Thema des Films?
2. Ist der Titel richtig gewählt? Könnten wir einen sachgerechteren oder wirksameren Titel finden?
3. Welches ist die Aussageabsicht des Films?
4. Haben Drehbuchautor und Regisseur die Absicht des literarischen Werks verfälscht oder richtig gedeutet (interpretiert) und illustriert?
5. Wie baut der Film die Handlung auf? Welches sind die Hauptphasen des Geschehens? Kurze Inhaltsangabe. Gliederung des Films in Szenen. Welche Szenengruppen werden zu größeren Einheiten (Akten) zusammengefaßt?
6. Die äußere und die innere Dramatik der Handlung: Wie entsteht, steigert und löst sich der Konflikt? Welches sind die Höhe- und Wendepunkte der inneren Handlung?
7. Die Personen und ihre Darstellung: Charakteristik und Entwicklung der Hauptperson. Das Verhältnis der Hauptpersonen zu den Nebenpersonen wird in einem Diagramm dargestellt. Welches sind die Motive und charakteristischen Verhaltensweisen der Hauptpersonen?
8. Frage nach den filmischen Darstellungsmitteln: Wie macht der Film die inneren Vorgänge sichtbar? Die Aussagekraft des Raums, der Musik, der Sprache, Hell und Dunkel, die Bedeutung der Farbe im Farbfilm.
9. Die Technik der Einstellungen. Das Verhältnis von Totale, Halbnah-, Nah-, Groß-, Ganzgroßeinstellung. Die Aussagekraft der Ganzgroßaufnahme.
10. Die Mittel des Kontrasts, der Variation, der Illustration.
11. Die Symbole des Films. Welche Gegenstände, Gebärden kehren mehrmals wieder und haben eine symbolische Bedeutung?
12. Die Wirkung des Films. Welcher Art ist die Wirkung? Welche Schichten des Bewußtseins und welche Wunschvorstellungen werden angesprochen?

Die Kriterien zur Beurteilung der Qualität des Films. Unter drei Gesichtspunkten beurteilen wir den Rang eines Films:

1. Vom Inhalt her: Ist der Film wahr, kitschig, überzeugend, ansprechend, spannend? Ist er gut entworfen?
2. Von der Regieführung her: Ist es dem Regisseur gelungen, die Aussageabsicht mit filmischen Darstellungsmitteln zu erreichen? Ist der Film gut gemacht?
3. Von der schauspielerischen Leistung her: Haben die Schauspieler soziale und psychische Lebensvorgänge von allgemeiner Bedeutung sichtbar gemacht? Ist der Film gut dargestellt?

6. Der Leistungstest

Den Abschluß des Lehrgangs bildet ein Leistungstest. Wir sehen gemeinsam einen Spielfilm und stellen folgende Wahlthemen:

1. Inhalt und Aufbau des Films.
2. Die Hauptpersonen des Films: Ihre Charakteristik und ihr Verhältnis zueinander. Die Motive ihres Handelns. Der Konflikt und seine Lösung.
3. Die Darstellungsmittel des Films. Die Einstellungen und die Symbole. Die Bedeutung des Raums, des Lichts, der Farbe. Der Schnitt.
4. Inhalt und Beurteilung des Films.

Wer keines dieser Themen bearbeiten will, kann eine Drehbuchszene aus einer Prosavorlage verfassen.

c) Fernsehsendungen

Der Deutschlehrer kann keine systematische Fernseherziehung betreiben. Dazu fehlt ihm die Zeit. Wohl aber wird er wichtige Fernsehsendungen zur Bereicherung des Fachs in den Unterricht einbeziehen. Hierfür eignen sich:

1. Nach literarischen Vorlagen bearbeitete Fernsehspiele als Mittel zur literar-ästhetischen Bildung,
2. Dokumentarberichte und Fernsehfeatures als Mittel zur Sprachbildung,
3. Werbesendungen als Mittel zur Sprachbildung.
4. Die Wirkung des Fernsehens wird zum Gegenstand sozialpsychologischer Untersuchungen und Diskussionen gemacht.

Auf allen diesen Gebieten müssen noch viele Versuche durchgeführt werden, ehe wir eine brauchbare Methodik der Fernseherziehung erhalten. Im folgenden seien nur einige Hinweise gegeben.

1. Nach literarischen Vorlagen bearbeitete Fernsehspiele

Die Einbeziehung des Fernsehens in den Unterricht wird zweckmäßigerweise von der Schule zentral nach folgenden Gesichtspunkten angeregt: An jeder Schule übernimmt ein Fachlehrer die Durchsicht des Programms und notiert jeweils für die folgende Woche die für die Altersstufen geeigneten Sendungen am Schwarzen Brett. Jeweils ein Schüler informiert seine Klasse. Gemeinsam mit dem Deutschlehrer wird beschlossen, welche Sendung gesehen werden soll.

Ein Unterrichtsgespräch über ein Fernsehspiel setzt voraus,
(1) daß es alle gesehen haben,
(2) daß alle die literarische Vorlage gelesen haben,
(3) daß die beim Filmlehrgang erlernten Methoden der Betrachtung und der Kritik angewandt werden,
(4) daß differenzierende Beobachtungsaufgaben übernommen und schriftlich (in Stichworten) bearbeitet werden.

Die Besprechung erfolgt in der Form des arbeitsteiligen Gruppenunterrichts, des Rund- oder Streitgesprächs. Sie fördert die Beschäftigung mit literarischen Erscheinungen und sozialen Problemen.

2. Dokumentarberichte und Fernseh-Features

Als Arbeitsmaterial verwenden wir die Lehrfilme ‚Die Tagesschau' und ‚Elemente einer Fernsehsendung'. Der erste Film, der zu empfehlen ist, führt vor, wie die Tagesschau zustande kommt, woher die Fernsehanstalten ihre Nachrichten beziehen, wie sie sie auswählen und in welcher Reihenfolge sie sie bringen. Die Schüler erfahren, wie die Tagesschau die Fernsehteilnehmer durch die Art der Auswahl und die Aufmachung der Nachrichten beeinflußt. Der zweite Film erläutert die audio-visuelle Form des Features, das aus einer Life-Sendung, einer Bildkonserve und einem Filmbericht zusammengestellt wird.

Das Feature ist eine ebenso anspruchsvolle wie schillernde Literaturgattung des Fernsehens, des Rundfunks und der Tageszeitung. Entstanden aus den Bedürfnissen des Publikums nach gleichzeitiger Unterhaltung und Information, tritt es auf als ‚realistisches Feature' über aktuelle Tagesfragen und als ‚künstlerisches Feature' über kulturelle (literarische, musikalische, soziale) Ereignisse. Es vereinigt in sich Elemente des Sachberichts, der Reportage, des Interviews und des szenischen Spiels. Auszüge aus Briefen, Akten, Reden, Gesprächen, dramatischen Begegnungen bekannter Männer und Frauen können mit Situationsbildern aus ihrer Jugend, ihrem Familien- und Berufsleben oder mit Einblendungen aus ihrem literarischen (künstlerischen) Schaffen zu einem spannungsreichen Ganzen komponiert werden, das weite Horizonte aufreißt und kleine Einzelheiten vorführt. Der Deutschunterricht wird sich in Zukunft dieser Form besonders zuwenden (vgl. Band Mittelstufe II dieser Methodik).

3. Die Werbesendungen

Das Thema Werbung durch Tonfunk, Fernsehen und Rundfunk behandeln wir in einem gesonderten Lehrgang am Schluß dieses Kapitels.

4. Die sozialpsychologische Wirkung des Fernsehens

Im Anschluß an den Film ‚Die Welt und das Fernsehen' führen wir eine Untersuchung durch über die Wirkung des Fernsehens in unserer Umwelt. Die Aufgaben lauten:

1. Wie viele Stunden in der Woche sitzen meine Angehörigen vor dem Fernsehschirm?
2. Welche Sendungen sehen sie?
3. Welche Wirkungen beobachte ich? Sprechen sie über die Sendungen? Verwenden sie die Eindrücke und Erfahrungen aus dem Fernsehen im Gespräch, d. h. beobachte ich, daß sie sich mit den Fernsehsendungen eingehend beschäftigen?
4. Welche Wirkungen beobachte ich bei mir selbst?

Verfilmte Literatur für die Mittelstufe

(Kino- und Fernsehfilme, alphabetisch geordnet. Stand: Januar 1969)

Aeneas. Held aus Troja
Baron Münchhausen
Borchert: Draußen vor der Tür
Brecht: Die unwürdige Greisin; Dreigroschenoper; Herr Puntila und sein Knecht Matti; Mutter Courage und ihre Kinder
Chamisso: Peter Schlemihls wundersame Geschichte
Don Quijote
Dürrenmatt: Grieche sucht Griechin
Ebner-Eschenbach: Krambambuli
Eichendorff: Aus dem Leben eines Taugenichts
Fontane: Effi Briest; Unterm Birnbaum
Forster: Robinson soll nicht sterben
Frisch: Biedermann und die Brandstifter; Nun singen sie wieder
Goethe: Götz von Berlichingen
Gogol: Der Mantel
Grillparzer: Ein Bruderzwist in Habsburg
Hauff: Das kalte Herz; Das Wirtshaus im Spessart; Die Geschichte vom kleinen Muck; Zwerg Nase
Hauptmann: Der Biberpelz; Die Ratten; Die Weber; Rose Bernd
Hebbel: Agnes Bernauer; Maria Magdalena
Hemingway: Der alte Mann und das Meer
Hoffmann, E. T. A.: Das Fräulein von Scudéri
Hofmannsthal: Jedermann
Jeanne d'Arc: Der Prozeß der Jeanne d'Arc
Kästner: Das doppelte Lottchen; Das fliegende Klassenzimmer; Emil und die Detektive
Keller: Das Fähnlein der sieben Aufrechten; Kleider machen Leute; Romeo und Julia auf dem Dorfe
Kipling: Das Dschungelbuch
Kleist: Der zerbrochene Krug
Lagerlöf: Nils Holgerssons wunderbare Reise
Lenz: Das Feuerschiff
Lessing: Minna von Barnhelm
Mann, Heinrich: Der Untertan; Professor Unrat
Mann, Thomas: Die Buddenbrooks; Königliche Hoheit; Tonio Kröger
Meyer, C. F.: Der Schuß von der Kanzel; Gustav Adolfs Page
Molière: Der eingebildete Kranke
Mörike: Mozart auf der Reise nach Prag
Musil: Der junge Törless
Nestroy: Einen Jux will er sich machen
Raimund: Der Verschwender
Rilke: Die Weise von Liebe und Tod des Cornets Christoph Rilke

Schiller: Die Räuber; Kabale und Liebe; Maria Stuart; Wilhelm Tell
Seghers: Aufruhr der Fischer von St. Barbara; Das siebte Kreuz
Shakespeare: Der Widerspenstigen Zähmung; Julius Cäsar
Stifter: Bergkristall
Storm: Aquis submersus; Der Schimmelreiter; Immensee; Pole Poppenspäler; Viola Tricolor
Williams, Tennessee: Die Glasmenagerie
Wolf, Ch.: Der geteilte Himmel
Zuckmayer: Der Hauptmann von Köpenick; Der Schinderhannes; Des Teufels General
Zweig, St.: Schachnovelle

IV. Einführung in die literarischen Formen des Journalismus und in die Tätigkeit des Reporters und Redakteurs

Die Stilformen des Journalismus treten in der Regel nicht so unvermischt auf wie die der hohen Literatur. Dennoch muß der Unterricht die reinen Formen aufsuchen und einüben, weil man anders Stil nicht schulen kann. Das Bewußtsein für sprachliche Grundhaltungen läßt sich durch den Kontrast der reinen Formen entwickeln. Das germanistische Grundwissen des Lehrers reicht aus, die Schüler richtig zu führen. Dennoch kann er durchaus der Klasse mitteilen, daß er den Beruf des Journalisten nicht erlernt hat und daher nicht auf alle Fragen eine Antwort weiß.

Das Verfahren im Unterricht ist einfach: Wir suchen eine Betätigung als Reporter und Redakteur und überlegen, welche Kenntnisse dazu benötigt werden. Das Machen ist der sicherste Weg zum Verständnis. Der didaktische Pragmatismus ist der Altersstufe angemessen. Folgende Möglichkeiten bieten sich an:

Wir interviewen führende Persönlichkeiten unserer Stadt über ein aktuelles Thema, das uns beschäftigt.

Wir führen Reportagen durch: Ein Fußballspiel, ein Handballspiel. Das Tonband zeichnet unser Wort auf.

Wir schaffen eine Nummer unserer Schülerzeitschrift: Ein Redaktionsstab wird eingesetzt; Reporter und Redakteure für die einzelnen Sparten werden bestimmt.

Wir schreiben Artikel für eine Tageszeitung oder eine Jugendzeitschrift.

Wir betätigen uns als Werbefachleute und verfassen Reklametexte.

Thema, Ziel und Zeitplan des Vorhabens werden mit den Schülern festgelegt; in der Form eines zwei- bis dreiwöchigen Lehrgangs führen wir es durch. Während dieser Zeit verfassen wir eine Reihe von Interviews, Leitartikeln, Reportagen, Werbetexten oder eine Nummer der Schülerzeitschrift und gewinnen gleichzeitig einen Einblick in die Stilformen und Darstellungsmittel des Journalismus. Das Schema unseres Verfahrens ist dies:

1. Phase: Planung eines konkreten Vorhabens, das das Interesse der Schüler findet. Dabei taucht die Frage auf: „Wie macht man das?"

2. Phase: Analyse einer Zeitung oder einer journalistischen Ausdrucksform, etwa des Interviews oder der Nachrichtenstilform oder von Werbetexten. Dabei lernen wir, wie man die Sache macht.

3. Phase: Durchführung des Vorhabens, teils innerhalb, teils außerhalb des Unterrichts, im arbeitsteiligen Verfahren.

Von allen Unternehmen ist das Interview auf der Mittelstufe das erfolgreichste. Deshalb beginnen wir mit ihm. Wir zeichnen im folgenden nicht den Unterrichtsverlauf nach, sondern erörtern die sachlichen und methodischen Möglichkeiten und Verfahrensfragen.

a) Das Interview. Ein Vorhaben auf der Mittelstufe

1. Merkmale des Interviews

Das Interview ist eine Sonderform des Gesprächs und des Berichts. Aus den Bedürfnissen des Publikums nach sachlicher und unmittelbar-persönlicher Information über wichtige aktuelle Tagesfragen aus dem Bereich der Wirtschaft, Technik, Wissenschaft, Politik und Kunst entstanden, wird es auf dem Weg über die technischen Kommunikationsmittel Presse, Rundfunk und Fernsehen verbreitet. Es ist eine mündliche Ausdrucksform der Sprache wie das Gespräch, aber zugleich eine konservierende und jederzeit reproduzierbare wie der Bericht. Mit dem Gespräch hat es die Unmittelbarkeit der Begegnung von Mensch zu Mensch gemein, mit der schriftlichen Darstellungsform die Zielstrebigkeit, die Folgerichtigkeit der Gedankenführung, das Bemühen um Objektivität der Aussage. Dem Gespräch haftet das Persönliche, Private an, dem gedruckten Wort das Öffentliche, Allgemein-Zugängliche. Das Interview verbindet beides: Es ist privat und öffentlich, persönlich und sachlich, subjektiv und objektiv, Gespräch und Bericht zugleich. Gespräche können erfunden werden. 'Erdachte Gespräche' können hohe Dichtung sein. Es gibt aber kein erfundenes Interview. 'Erdachte Interviews' wären ein Widerspruch in sich selbst; denn es gehört zum Wesen des Interviews, daß es tatsächlich zwischen wirklichen Personen stattgefunden hat, von denen der eine als Berichterstatter zur genauen Wiedergabe dessen verpflichtet ist, was der andere, der wegen seiner Sachkenntnis und öffentlichen Bedeutung interviewt wird, berichtet.

Die Schule gewinnt mit der Einführung des Interviews eine Darstellungsform, die dem sachlichen Interesse der Jugendlichen, ihrem Bedürfnis nach Aktualität, nach Information über bedeutsame Fragen der Zeit, nach unmittelbarer menschlicher Begegnung in gleicher Weise entgegenkommt. Sie üben daran eine sprachliche Äußerungsform, die sich in der Öffentlichkeit großer Beliebtheit erfreut. Sprache hat hier die Funktion der Kundgabe, der Information, z. T. des Appells.

2. Einübung und Zweck des Schülerinterviews

Wir lesen aus einer Wochenzeitschrift (‚Der Spiegel', ‚Die Zeit', ‚Christ und Welt') ein Interview vor über ein aktuelles Thema. Aus dem Beispiel leiten wir die Merkmale der literarischen Form des Interviews ab:

Es ist ein gezieltes, vorgeplantes, sachliches Gespräch zum Zweck der Information über einen aktuellen Gegenstand, der einen größeren Hörer- und Leserkreis ansprechen soll. Es ist eine Zwischenform zwischen persönlichem Gespräch und sachlichem Bericht und kennt nur die wörtliche Rede. Auch die Orientierung des Lesers oder Hörers zu

Beginn des Interviews erfolgt nach einer kurzen Mitteilung über Person, Stellung, Aufgabengebiete des Interviewten in der Form eines Dialogs. Wie jede andere Darstellungsform hat das Interview eine Einleitung, eine sinnvolle Gliederung des Hauptteils und einen Schluß. Seine Beliebtheit verdankt es der knappen, unmittelbaren Sprache, der Dramatik der Gesprächsführung und der Aktualität des Themas.

Aus diesen Merkmalen leiten wir vier Regeln zur Durchführung ab:
(1) Der Reporter bereitet seine Fragen vor: Sie sollen dem Gesprächspartner Gelegenheit geben, sich grundsätzlich zu einem Gegenstand, den er beherrscht, zu äußern. Der Interviewer arbeitet sich so weit in das Gebiet ein, daß er sachgemäße und allgemein bedeutsame Fragen stellen kann.
(2) Fragen und Antworten werden, soweit möglich, durch Tonband oder Stenogramm festgehalten. In der Regel werden Stichwörter notiert, die anschließend zu einem gestrafften sachlichen Bericht verarbeitet werden.
(3) Der Befragte bestreitet in der Hauptsache das Gespräch, aber der Fragende lenkt es durch Fragen und eine persönliche Stellungnahme.
(4) In einem Interview können mehrere Personen nacheinander zu demselben Thema befragt werden. Auf diese Weise erreicht man, daß ein Gegenstand von verschiedenen Standorten aus beleuchtet wird. Das Interview erhält dadurch einen dramatischen Akzent. Der Hörer oder Leser wird angeregt, sich ein eigenes Urteil zu bilden.

Ist das Wesen der literarischen Form des Interviews geklärt, so fordern wir die Schüler auf, selbst aus Zeitschriften Interviews zu sammeln. Wir brauchen sie als Muster für unsere Tätigkeit als Reporter.

Gesprächspartner für Mittelstufenschüler:

In jeder Stadt hat der Deutschlehrer Möglichkeiten, seine Schüler einzeln oder in Dreiergruppen als ‘Reporter’ wegzuschicken. Wir befragen:

Redakteure und Hersteller einer Tageszeitung, der Schülerzeitschrift,
Direktor, Bibliothekar, Besucher einer Stadtbibliothek,
Abiturienten und Lehrer der eigenen Schule,
Lehrer und Schüler der Berufsschule,
Leiter, Meister und Lehrlinge eines Lehrlingsbetriebs in einem Industrieunternehmen,
Oberin, Stationsschwester, Schwester, Lehrschwester, Patienten eines Krankenhauses,
Leiter und Referenten des städtischen Berufsberatungsamtes,
Leiter, Trainer und Mitglieder eines Sportvereins,
Leiterin und Mitarbeiterin der Bahnhofsmission,
Studenten der PH, der Fachhochschule, der Universität,
Betriebsrat und Mitglieder eines Wirtschaftsunternehmens,
Jugendrichter, Insassen eines Jugendgefängnisses,
Regisseur und Schauspieler des Zimmertheaters, des städtischen Theaters, der Oper,
Bundestagsabgeordnete, Landtagsabgeordnete, Stadträte,
Jugendpfarrer, Anstaltsgeistliche,
Werbepsychologen, Wirtschaftspsychologen.

Zwei Einwände mag man gegen unseren Versuch der Einführung des Interviews erheben: Die zu befragenden Personen werden aus Zeitmangel den Schülern nicht Rede und Antwort stehen; der sprachliche Wert des Interviews sei im Verhältnis zu der aufgewandten Mühe gering. Diese Bedenken lassen sich entkräften: Durch das Interview wird eine enge Verbindung zwischen der Schule und der gesellschaftlichen Wirklichkeit hergestellt, wie sie für beide Teile nötig ist. Der Erfahrungsschatz führender Persönlichkeiten unseres öffentlichen Lebens bleibt in der Regel für die Schule ungenützt, obgleich doch die Jugend lieber aus erster Hand als aus zweiter etwas annimmt. Der persönliche Kontakt bereichert die Lebenserfahrung der Jugendlichen und weitet ihren Horizont. Intendanten und Regisseure, Verleger und Bibliothekare, Redakteure und Schriftsteller, Richter und Prediger — die sich alle bereitwillig den Schülern zur Verfügung stellen — können für Sprache und Literatur mehr ursprüngliches Interesse wecken als der Deutschlehrer. Durch die Interviews lernen die Schüler mit der Sprache zugleich die Leitvorstellungen unserer Zeit kennen, und zwar nicht als tote Vokabeln, sondern als lebendige, der Tagesarbeit abgewonnene Begriffe.

Zweck und Ertrag des Schülerinterviews sind dreifacher Art:

sachlich: Die Schüler erhalten Einblick in wichtige Bereiche des sozialen und kulturellen Lebens der Gegenwart, erweitern ihren Horizont, lernen führende Menschen und deren Probleme, Aufgaben, Ziele, Auffassungen, Wertungen kennen;

literarisch: Zur Vorbereitung auf das Interview machen sie sich mit der einschlägigen Literatur vertraut, lesen Aufsätze aus Zeitschriften und Zeitungen über soziale Fragen, etwa über die Art der Berufsberatung, über Methoden der Lehrlingsausbildung, über die Aufgaben der Betriebspsychologie, über die Bedeutung des Buches, des Theaters, des Kinos für die Gesellschaft, um daraus einen Fragenkatalog für ihr Interview selbständig — unter Mithilfe des Lehrers — aufzustellen;

sprachlich: Die Schüler müssen nicht nur einen Katalog von wichtigen Fragen zusammenstellen, ehe sie ein Interview durchführen, sondern vor allem im Anschluß daran einen wirklichkeitsgetreuen, sprachlich einwandfreien, spannenden Bericht abfassen.

Sämtliche Interviews werden unter ein Rahmenthema gestellt. Beispiele:

Was ist, wie entsteht und was leistet eine Tageszeitung?
Bundestags-, Landtagsabgeordnete und Stadträte äußern sich zu Fragen der Schulpolitik;
Fachleute äußern sich zur Lehrlingsausbildung;
Frauenberufe der Gegenwart. Eine Serie von Interviews;
Gefährdete Jugend. Interviews mit Seelsorgern, Jugendrichtern, Fürsorgern, Sozialhelfern.

Alle Interviews zu einem solchen Rahmenthema werden zu einem Gemeinschaftswerk zusammengestellt. Die Schülerzeitung der Schule veröffentlicht den Sammelband oder Teile daraus.

3. Gemeinsames Erarbeiten eines Fragenkatalogs

An einem Beispiel wird das Verfahren eingeübt. Dabei erkennen die Schüler, daß wir einzelne Befragungen in einen größeren sozialkulturellen Zusammenhang stellen.

Der Besuch bei dem Direktor der Stadtbibliothek

Erster Sprecher: Herr Dr. M., Sie sind seit sieben Jahren der Leiter der Stadtbibliothek. Sie haben uns freundlicherweise erlaubt, zu Ihnen zu kommen und Ihnen über Ihre Bibliothek, ihre Größe, die Art der Verwaltung und Benutzung sowie über die Benutzer Fragen vorzulegen. Wir sind Schüler des 9. Schuljahres der ... Schule und haben es unternommen, im Auftrag der Klasse ein Interview durchzuführen.

Zweiter Sprecher: Wir beschäftigen uns im Deutschunterricht mit Fragen der Privatlektüre und mit der Bedeutung des Buches für unsere Altersgruppe.

Dritter Sprecher: Andere Kameraden führen ein Interview durch mit einigen Verlegern hier am Ort, weil wir auch gerne wüßten, wie Bücher gemacht werden, was für ein Risiko mit dem Büchermachen verbunden ist und wie man Bücher verbreitet.

Erster Sprecher: Eine andere Gruppe geht in eine Buchhandlung und wieder eine in ein Antiquariat. Auf diese Weise versuchen wir Einblick zu gewinnen in die Bedeutung des Buches für die Menschen unserer Zeit. Da unsere Klasse sich in Arbeitsgruppen aufgegliedert hat, hoffen wir, uns in kurzer Zeit einen Einblick in dieses Gebiet verschaffen zu können.

Zweiter Sprecher: Wie viele Bände besitzt Ihre Bibliothek, und nach welchen Gesichtspunkten haben Sie sie aufgebaut?

Dritter Sprecher: Wie groß sind die Mittel, die Sie jährlich zur Verfügung haben, und wie groß ist der Geldwert, den Ihre Bibliothek heute darstellt?

Erster Sprecher: Wie viele Personen benutzen die Bibliothek im Jahr? Können Sie feststellen, aus welchen Kreisen die Benutzer kommen: Wie viele Schüler (aufgeteilt nach Altersgruppen und Schulgattungen), wie viele Lehrlinge, Studenten, Arbeiter, Angestellte, Mitglieder der freien Berufe, mittlere Beamte, höhere Beamte?

Zweiter Sprecher: Sicher stellen Sie fest, welche Bücher am meisten gelesen und welche Gruppe von Lesern welche Bücher bevorzugen?

Dritter Sprecher: Können Sie uns Auskunft geben über die Zahl und Tätigkeitsgebiete Ihrer Mitarbeiter, sowie über die Art des Büchereinkaufs?

Erster Sprecher: Was hat Sie bewogen, Bibliothekar zu werden; und was würden Sie uns anworten, wenn wir fragten, ob wir den Beruf des Bibliothekars ergreifen sollen? Gerne wüßten wir auch, welches die Schattenseiten Ihres Berufes sind.

Zweiter Sprecher: Wie ist der Ausbildungsgang des Bibliothekars? Gibt es einen Unterschied zwischen dem Bibliothekar an der Universitätsbibliothek und an der Stadtbibliothek?

Dritter Sprecher: Welches ist nach Ihrer Meinung die Einstellung der Jugend zum Buch? Sollten wir Schüler häufiger Ihre Bibliothek benutzen, und welche Bücher könnten Sie uns empfehlen?

Erster Sprecher: Wir haben Ihnen viele Fragen vorgelegt. Vielleicht aber haben wir Wesentliches vergessen, was zu unserem Thema notwendig gehört.

So vorbereitet, gehen die Schüler zu dem Bibliotheksdirektor. Sie rechnen damit, daß ganz neue Fragen im Verlauf des Gesprächs auftauchen und daß sie zu einem eigenen Urteil aufgefordert werden. Vor allem müssen sie dafür sorgen, daß die Hauptgesichtspunkte in sich geschlossen hintereinander erörtert werden, d. h. das Gespräch nach einem Plan verläuft.

An diesem gemeinsam erarbeiteten Beispiel lernen die Schüler, wie die Fragen formuliert werden und wie man den Partner zum Sprechen bringt. Die zu gewinnenden Erkenntnisse sind:

Der Reporter muß viele Hörer und Leser für das Interview interessieren. 'Gut' ist der Berichter, dessen Berichte 'gut ankommen'. Er muß Ansprüche an das Publikum stellen, darf es aber nicht überfordern. Die Aktualität des Themas muß unaufdringlich, aber deutlich herausgestellt werden. Je bedeutsamer die zu befragende Persönlichkeit ist, desto größeres Gewicht hat das Interview, desto höhere Anforderungen werden an die Fragetechnik gestellt. Doch gehört es zur Kunst des Reporters, auch von Hausfrauen, Arbeitern, Handwerkern, Angestellten, Schülern Auskünfte zu erhalten, die Aktualitätswert besitzen. Man bringt jeden Partner — auch den 'gehetzten' — zum Sprechen, wenn man ihm die Bedeutsamkeit seiner persönlichen Berufserfahrungen für die Öffentlichkeit vor Augen führt. Es ist nötig, daß am Anfang und am Ende eines Interviews die größeren sozialkulturellen Gesichtspunkte beleuchtet werden, unter denen alle Einzelfragen stehen, denn sie sind der Blickfang für den Partner wie für den Hörer. 'Gut ankommen' werden alle Berichte, die an öffentlichen Einrichtungen Kritik üben und Vorschläge zu ihrer Verbesserung unterbreiten. Jedoch muß der Reporter sich davor hüten, um des Erfolges willen Lesern und Hörern 'nach dem Munde zu reden'. Reporter und Redakteure können durch ihre Berichte die öffentliche Meinung beeinflussen, lenken, umstimmen, u. U. sogar ohne daß das Publikum sich dessen bewußt wird.

Bereits auf der Mittelstufe lassen sich solche Überlegungen anstellen und an konkreten Beispielen illustrieren. Auf der Oberstufe bieten sich weitere Möglichkeiten, von hier aus in die Probleme der Gesellschaftskritik und der soziologischen Literatur- und Sprachbetrachtung einzuführen.

b) Aufbau und Stilformen der Zeitung. Lehrgang und Vorhaben

1. Absicht und Verfahren

„Unsere Schülerzeitung kämpft um ihre Existenz; sie wird zu wenig gelesen. Woran liegt das?" Wir nehmen die letzte Nummer vor und üben Kritik an Inhalt und Aufmachung. „Wollen wir nicht eine Nummer selbst verfassen? Wie macht man sie besser?" Vorfragen: Wie redigiert man eine Zeitung? Wer schreibt sie, und weshalb druckt man Zeitungen? Begleitfragen: Wie wird man Journalist? Welche Gruppen von Journalisten gibt es? Woher beziehen sie ihre Informationen? Kann die Zeitung die Meinung der Leser beeinflussen oder steuern? Welcher Mittel bedient sie sich dabei? Wird mein Denken und Handeln von Zeitungen und Zeitschriften gesteuert? Wie kann ich mich dagegen wehren? Wie erklären wir uns die Massenauflagen der Illustrierten, der Magazine ‚Bravo', ‚Konkret', ‚Twen' und die geringe Auflagenhöhe von ‚impuls',

‚top', ‚Kontraste'? Ist das Zeitungmachen ein einträgliches Geschäft und der Beruf des Journalisten lohnend?

Sobald solche Fragen die Klasse beschäftigen — wir regen sie an —, läßt sich das Thema Journalismus an konkreten Beispielen in einem Einführungslehrgang von 12 bis 16 Stunden behandeln. In welcher Klasse? Das Interview führen wir im 8. Schuljahr ein; die Untersuchung einer Tageszeitung, der Bildzeitung, die Analyse der Jugendzeitschriften und die Herstellung einer Nummer der Schülerzeitung verschieben wir auf das 9. oder 10. Schuljahr. Auf der Oberstufe behandeln wir das Thema 'Bewußtseinsindustrie', dargestellt am Beispiel eines Pressekonzerns, der Jugendzeitschriften oder der Bildzeitung. Schon auf der Mittelstufe erörtern wir die Zusammenhänge zwischen sozialpolitischen, wirtschaftspolitischen, kulturpolitischen Zielsetzungen und den Stilformen der Zeitung. Auf diese Weise nehmen wir der Beschäftigung mit literarischen Produkten den Geruch des Schöngeistigen und Weltfremden.

Die Absicht, die wir mit dem Lehrgang auf der Mittelstufe verbinden, ist vielfältig. Die operationalen Lernziele sind:

1. Weitung des Horizonts durch Einführung in einen literarischen Wirtschaftszweig, der die öffentliche Meinung mitbestimmt. Jeden Tag werden in der BRD 20 Millionen Zeitungen verkauft.
2. Anleitung zum kritischen Lesen durch Analyse der Stilformen der Zeitung. Wie unterscheiden sich z. B. Meldungen, Leitartikel, Reportage?
3. Anleitung zum Verfassen von Zeitungsartikeln und zur Redaktion einer Nummer der Schülerzeitung. Die Beschäftigung des kritischen Zeitungslesers verbinden wir mit der Betätigung als Reporter und Redakteur.
4. Beitrag zur Berufsfindung durch Reflexion über den Beruf des Journalisten sowie durch Interviews mit Redakteuren einer Tageszeitung.

Zur Durchführung des Lehrgangs bedienen wir uns der Arbeitstechnik des Journalisten. Gefordert wird: rasches Reagieren, Wachheit, Wendigkeit, Anpassungsfähigkeit; die Kunst der pointierten, der provozierenden, der saloppen und der seriösen Formulierung je nach der Aussageabsicht; Aggressivität, verbunden mit Takt und Fingerspitzengefühl für das schwankende Leserinteresse, und Bemühen um Sachlichkeit. Wir stellen die Schüler vor mannigfaltige Aufgaben: Vergleich der Aufmachung verschiedener Tageszeitungen, von Bildzeitung und Abonnementszeitung; Vergleich der Sprache der Meldung mit der Sprache des Leitartikels; Durchführung von Interviews mit dem Chefredakteur und dem Lokalberichterstatter der Tageszeitung; Besuch eines Zeitungsverlags; Betrachtung der Dias-Reihe ‚Herstellung einer Tageszeitung' aus dem Institut für Film und Bild in Wissenschaft und Unterricht, München; Verfassen von Berichten, Reportagen, Filmkritiken, Reklametexten; Durchführen von Redaktionsbesprechungen über die zu schaffende Nummer der Schülerzeitung.

Der didaktische Pragmatismus charakterisiert unser Vorgehen. Wir bieten die genannten Möglichkeiten der Klasse an und lassen die Schüler Ziel und Vorgehen im einzelnen mitbestimmen. Da das Persönliche reizt, schlagen wir als Einführung in das Zeitungswesen und in die Aufgaben des Journalisten ein Interview mit einem Redakteur vor, auf das wir uns gemeinsam vorbereiten. Anhand einer Nummer der Tageszeitung untersuchen wir zu diesem Zweck Leistung, Stilformen, Sparten und Tätigkeiten der Zeitung. Leitfrage: Wer zeichnet verantwortlich für die Zeitung und für die einzelnen Artikel? Das Impressum gibt darüber Aufschluß; es erweist sich als Schlüssel für die Bewältigung unserer Übersicht: Wir setzen die dort aufgeführten Redakteure in Beziehung zu den einzelnen Sparten und den vier Zielen der Zeitung: Sachinformation, Meinungsbildung, Unterhaltung, Werbung.

Anlage des Einführungslehrgangs

1. Std.: Vorbesprechung, Information und Planung. Verteilung kurz- und langfristiger, gemeinsamer und differenzierender Hausaufgaben.

2. Std.: Erarbeitung eines Schemas über den Aufbau unserer Zeitung nach häuslicher Vorbereitung. Hausaufgabe für die 6. und 7. Stunde: Vergleich von Nachricht und Kommentar einer Zeitung.

3. Std.: Dias-Reihe ‚Herstellung einer Tageszeitung'. Entwurf eines Fragebogens für ein Interview mit einem Redakteur über das Zeitungswesen und den Beruf des Journalisten.

4. Std.: Entwurf einer Nummer unserer Schülerzeitung. Einsetzen eines Redaktionsstabs. Jeder Schüler übernimmt es, einen Artikel über ein Thema eigener Wahl beizusteuern.

5. Std.: Das Interview mit dem Redakteur, in der Klasse durchgeführt.

6.—7. Std.: Vergleich von Leitartikeln verschiedener Zeitungen, von Nachrichten und Kommentar. Hausaufgabe für die 11.—12. Stunde: Verfaßt eine Nachricht oder einen Kommentar über einen Vorgang aus eurem Erfahrungsbereich. Alternativaufgabe: Verfaßt eine Film-, Fernsehspiel- oder Buchkritik.

8.—10. Std.: Analyse einer Nummer der Bildzeitung oder einer Jugendzeitschrift.

11.—12. Std.: Sichtung von Schülerversuchen: Nachrichten, Kommentare, Kritiken, Feuilletonartikel. Hausaufgabe: Überarbeitung der Versuche.
Außerhalb des Unterrichts: Zusammenstellung der Schülerzeitschrift nach dem Vorschlag des Redaktionsstabes, der alle Schülerarbeiten überprüft.

13.—14. Std.: Schriftlicher Leistungstest. Jeder Schüler bringt die neueste Nummer der Tageszeitung oder der Bildzeitung mit. Wahlaufgaben: Analysiert einen Artikel einer Zeitung oder verfaßt einen kritischen Beitrag für die erste Seite der Schülerzeitung.

Dieser Plan berücksichtigt verschiedene Gruppen und Schwierigkeitsgrade der Hausaufgaben. Es wechseln Stunden, auf die sich die Schüler gründlich, mit solchen, auf die sie sich kaum vorbereiten müssen.

2. Der Aufbau der Zeitung

Gemeinsam erarbeiten wir (in der zweiten Stunde) ein Schema, das den Zusammenhang zwischen Impressum, Sparten der Zeitung, Aufgabe der Presse und journalistischen Stilformen sichtbar macht. Emil Dovifat nennt in seiner ‚Zeitungslehre' drei Aufgaben der Zeitung und leitet daraus die drei Stilformen der Nachricht, des Meinens und der Unterhaltung ab. Wir nehmen Anzeige und Werbung als vierte Aufgabe und die Werbeanzeige als vierte Stilform hinzu. Jede Stilform hat mehrere Darstellungsarten.

Daß Rentabilität und der sachliche Zweck Aufbau und Sprache der Zeitung bestimmen, zeigt die Zusammensetzung des Redaktionsstabs. Für alle Sparten gibt es

Spezialredakteure, die sachgemäße Darstellungsformen und eine eigene Fachsprache entwickeln.

Leistung, Stilformen, Sparten und Redakteure der Zeitung
Eine Übersicht, in der Klasse erarbeitet

Die vierfache Leistung der Zeitung

1. Information	2. Meinungsbildung	3. Unterhaltung	4. Anzeige und Werbung

Die vier Stilformen

1. Stilform der Meldung oder der Information oder der Nachricht	2. Stilform des Meinens oder der persönlichen Stellungnahme oder der Erörterung	3. Stilform der Unterhaltung oder der künstlerischen Gestaltung	4. Stilform der Anzeige oder der Werbung

Darstellungsarten

1a Nachricht (Tatsachenmeldung) 1b Bericht	2a Kommentar: Leitartikel, Glosse, Kritik 2b Reportage 2c Feature 2d Interview	3a Essay 3b Kurzgeschichte 3c Zeitungsroman	4a Anzeige (amtliche, Familien-, Kleinanzeige) 4b Werbung (Geschäftsanzeige)

Redaktionelle Sparten

Sparte für Politik, für Wirtschaft, Orts- und Heimatteil, Sport und Technik	Das Feuilleton als Sparte umfaßt Nachricht und Bericht, Kritik und Unterhaltung	Anzeigenteil

Redakteure

Politischer Redakteur, Lokalredakteur, Wirtschaftsredakteur, Redakteur für Technik	Feuilletonredakteur	Der Anzeigenteil wird von der Redaktion verwaltet; die Geschäftsanzeigen großer Firmen werden von Werbepsychologen (Werbebüros) geschaffen

Das Schema zeigt die enge Beziehung zwischen den beiden ersten Aufgaben der Zeitung, zwischen Nachricht und Kommentar: Der politische Redakteur wählt die ihm von den Nachrichtenbüros zugestellten Nachrichten aus und kommentiert die wichtigsten. Aber auch zwischen der zweiten und der dritten Aufgabe gibt es enge Beziehungen: Reportage, Feature und Interviews können ebenso wie Buch-, Theater- und Konzertkritik im Feuilleton erscheinen, wenn sie einen wichtigen Gegenstand von allgemeiner Bedeutung aus dem Bereich der Kunst und Literatur behandeln.

Die drei ersten Stilformen der Zeitung entsprechen den im Unterricht bislang geübten Formen des Schreibens. Die Stilform der Anzeige und der Werbung verdient, als vierte Stilform eingeführt zu werden (vgl. S. 88—90).

Zeitung	Deutschunterricht	Aufsatzarten
1. Stilform der Meldung oder der Nachricht	1. Sachstil	1a Beschreibung, 1b Bericht
2. Meinungsstilform (Leitartikel, Kritik)	2. Erkenntnisstil	2a Erörterung, 2b Begriffserläuterung, 2c Interpretation
3. Unterhaltungsstilform (Kurzgeschichten, Roman)	3. Stil der Schilderung, der künstlerischen Darstellung	3a Charakteristik, 3b Situationsschilderung, 3c Gestaltung einfacher literarischer Formen
4. Werbestilform	4. Stil des Appells	4a Werberede, politische Rede 4b Werbetext, Werbeslogan

3. Die Stilformen der Meldung und des Meinens

Den Unterschied zwischen Nachrichtenstil und Meinungsstil induktiv zu erarbeiten, ist notwendig, wenn wir zum kritischen Lesen anleiten wollen. Der Untersuchungsauftrag, bereits in der ersten Stunde gestellt, lautet: Alle Urheber der Beiträge sind gekennzeichnet. Stellt fest, welche Arten von Signaturen verwendet werden und ob die Art der Herkunftsangabe den Stil des Artikels kennzeichnet. Die Schüler finden drei Gruppen:

Signatur mit vollem Namen, d. h. der Schreiber trägt persönlich die Verantwortung;

Kennziffer in Klammer, (dpa), (TASS), (UPI), (ap) sind die Abkürzungen der offiziellen Nachrichtenbüros, die die Meldungen verbreiten.

Anfangs- oder Endbuchstaben des Namens des Redakteurs, der im Impressum erscheint. Für diesen Artikel zeichnet der Redakteur und der Redaktionsstab, zuletzt der Herausgeber der Zeitung verantwortlich.

Auf der ersten Seite wird selten ein Artikel mit vollem Namen gezeichnet; sie bringt offizielle Berichte der Presseagenturen und den Leitartikel. Der Unterschied zwischen diesen beiden ist rasch erkannt. Wir formulieren: Die Nachrichtenbüros beschaffen, sichten und verbreiten Nachrichten; die Leitartikler beurteilen sie. Der Leitartikel greift eine aktuelle Meldung auf und beleuchtet sie so, daß sie das allgemeine Interesse der Leser findet.

Tafelschema

Stilform: Meldung Darstellungsform: Nachricht (dpa)	Stilform: Meinung Darstellungsform: Leitartikel: e w
Definition: Mitteilung von Tatsachen	Bewertung von Meldungen, Kommentar.
Merkmale: Kurz, sachlich, unpersönlich, wirklichkeitsgetreu, spannend, von öffentlichem Interesse. Sie gibt Antwort auf die Frage: Wer? Was? Wann? Wo? Wie? Warum?	Persönliche Stellungnahme zu einem wichtigen Ereignis. Sie erläutert, hebt hervor, unterrichtet, klagt an, tadelt, lobt, warnt, ermahnt, kämpft, ist auf ein Ziel gerichtet. Sie ist Partei.
Arten: Nachricht (knapp) Bericht (ausführlicher) Die Nachricht wird häufig fett gedruckt	Aktionsleitartikel (kämpferisch) Informationsleitartikel (unterrichtend) Interpretationsleitartikel (erläuternd, begründend)

Alternativarbeitsaufträge:

1. Analysiert den Leitartikel des heutigen Tages einer Tageszeitung nach obigem Schema.
2. Vergleicht den Leitartikel einer Zeitung mit dem dazugehörigen Bericht derselben Zeitung.
3. Vergleicht die Leitartikel zweier politisch verschiedener Zeitungen.

4. Die Nachrichtenbüros. Wie kommen Zeitungsmeldungen zustande?

Eine anschauliche Unterrichtung über die Tätigkeit der Nachrichtenredakteure, über Zustandekommen, Auswahl und Verbreitung von Nachrichten durch das Fernsehen liefert der Film ‚Tagesschau. Nachrichten im Fernsehen'. Auch für den Lehrgang „Journalismus" ist der Film lehrreich. Darüber hinaus stützen wir uns auf Dovifat: ‚Zeitungslehre' und auf Interviews mit Journalisten. Die Schüler erkennen, wie aufreibend der Beruf und wie groß das Heer der Journalisten ist und welchen Einfluß die Nachrichtenredaktion auf die öffentliche Meinung hat.

„Nachrichtenbüros sind Unternehmen, die mit schnellsten Beförderungsmitteln Nachrichten zentral sammeln, sichten und festen Beziehern weiterliefern." [1] Bei der deutschen Presseagentur (dpa) vollzieht sich die Sammlung in 28 Landes- und Außenbüros „durch ein Netz eigener Korrespondenten im In- und Ausland oder ergänzend durch Zusammenarbeit mit anderen Agenturen." [2] „Insgesamt arbeiten in Wort und Bild über 3000 Redakteure und Korrespondenten für die Inland- und Auslanddienste der dpa." [3] Die United Press International, UPI, Newyork, ist „mit 270 Büros und 10 000 Korrespondenten einer der größten Nachrichtendienste der Welt." [4]

Gibt es Falschmeldungen und eine absichtliche Irreführung durch falsche oder einseitig ausgewählte Nachrichten? Die Schüler vergleichen Zeitungen der politischen Parteien, Zeitungen aus Ost- und Westdeutschland desselben Tages.

---

[1] E. Dovifat: Zeitungslehre I, S. 71.
[2] ebd. S. 77.
[3] ebd. S. 79.
[4] ebd. S. 87.

„Gäbe es, was zunächst utopisch klingt, eine internationale Absprache, nicht nur Nachrichten frei zu sammeln und zu verbreiten, sondern auch falsche Meldungen aufzuhalten, sie zu berichtigen und zu ergänzen, dann wären viele Zündstoffe großer Weltkonflikte beseitigt."[5]

„Von der leicht gefärbten bis zur bewußt erlogenen Nachricht laufen Meldungen aller Zwecke und Richtungen durch die Nachrichtensysteme der Welt."[6]

„Auch das Dementi hat seine Psychologie und Technik. Von der streng eindeutigen Berichtigung bis zur vieldeutigen Dehnung und schließlich Umfälschung des Tatbestandes gehen die Möglichkeiten."[7]

Wir beschaffen uns je ein Exemplar vom ADN- und dpa-Informationsdienst des gleichen Tages und erkennen, wie die Nachrichtenbeschaffung durch das politische System des Landes bestimmt wird.

Eine völlig neutrale, objektive Information der Bevölkerung durch die Zeitung gibt es nicht. Wir stellen fest: Die Beeinflussung der öffentlichen Meinung erfolgt selbst beim Bemühen um strenge Objektivität — und dies auf fünffache Weise:

1. Auswahl der wichtigen Ereignisse durch den Korrespondenten (was ist wichtig?),
2. Formulierung durch den Korrespondenten (wie sachlich ist er?),
3. Sichtung der Nachrichten durch die Presseagentur (wie sind die dort Verantwortlichen politisch eingestellt?),
4. Auslese des Wichtigsten aus einem Informationsmaterial durch den Chefredakteur oder den Eigentümer der Zeitung,
5. Kommentierung der Nachrichten (Leitartikel, Glosse, Kritik) durch den Redakteur.

Selbst in einem Land, in dem der freie Wettbewerb die neutrale Berichterstattung sichert, richten sich die Zeitungen nach den politischen Parteien und den führenden Kreisen der Öffentlichkeit. Auch die sogenannte „unabhängige Presse" verfolgt eine bestimmte Kultur- und Wirtschaftspolitik, die vom Chefredakteur und dem Eigentümer festgelegt werden. Wir sammeln Belege für diese Behauptung.

5. Der Aufbau einer Nachricht

Am Schriftgrad kann man die Wichtigkeit der Information ablesen. Wir unterscheiden:

Schriftgrade

1. Große Schrift: Eine Schlagzeile als Überschrift. Der Blickfang. Vom Chefredakteur festgelegt.
2. Darunter kleinere Schrift: Untertitel, bringt wichtige Information. Vom Chefredakteur aus der Meldung ausgewählt.
3. Darunter in Fettdruck: die Meldung der Nachrichtenagentur.
4. Darunter in normaler Schrift: Der ausführliche Bericht, gegliedert: Das Wichtigste im ersten Absatz.

Psychologische Wirkung

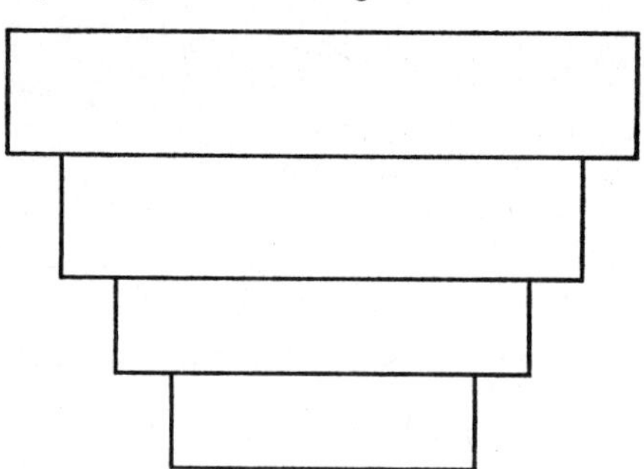

[5] E. Dorifat: Zeitungslehre I, S. 94.
[6] ebd. S. 103.
[7] ebd. S. 104.

Nach dem Muster der amerikanischen Journalistik unterscheidet Dovifat[1] bei der Nachricht zwischen fact story und action story, zwischen Tatsachenbericht und Handlungsbericht. Beide sind nach dem gleichen Schema der umgekehrten Pyramide gebaut:

Tatsachenbericht (fact story) — Handlungsbericht (action story)

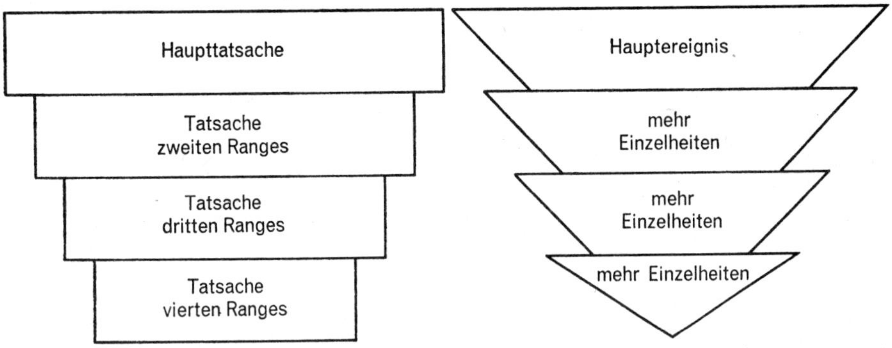

Haupttatsache — Hauptereignis

Tatsache zweiten Ranges — mehr Einzelheiten

Tatsache dritten Ranges — mehr Einzelheiten

Tatsache vierten Ranges — mehr Einzelheiten

Die Schüler erkennen: Für die Presse ist es sachnotwendig, die Hauptsache in der ersten Zeile oder im ersten Absatz zu bringen. Das weniger Wichtige wird in kleinerem Schriftgrad angefügt. Der Redakteur kann, falls der Umbruch es erfordert, vom Schluß her absatzweise kürzen; die Meldung bleibt dennoch vollständig.

V. Werbesprache und Werbetexte. Ein Lehrgang

Die Stilform des Appells oder der Werbung ist eine der vier sprachlichen Grundformen, die wir verstehen und anwenden lehren. Sie erscheint in der Darstellung der Werberede (der politischen Rede), der Streitrede, der Werbeschrift, der Streitschrift (Pamphlet), des Flugblatts und der Wirtschaftswerbung. Für die Konsumgesellschaft im Zeitalter der Manipulation der Massen durch die Bewußtseinsindustrie ist sie so wichtig, daß wir ihr auf der Mittelstufe zwei Lehrgänge widmen, einen über Flugblatt, Werberede, Streitschrift im Zusammenhang mit dem Thema Jugendrevolte, einen über Wirtschaftswerbung. In beiden Fällen beteiligen sich die Schüler an der Sammlung des Materials, an der Festsetzung der Zeitdauer und des Unterrichtsziels.

a) Informations- und Planungsstunde

Der Lehrgang „Werbesprache und Werbetexte“ dient folgender Absicht:

1. Die sprachlichen Mittel der Werbung werden untersucht;
2. einige Texte aus der Werbefachliteratur von allgemeiner Bedeutung werden interpretiert: kurze Auszüge aus Vance Packard ‚Die geheimen Verführer‘; Ernest Dichter ‚Strategie im Reich der Wünsche‘; Willi Bongard ‚Männer machen Märkte‘; David Ogilvy ‚Geständnisse eines Werbemannes‘;

[1] Zeitungslehre I, S. 134 ff.

3. Fragen der Werbepsychologie und der Massenbeeinflussung werden erörtert;
4. Werbetexte aus verschiedenen Wirtschaftszweigen werden analysiert;
5. über Umfang und Wirkung der Werbung, Aufbau der Werbeagenturen wird referiert;
6. erste Versuche im Verfassen von Werbetexten werden unternommen.

Für den 'Einstieg' in das Thema bedienen wir uns der Erkenntnis der Werbepsychologen und wecken das Interesse durch einen Lehrfilm: ‚Werbung im Fernsehen' oder ‚Werbung am Beispiel Persil 65'. Der erste Film führt Beispiele von Werbespots (Kurzeinblendungen von Werbungen im Fernsehen von 20 bis 30 Sekunden Dauer) vor. Er eignet sich für unsere Zwecke; auch läßt sich an ihm die Beobachtungsgabe schulen. Der zweite Film ist kultur- und wirtschaftspolitischer Art; er illustriert die Bedeutung der Werbung für die Wirtschaft, erläutert Aufbau und Organisation der Werbeagenturen und den Vorgang, wie Wirtschaftswerbung gemacht wird.

Wir beginnen die Unterrichtseinheit mit einem der beiden Filme; der Arbeitsauftrag lautet:
Erste Gruppe: Notiert und referiert Aufbau und Leistung der Werbeagenturen.
Zweite Gruppe: Referiert über die Bedeutung der Werbung für die Wirtschaft.
Dritte Gruppe: Stellt fest, in welchen Phasen die Werbung für Persil 65 gemacht wird.
Vierte Gruppe: Notiert alle Fragen zu dem Thema Werbung, die der Film aufwirft.
Der Film selbst ist für uns nur Ausgangspunkt.

Läßt man die Referate ins Reinheft übertragen, so kann man den Schülern demonstrieren, daß das genaue Beobachten und Registrieren geübt sein will: Die Arbeit fällt schlecht aus.

Wir erörtern, nachdem wir alle Schülerfragen gesichtet haben, die grundsätzliche Frage: Was ist Werbung? — Unsere gemeinsam gefundene Definition: Die Herstellerfirma will durch Werbung den nicht informierten, nicht interessierten, unentschlossenen oder kaufunlustigen Menschen als Käufer gewinnen.

Ein Schema verdeutlicht den Sachverhalt:

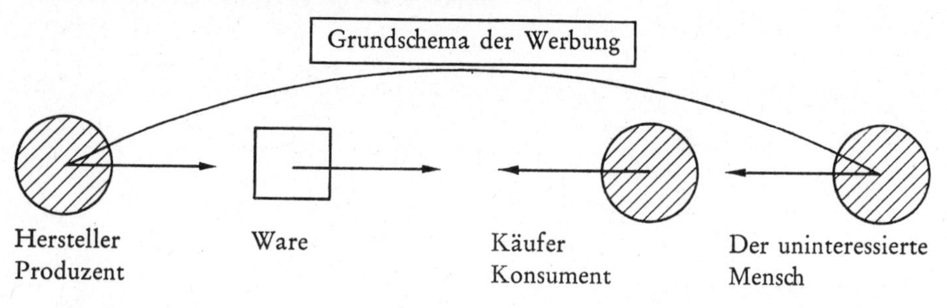

Die Werbeanzeige stellt eine Beziehung zwischen Hersteller, Ware und Käufer her. Dabei werden in manchen Werbetexten oder Slogans nur Herstellerfirma und Ware, manchmal nur Ware und Käufer, in der Regel aber alle drei erwähnt: Die Ware wird gepriesen, der Käufer gelobt, die Herstellerfirma ins rechte Licht gerückt. Damit haben wir den ersten methodischen Grundsatz für unsere Untersuchung. Im folgenden prüfen wir, mit welchen sprachlichen Mitteln und psychologischen Tricks die Ware gepriesen, der Käufer gelobt und der Produzent herausgestrichen wird.

Die Werbung verfährt, wie der erste Film zeigt, nach folgendem psychologischen Schema:

(1) die Aufmerksamkeit (attention) wird wachgerufen,
(2) das Interesse (interest) wird geweckt,
(3) der Wunsch (desire) zum Besitz wird angeregt,
(4) der Entschluß zum Kauf (action) wird suggeriert.

Die vier Anfangsbuchstaben der englischen Wörter ergeben die Formel AIDA. Sie gilt für alle Arten der Menschenbeeinflussung, auch für die politische Rede. Aus diesem Grundsatz leiten wir einen zweiten, differenzierteren Arbeitsauftrag ab: Wir prüfen, auf welche Weise Aufmerksamkeit, Interesse, Wunsch und Kaufverlangen erregt werden.

Wir untersuchen Werbetexte aus Zeitungen und Zeitschriften unter diesen beiden Gesichtspunkten, die sich ergänzen. Gruppenweise sammeln wir Texte aus verschiedenen Produktionszweigen. Es eignet sich die Reklame für Kraftfahrzeuge, Damen- und Herrenbekleidung, Kosmetik, Zigaretten und Produkte der Heimatstadt. Die Gruppenmitglieder können sich das Werbematerial auch unmittelbar von den Herstellerfirmen und Werbeagenturen beschaffen.

b) Beispiel einer Werbetextanalyse im Unterrichtsgespräch

Wir erarbeiten uns gemeinsam ein Schema für die Untersuchung von Werbetexten an einem Beispiel; denn die Schüler sollen sich eine Methode für eine solche Analyse aneignen. Das Schema muß einfach und anregend sein, so daß sie es selbständig auf andere Texte anwenden können. Die Sätze des folgenden Textes sind von uns durchnumeriert.

Volkswagen-Werbetext

Bild: Ein VW-Käfer in Großformat. Der Fahrer betrachtet gebückt und nachdenklich den geplatzten Reifen am rechten Vorderrad.

Text:

(1) Niemand ist vollkommen.

(2) In den letzten 18 Jahren haben wir ziemlich gut gelernt, wie man einen guten Wagen baut.
(3) Heute hat dieser Wagen den Ruf, ein vollkommener Wagen zu sein.
(4) Und wir haben 7308 Inspekteure, die aufpassen, daß sein Ruf keine Schramme bekommt.
(5) Diese harten Männer bezahlen wir dafür, daß sie Dinge finden, zu denen sie nein sagen.
(6) Nein heißt Nein.
(7) Sie stoppen jeden VW kleiner Dinge wegen, die Sie wahrscheinlich nie bemerkt hätten.
(8) Ein vergessener Steppstich im Polster. (9) Ein Staubkorn im Lack.
(10) Oder eine Schramme im Chrom.
(11) Nun ist alles für die Katz, wenn Sie sich eines Tages mit einem kaputten Stoßdämpfer auf dem Marktplatz von Syracus, Sizilien, wiederfinden.
(12) Dann brauchen Sie nur in die Via Archis 15/A zu gehen und nach Carmelo Ortisi zu fragen.

(13) 4896 VW-Service-Stationen sorgen dafür, daß Sie sich sogar in den verlassensten Gegenden Europas nie verlassen zu fühlen brauchen. (14) (Und daß Sie einen Stoßdämpfer bekommen, wenn Sie ihn brauchen.)
(15) Bei all dieser Mühe haben wir bis heute niemanden gefunden, der die Nägel findet, bevor sie Ihnen die Luft aus den Reifen lassen.

(16) Niemand ist vollkommen.

Schema unserer Textanalyse

Inhalt und Art des Lobs	Sprache	Absicht und Wirkung
(1) Gemeinplatz: Gespielte Selbstbescheidung	Einfacher Aussagesatz. Hs (Hauptsatz)	Vertrauen erwecken
(2) Selbstlob: Sachlich selbstbewußt mit gespieltem understatement („ziemlich gut“)	Mittel der Wortwiederholung. „Gut“ als Adverb und als Attribut. Hs — Ns	Das „Gut“ soll sich einprägen. Der Satz erweckt Respekt vor dem Selbstbewußtsein, gepaart mit Selbstbescheidung
(3) Lob des Fabrikats: Sachliche Information: „Ruf“ als öffentliche Wertschätzung	Superlativ: „Vollkommen“. Hs — Ns	Bewunderung
(4) Information: Exakte Zahlenangabe	Metapher: „Ruf und Schramme“. Hs — Ns — Ns	Die imponierend hohe und exakte Zahl ist unbezweifelbar
(5) Lob der Inspektion: Sachlich	Paradoxe Form. Hs — Ns — Ns	Absicht des Verblüffens. Ein Wunschbild des Mannes wird provoziert. Absicht des Imponierens
(6) Lapidarer Satz: alles und nichts sagende Unbedingtheit: Unbestechlichkeit	Dramatischer Stil: Der Satz stellt eine Antwort auf die vermutliche Leserfrage dar: „Was heißt Neinsagen“? Hs	Suggestivwirkung der Sprache. Die harte Unbedingtheit soll Entschlossenheit hervorrufen
(7) Erläuterung zu Satz 6	Anrede des Lesers. Das Ganze wird zu einem Dialog mit dem Leser. Gegensätzliche Anwendung von Sie (3. Person Mehrzahl und Anrede des Lesers). Hs — Ns	Unbedingte Verläßlichkeit soll unbedingtes Vertrauen erwecken
(8) (9) (10) Drei Beispiele für das Neinsagen: Die Geringfügigkeit der Mängel erhöht das Lob und den Eindruck der Vollkommenheit (Lob vom Negativen her)	Gleichgebaute Subjektgruppen mit Adverbiale des Orts. Parallelismus der syntaktischen Form	Die Beispiele vertiefen die Wirkung des unbedingt Zuverlässigen
(11) Eine kleine story. Perspektivenwechsel und Ortswechsel. Ein Problem wird aufgeworfen. Der Einwand des kritischen Lesers wird artikuliert	Satzgefüge mit Kontrast zu 8—10. Hs — Ns	Retardierendes Moment erweckt Spannung

Inhalt und Art des Lobs	Sprache	Absicht und Wirkung
(12) Das Problem wird beantwortet. Vorsorge des Werkes. An jedem Ort ist jeder Ersatzteil von bekannten Helfern erhältlich	Hs	Gefühl völliger Geborgenheit in jeder Notlage
(13) Verallgemeinerung von 12	Superlativ. Hs — Ns	Wiederholung der Absicht aus Satz 12. Rhetorisches Mittel
(14) Konkretisierung von 13 am Beispiel Stoßdämpfer	Ns — Ns	
(15) Ein Scherz: Pseudo-understatement	Wiederholung des Zeitworts 'finden'. Scherzhaft-grotesker Ton. Pointe. Hs — Ns	Die Unvollkommenheit der Umstände steht im Kontrast zur Vollkommenheit des Fabrikats. Komik. Überraschungseffekt
(16) Wiederholung der Überschrift. Pseudo-understatement	Der Satz hat Rahmenfunktion. „Niemand“ anthropomorphisiert den Wagen. Hs	Die Selbstbescheidung erhöht den Eindruck von der Vollkommenheit des Fabrikats

Die gemeinsame Auswertung ergibt folgende schriftliche Interpretation:

Aussageabsicht: Der Leser soll die Schlußfolgerung ziehen: Kein Mensch ist vollkommen, aber der VW ist es in überhaupt möglichem Maß. Zwar lassen sich nicht alle Pannen vermeiden; aber gegen solche Pannen ist kein Kraut gewachsen.

Sprache: Durch die kurzen Hauptsätze, die Unbedingtheitscharakter haben, durch Subjektgruppen, parallel gebaute Sätze entsteht ein Lapidarstil, der einhämmert. Der Lapidarstil verstärkt das Gefühl der unbedingten Zuverlässigkeit und der Entschlossenheit; er will den Entschluß zum Kauf wachrufen. Die Sprache bedient sich der Mittel des Kontrastes, der Wiederholung und des Parallelismus. Syntaktisch parallel gebaut sind die Sätze 2 und 3; 4 und 5; 8, 9 und 10; und die lapidaren Hauptsätze 1, 6, 14. Die Vollkommenheit des Volkswagens wird positiv ausgesagt, von den Inspektoren her sachlich bestätigt und gegen Ende scherzhaft-paradox vom Negativen her erläutert.

Aufbau: Der erste und der letzte Satz haben Rahmenfunktion. Die ersten Sätze handeln vom Hersteller und Fabrikat; im fünften wird die Beziehung zwischen Produzent, Produkt und Käufer geschaffen. Damit entsteht ein Dialog zwischen dem Hersteller und dem Leser des Textes. Der Dialogcharakter bestimmt aber den ganzen Text von Anfang an. Bereits der erste Satz bezieht den Leser ein: „Niemand ist vollkommen.“ Dieser Satz ist vieldeutig; er wird erst allmählich konkretisiert. Im fünften Satz wird der Leser persönlich angesprochen. Im folgenden wird das Gespräch persönlicher, unmittelbarer, privater. Vom elften Satz an wird der Leser als Besitzer eines Volkswagens betrachtet. Die vier Stufen — Aufmerksamkeit, Interesse wecken, den Wunsch zum Besitz wachrufen und den Leser als Besitzer und Fahrer nehmen — bestimmen den Aufbau des Textes.

c) Schema zur Beobachtung sprachlicher Besonderheiten[1] der Werbetexte

I. Syntaktische Besonderheiten

Zweigliedrige Aussagesätze
Dreigliedrige Aussagesätze
Imperativ- oder Ausrufesätze
Fragesätze
Sätze ohne Prädikat
Parallel gebaute Sätze
Arten der Nebensätze (Final-, Kausal-, Konditionalsätze, Relativsätze)
Apposition
Nebensätze, die als selbständige Sätze erscheinen
Subjektgruppen, die als selbständige Sätze erscheinen
Regelwidrige Zeichensetzung
Falsche Begründung
Anrede
Dialogische Form
Wiederholungen

II. Metrisch-rhythmische Form der Sätze

Endreim
Anfangsreim
Anapher
Füllungsfreier Vierheber
Füllungsfreier Dreiheber
Wechsel zwischen Satzgefüge und einfachen Hauptsätzen

III. Verschiedene Steigerungsformen

Steigerung durch Hochwertwörter
Adelstitel: König. Prinz. Lord Extra
Hohe Stellungen: Kardinal, Admiral
Hohe Qualitätsbezeichnungen: First class, Exquisit
Hochwertsubstantivkomposita: Spitzen-, Klasse-, Traum-
Hochwertadjektive: echt, gerecht, sicher, extra, prima, hochfein, rassig, phantastisch, kostbar
Steigernde Vorsilben: Super-, Hoch-
Superlativ: strahlendst, weißest, höchst, modernst
Absoluter Komparativ: Nichts Besseres, Reineres (Der Vergleich fehlt)

IV. Neue Wortbildungen

Substantiv + Substantiv: Autoverstand, Duftdusche
Verb + Substantiv: Rauchvergnügen, Trinkwünsche
Adjektiv + Substantiv: Frischei, Scharfsenf
Substantiv + Verbum: gasbeheizt, zweiradgetrieben
Substantiv + Adjektiv: exklusiv-elegant
Dreigliedrige Zusammensetzung des Substantivs: Raumlichtanpassung
Dreigliedrige Zusammensetzung des Adjektivs: bügelfaltensicher

---

[1] Der folgende Katalog verdankt dem Buch von Ruth Römer ‚Die Sprache der Anzeigenwerbung'. Sprache der Gegenwart, Bd. IV. Düsseldorf 1968, wertvolle Anregungen.

Neue Warenbenennungen (Produktnamen):

Nach Eigennamen: Opel
Nach Hochwertwörtern: Opel-Diplomat, Füllfederhalter Diplomat
Aus Silben und Buchstaben zusammengesetzt: Ata, Imi
Ein Wort mit Suffix versehen: Schauma
Durch Kontraktion entstanden: Dorahm = Doppelrahmkäse
Drei-, Vier- und fünfgliedrige Produktnamen: Bauknecht-Raumspar-Wasch-Vollautomat

V. Metaphern und Vergleiche

Verbindung von Konkreta und Abstrakta: hauchzart; sportlich-schlanke Männlichkeit
Verbindung von Begriffen aus verschiedenen Bereichen: quellfrische Sauberkeit
Anthropomorphismen: Eine Ware hat sprühendes Temperament,
ist atmungsfreudig, hat Zartgefühl,
ist unermüdlich, ist jung und schön

VI. Versprechungen

Die Käufer erwerben mit der Ware
Glück, Jugend, Schönheit, Tatkraft, Einfluß, Ansehen

VII. Aufbau und Gliederung des Textes

Welches sind die Anhaltspunkte, die uns helfen, die Gliederung des Textes zu finden? Wir notieren:
Blickfang durch:, Appell an:, Aufforderung zum Kauf durch:, Sachinformation durch:, Überredung durch:, Gespräch mit dem Leser:, Pointe

Diese Liste dient fortan als Arbeitshilfe. Sie schärft den Blick für sprachliche Besonderheiten, erleichtert die Analyse in der Gruppenarbeit und ermöglicht die kritische Mitarbeit in der Klasse. Wir entwickeln daraus folgendes Schema zur Textanalyse:

I. Syntaktische Besonderheiten	Beispiele	Absicht
II. Metrisch-rhythmische Formen	Beispiele	Absicht
III. Steigerungsformen	Beispiele	Absicht
. . .	. . .	. . .

d) Erste Versuche im Verfassen von Werbetexten

Einige Schüler wählen je einen Werbetext über ein allen bekanntes Fabrikat — Seife, Zahnpasta, Haarwaschmittel, Schokolade — aus und fordern die Klasse auf, in 5 bis 10 Minuten einen eigenen Reklametext zu dem betreffenden Gegenstand anzufertigen. Jeweils drei Lösungen werden vorgelesen; die originalen Texte werden anschließend gezeigt und erläutert. Durch den Kontrast von eigener Leistung und Muster wird nochmals der Blick für die Technik der Werbung geschult, das Verständnis für die bereits erarbeiteten Werbemethoden wird vertieft. Ein Beispiel:

Palmolive (ein Schülerversuch)

Bild: Ein junger Mann hält die Hand eines Mädchens.

Text: Wie zart sie duftet.

Ein neuer Duft. Anita, hast du ein neues Parfum entdeckt? Und wie weich deine Hand ist. Wie machst du das nur? Man merkt deiner Hand gar nicht an, daß sie viel arbeitet. Das ist einfach, Hans. Nimm Palmolive. Palmolive macht die Haut zart und weich.

Palmolive (Werbeanzeige aus einer Illustrierten)

Bild: Brustbild eines lachenden Mädchens, unbekleidet.

Text: „Für einen Teenager hat er mich gehalten ..."

... und das passiert Frau Hannelore Preser (30, Hausfrau und Mutter, Düsseldorf, Prinz-Georg-Straße 104) immer wieder, denn sie tut viel für die Pflege ihrer Haut. Sie weiß: ab 25 wird's kritisch. Die natürliche Geschmeidigkeit der Haut läßt nach. Die Haut wird trockener. Sie braucht natürliches Olivenöl. Palmolive hat Olivenöl — jetzt sogar doppelt so viel.
Antonia und Katherina haben mit ihrer Mutti mächtig viel Spaß. (Gruppenbild am Rand)

Palmolive hält die Haut jung und geschmeidig.

Gemeinsamer Vergleich der Werbeanzeige aus der Illustrierten mit der Schülerarbeit: Die Werbeanzeige strahlt Erotik aus: die junge Frau ist unbekleidet. Der Text nimmt bewußt die weitverbreitete Angst des modernen Menschen, vor allem der Frau, vor dem Altern auf und weckt dadurch Interesse: Wie kann man diesen Prozeß verlangsamen? Wer alt ist, ist unnütz, wird im Beruf zurückgedrängt, ist weniger begehrt. Ansehen, Erfolg, Beliebtheit hängen mit Jugend zusammen. Das Versteckt-Erotische findet sich in dem Satz: „Für einen Teenager hat er mich gehalten." Der „Er" kann nicht der Ehemann sein. Beglückt ist sie (siehe Bild), daß „Er" sie für begehrenswert hält. Der Hinweis auf die gepflegte Mutti ist eine moralische Absicherung und ruft zugleich das Wunschbild der glücklichen Familie wach. Das alles schafft Palmolive. Sie verjüngt, entspannt, schafft gute Laune und erzeugt Anhänglichkeit.

Wer wird in dem Werbetext angesprochen? Nicht nur die Frau um 30, sondern alle Frauen über 25. Mit brutaler Offenheit wird erklärt: „Ab 25 wird's kritisch." Zwischen den Zeilen werden aber auch die Männer umworben. Auch der Mann legt Wert auf jugendliches Aussehen. Auch seine Haut braucht Olivenöl. Das Mittel zur Jugendlichkeit für die Frau nützt auch dem Mann.

Darstellung: Die Vorzüge der Seife werden nicht ausgesagt, sondern im Geschehen mit emotionalem Gehalt szenisch vorgeführt.

Die erotisch-ästhetische Note des Textes wird durch genaue Angaben und Sachlichkeit untermalt. Name und Anschrift der glücklichen Hausfrau werden genannt. Daß die Haut natürliches Olivenöl braucht und nicht ein anderes Fett, wird mit Bestimmtheit gesagt.

A u f b a u : Die beiden ersten Sätze schildern die glückliche Frau, die sich ihr Glück durch Gebrauch von Palmolive selbst zu verdanken hat. Die drei folgenden Sätze handeln von der Bedrohung des Menschen durch das Altern. In zwei Sätzen wird das Heilmittel gegen diese Gefahr genannt: Die Wirkung der Seife wird demonstriert. Der letzte Satz nimmt den Leser als Käufer. Wir beobachten die Steigerung: Aufmerksamkeit wird erweckt, Interesse entsteht, der Wunsch zum Besitz wird stimuliert und der Leser bereits als Besitzer genommen.

S p r a c h l i c h e M i t t e l : Die Werbung wird eindringlich durch das Prinzip der Wiederholung, das ganz verschieden angewandt wird: Das Für-Jugendlich-Gehaltenwerden „passiert immer wieder"; die Begriffe Olivenöl, Palmolive werden wiederholt; die beiden Bilder (das große und das kleine) sagen ähnliches aus. Die Abwechslung im Satzbau wirkt belebend: Eine begründende Satzreihe steht in Kontrast zu den übrigen kurzen Aussagesätzen. Der Gegensatz von Glück und Bedrohung bestimmt den Inhalt und die Form des Textes.

Die Schülerarbeit dagegen beginnt mit einer inhaltlich falschen Aussage: Der zarte Duft kennzeichnet vermutlich nicht diese Seife. Sie wendet sich überhaupt nicht an die Leser, sie spricht keine Personengruppe unmittelbar an. Sie lockt nicht, wirbt nicht, steigert nicht, schockiert nicht, beweist nicht, illustriert nicht. Dennoch ist sie eine gute Leistung.

FÜNFTES KAPITEL

DIE PROSAGANZSCHRIFT

Im 9. Kapitel des 1. Bandes wurden „zwölf Grundsätze zur Erarbeitung der Ganzschrift auf Unter- und Mittelstufe" aufgestellt. Sie werden im folgenden für das Alter der 12—16jährigen teils psychologisch und fachwissenschaftlich begründet, teils aus den Grundsätzen der Hermeneutik abgeleitet und an Beispielen erläutert.

I. Die Ganzschrift als sprachliche Einheit — Ein didaktisches und methodisches Problem

Bei der Anleitung zum Verstehen einer Ganzschrift stehen wir vor einer doppelten Schwierigkeit: Das Werk soll als ein in sich geschlossenes Sprachganzes und zugleich als Gestaltung eines komplexen Geschehens in einem konkreten Wirklichkeitsbereich verstanden werden. Kann auch die wissenschaftliche Interpretation für Erwachsene in manchen Fällen das letzte außer acht lassen, weil der Erwachsene bereits die nötige Lebenserfahrung zum Verstehen mitbringt, so muß die Werkbetrachtung mit Schülern zwischen 12 und 16 Jahren beide Aufgaben als untrennbar verbunden anerkennen, weil der literarisch uninteressierte Jugendliche nur vom Inhalt her an das Werk herangeführt werden kann. Die Problematik des Verstehens ist für diese Altersstufe noch keineswegs hinreichend geklärt. Wir Lehrer selbst überprüfen unsere Erfahrungen ständig durch neue Versuche.

a) Der dichterische Wahrheitsbegriff und der Symbolgehalt eines Werkes

„In welcher Hinsicht", so fragt der Schüler, „sind Dürrenmatts ‚Der Tunnel' oder Brechts ‚Der Mantel des Ketzers' wahr, da doch beide Geschichten frei erfunden sind?" Selten kann sich der junge Mensch ohne Anleitung zu der Höhe dichterischer Lebensbetrachtung erheben, von der aus der Wahrheitsgehalt des Werkes erfahren werden kann. Dabei gilt es, den dichterischen Wahrheitsbegriff von anderen Wahrheitsbegriffen zu unterscheiden: Die Wahrheit der Religion wird geglaubt und subjektiv erfahren; die Wahrheit der objektiven Wissenschaften wird experimentell 'nachgewiesen' und als gültige Naturerkenntnis gekennzeichnet; die Wahrheit der Mathematik wird aus Axiomen 'bewiesen', die Wahrheit einer Geschichtsquelle wird durch Textuntersuchung und -vergleich festgestellt; die dichterische Wahrheit hingegen stellt eine Lebenserfahrung im Bild, im Beispiel, im bildhaften Geschehen dar. Durch diese zugleich vereinfachende, typisierende und bildhafte Darstellung erlangt sie allgemeine Bedeutung, d. h., sie kann vom Leser auf Grund seiner Lebenserfahrung als richtig, gültig, wahr erkannt werden. Man kann sie nicht als philosophische Erkenntnis formulieren, man darf sie nicht vom Bild lösen, sondern muß sie mit dem Bild in sich aufnehmen. Sie ist 'vieldeutig'; jedoch will das Bild auf seine Eigenart und seinen Sinn befragt werden. Dabei müssen Darstellungsweise und Aussageabsicht zum Gegenstand der Untersuchung gemacht werden, denn die genaue Auslegung der Sprachform ist der einzige Weg, den Gehalt des Werkes zu entdecken. Am Ende einer Werkbetrachtung dürfen manche Fragen offenbleiben.

An den kleinsten Gebilden läßt sich oft das Wesen der dichterischen Aussage am besten aufzeigen: an Sprichwort, Fabel, Gleichnis. Das Sprichwort: „Der Krug geht so lange zum Brunnen, bis er zerbricht", stellt eine Erfahrung in einem Vorgang sinnenfällig vor: den zum Brunnen gehenden Krug. Krüge sind zerbrechlich; wer weiß das nicht? Aber Krüge werden getragen, sie gehen nicht. Wie flach wird dieselbe Wahrheit in dem moralisierenden Satz ausgedrückt: „Ein Mensch geht so lange auf verbotenen Wegen, bis er ertappt wird." Das Sprichwort moralisiert nicht; denn es ist ebenso natürlich, daß Krüge mit Wasser gefüllt werden, wie daß sie zerbrechen. Die Wahrheit des Sprichworts ist auf unzählige Fälle anwendbar; aber sie ist an die Sprachform gebunden.

Der Tunnel in Dürrenmatts Kurzgeschichte ist zu Beginn der Erzählung — realiter — Eisenbahntunnel. Im Verlauf der Erzählung nimmt er mehr und mehr — idealiter — den Charakter eines ausweglosen Schachtes an, in den die Reisenden stürzen, die einen blindlings, die anderen sehenden Auges. Solche Schächte gibt es für die Menschheit, z. B. die Wettrüstung, die Bevölkerungsexplosion auf unserem Planeten, die Wasserverknappung und die Luftverpestung; doch von ihnen spricht Dürrenmatt nicht. Er erzählt seine Geschichte mit realistisch- und mit grotesk-ironisch-paradoxen Darstellungsmitteln. Im Sinnbild des Tunnels ist der Gegensatz von Inhalt und Form aufgehoben. *Die symbolische Interpretation* untersucht die Doppelfunktion des Tunnels und die Doppelfunktion der Sprache und entdeckt auf diese Weise in der Aussageabsicht die dichterische Wahrheit, die Einheit von Gehalt und Gestalt.

Der Streit um den Mantel in Brechts gleichnamiger Kalendergeschichte, den Giordano Bruno für 32 Skudi hat anfertigen lassen in der Überzeugung, ihn bezahlen zu können, und den er an den Schneider unter Anstrengung eines Rechtsstreites gegen den Mann, der ihn der Inquisition ausgeliefert hat, zurückgehen läßt, hat auf andere Weise die Funktion, Einheit und Mitte zu schaffen. Nicht der Mantel, sondern das Verhalten der Menschen bei dem Streit um den Mantel ist das Thema, ist inhaltlicher und formaler Mittelpunkt der Erzählung.

b) Die ästhetischen Grundbegriffe und ihre Erarbeitung

Die ästhetischen Grundbegriffe, die wir zur Erarbeitung einer Ganzschrift benötigen, sind selbst innerhalb der Fachwissenschaft nicht eindeutig faßbar. Die Ausdrücke 'Inhalt' und 'Form' etwa sind, wie oben erläutert, fragwürdige

Metaphern. Der Inhalt eines Romans läßt sich von der Form nicht wie der Inhalt eines Weinglases vom Glas trennen. Der Begriff Form ist jedoch als Metapher ein Grundbegriff des geistigen Lebens und muß anschaulich erläutert werden. Wir gehen von den Höflichkeitsformen, von den Grußformen oder der Briefanrede aus. Die Formen haben in sich einen Sinn, sie ermöglichen und regeln das Zusammenleben, aber sie müssen immer wieder von den Menschen mit Sinn erfüllt, d. h. neu geschaffen werden, sonst wird die geprägte Form zur starren Schablone, zur Konvention.

Die 'Bauform' einer Kurzgeschichte, einer Novelle, eines Romans erläutern wir am Beispiel eines Hauses: Der Architekt entwirft einen Plan; von jedem Haus können wir auch nachträglich noch den Bauplan herstellen. Diesem Bauplan entspricht bei einer Novelle, einem Roman 'das Baugefüge', 'die Bauform' (Struktur). Ein guter Architekt entwirft aber auch die Türen, Fenster, Zimmer, Erker usw. nach einem durchgehenden Formprinzip, damit alle Teile seines Hauses ein geschlossenes Ganzes, eine Einheit darstellen. Das heißt für die Ganzschrift: Satzbau, Sprachrhythmus, Handlungsverlauf sind gleichfalls dem Baugefüge eines Sprachwerkes eingeordnet. Der Inhalt oder das Geschehen ist insofern ein unabweisbarer Bestandteil der Form; er ist vom Erzähler aus dem Rohmaterial eigener Erfahrungen, einer Geschichtsquelle oder einer Zeitungsnotiz bereits vorgeformt.

Wir versuchen das Verhältnis von Inhalt und Form bei der Prosaganzschrift übersichtlich festzuhalten:

1. Rohmaterial oder Rohstoff, aus dem der Inhalt geformt wird, kann sein: eine Zeitungsnotiz, eine Geschichtsquelle, eigene Lebenserfahrung, reines Spiel der Phantasie.
   Aus diesem Rohstoff formt der Verfasser den Inhalt oder den Handlungsablauf, das Geschehen. Es ist möglich, daß der Verfasser zunächst die Fabel erfindet und dann erst den Inhalt aus ihr herausgestaltet.

2. Im Inhalt ist immanent der Gehalt (Wahrheitsgehalt oder Wirklichkeitsgehalt) verborgen. Unter Gehalt verstehen wir das, was dem Inhalt oder dem Geschehen Einheit, Rang und Aussagekraft verleiht. Den Gehalt können wir deshalb als Formkraft bezeichnen.

3. Die Form oder Bauform einer Ganzschrift ist erkennbar in der Satzform, im Satzrhythmus, in der Wortwahl, in den Leitbegriffen, Leitmotiven, in den dichterischen Bildern, in der Gliederung des Aufbaus, im Verhältnis der Personen zueinander und in dem Formprinzip der Gattung, der das Werk angehört.

Auf der Mittelstufe werden wir diesen Sachverhalt nicht zum Gegenstand einer ausführlichen Erörterung machen, denn dahinter verbergen sich komplizierte philosophische und philologische Probleme. Wohl aber muß der Lehrer ihn durchschauen, wenn er eine Inhaltsangabe verfassen läßt oder zum Deuten anleitet. Am Beispiel des Hausbaus läßt sich der Sachverhalt auch den Schülern einigermaßen erläutern.

Ebenso anschaulich vom Beispiel ausgehend, bauen wir die anderen Grundbegriffe der Poetik der Ganzschrift auf: Sinnbild oder Symbol, Sprachbild oder Metapher, Motiv und Leitmotiv, Schlüsselwort oder Leitwort, Spannung und Steigerung, äußere

Handlung und innere Entwicklung. Keinen dieser Begriffe geben wir dem Schüler gebrauchsfertig in die Hand, vielmehr suchen wir durch kleine literarische Erfindungen und durch Umformungsübungen den Prozeß der dichterischen Formgebung nachvollziehbar (operationalisierbar) zu machen.

II. Der hermeneutische Zirkel und die Grundsätze der Werkbetrachtung auf der Mittelstufe

Das Verfahren, ein Werk mit Schülern zu erarbeiten, leiten wir aus den Grundsätzen der Hermeneutik ab (vgl. 1. Kapitel). Der Weg, den wir gehen, führt vom Gesamtüberblick auf Grund des ersten zusammenhängenden häuslichen Lesens (erste Synthese) zur Klärung des Inhalts, zur Erörterung der Verhaltensweisen der Hauptpersonen, zur Untersuchung der Sprachform und des Aufbaus (Analyse) und weiter zum Verstehen der Einheit von Inhalt und Form (zweite Synthese).

a) Das Ziel der Werkbetrachtung in der Schule

Eine dreifache Absicht verfolgen wir auf der Mittelstufe:

1. Inhaltlich: Je ungeschulter der Leser ist, desto stärker spricht ihn der Inhalt an. Für Unter- und Mittelstufe wählen wir daher Werke, die dem Erlebnishunger und der Lebensproblematik der Pubeszenten entgegenkommen, gerade weil wir über die inhaltliche Betrachtung hinausführen und Intellekt, Phantasie, planende Kraft und Erkenntnistrieb in Gang setzen wollen.

2. Formal: Die Mittelstufe ist die Zeit der literarischen Begriffsbildung und der literarischen Handwerkslehre. Daher wird an jedem Werk untersucht, wie die Wirklichkeit in Sprache eingegangen und was ein Sprachwerk ist.

3. Methodisch: Bereits im 5. und 6. Schuljahr lernt der Schüler über sein Tun nachdenken. Aber Methodenbewußtsein bildet sich erst von dem Augenblick an, da der Mensch sich und der Sache kritisch gegenübertritt. Vom 7. und 8. Schuljahr an reflektiert der Schüler über die Art, wie man exzerpiert, einen Inhalt wiedergibt, Fragen stellt und beantwortet, Einzelbeobachtungen zu einem Gesamtverständnis zusammenfügt: Er lernt selbständig arbeiten. Die erworbenen Fähigkeiten erprobt er Schritt für Schritt bei der schriftlichen Interpretation einfacher überschaubarer Geschichten und Gedichte. Der Interpretationsaufsatz setzt Methodenkenntnis voraus und hilft sie entwickeln.

b) Gesichtspunkte der Werkbetrachtung

Unter fünf Gesichtspunkten können wir auf der Mittelstufe ein Werk angehen:

1. inhaltlich: Wir klären den Handlungsablauf, das Geschehen;

2. anthropologisch-soziologisch: Je nach der Eigenart des Werkes betrachten wir die Verhaltensweisen der Menschen stärker anthropologisch-psycholo-

gisch oder soziologisch-sozialethisch, immer aber auf Grund genauer Textuntersuchung;

3. stilistisch und grammatikalisch: Wir untersuchen Satzbau, Sprachrhythmus, Schlüsselwörter, Sprachbilder;

4. kompositorisch: Wir verschaffen uns einen anschaulichen Überblick über den Aufbau des Werks;

5. ästhetisch: Wir erfassen die Einheit von Inhalt und Form, von Gehalt und Gestalt.

Nicht alle fünf Gesichtspunkte beachten wir an jedem Werk in gleicher Weise, auch halten wir uns nicht an eine Reihenfolge. Jede Starrheit, jeder Schematismus ist schädlich.

Im 9. oder 10., spätestens im 11. Schuljahr kommen noch hinzu:

6. Die literatursoziologische Betrachtung: Warum wird wohl dieser Roman heute verfilmt? Warum zieht der Stoff die Besucher an? Könnte er wohl als Fernsehspiel wirken? Hat der Autor Zustände (Mißstände) der Gesellschaft oder lediglich private Schicksale dargestellt? Weshalb ist sein Werk als Schullektüre geeignet?

7. Die stilgeschichtliche, sprachgeschichtliche oder kulturgeschichtliche Betrachtung.

1. Die Klärung des Handlungsablaufs, des Inhalts

Das Geschehen zu verstehen bereitet unserer Altersstufe in der Regel große Schwierigkeiten. Kulturhistorische Erläuterungen sind erforderlich zur Lektüre einer Saga aus der Edda, historische zur Lektüre des ‚Tell', des ‚Götz', der ‚Maria Stuart', des ‚Biberpelz', soziologische und ethische zur Lektüre von Brechts ‚Der Augsburger Kreidekreis', von Bölls Satiren, volkskundliche zur Lektüre der ‚Schwarzen Spinne' und des ‚Schimmelreiters'. Der Überblick über den Handlungsverlauf setzt das bedächtige und nachzeichnende Lesen voraus. Die inhaltliche Betrachtung führt folgerichtig weiter zu der anthropologischen (2) und kompositorischen (4). Der Handlungsablauf ist eine vom Verfasser nach festen Bauprinzipien geschaffene Gefügeeinheit.

Methodische Folgerungen: Wir üben die mündliche und schriftliche Inhaltsangabe vom 7. Schuljahr an, um von ihr in die Interpretation einzuführen. Wir gewöhnen die Schüler daran, beim ersten Lesen bereits Sachfragen, Sinnfragen und Formfragen zu notieren und die Sachfragen mit Hilfe von Nachschlagewerken teils zu Hause, teils in der Klasse selbständig zu beantworten. Erforderlich ist für eine solche Arbeitsweise der Aufbau einer Klassenbücherei in jedem Schulzimmer.

2. Die anthropologisch-soziologische Betrachtung eines Werkes

Die Personen der Dichtung in ihrem Lebenskreis, in ihrem Verhalten zueinander werden betrachtet. Der Lehrer braucht dazu charakterologische, psychologische, typologische, soziologische Kategorien, um zum richtigen Fragen anzuleiten. Die Hauptpersonen in den Werken der Weltliteratur sind Typen geworden oder besitzen typenbildende Kraft. In der Dichtung findet der junge Mensch Beispiele aus einer unsystematischen Typologie. Die anthropologisch-soziologische Betrachtung führt weiter zu Fragen des Spannungsgefüges, des Aufbaus, des Stils, der Erzählperspektive, d. h. zu Formuntersuchungen. Spieler und Gegenspieler finden sich nicht nur im Drama, sondern auch in der Novelle und im Roman, wenn auch in ständig wechselnder Zuordnung.

Methodische Folgerungen: Die Untersuchung der Verhaltensweisen und der literarischen Darstellung der Personen bietet Anlaß zur Einübung der individualisierenden und typisierenden Charakteristik, d. h. zur Verbindung von Lektüre und Schreiberziehung, sowie zur Stilanalyse: „Wie zeichnet der Verfasser seine Gestalten?“ Wir vermeiden die statische Charakteristik, welche sich damit begnügt, Eigenschaftswörter zu sammeln; vielmehr gewöhnen wir die Schüler an die dynamische Charakteristik, wobei die kennzeichnenden Äußerungen, Handlungen und die Urteile der Umwelt aufgesucht und gedeutet werden.

3. Die Stilanalyse als grammatische Interpretation

Schleiermacher spricht in seinen hermeneutischen Vorlesungen vom hohen Wert der „grammatischen Interpretation“. Wir beziehen sie ein, wenn wir im Unterricht untersuchen:

(1) Die Sprachhaltung des Autors. Fragen: Ist der Ton ernst, heiter, scherzhaft, ironisch, humoristisch, pathetisch? Liegt eine Erzählung oder ein Bericht, eine Novelle oder ein Roman vor? Wird im Präsens oder Präteritum, in der Ichform oder in der Erform erzählt? Ist der Verfasser allwissend, oder kennt er nur die äußeren Geschehnisse, d. h., versetzt er sich in seine Personen, kennt er ihre Gedanken und Beweggründe? Wertet er?

(2) Wortarten und Syntax. Welche Wortarten und Satzglieder sind charakteristisch? Wie sind die Sätze gebaut (graphische Darstellung)?

(3) Satzrhythmus

(4) Metaphern, Schlüsselwörter, Leitmotive, Symbole. Die Stilanalyse führt zur Untersuchung des Spannungsgefüges, der Kernstellen und zum Aufbau. Da die ‘grammatische Interpretation’ bislang im Unterricht zu kurz kommt, sei näher darauf eingegangen.

Grundsätze: Wir erreichen durch die Stiluntersuchung eine gründliche grammatische und sprachästhetische Schulung, führen vom subjektiven Meinen zur objektiven Begründung einer Aussage, d. h. zum Urteil. Sie ist nicht Selbstzweck. Nur *die* Stilmerkmale werden untersucht, die zu besserem Verständnis des Ganzen führen. Die Schüler müssen Sinn und Notwendigkeit der Sprachanalyse einsehen. Wir brauchen daher übergreifende Fragestellungen. In der Regel eignen sich hierfür die ersten Sätze eines Werkes oder die ‘Gelenkstellen’. Gelenkstellen nennen wir die Abschnitte, in denen Entscheidungen fallen; sie sind in der Regel auch sprachlich aufschlußreich. Möglichst in jeder Stunde wird eine solche Stelle vorgelesen und interpretiert.

An drei Beispielen für das 8.—10. Schuljahr sei das Verfahren der Stilbetrachtung angedeutet:

Heinrich von Kleist: DER ZWEIKAMPF

Herzog Wilhelm von Breisach, der seit seiner heimlichen Verbindung mit einer Gräfin, namens Katharina von Heersbruck, aus dem Hause Althüningen, die unter seinem Range zu sein schien, mit seinem Halbbruder, dem Grafen Jakob dem Rotbart, in Feindschaft lebte, kam gegen das Ende des vierzehnten Jahrhunderts, da die Nacht des heiligen Remigius zu dämmern begann, von einer in Worms mit dem deutschen Kaiser abgehaltenen Zusammenkunft zurück, worin er sich von diesem Herrn, in Ermangelung ehelicher Kinder, die ihm gestorben waren, die Legitimation eines, mit seiner Gemahlin vor der Ehe erzeugten natürlichen Sohnes, des Grafen Philipp von Hüningen, ausgewirkt hatte. Freudiger als während des ganzen Laufs seiner Regierung in die Zukunft blickend, hatte er schon den Park, der hinter seinem Schlosse lag, erreicht, als plötzlich ein Pfeilschuß aus dem Dunkel der Gebüsche hervorbrach und ihm, dicht unter dem Brustknochen, den Leib durchbohrte.

Gottfried Keller: KLEIDER MACHEN LEUTE

An einem unfreundlichen Novembertage wanderte ein armes Schneiderlein auf der Landstraße nach Goldach, einer kleinen, reichen Stadt, die nur wenige Stunden von Seldwyla entfernt ist. Der Schneider trug in seiner Tasche nichts als einen Fingerhut, welchen er, in Ermangelung irgendeiner Münze, unablässig zwischen den Fingern drehte, wenn er der Kälte wegen die Hände in die Hosen steckte, und die Finger schmerzten ihm ordentlich von diesem Drehen und Reiben, denn er hatte wegen des Fallimentes irgendeines Seldwyler Schneidermeisters seinen Arbeitslohn mit der Arbeit zugleich verlieren und auswandern müssen. Er hatte noch nichts gefrühstückt als einige Schneeflocken, die ihm in den Mund geflogen, und er sah noch weniger ab, wo das geringste Mittagsbrot herwachsen sollte. Das Fechten fiel ihm äußerst schwer, ja schien ihm gänzlich unmöglich, weil er über seinem schwarzen Sonntagskleide, welches sein einziges war, einen weiten dunkelgrauen Radmantel trug, mit schwarzem Samt ausgeschlagen, der seinem Träger ein edles und romantisches Aussehen verlieh, zumal dessen lange schwarze Haare und Schnurrbärtchen sorgfältig gepflegt waren und er sich blasser, aber regelmäßiger Gesichtszüge erfreute.

Bertolt Brecht: DAS EXPERIMENT

Die öffentliche Laufbahn des großen Francis Bacon endete wie eine billige Parabel über den trügerischen Spruch „Unrecht macht sich nicht bezahlt". Als der höchste Richter des Reiches wurde er der Bestechlichkeit überführt und ins Gefängnis geworfen. Die Jahre seiner Lordkanzlerschaft rechnen mit all den Exekutionen, Vergebungen schädlicher Monopole, Verhängungen ungesetzlicher Verhaftungen und Fällungen diktierter Urteilsprüche zu den dunkelsten und schändlichsten der englischen Geschichte. Nach seiner Entlarvung und seinem Geständnis bewirkte sein Weltruf als Humanist und Philosoph, daß seine Vergehen weit über die Grenzen des Reiches hinaus bekannt wurden.

Folgende Arbeitsaufträge werden entweder an die ganze Klasse oder an einzelne Gruppen erteilt:

1. Verfertigt eine graphische Satzfigur für die ersten Sätze, wobei Hauptsatz, Nebensatz 1. Ordnung und Nebensatz 2. Ordnung unterschieden werden, und erläutert den Satzbau!
2. Welches sind die für die Erzählung aufschlußreichen Wörter und Satzglieder im 1. Absatz? Begründung!
3. Welches ist die Haltung des Erzählers? Was weiß er von dem Geschehen (Erzählperspektive)?

4. Was sagen die ersten Sätze über die ganze Geschichte aus?

Nur einige Hinweise jeweils zum ersten Satz der Beispiele seien gegeben.

Die graphische Satzdarstellung und ihre Erläuterung.

Kleist:

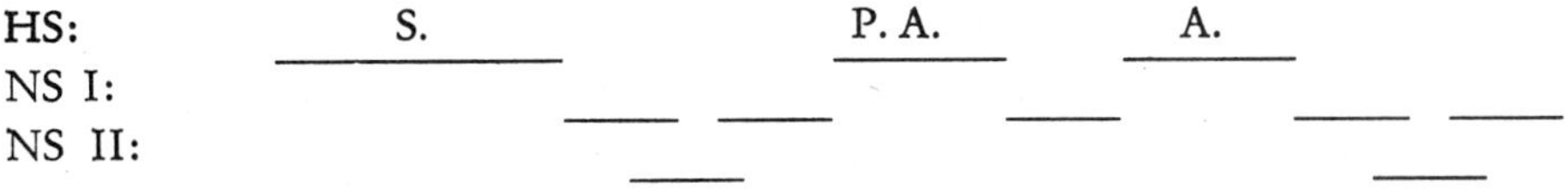

HS: S. P. A. A.
NS I:
NS II:

Der schwer verständliche Satz ist klar durchgegliedert: er besteht aus drei Teilen, einer Subjektgruppe, einer Prädikatgruppe und einer Adverbialkette (Ort, Art und Weise, Grund). Er beginnt mit dem Subjekt. In der Subjektgruppe werden in den Personen der Herzogin und des Grafen Jakob Spieler und Gegenspieler vorgestellt. Doch alle wichtigen Aussagen stecken im Rankenwerk der Nebensätze und Beifügungen. Die Personen sind eingebettet in dieses Gewirr der syntaktischen Fügungen: So zieht sich um sie das Geschick zusammen. Eine so kompliziert gebaute Periode deutet auf einen überlegenen Verfasser hin, einen Chronisten, der alles überblickt. Ein solcher Satzbau läßt keine epische Beschaulichkeit im Leser aufkommen; die syntaktischen Stauungen halten ihn in Atem.

Dieser Satzbau enthüllt das Baugefüge der ganzen Novelle: das Verwobensein des einzelnen in vielgliedrige Fügungen von schwer durchschaubaren Zusammenhängen.

Keller:

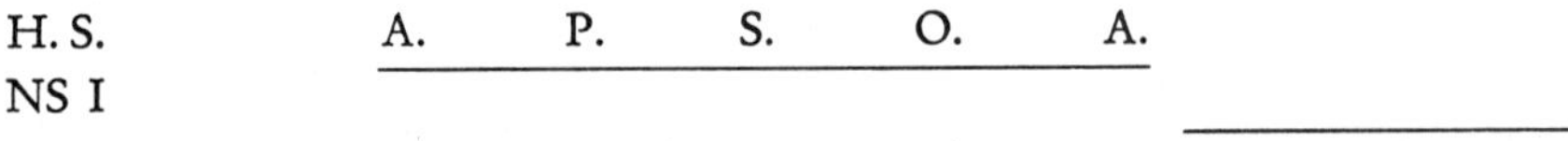

H. S. A. P. S. O. A.
NS I

Das einfache, übersichtlich gegliederte Satzgefüge beginnt mit einer Zeitbestimmung; Prädikat und Subjekt folgen. Die ausführliche Ortsbestimmung mit dem Attributsatz setzt den Leser ins Bild. Ein Satz der Umgangssprache, des behaglichen Erzählens. Der Gegensatz der Novelle klingt an: ein armes Schneiderlein — eine kleine reiche Stadt. Beiden gemeinsam ist das „klein", d. h. nichts Welterschütterndes wird geboten, sondern Alltägliches, Kleinigkeiten. Dieser Gegensatz ist ein Märchenmotiv. Auffällig sind die vielen Adjektive, die teils werten, teils Stimmung schaffen.

Brecht:

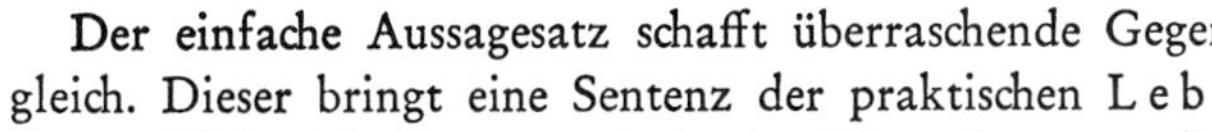

H. S. S. P. A.

Der einfache Aussagesatz schafft überraschende Gegensätze durch den Wie-Vergleich. Dieser bringt eine Sentenz der praktischen Lebensklugheit, nicht der sonst üblichen Lebensweisheit. Diese Sentenz, die dem gesunden Menschenverstand eingeht, wird durch das Attribut „trügerisch" für falsch erklärt. Der Leser horcht auf: Ein falscher Spruch! Der gesunde Menschenverstand trügt! Dennoch findet dieser Spruch seine Bestätigung im Lebensgang Bacons. Er trügt also nicht immer. Auffallend sind die stark wertenden Attribute: groß, billig, trügerisch, die schroffe Gegensätze ausdrücken.

Die Erzählhaltung in den drei Texten

Der Satz Kleists gibt Fakten, gedrängten, sachlichen Bericht, keine persönlichen Urteile. Der Berichterstatter kennt nicht alle Zusammenhänge: „die unter seinem Range zu sein schien". Er ist Chronist. Der Stil ist dicht und durch die vielen Einschübe drängend. Er erzeugt den Eindruck des Aufregenden, Sensationellen.

Die Erzählhaltung Kellers ist scherzhaft, humorvoll, breit, behaglich, beruhigend. Keller wertet: „ein armes Schneiderlein". Daß der Schneider Hunger hat, arm ist, sein Geld verloren hat, wird zwar erwähnt, doch nicht, um unser Mitleid zu erwecken, sondern um uns zu der Frage zu veranlassen: „Wie wird wohl dieses arme Schneiderlein zu Wohlstand kommen?" Eine märchenhafte Grundstimmung wird erzeugt.

Brecht will provozieren. Der Verfasser bedient sich im zweiten Satz noch stärker als im ersten der Schwarz-Weiß-Technik. Er fordert durch seine Wertung zum Widerspruch heraus. Antithetik und Ironie kennzeichnen seinen Stil. Das Wesen der Ironie wird der Klasse an einem Beispiel erläutert: „Du bist ein tüchtiger Sportler", sagt der Turnlehrer zu einem Ungelenken. Er sagt das Gegenteil von dem, was er meint, in der Hoffnung, daß der Angesprochene den Gegensatz merke zwischen dem, was ist, und dem, was sein soll, und sich zu besserer Leistung aufraffe. Ironie will aufstacheln. Wozu will Brecht den Leser bringen?

Ergebnis: Die Analyse der Eingangssätze einer Dichtung von Rang gibt Aufschluß über das Baugefüge, den Inhalt, den literarischen Wert des ganzen Werkes. Es lohnt sich, Schüler immer wieder von neuem zu solcher Stilbetrachtung anzuleiten, sei es, bevor sie das ganze Werk kennen, sei es, nachdem sie es gelesen haben.

Wir können Rätselspiele durchführen: „Jeder darf Eingangssätze eines Buches vorlesen; die Klasse analysiert sie und rät den Ausgang der Geschichte und ihren literarischen Wert."

4. Das Verständnis des Aufbaus

Die Gliederung eines Werkes zu erfassen, fällt jungen Menschen wie Erwachsenen schwer. Als kurzweilig und geeignet für Arbeitsaufträge erweist sich die graphische Darstellung, die Strukturskizze. Jeder Schüler erprobt daran seine Fähigkeiten; es entsteht ein Reiz wie bei der Lösung einer geometrischen Aufgabe. Die Anfertigung einer graphischen Darstellung zwingt zum überschauenden Lesen, zur Besinnung über die Entstehung der Spannung, das Einsetzen einer Steigerung, über den Höhepunkt oder Wendepunkt. Wer eine graphische Darstellung vorlegt und erläutert, hat sich ein Gesamtverständnis erworben. Dabei ist es gleichgültig, welcher geometrischen Figur er sich bedient. Wir beschränken uns nicht auf Gerade, Dreieck, Kreis, Sinuskurve, beginnen aber damit. Beispiel:

‚Unterm Birnbaum' von Theodor Fontane. Graphische Darstellung des zweigliedrigen Handlungsablaufs (der Höhe- und Wendepunkt ist die Tat).

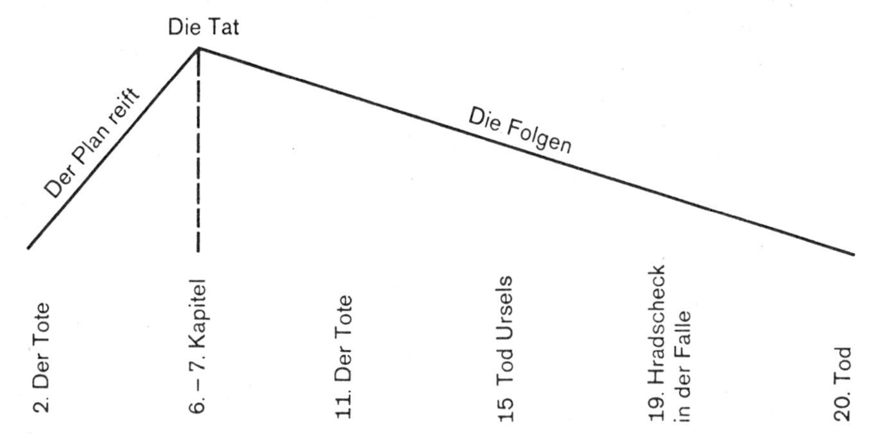

Wollte man für jedes der 20 Kapitel des Romans ein Stichwort als Gedächtnisstütze in das Schema eintragen, so würde es unübersichtlich. Ratsamer ist es, getrennt davon die Entwicklungslinien in Stichworten festhalten zu lassen.

Wie immer man die Schüler durch Arbeitsaufträge anleitet, sich den Aufbau eines Werkes selbständig zu erarbeiten, sie sollen lernen, das Geschehen zu überblicken, die einzelnen Entwicklungsphasen zu kennzeichnen und die Wendepunkte zu notieren. Da wir Arbeitsaufträge suchen, welche zum selbständigen Arbeiten anregen, bedienen wir uns gerne der graphischen Darstellung. Ein lebhaftes Gespräch setzt ein, wenn verschiedene Aufbauschemata vorgelegt und verteidigt werden.

Man kann zur Übersicht über das Geschehen von verschiedenen Gesichtspunkten ausgehen und entweder die äußere Handlungsabfolge oder die innere Entwicklung der Hauptpersonen oder das Verhältnis der Hauptpersonen zueinander graphisch darstellen. Am leichtesten fällt das Schema der Handlungsführung.

5. Die Untersuchung der Einheit von Inhalt und Form (Synthese)

Wir haben gesehen: Dichtung kann man unter den verschiedensten Gesichtspunkten betrachten; dementsprechend kommt man zu verschiedenen Arten von Fragestellungen und Untersuchungsaufträgen. Im Unterricht muß nicht alles zur Sprache kommen, was dem Lehrer wichtig erscheint. Der Grundsatz des exemplarischen Unterrichts wäre mißverstanden, wollte man an einem Werk alles untersuchen. Wichtig ist es, das Werk als Gestaltganzheit und als Sinneinheit zu erfassen; denn so übt sich der Schüler im funktionalen Sehen. Den Satz Friedrich Hebbels: „Wer ein Kunstwerk in sich aufnimmt, macht denselben Prozeß durch wie der Künstler, der es hervorbrachte, nur sehr viel rascher“ übernehmen wir als didaktisch-methodischen Grundsatz der Interpretation. Deshalb muß der Leser, der ein Werk verstehen will, zu dem Punkt geführt werden, in dem die Einheit faßbar wird. In ihm finden wir seinen Wertmittelpunkt.

Bei vielen Werken liegt, wie erwähnt, dieser Mittelpunkt jenseits der Erlebnismöglichkeit des 13—16jährigen. So z. B. bei ‚Agnes Bernauer‘, beim ‚Heiligen‘. Wie ist es mit Storms ‚Schimmelreiter‘? Die Jugendgeschichte Hauke Haiens und die Spukgeschichten auf der Hallig sind ihm leicht zugänglich; der Schwerpunkt des Werkes aber liegt in dem Gebet Haukes, das er spricht, während er seine kranke Frau Elke zurück auf ihre Kissen legt:

> Dann krampfte er die Hände ineinander: „Herr mein Gott", schrie er, „nimm sie mir nicht! Du weißt, ich kann sie nicht entbehren!" Dann war's, als ob er sich besinne, und leise setzte er hinzu: „Ich weiß ja wohl, du kannst nicht allezeit, wie du willst, auch du nicht; du bist allweise; du mußt nach deiner Weisheit tun — o Herr, sprich nur durch einen Hauch zu mir!"

Sobald der junge Mensch für diese religionsphilosophische Problematik aufgeschlossen ist, kann das Werk *ganz* verstanden werden. Dennoch übt der ‚Schimmelreiter' schon auf Untersekundaner eine starke Wirkung aus, weshalb wir ihn in die Lektüre dieser Klasse einbeziehen können.

In vielen Dichtungen ist dieser Bauplan, von dem aus man sie als eine Sinneinheit begreift, in einem Symbol gefaßt. Die Bedeutung eines solchen Symbols für das Ganze eines Werkes machen wir an einem Beispiel, dem Bild einer mittelalterlichen Stadt, klar: Drei ordnungstiftende Elemente, Kirche — Rathaus — Marktplatz, bilden den Mittelpunkt, um den herum das Gemeinwesen sich aufbaut. Man entferne daraus nur eines, sei es Kirche, Rathaus oder Marktplatz, und man verändert ihr Sozialgefüge. Das Leben einer mittelalterlichen Stadt kann man nur verstehen, wenn man die Bedeutung der drei ordnungstiftenden Mächte erkennt. Wir folgern: Würde in ‚Immensee' das Bild der unerreichbar fernen Wasserrose fehlen, im ‚Hungerpastor' die Schusterkugel, im ‚Hochwald' das Bild des Naturauges, in ‚Agnes Bernauer' das Wort von der Opferung Isaaks durch Abraham, im ‚Taugenichts' das Wort vom „ewigen Sonntag im Gemüt", in ‚Minna von Barnhelm' der Ring, im ‚Amphitryon' der Gürtel, im ‚Fähnlein der sieben Aufrechten' Fahne und Fahnenrede, im ‚Schuß von der Kanzel' das Bild von Rübezahl, die Benzinfässer in ‚Biedermann und die Brandstifter' usw., so würden alle diese Werke nicht nur keine Kunstwerke, sie würden überhaupt nicht vorhanden sein.

Damit haben wir eine fruchtbare, für Lehrer und Schüler gleich anregende zentrale Fragestellung gefunden. Wir untersuchen die Bildkraft des Wortes, den Sinngehalt der Form, die Formkraft des Inhalts, um den Bauplan des Werkes zu erfassen. Dabei ist der Lehrer zwar der Führende, keineswegs aber der Lehrende. Die Schüler schreiben alle Textstellen oder die Seiten heraus, auf denen symbolhaltige Sprachbilder erscheinen, und machen sich Gedanken über das Geheimnis der Schusterkugel, über die Bedeutung der beiden Naturaugen, über das Bild von Rübezahl. Kennzeichen dieser Symbole ist, daß sie zugleich sinnenhaft anschaulich sind und über alles Sinnliche hinauswirken, daß man ihren Sinngehalt deuten, aber nicht ausdeuten kann, daß sie zum Suchen auffordern. Eine solche Dichtungsbetrachtung, welche das Symbol in den Mittelpunkt stellt, wendet sich an den Sinn für Totalität im Menschen.

Es gibt allerdings Prosaganzschriften, die kein solches Symbol zum Mittelpunkt haben; aber auch in ihnen läßt sich ein Mittelpunkt aufsuchen. Selbst wenn wir uns nicht einigen, was dafür anzusehen sei, ist die Fragestellung notwendig. Manchmal ist es ein leitmotivisch wiederkehrendes Wort, ein Sprachbild — so z. B. in vielen Kurzgeschichten —, manchmal sind es zwei Gegenstände, die in einem schwer erkennbaren Wirkzusammenhang stehen. In Fontanes Roman ‚Unterm Birnbaum' erscheint der Birnbaum als Zeichen des Friedens, der Ordnung, des Wachsens und Reifens, die Falltür, die leitmotivisch wiederkehrt und das Schicksal Hradschecks besiegelt, als Zeichen für das Unheimliche, Drohende, Unheilvolle. Haben die Schüler die Funktion von Birnbaum und Falltür in dem Roman untersucht und das Wechselverhältnis erkannt, so haben sie den Mittelpunkt des Werkes erfaßt.

c) Methodische Folgerungen

Soll eine Ganzschrift vor der Erarbeitung in der Klasse zu Hause gelesen werden? Eine weitverbreitete Auffassung ist: nein, denn die Schüler können noch nicht lesen, sie sollen es in der Schule erst lernen. Außerdem: Wenn sie den Inhalt bereits kennen, so ist für die Stunde der Reiz der Neuheit, die Spannung weg, die Schüler langweilen sich. Diese Argumente sind nicht stichhaltig. Wir dürfen den Schülern die Werke nicht häppchenweise vorsetzen, so wie uns Zeitungsromane geboten werden. Die nicht schulmeisterliche, unkonventionelle Art des Umgangs mit dem Buch wollen wir im Unterricht einführen. Eine Anleitung zum verstehenden Lesen setzt den Gesamtüberblick voraus. Es ist natürlich, daß manche Bücher von Jugendlichen wie von Erwachsenen einmal, möglichst in einem Zug, andere zwei- oder mehrmals gelesen werden.

1. Das einmalige Lesen

Kinder und Erwachsene lesen Geschichten, die ihnen gefallen, zur Unterhaltung. Sie lesen oberflächlich und lassen sich vom Inhalt fesseln. Aber auch dieses Lesen hat einen Wert, denn wenn der junge Mensch auch nicht alles versteht, so wird er doch zum Nachdenken angeregt. Der erste Eindruck haftet oft nachhaltiger als unsere notgedrungen intellektualisierende Besprechung. In dem subjektiven Urteil: „Das Buch hat mir gefallen", ist ein Kunsturteil mitenthalten. Mit solchen Überlegungen begründen wir zwei methodische Gepflogenheiten:

Die Vorlesestunde. Alle vier bis sechs Wochen lesen wir eine Erzählung, notfalls gekürzt, in einem Zug vor oder lassen sie von zwei oder drei Schülern nach häuslicher Vorbereitung vorlesen. Die Vorlesestunde fördert die Bereitschaft zum Buch. Der Unterrichtston wird natürlicher. „Sollen wir uns in der nächsten Stunde darüber unterhalten? Welche Fragen sollen erörtert werden?" Erzählungen mit dramatischer Spannung, wie Brittings ‚Brudermord im Altwasser', ‚Das Waldhorn', Schnurres ‚Jenö war mein Freund', im 7., Hörspiele mit unmittelbarem Gegenwartsbezug, wie Jens' ‚Ahasver', im 8., Andersch's ‚Fahrerflucht' und Frischs ‚Biedermann und die Brandstifter' im 9. Schuljahr; Kurzgeschichten von Brecht, Kaschnitz, Aichinger, Lenz u. a., Novellen und Erzählungen der großen Epiker des 19. Jahrhunderts, wie E. T. A. Hoffmann, Eichendorff, Keller, Meyer, Fontane, Gotthelf, Tolstoi eignen sich für die Vorlesestunde.

Die vom Lehrer angeregte Privatlektüre. Wir bringen zur Anregung der Privatlektüre eine Anzahl kurzer Erzählungen, Kurzgeschichten, Novellen, Lebensbeschreibungen bekannter Entdecker, Erfinder, Forscher, Sachbücher in die Klasse und lassen sie umlaufen. Die Schüler werden aufgefordert, aus dem Bücherschrank ihrer Eltern mit deren Erlaubnis oder aus dem eigenen Besitz geeignete Bücher zum Umlauf beizusteuern.

2. Regeln für die Erarbeitung eines Werkes in der Klasse — Das zweimalige Lesen

(1) Das Ziel der Erarbeitung ist, methodisch gesehen, die Schüler zum selbständigen Arbeiten anzuleiten. Folglich stellen wir der Klasse oder einzelnen Gruppen Leitfragen und Arbeitsaufträge und vermitteln Gesichtspunkte zum Finden von Fragen.

(2) Die Schüler üben sich in der Technik des Lesens. Sie lesen zu Hause mit dem Bleistift in der Hand. Wichtige Wörter und Sätze werden unterstrichen oder ins Arbeitsheft eingetragen mit Angabe der Seitenzahl; Fragen werden notiert, Gelenkstellen festgehalten.

(3) Das Arbeitsheft im Großformat enthält Titel, Verfasser, Entstehungszeit, Fragestellungen, alle Arbeitsaufträge sowie das Ziel und Ergebnis der einzelnen Stunden.

(4) Jeder Schüler trägt eine kurze Inhaltsangabe in sein Heft ein.

(5) Von der Inhaltsangabe gehen wir zur Interpretation weiter. Wer eine gute Inhaltsangabe anfertigt, hat Wesentliches verstanden. Lassen wir zwei Schüler ihre Darstellung vorlesen, so ergeben sich aus der unterschiedlichen Auffassung wichtige Probleme der Deutung.

(6) In der ersten Stunde nach der häuslichen Lektüre erfolgt eine kurze Gesamtbetrachtung zum Zweck der Klärung des Inhalts, der Gruppierung der Personen, des Aufbaus und der Problemstellung. Es wird in der Regel noch der Eingang des Werkes gelesen und daran die Sprache untersucht.

(7) In den folgenden Stunden schreitet die Betrachtung von Gelenkstelle zu Gelenkstelle fort. Dabei werden in einer Stunde mehr die Personen charakterisiert, in einer anderen mehr Fragen des Stils oder des Aufbaus erörtert.

(8) Am Schluß der Erarbeitung steht die schriftliche Zusammenfassung der Ergebnisse, die gemeinsam formuliert werden.

(9) Im Anschluß an die Lektüre wird in einer weiteren Stunde ein Lebensbild des Dichters von einigen Schülern gemeinsam mit dem Lehrer vorgeführt.

Die Erarbeitung einer Ganzschrift im entwickelnden Verfahren graphisch dargestellt:

nicht so:

Mehrere Längsschnitte unvermittelt nebeneinander, etwa:
ein inhaltlicher Aspekt,
ein zweiter inhaltlicher Aspekt,
ein Formproblem,
ein zweites Formproblem,
Charakteristik der Personen.

sondern so:

I. Gesamtüberblick (1. Synthese) durch Inhaltsangabe, Formulierung der zu untersuchenden Probleme, Aufbauübersicht und Personengruppierung.
II. Analyse durch Fortschreiten von Gelenkstelle zu Gelenkstelle unter wechselnden Aspekten.
III. Zusammenfassung der Ergebnisse (2. Synthese), Suchen eines Hauptnenners und Einordnung des Werkes in größere Zusammenhänge.

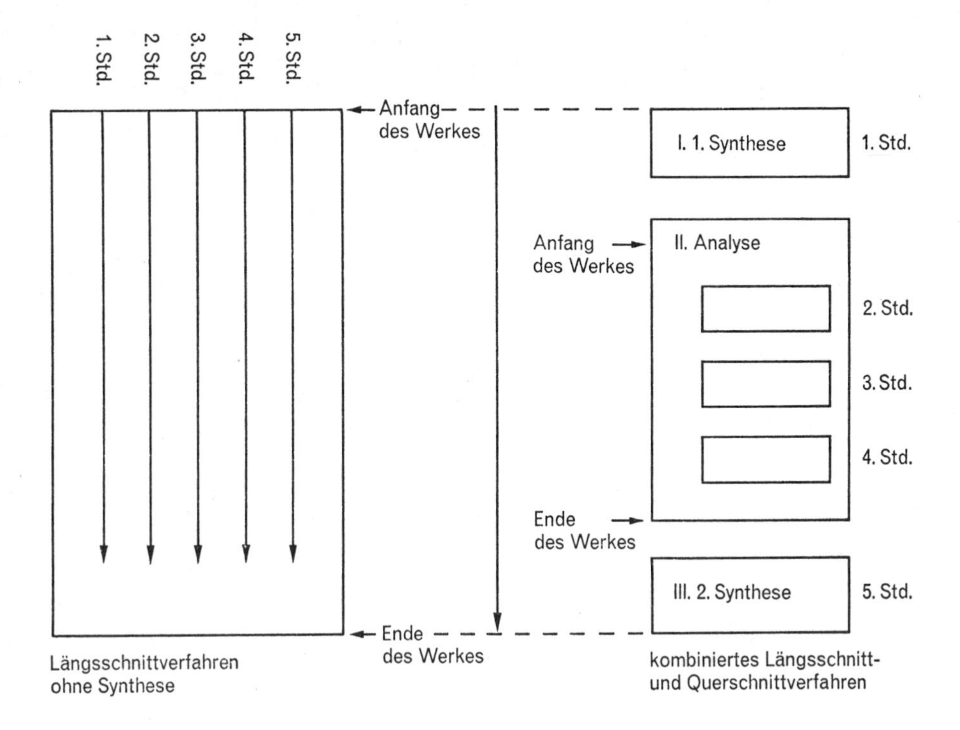

Erläutern wir das Schema am Beispiel von Fontanes Roman ‚Unterm Birnbaum': Das Werk ist gelesen, eine Gruppe hat eine Inhaltsübersicht verfaßt, eine andere die Entwicklung der Personen untersucht, eine dritte das Verhältnis der Bauern zu Hradscheck, eine vierte die Rolle des Pfarrers, eine fünfte die Sprache untersucht. Nun könnten wir jede der vorgesehenen Unterrichtsstunden einer Gruppe übertragen. Jede würde den Roman von Anfang bis Ende durcheilen. Der Rest der Klasse wäre zum Zuhören verurteilt. Das Werk würde in 5 Längsschnitte zerlegt. Gähnende Langeweile wäre die Folge. Der einmalige Durchgang dagegen sieht etwa so aus:

1. Stunde: Die erste Gruppe liest zwei Inhaltsangaben vor. Wir verfertigen gemeinsam eine Gruppierung der Personen und bzw. oder eine graphische Übersicht über den Handlungsablauf (erste Synthese). Dabei werden Unklarheiten und Meinungsverschiedenheiten sichtbar, die ein gemeinsames Lesen der Gelenkstellen erfordern.

2. Stunde: Am Eingangstext wird die Sprache analysiert. Dabei stoßen wir bereits auf die Bedeutung des Birnbaums und der Falltür, doch ohne alle Stellen aufzuschlagen, in denen die Motive erscheinen.

3. Stunde: Der Handlungsverlauf bis zur Tat wird verfolgt; zwei Textstellen werden gelesen. Dabei steht die Charakteristik der Personen im Vordergrund, vorzüglich soweit die ersten Kapitel darüber Aufschluß geben.

4. Stunde: Der Mord und der Tod von Frau Ursel. Verhältnis des Ehepaars zu den Dorfbewohnern. Die Bedeutung des Pfarrers. Drei Textstellen werden gelesen.

5. Stunde: Der Tod Hradschecks. Zwei Textstellen. Die beiden Motive Birnbaum und Falltür werden rückblickend verfolgt und führen zur eigentlichen Synthese.

Mit anderen Worten: Wir schreiten vom ersten Gesamtüberblick der 1. Stunde, wobei bereits die Struktur des Ganzen sichtbar wird, zur Analyse in der 2. bis 4. Stunde, wobei jeweils andere Schwerpunkte gesetzt werden, und gelangen in der letzten Stunde zu einem Gesamtverständnis. Sehr wohl kann man in etwa fünf Stunden diesen Plan durchführen. Hält der Arbeitswille an, so dürfen es auch sechs werden.

Die Erarbeitung eines Werkes in Gruppenarbeit

Haben wir eine oder zwei Ganzschriften auf die skizzierte Art erarbeitet, so gehen wir zu einem anderen Verfahren über: Alle Mitglieder einer Gruppe bereiten ihre Aufgabe zu Hause schriftlich vor; in der Gruppe werden diese Einzelentwürfe überprüft, ergänzt und zu einem gemeinsamen Gruppenbericht zusammengestellt. Dieser wird der Klasse zur Stellungnahme vorgetragen. Bleiben wir bei dem Beispiel ‚Unterm Birnbaum'. Die Gruppenaufträge lauten: Inhaltsangabe; Charakteristik der Hauptpersonen; die Gelenkstellen des Werkes; Charakteristik der verschiedenen sozialen Bereiche; Sprachbilder; graphische Darstellung des Handlungsablaufs; auffallende Sätze und ihre syntaktische Form in graphischer Darstellung. Während der Gruppenarbeit steht der Lehrer als Berater zur Verfügung. Er stellt fest, welche Gruppe ihrer Aufgabe nicht gewachsen ist, und hilft bei der Lösung.

Die Integration der Gruppenarbeit bereitet Schwierigkeiten, weil jede Gruppe nur an ihrer Aufgabe interessiert ist; das Ergebnis der anderen Gruppen wird oft teilnahmslos aufgenommen. Deshalb erörtern wir die Frage gemeinsam, wie die Gruppen bei der Klasse Interesse für ihr Thema wecken können. Das beste Mittel ist das Vorlesen spannender Stellen aus dem Text und eine Erläuterung der Wichtigkeit des Sonderthemas für das Gesamtverständnis durch die Gruppenmitglieder. Außerdem erhält die zuhörende Klasse die Aufgabe, Stichwortprotokolle zu den Referaten der Gruppensprecher anzufertigen sowie Fragen und Einwände zu formulieren.

III. Unterrichtsbeispiele

Jeder Lektürekanon veraltet rasch. Sache einer Methodik ist es nicht, bestimmte Werke zu empfehlen, wohl aber Grundsätze zur Festlegung des Lektürekanons aufzustellen und Vorschläge zur Erarbeitung charakteristischer Werke zu unterbreiten. Für die Prosaganzschrift gelten folgende Prinzipien:

1. Das Prinzip der Stufengemäßheit. Die systematische Anleitung zum selbständigen Untersuchen größerer Sprachwerke mit steigenden Anforderungen bereitet auf der Mittelstufe Schwierigkeiten. Das Abfassen von Inhaltsangaben zu Novellen und Ro-

manen, die Anfertigung literarischer Charakteristiken, das Herstellen von Strukturskizzen, die Analyse der Sprache soll an Werken verschiedener Bauform und Thematik eingeübt werden.

2. Das Prinzip des Kontrastes. Unsere Absicht ist es, auf jeder Altersstufe einen Bezug zwischen Werken aus Gegenwart und Vergangenheit, zwischen Gebrauchsliteratur und Dichtung herzustellen. Wenn wir im 7. Schuljahr Originaltexte aus Homer, im 8. und 9. aus dem Bereich der mittelhochdeutschen Literatur bringen, neben die Erzählungen aus der unmittelbaren Gegenwart solche aus dem Expressionismus stellen, Novellen der Romantik mit Erzählungen von Thomas Mann oder Georg Heym verbinden, die Literatur der DDR in Beziehung zu der der BRD setzen, wird unser Lektürekanon vom Inhalt wie von der Sprachform her spannungsreich; die Problemstellung wird anregend.

Im 7. Schuljahr stellen wir Chamissos ‚Peter Schlemihl', Hoffmanns ‚Fräulein von Scudéry', Mörikes ‚Stuttgarter Hutzelmännlein' mit einem ganz anders gearteten Werk aus dem 20. Jahrhundert zu einer Unterrichtseinheit zusammen. Es eignen sich: Wassermann ‚Das Gold von Caxamalca', Stefan Zweig ‚Kampf um den Südpol' (in Verbindung mit Weyrauchs Hörspiel ‚Das grüne Zelt'), Erich Kästner ‚Das fliegende Klassenzimmer' oder ‚Konferenz der Tiere', Hans Leip ‚Der Nigger auf Scharhörn', Charles Sealsfield ‚Die Prärie am Jacinto'.

Im 7. oder 8. Schuljahr lesen wir: Keller ‚Kleider machen Leute', Storm ‚Pole Poppenspäler'.

Für das 8. Schuljahr eignen sich außerdem: Gotthelf ‚Die schwarze Spinne', Heine ‚Der Rabbi von Bacherach', Droste-Hülshoff ‚Die Judenbuche', Tolstoi ‚Wieviel Erde braucht der Mensch', Meyer ‚Das Amulett'; Auszüge aus dem ‚Nibelungenlied', ‚Meier Helmbrecht'; Thomas Mann ‚Herr und Hund', Paul Ernst ‚Der Schatz im Morgenbrotsthal', Georg Heym ‚Ein Nachmittag' (zwei Jahre später auch ‚Jonathan'); ‚Das Tagebuch der Anne Frank'; Anekdoten von Schäfer, Kleist, Hebel; moderne Kurzgeschichten von Böll, Eich, Kaschnitz u. a.

Daß sich Gotthelfs ‚Schwarze Spinne' für das 8. Schuljahr eignet, haben wir erprobt. Die Leitfrage zur häuslichen Lektüre lautet: „Ist die Erzählung eine Gruselgeschichte oder ist sie wertvoll? Was an der Geschichte kann wahr, was kann nicht wahr sein? Wer ist der Grüne?" Die Schüler dieser Altersstufe untersuchen diese Fragen mit Eifer, weil die Erzählung sie fesselt. Sie kommen mit Fragen, die alle um das Kernproblem kreisen: Wie hängen realistische Erzählweise und mythisierende Darstellung zusammen? Wie können wir uns die Vorgänge im einzelnen erklären, z. B.: Kann der Teufel wirklich die Bäume auf den Berg befördert und angepflanzt haben? Wie verhält es sich mit der schwarzen Spinne, was ist sie, wie kann sie solches Unheil anstiften?

Für das 9. und 10. Schuljahr wählen wir: Grimmelshausen ‚Simplicius Simplicissimus', Kleist ‚Das Bettelweib von Locarno', Storm ‚Der Schimmelreiter', Meyer ‚Die Richterin', Theodor Fontane ‚Unterm Birnbaum', Heinrich Mann ‚Der Untertan', Thomas Mann ‚Königliche Hoheit', Kafkas Parabeln, Bölls Satiren, Dürrenmatt ‚Der Richter und sein Henker', Alfred Andersch ‚Sansibar oder der letzte Grund', Siegfried Lenz ‚Das Feuerschiff', Uwe Johnson ‚Zwei Ansichten', Anna Seghers ‚Das siebte Kreuz', Christa Wolf ‚Der geteilte Himmel'.

a) ‚Das Fräulein von Scudéry' im 7. Schuljahr

Die Novelle wählen wir für die Anleitung zum selbständigen Erarbeiten anspruchsvoller Ganzschriften: Sie ist eine spannende Kriminalgeschichte mit gutem Ausgang; der Aufbau ist nicht zu kompliziert, für 12—13jährige überschaubar; die Sprache bietet Stoff zu lohnenden Untersuchungsaufträgen; über Inhalt und Absicht des Werkes kann man verschiedene Meinungen äußern. Die Novelle gilt als realistische Erzählung; sie ist aber eher eine Groteske mit realistischen Zügen. Die Elemente des Bizarren, Bombastischen, Gespensterhaften, Unwahrscheinlichen, der bewußten Übertreibung, der scherzhaften Ironie, des Unglaublich-Einfältigen, gesunder Menschenverstand, menschliche Hilfsbereitschaft sind zu einer schaurigen Mordgeschichte verwoben, an deren Entwirrung die Schüler ihren Scharfsinn erproben.

Absicht: Die Novelle kann man entweder mit einem Groschenheft oder mit einer Erzählung der Gegenwart zu einem Arbeitszyklus zusammenstellen. Wir erläutern der Klasse das Ziel: Sie soll dem Autor hinter seine Schliche (Darstellungsmittel) kommen sowie verschiedene Menschentypen durchleuchten.

Verfahren: Wir fordern die Schüler auf, die Geschichte mit dem Bleistift in der Hand zu Hause zu lesen und alle Fragen zu notieren. Erfahrungsgemäß kreisen die Betrachtungen um den kriminalistischen Stoff (ob es ein Gift gibt, das keine Spuren hinterläßt u. ä.). Die Jugendlichen nehmen die Geschichte ernst; Scherz, Ironie, Übertreibung erkennen sie nicht. Alle Schülerfragen werden geordnet, Fehlmeldungen zu den Charakteren, zur Sprache, zur Machart (Aufbau) registriert. Nun setzt die Aufgabe des Lehrers ein. Er muß den Blick für sprachliche Form öffnen. Wie geht er vor?

Die ersten Seiten werden laut vorgelesen. — Wie muß man die Erzählung lesen, sachlich-berichtend, dramatisch, Gruseln-erregen-wollend? Vom Lesen her erschließt sich am besten die Absicht des Autors. Rasch erkennen die Schüler: Auf den ersten Seiten spricht die aufgescheuchte Phantasie der Kammerfrau. Was geschieht? Es wird an die Haustür geklopft. Sofort malt ihre Einbildungskraft ein Bild des Schreckens. Der Autor sagt: „Es wurde ihr gewiß, daß irgendein Haufen Meuterer ... da draußen tobe." Möglichkeiten werden unbesehen als Fakten ausgegeben. Frage: Kommt diese Wendung „Es wurde gewiß" öfter vor?

Der Autor übertreibt. Wir finden Beispiele: Der bittende junge Mann (Olivier) steht vor La Martinière. „Es blitzte der Mensch sie an mit funkelnden Augen und rief noch wilder als zuvor: ‚Führt mich zu Eurem Fräulein, sage ich Euch!' " Frage: Spricht hier ein Mörder oder ein Verfolgter? Spielt wiederum die Phantasie der Kammerfrau einen Streich, oder ist es die Absicht Hoffmanns, uns einen schauspielernden Gangster vorzuführen? Wie müssen wir den Text lesen, etwa scherzhaft-bombastisch? Die vielen Superlative, die Grauen erregenden Wörter wollen wohl den Leser das Gruseln lehren.

Daß Hoffmann einen scherzhaften Ton anschlägt und seine Worte als Spiel genommen wissen will, läßt sich nachweisen: Baptiste kommt von der Hochzeit zurück. „Und nun trete ich auf die Schwelle, und da stürzt ein verhüllter Mensch aus dem Haus, das blanke Stilett in der Faust, und rennt mich um und um." Dieses „Rennt mich um und um" erinnert an „Ich wende meine Tasche um und um, heraus fällt aber kein Pfennig"; es ist bei Hoffmann scherzhaft-komisch-übertreibend gemeint.

Damit haben wir eine Gruppe von Untersuchungsaufträgen für die individuelle Haus- und anschließende Gruppenarbeit im Unterricht gefunden. Doch wir wollen noch ein anderes Gestaltungsmittel kennenlernen: Nach der Schilderung der ersten Nachtszene, deren sachlicher Inhalt die Abgabe des Kästchens ist, erfolgt ein Bericht über die Zustände in Paris um 1680 (Chambre ardente und Maréchaussée). Die Erzählung ist teils Schilderung eines Geschehensablaufs, teils kommentierender Bericht. Es liegt uns daran, den Unterschied zwischen Handlung und Kommentar den Schülern bei dieser Gelegenheit erstmals zum Bewußtsein zu bringen.

Wir verwenden dazu das Mittel der Demonstration. Zwei Schüler führen nach Absprache ein szenisches Spiel vor: Sie geraten in Wortwechsel, daraus entsteht ein Ringkampf. Plötzlich unterbricht der Stärkere den Vorgang und berichtet, daß und weshalb sie beide sich vor kurzem verfeindet hätten. Nach dieser Erklärung nimmt er die Handgreiflichkeiten wieder auf. Stellen wir den Handlungsvorgang durch einen Längsbalken, den Kommentar durch einen Querbalken dar, so erhalten wir folgendes Ablaufschema:

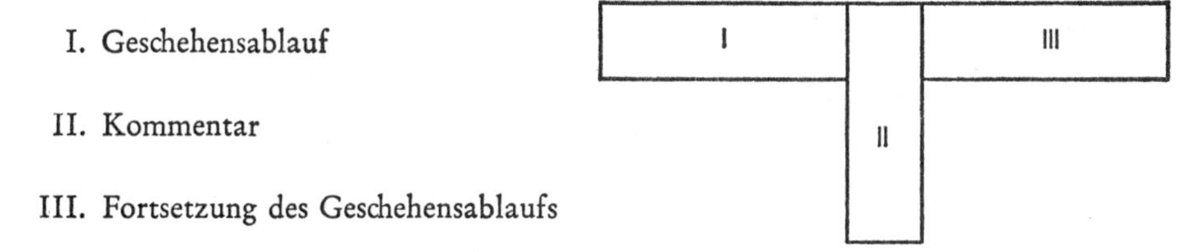

Nach ähnlichem Schema baut Hoffmann seine Novelle. Damit erhalten wir einen weiteren Zyklus von Untersuchungsaufgaben. Mit der Erledigung dieser Aufträge, die auf mehrere Schülergruppen verteilt werden, beginnt die selbständige Untersuchung der Novelle: Das Problem ist erkannt, die Lösung erfordert eine produktive Tätigkeit. Erste Gruppe von Untersuchungsaufgaben:

1. Notiert alle Übertreibungen, unnötigen Superlative, Greuelwörter. Wie oft wird z. B. das Wort „höllisch" („teuflisch", „verrucht", „verbrecherisch", „entsetzlich", „ruchlos", „tückisch" u. a.) verwendet?
2. Notiert Ereignisse, die unwahrscheinlich sind und die der Erzähler vermutlich selbst nicht glaubt, sondern nur dem Leser gegenüber für wahr ausgibt.
3. Notiert alle Stellen, die scherzhaft-spöttisch gemeint sind.

Zweite Gruppe von Untersuchungsaufträgen:

4. Gebt eine Inhaltsangabe (etwa auf einer Seite).
5. Der Verfasser markiert in der Erzählung Einschnitte. In wieviel Kapitel kann man die Novelle einteilen? Versucht, Kapitelüberschriften zu finden.
6. Kennzeichnet den Wechsel von direkter Situationsdarstellung und erklärendem Bericht. Welche Bedeutung haben die Berichte für den Handlungsablauf?

G r u p p e n a r b e i t i m U n t e r r i c h t. Die Hausaufgabe ist für Zwölf- bis Dreizehnjährige schwierig. Viel ist gewonnen, wenn sie nur jeweils einige Bespiele für die gestellte Aufgabe finden. In Kleingruppen werden die Aufträge besprochen und gemeinsam bearbeitet. Der Lehrer kann gefragt werden. Das Ergebnis der Gruppenarbeit wird der Klasse vorgetragen.

Integration. Wir beginnen mit der Komposition des Ganzen.

Gliederung

I. Die Gruselnacht. Das Kästchen wird abgegeben. Dramatische Vorgangsschilderung.

II. Bericht des Erzählers, a) über die Giftmorde, b) über Juwelenraub und Morde, c) über das Wüten der Chambre ardente und der Maréchaussée. Fräulein Scudérys scherzhafter Zweizeiler.

III. Das Kästchen und sein Inhalt. Cardillac, Hersteller und Besitzer des Schmucks, schenkt ihn Fräulein von Scudéry.

IV. Die Ermordung Cardillacs. „Mehrere Monate später." Olivier als Mörder verhaftet; Madelon im Hause des Fräuleins von Scudéry. Argumente für und wider Olivier.

V. Oliviers Beichte (Bericht) vor Fräulein von Scudéry. Das Treiben des Verbrechers Cardillac, der ein Doppelleben führte.

VI. Fräulein von Scudérys Bemühungen um Befreiung Oliviers. Graf von Miossens als Zeuge.

VII. Der König als Retter. „Beinahe einen Monat später."

Die Strukturskizze:

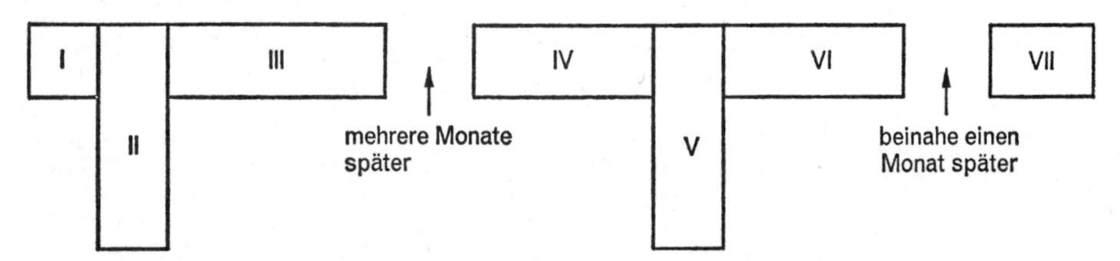

In diesem Schema ist nicht vermerkt, daß im 3. Kapitel Mme de Maintenon einen Bericht über den Künstler und den Menschen Cardillac gibt, ehe dieser erscheint, und daß im 5. Kapitel Olivier während seiner Beichte ein Geständnis Cardillacs erzählt. Nicht berücksichtigt ist, daß das 2. Kapitel von Hoffmann erzählt, die Beichte im 5. Kapitel dagegen von Olivier abgelegt wird. Was jedoch sinnenfällig wird, ist der Unterschied zwischen Vorgangsschilderung und Kommentar.

Beispiele für groteske Übertreibungen, Komik, Scherz, Ironie, Unwahrscheinlichkeiten: Im 1. Kapitel erklären sich die Übertreibungen aus der Phantasie der Kammerfrau. Im 2. Kapitel berichtet der Autor mit erkennbarer Absicht der Übertreibung vom Wüten des Gerichtshofs und der Polizei. Unwahrscheinlich und grotesk z. B. ist, daß sich der Herzog von Luxemburg ohne Ursache ins Gefängnis liefert, allein weil er sich ein Horoskop hat stellen lassen. Absichtliche Übertreibung ist die Stelle:

„Eine Gaunerbande schien es darauf angelegt zu haben, alle Juwelen in ihren Besitz zu bringen ... Die Ermordeten, wie sie beinahe jeden Morgen auf der Straße oder in den Häusern lagen, hatten alle dieselbe tödliche Wunde."

Grotesk-komisch ist die Szene, wie Desgrais dem Präsidenten des Gerichtshofs, La Regnie, seinen Wettlauf mit dem Mörder schildert:

„Unbesonnen ... schrie ich laut auf ...", da verwickle ich mich in den Mantel und falle hin."

Hanswurst, Tolpatsch, als Polizeihauptmann ungeeignet. Er schreit seinen Namen durch die Nacht, rennt hinter dem Mörder her. La Regnie ruft pathetisch, von Hoffmann ironisch gemeint:

„Ihr holt ihn ein — Ihr packt ihn, die Häscher kommen." Schluß der Episode: „Der Teufel selbst ist es, der uns foppt."

Solche und viele andere Szenen werden von den Schülern vorgetragen, z. T. als szenisches Spiel vorgeführt. Die Erzählung eignet sich zum dramatisch-komischen Vortrag.

Gruppierung der Personen. Folgendes Schema schlagen die Schüler vor:

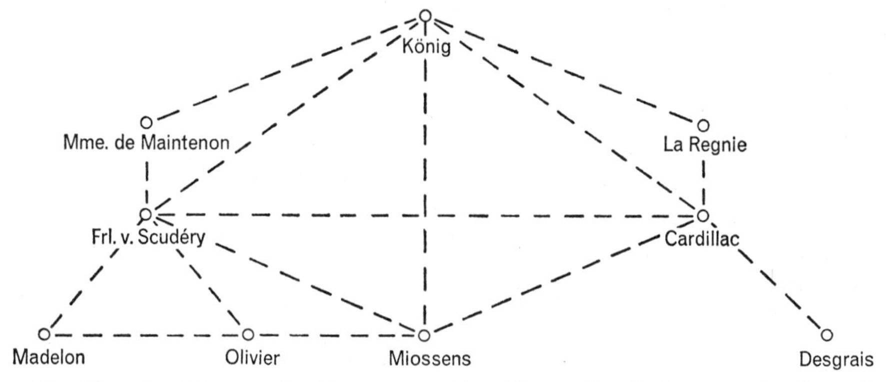

Die Charakterisierung der Personen ergibt sich aus der Erörterung der Gruppierung: Links in der Skizze steht die Gruppe der Hilfsbedürftigen und Hilfsbereiten, rechts die Gruppe des Verbrechens und die unerbittlich-grausamen Vertreter der Staatsgewalt. Über beiden steht der König als der Überlegene, der Gnade vor Recht ergehen läßt. Das Schaurige, Unheimliche und Unmenschliche (Groteske) geht von der rechten Gruppe aus; das Gefühl für das Wirkliche, Menschliche, Rechte besitzen die Vertreter der linken Gruppe. Da in der ersten Hälfte der Erzählung das Verbrechen und in der zweiten seine Aufklärung geschildert wird, überwiegt im ersten Teil die Darstellung des Grotesken und im zweiten die realistische Schilderung.

Das Streitgespräch in Form einer Gerichtsverhandlung als Abschluß.

These: Olivier verdient nicht, begnadigt zu werden. Er ist Mitwisser und Komplice aller Mordtaten Cardillacs. Er ist dadurch selbst zum Verbrecher geworden.

Gegenthese: Olivier ist zwar an den Mordtaten des Meisters mitschuldig; aber er verdient, mildernder Umstände wegen freigesprochen zu werden.

Alle Schüler bereiten sich auf das Streitgespräch vor. In einem zusammenhängenden Vortrag von 5 Minuten soll jeder eine der beiden Thesen stützen können. Dabei verwenden wir folgendes Gliederungsschema:

These	Gegenthese
1. Cardillac ist ein Verbrecher, führt ein Doppelleben, ist unbeherrscht, habgierig, rachsüchtig. Die Geschichte seiner Geburt dient ihm nur als Vorwand oder als Entschuldigung für seine Verbrechen.	1. Cardillac verdient mildernde Umstände. Daß Ereignisse während der Schwangerschaft den Charakter des Kindes prägen, ist bekannt.
2. Olivier ist ohne Willenskraft. Er nimmt seine Liebe zu Madelon als Entschuldigung für seine Mittäterschaft. Monate- oder jahrelang lebt er mit einem Gewohnheitsmörder. Unser Strafgesetzbuch spricht ihn schuldig.	2. Olivier leidet unter seinem Schicksal. Im 17. Jahrhundert war der Gehilfe von seinem Meister abhängig. Der Meister war nach der Auffassung der Zeit der Herr über die Gehilfen. Die autoritäre Herrschaftsform ist am Versagen Oliviers schuld.

Zum Schluß des Streitgesprächs, an dem sich alle Schüler beteiligen, erfolgt eine Abstimmung über beide Thesen.

b) ‚Das Amulett' im 8. Schuljahr

Der Streit der Konfessionen, geschürt durch Unverstand, Haß, Schwäche, Angst, Wut, Wahnsinn, Machttrieb einerseits — und die Überwindung der konfessionellen Gegensätze in Boccard und Schadau aus echter Frömmigkeit andererseits: die Geschichte der menschlichen Unduldsamkeit und der Freundestreue Boccards — dies ist der Inhalt des Geschehens. Im Mittelpunkt der Erzählung stehen zwei Symbole:

1. das Amulett — Symbol des Glaubens für Boccard, des Aberglaubens für Schadau;
2. das Gespräch der Flußgöttin mit der Steinfrau — zentrale Aussage über den Unverstand und den Wahnsinn der Menschen.

„Schwester", frug sie aus dem Flusse, „weißt vielleicht du, warum sie sich morden? Sie werfen mir Leichnam auf Leichnam in mein strömendes Bett, und ich bin schmierig von Blut. Pfui, pfui — machen vielleicht die Bettler, die ich abends ihre Lumpen in meinem Wasser waschen sehe, den Reichen den Garaus?"

„Nein", raunte das steinerne Weib, „sie morden sich, weil sie nicht einig sind über den richtigen Weg zur Seligkeit." — Und ihr kaltes Antlitz verzog sich zum Hohn, als belache sie eine ungeheure Dummheit ...

Die Leitfrage für die häusliche Lektüre kann so diktiert werden: „Erzählt uns der Dichter nicht eine unglaubwürdige oder gar widersinnige Geschichte: ein Protestant wird gerettet durch das Heiligenbild eines Katholiken, ohne daß er an die Wunderkraft des Bildes glaubt — den Katholiken aber, der daran glaubt, schützt es nicht vor den Kugeln eines Fanatikers?" Mit dieser Frage führen wir den Schüler in die Problematik des Werkes hinein. Er soll darüber nachdenken; die Lösung wird er nicht finden. Er soll, sei er Protestant oder Katholik, durch die Lehrerfrage zunächst zum Nachdenken, zum Zweifeln an der Wunderkraft des Amuletts und damit zur persönlichen Stellungnahme angeregt werden. Es werden sich unter den Schülern entweder zwei konfessionell getrennte Gruppen oder eine nüchtern-kritische und eine religiöse bilden. Damit haben wir in unserer Klasse ähnliche Gegensätze wie in der Erzählung. So können die Schüler auch die Bedeutung der beiden in ihrer Gegensätzlichkeit sich ergänzenden Sinnbilder des Amuletts und der Flußgöttin erfassen lernen.

Wir können die Leitfrage auch einfacher und ansprechender fassen, ohne daß Inhalt oder Gang der Werkbetrachtung sich dadurch änderten: „Mit welchem der beiden jungen Männer möchtest du befreundet sein, mit Boccard oder Schadau? Weshalb?" Die Schüler ergreifen fast ohne Ausnahme Partei für Boccard und geben eine Begründung, die das Wesen der beiden in Ansätzen kennzeichnet. Dies zeigt, daß sie in der Lage sind, die Novelle beim ersten Lesen in ihrem Gefühl aufzunehmen. Daß sie sie dennoch im tieferen Sinn nicht verstehen, zeigt der Vorwurf, den sie gegen Boccard erheben, er habe Schadau durch das Metall des Medaillons, das er ihm in das Wams geschoben, gewappnet und gerettet. Dagegen setzen wir unsere Auffassung, nicht das Metall, sondern der Glaube Boccards an die Wunderkraft des Amuletts hat Schadau gerettet. Wir stehen damit in der Erörterung einer der Kernfragen des Werkes, zu deren Beantwortung wir noch einmal einen Gang durch die Novelle antreten müssen. Es ist leicht, Boccard von dem Verdacht der Unlauterkeit zu reinigen (er konnte nicht annehmen, daß Schadau im Wams kämpft), schwerer jedoch ist die Frage zu klären, warum sich Boccard und Schadau bei der starken Gegensätzlichkeit ihrer Charaktere und der religiösen Überzeugungen, wie sie in dem Religionsgespräch zum Ausdruck kommt, als Freunde finden und ergänzen. Daß sich zwei Landsleute in der Fremde leichter aneinanderschließen, reicht zur Erklärung nicht aus, da Boccard unter der Schweizer Garde in Paris doch viele Landsleute und Glaubensgenossen gefunden hat, denen er sich hätte zuwenden können.

Wir verfolgen die Entwicklung der Freundschaft beider und beobachten, wie ihr Leben gerade durch das Amulett, das dem einen als Zeichen göttlicher Wunderkraft, dem anderen als Zeichen des Aberglaubens erscheint, schicksalhaft verflochten wird. Freilich ist es entscheidend, daß wir den Calvinisten in Kapitel 8, da er den Katholiken mit gefalteten Händen „Im Namen der Mutter Gottes von Einsiedeln" anfleht, vor dem Verdacht des schlau berechnenden Egoismus ebenso in Schutz nehmen wie Boccard vor dem der Unehrenhaftigkeit. Schadau spielt nicht mit der Überzeugung des andern; er fleht wirklich in größter Not im Namen dessen, was Boccard vor allem heilig ist, und ehrt und verehrt damit den Glauben des andern, ohne den seinigen zu verraten. Beide Freunde begegnen sich in christlicher Toleranz, achten und ehren den Glauben des andern. Was hier in Boccards Zimmer geschieht, stellt das Gegenstück dar zu dem, was sich in der gleichen Nacht in Paris ereignet und was in dem Gespräch zwischen Steinweib und Flußgöttin seinen gleichnishaften Ausdruck findet.

c) ‚Der Schuß von der Kanzel' und ‚Der Taugenichts' im 9. Schuljahr

Zwischen dem 15. und 16. Lebensjahr, da der mathematisch-technische Intellekt und das rational-logische Denken bereits zur vollen Entfaltung gelangen, setzt eine neue Phase der psychischen Entwicklung ein: Der Blick für komplexe Lebensfragen und für komplizierte Charaktere wird wach, die Neigung zur vereinfachenden Schwarz-Weiß-Zeichnung bei der Bewertung menschlicher Erscheinungen tritt zurück, das Urteilsvermögen im Bereich des Humanen, des sozialen und sittlichen Verhaltens wird umgreifender.

Der 12jährige hat noch kein Verständnis für den 'Sonderling'; den 14- bis 16jährigen kann man in seiner Entfaltung fördern, wenn man ihn mit verschiedenartigen Lebensformen und menschlichen Verhältnissen vertraut macht. Es ist nicht zufällig, daß es in der Geschichte der deutschen Dichtung erst Jean Paul ist, der den Kauz entdeckt und damit der Dichtergeneration des poetischen Realismus eine Vielzahl von Menschentypen erschließt. Der Mensch mit seinen Schrullen, der seine eigenen Schwächen liebt und belächelt, der sich nicht um die öffentliche Meinung kümmert, sondern unbeirrt seinen Weg geht, der Eigenbrötler, der von außen schwer durchschaubar und oft ungenießbar ist, der Mensch, in dessen Wesen sich Wert und Unwert seltsam mischen — er soll den Jugendlichen in der Dichtung begegnen, damit sich an ihm ihr Unterscheidungsvermögen für die Umwelt schärfe.

1. ‚Der Schuß von der Kanzel'

Ist diese Novelle für die Schule geeignet? Weshalb lesen wir sie? Werden hier nicht Religion und Geistlichkeit verspottet? — Es gibt viele Möglichkeiten, diese Novelle falsch auszulegen, aber nur eine, sie richtig zu verstehen: Die Gestalt des Generals Wertmüller als eine Art Rübezahl gibt uns den Schlüssel zum Verständnis.

> Rahel: „Ich hielt Euch für eine Art Rübezahl ... so heißt doch der Geist des Riesengebirges, von dessen Koboldstreichen Ihr so lustig zu erzählen wißt? ..." „Dem es zuweilen Spaß macht, Gutes zu tun, und der, wenn er Gutes tut, dabei sich einen Spaß macht."

Boshaft und wohltätig wie Rübezahl ist der General. Die Erzählung ist nach Inhalt, Sprache und Aufbau eine Art Rübezahl-Geschichte, die barocke Form gehört notwendig dazu. Das merken die Schüler nicht von selbst. Aufgabe des Lehrers ist es, in Sprachgestalt, derbem Spott, in den leicht ironisch gehaltenen gefühlvollen Stellen die Beziehung zum Kernpunkt aufzuzeigen, d. h. Gehalt und Gestalt als Einheit sehen zu lehren.

Das eigentliche Problem der Novelle ist die Deutung der Gestalt des Generals. Wir diktieren den Schülern eine der folgenden Leitfragen:

1. Die Worte Pfannenstiels: „Wer war der Mensch, der da drinnen unter der Hut dieser gespenstischen Wache schlief? Und welche seltsame Lust fand er daran, mit den ernstesten Dingen sein frevles Gespött zu treiben?" Der General wird einer Brennessel verglichen, wird Freigeist und Spötter genannt. Spottet er über alle ernsten Dinge?
2. Warum haben die Menschen in der Geschichte so seltsame Namen? (Wertmüller, Rosenstock, Pfannenstiel, Blauling, Krachhalder)
3. Warum ist in diesem Stück so viel von Dichtern, Büchern und Gemälden die Rede? — Der Inhalt selbst ist doch derb und durchaus nicht schöngeistig. Welcher Epoche gehören die meisten der genannten Werke an?
4. Welches ist der hilfreichste Mensch in dieser Geschichte? Wer sagt die entscheidenden Worte?

An der Novelle läßt sich das Spannungsverhältnis zwischen den verschiedenen Arten von Scherz und Spott, Komik und Humor, Ironie und Satire, Wohlwollen und Liebe gut aufzeigen.

Ist die Klasse fortgeschritten, so diktieren wir Arbeitsaufträge:

Erste Gruppe: Inhaltsangabe und schematische Darstellung des Aufbaus.

Zweite Gruppe: Sammelt Beispiele für harmlosen Scherz, Selbstironie, beißenden Spott, überlegenen Humor und für Komik in dem Stück und charakterisiert von hier aus die Personen.

Dritte Gruppe: Untersucht die wichtigen Vergleiche und Sprachbilder, von denen aus wir die Novelle als eine Einheit verstehen können.

2. ‚Aus dem Leben eines Taugenichts'

Die Schüler lesen den ‚Taugenichts' mit Vergnügen, aber sie wissen nicht, daß sich in ihrer Freude an dem Werk ein Qualitätsurteil verrät, das sich ihrem eigenen kritischen Verstand gegenüber nicht immer behaupten kann: Wenn man sie fragt, ob der Taugenichts wirklich ein Taugenichts sei, antworten sie mit „Ja".

Die Leitfrage, unter der wir das Werk gemeinsam betrachten, diktieren wir zugleich als Untersuchungsauftrag: „Ist der Taugenichts wirklich ein Taugenichts? Begründet eure Stellungnahme aus dem Text." Absichtlich rufen wir den Intellekt der Schüler gegen ihr eigenes Empfinden wach: Ihr Verstand soll zunächst ihr Gefühl widerlegen. Wenn dies geschieht, dann haben wir den richtigen Ansatzpunkt zu einem tieferen Verständnis und zu einer werkgerechten Betrachtungsweise. Die Leitfrage verführt die Schüler, den Nachweis zu erbringen, daß der Held ein Landstreicher sei. Dabei beurteilen sie ihn nach den Kategorien des Alltags. Sie merken nicht, daß sie sich beim ersten unbefangenen Lesen nicht um diese Kategorien gekümmert haben. Nunmehr übersehen sie die Unbeschwertheit, die unbekümmerte Frische und Heiterkeit in diesem Werk.

Der Dichter legt uns die Leitfrage auf der ersten Seite nahe, da er den schwer arbeitenden Vater mit seiner Schlafmütze auf dem Kopf sagen läßt: „Du Taugenichts! Da sonnst du dich schon wieder und dehnst und reckst dir die Knochen müde und läßt mich alle Arbeit allein tun. Ich kann dich hier nicht länger füttern. Der Frühling ist vor der Tür, geh auch einmal hinaus in die Welt und erwirb dir selber dein Brot." Der Sohn ist keineswegs vom Gegenteil überzeugt, sondern bestätigt die Auffassung des Vaters, da er nicht etwa zum Arbeiten in die Welt gehen will, sondern um sein Glück zu machen. Im Verlaufe der nächsten Monate bekennt er selbst gelegentlich, daß er doch ein rechter Landstreicher sei.

Aus unserer Leitfrage ergibt sich eine weitere: „Was macht die Hauptperson zu einem Taugenichts, und wie sollte sie nach unserer Vorstellung sein?" — Wir überlegen: etwa wie der Vater, der Portier, der Gärtner, der verstorbene Zolleinnehmer, wie die Studenten oder die Maler in Rom? Ist nicht der Taugenichts mit all seinen Schwächen liebenswerter als alle die andern Menschen der Erzählung? — An diesem Punkt entsteht für unsere Betrachtung die Klippe, das Werk mit den charakterisierenden Worten „heiter, unbeschwert, sorglos, romantisches Lebensgefühl, Märchenstimmung ..." zu verharmlosen.

Die eigentlich weiterführende Frage ist daher die dritte: „Von welchem Wort oder Bild aus finden wir den richtigen Ansatzpunkt zur Betrachtung der Novelle?" — Die Schüler sollen lernen, den richtigen Gesichtspunkt selbst zu finden, ihn wenigstens zu suchen. Ein begabter Schüler findet ihn: „Mir war es wie ein ewiger Sonntag im Gemüte." Dies ist das Schlüsselwort. Der Gegensatz zum *ewigen Sonntag* ist der *ewige graue Alltag*. Diese Antithese wird entwickelt. Der Lehrer gibt Hilfestellung:

Welche Assoziationen verbindet der heutige Mensch mit Sonntag und mit Alltag?

Sonntag: Ausruhen, Entspannung, Ausschlafen, Erholung, Zerstreuung, Wandern, Spiel, Sport, Freizeit, keine Berufsarbeit.

Werktag, Alltag: Arbeit, Hetze, Betrieb, Lärm, Verkehr, Nervosität, Kampf um Arbeitsplatz, Anerkennung, höheren Lohn, Sicherheit.

Dieser „ewige Sonntag" des Taugenichts ist von Eichendorff als Wunschbild entworfen, das er den realen Zuständen seiner Zeit und seiner eigenen Berufsarbeit entgegenstellt. Der ewige Sonntag rückt in die Nähe anderer Wunschträume des Menschen, damals als Flucht aus der realen Welt in eine Welt der Phantasie, heute in eine Kino-, Trivialroman-, Schlager- oder Starwelt.

Nachdem dieser Gegensatz entwickelt ist, suchen wir gemeinsam den ewigen Sonntag und den grauen Alltag in dem Werk; wir finden den Sonntag auf jeder Seite: Es fehlt in diesem Buch alles Schwere, alle Tragik. Das zeigt sich in der Sprache, im Rhythmus, in der Stimmung, in den Menschen. Vom Alltag findet sich nur soviel, wie nötig ist, damit der Sonntag leuchten kann.

Mit dieser Betrachtung stoßen wir auf den zweiten Gegensatz. Wir versuchen, die beiden Gruppen von Menschen als Sonntagsmenschen und Werktagsmenschen zu kennzeichnen. Die Romantiker selbst nennen sie anders. Sie sprechen von *Studenten* und *Philistern*.

Aus dieser Antithese entwickeln wir im Anschluß an Clemens Brentanos heitere Schrift ‚Der Philister vor, in und nach der Geschichte' das Wesen des romantischen Menschen. Student ist nicht eine Standesbezeichnung, sondern ein Mensch, der studiert, der forscht, nie fertig, immer voller Fragen ist. Philister: Das beste Beispiel ist der Zolleinnehmer, ein Mensch, der nicht gibt, sondern einnimmt, auf Besitz, Ansehen, Ehre, Anerkennung, Titel, Sicherheit, Macht bedacht ist; ein Mensch, der nur Kartoffeln und keine Blumen pflanzt. Wir suchen die Studenten und die Philister in dem Werk. Wie schildert sie der Dichter? Er macht sich auch über den Taugenichts lustig, während dieser das Einnehmerleben führt (Selbstironie). In der zweiten Strophe des Liedes „Wem Gott will rechte Gunst erweisen" wird der Philister geschildert, die übrigen Strophen handeln vom Studenten.

Sind alle die Künstler, Landstreicher, Studenten wirkliche Studenten in dem eben entwickelten Sinn? — Damit stoßen wir auf das dritte Gegensatzpaar, das wir untersuchen: *Künstler und vazierendes Genie*.

Der Taugenichts wird ein „vazierendes Genie“ genannt, worüber er erbost ist; und er nennt den Maler, der von sich und seinesgleichen bekennt: „Wir Genies — denn ich bin auch eines — machen uns aus der Welt ebensowenig, als sie sich aus uns, wir schreiten vielmehr ohne besondere Umstände in unsern Siebenmeilenstiefeln, die wir bald mit auf die Welt bringen, gerade auf die Ewigkeit los“ — ein „liederliches Genie“. Es ist nicht einfach, den Gegensatz von Künstler und vazierendem Genie den 16jährigen verständlich zu machen. Das vazierende Genie ist ungebunden; in seinem Leben regieren Zufall und Willkür.

Frage: Welche Rolle spielt der Zufall in unserer Erzählung? Ist nicht unser Dichter auch ein solches vazierendes Genie, baut er nicht seine Erzählung ganz auf dem Zufall, dem lustigen Einfall auf? Bewegung herrscht zwar in dem Stück, aber ist sie auf ein Ziel gerichtet? Was treibt den Taugenichts in die Ferne, und was zieht ihn nach Wien zurück? Damit berühren wir das Prinzip der Form.

Das Fernweh, die Sehnsucht nach dem Glück und dem Wunder, nach der Schönheit der Welt lockt den Taugenichts in die Ferne. Aber er verliert sich nicht in ihr. Gerade unter den 'Genies', den Malern in Rom, findet er seinen Weg; Liebe und Heimweh ziehen ihn zurück. So hat das Stück doch seinen geheimen Mittelpunkt: die Liebe zur Ferne, die Liebe zur Heimat, das Streben zum Unbekannten und die Bindung an den geliebten Menschen. Hinter allem Zufall wird eine feste Ordnung sichtbar. Der Held der Erzählung läuft einen Kreis oder eine Spirale aus; er dreht sich um einen Mittelpunkt. Nun erkennen wir auch, daß hinter der heiteren Erzählung ein ernster Sinn verborgen ist: die Absicht, den ewigen Sonntag in den Alltag mit hinüberzunehmen (zum Schluß findet der Taugenichts in den geordneten Beruf zurück), den Philister in einen Studenten zu verwandeln (zum Schluß zieht der Portier mit den Prager Studenten nach Rom) und das vazierende Genie zu einem Künstler umzubilden.

Eine andere Art der Erschließung: Wir untersuchen die (romantischen) Motive und ihre Bedeutung für den Geschehensablauf. Zuvor erörtern wir das Wesen des Motivs in Verbindung mit der Naturschilderung. Die Klänge der einzelnen Musikinstrumente — Klarinette, Violine, Posthorn — haben Motivcharakter; ebenso die Stimmen der Vögel — der Lerche u. a. —; die Tageszeiten — Sonnenaufgang, Mondnacht, Schwüle —; und die Landschaft — Wald, Wiesen, See, Fluß. Es ist eine reizvolle Aufgabe, Aussagewert und Abfolge der verschiedenen Motive zu untersuchen.

Die Arbeitsaufträge lauten:

1. Gruppe: Inhaltsangabe und graphische Darstellung des Handlungsablaufs

2. Gruppe: Wo hören wir Musikinstrumente, und welche Bedeutung haben sie?

3. Gruppe: Wo hören wir Vogelstimmen, und welche Bedeutung haben sie?

4. Gruppe: Welche Gegensätze finden sich in der Erzählung (kontrastierende Menschentypen, Landschaftsbilder, Tages- und Jahreszeiten), und welche Bedeutung haben sie im Aufbau des Werkes?

5. Gruppe: Analysiert die Sätze des ersten Abschnitts und kennzeichnet von hier aus den Charakter des Werkes.

Ließe sich heute eine ähnlich gebaute Erzählung schreiben, in der die Hauptfigur in einem anderen sozialen Milieu, etwa im Arbeiterviertel einer Großstadt, die Rolle eines 'Hans im Glück' spielt?

IV. Unmittelbare und mittelbare Interpretation

Leitfrage, Untersuchungsauftrag und Gestaltungsaufgabe

Bei den vorgeführten Beispielen haben wir versucht, die dem einzelnen Werk gemäße Schlüsselfrage zu finden. Sie ist deshalb so wichtig, weil wir in ihr den Gesichtspunkt der Betrachtung besitzen, der uns mit dem Werk zugleich ein Stück Welt erschließt. Die Schlüsselfrage weist immer in das Kernstück der Dichtung und zugleich über sie hinaus. Sie zwingt uns, Stiluntersuchungen anzustellen, die aus der Betrachtung größerer Lebenszusammenhänge vom Schüler als notwendig erkannt werden. Ob wir dann im Unterricht mehr im Sinne des Gruppenunterrichts oder des Rundgesprächs verfahren, ob wir ein Werk in 2, 4 oder 6 Stunden erörtern, ist unerheblich. Gewiß werden wir auch im Zeitmaß abwechseln. Wichtig ist, daß wir von der Leitfrage aus mit den Schülern die symbolkräftigen Bilder suchen und ihren Aussagegehalt bestimmen. Dabei entdecken wir Lehrer, daß die Sprachbilder einer Dichtung in der Regel zugleich die entscheidenden Grundbegriffe fassen, die sich, sofern es sich um ein Sprachkunstwerk handelt, miteinander zu einem Begriffsgefüge verbinden, wie wir es am ‚Taugenichts' aufgezeigt haben.

Dieses Verfahren der Interpretation mittels Leitfragen und Untersuchungsaufträgen [1], mittels Schülerfragen und Textanalyse können wir das unmittelbare nennen, weil es ohne Umschweife zum Werkverständnis und Weltverständnis führen will. Es sollte allerdings bei den Schülern der Mittelstufe nicht ausschließlich angewandt werden, auch wenn es noch so meisterhaft gehandhabt wird. Die jungen Menschen sind keineswegs alle von der Notwendigkeit eines verstehenden Eindringens in ein Werk überzeugt, da sie aus sich heraus erst wenige literarische Probleme sehen und besitzen. Viel entscheidender ist deshalb ein anderes Verfahren: die mittelbare Interpretation. Dabei merkt der Schüler gar nicht, daß interpretiert wird, weil wir die Dichtung als Mittel einer zweckgebundenen Betätigung verwenden.

---

[1] Nicht immer unterscheiden wir zwischen Leitfragen und Untersuchungsaufträgen. Viele Leitfragen kann man als Untersuchungsaufträge formulieren. Doch besteht ein Unterschied. Die Leitfrage ist nicht immer eindeutig zu beantworten. Der Untersuchungsauftrag hingegen ist eng begrenzt und führt zu einem konkreten Ergebnis. Die Leitfrage entspricht dem Thema eines literarischen Erörterungsaufsatzes; der Untersuchungsauftrag ist eine Vorstufe zur Facharbeit. Aufgaben wie: „Verfertigt eine Inhaltsangabe und stellt den Aufbau graphisch dar!" oder: „Untersucht die Wie- und Als-ob-Vergleiche in einem Werk!" sind Themen für Facharbeiten. Auf der Mittelstufe dürfen wir aber die Schüler nicht überfordern und können die Unterschiede zwischen beiden erst allmählich klären.

a) Die Buchillustration (in Verbindung mit dem Zeichenlehrer)

Sei es, daß die Schüler eine Novelle zu Hause für sich gelesen oder in einer Arbeitsgemeinschaft gehört haben: wir sprechen gar nicht darüber, sondern illustrieren sie — unter dem Hinweis, daß man eine gelungene Illustration einem Verlag anbieten könnte. Die Schüler sprechen in diesem Alter auf alles, was Erfolg und öffentliche Anerkennung verspricht, sofort an. Vorfragen: „Wie werden Bücher im allgemeinen illustriert, was ist der Zweck der Bebilderung, wer kann ein gut illustriertes Buch von zu Hause mitbringen?" Für einige Stunden hält das Interesse an. Das Ergebnis: Höhepunkte des Geschehens, zugleich die spannungsgeladenen Wendepunkte des Handlungsverlaufs werden illustriert. Das Bild soll seelische Vorgänge anschaulich machen. Und nun setzt die eigentliche Aufgabe ein: „Welches sind die Wende- und Höhepunkte unserer Geschichte, wodurch wird gerade diese oder jene Stelle spannend, wie viele Bilder sollen wir malen (nicht zu viele, sonst wirken sie nicht mehr), was soll dargestellt werden?" Wir erreichen auf diese Weise, daß die Novelle unter dem Gesichtspunkt einer Reizaufgabe noch einmal gelesen und durchdacht wird. Zugleich leisten wir eine Vorarbeit für den Zeichenunterricht, in dem anschließend die Bebilderung ausgeführt wird. Die besten Schülerarbeiten werden gesammelt und mit den Textstellen zu einem Buch zusammengefügt, das man an einem Elternabend oder auf einer Ausstellung von Schülerarbeiten vorlegt. Nicht alle Novellen eignen sich für unseren Zweck; es genügt jedoch, wenn wir den Versuch einmal im Jahre durchführen.

Mit Kellers Novelle ‚Kleider machen Leute' läßt sich ein Anfang machen. Die Klasse schlägt vor, in 10 Bildern den Verlauf der Ereignisse festzuhalten. „Welche Episoden wählen wir aus, welchen Augenblick stellen wir im Bilde dar?" Fällt die Auswahl schwer, so führen wir entsprechend den Begriffen 'Haupthandlung', 'Nebenhandlung' und 'Zwischenhandlung' die Ausdrücke 'Hauptbild', 'Nebenbild' und 'Zwischenbild' ein. Zum Schluß fragen wir die Schüler, ob unsere Entwürfe zeichnerisch oder pantomimisch dargestellt werden sollen. Der Dichter selbst verwendet das Gebärdenspiel in der Novelle. In der Tat läßt sich unsere Geschichte nicht nur illustrieren, sondern auch in 10 Bildern pantomimisch aufführen.

b) Die Dramatisierung einer Novelle oder Anekdote

Unmittelbar vor oder nach der Lektüre des ersten Dramas lesen wir Kleists ‚Bettelweib von Locarno'. Statt über den Inhalt oder die dramatische Sprache uns zu unterhalten — beides ist auf dieser Altersstufe wenig ergiebig —, schlagen wir vor, aus diesem Stoff gemeinsam ein Drama zu machen. Es dürfen neue Personen eingeführt werden. Wir brauchen 5 Akte, versuchen aber mit möglichst wenig Szenen und Ortsveränderungen auszukommen. Wenn die Arbeit gelingt, führen wir sie an einem Elternabend vor.

c) Die Anfertigung eines Drehbuches oder Hörspieltextes

Drehbuch und Hörspiel, wichtige, auch von der Jugend anerkannte literarische Formen der Gegenwart, werden seit 1953 von der Methodik systematisch erschlossen.

Alle Grundbegriffe der Ästhetik und der literarischen Wertung lassen sich beim Verfassen von Hörspieltexten und Drehbuchszenen erarbeiten. Als Vorlage zur Abfassung von Drehbuchszenen eignen sich Kurzgeschichten, als Vorlage zur Schaffung von Hörspielen die Novellen des 19. und Erzählungen des 20. Jahrhunderts. Bis vor kurzem galt es für manche Fachleute als nicht vertretbar, die großen Novellen von Storm, Keller und Meyer — die klassische Lektüre der Mittelstufe — als Stoff für Gestaltungsversuche der Schüler zu verwenden. Lediglich die Erzählungen niederen Ranges wurden dafür freigegeben. Inzwischen ist ein Wandel der Auffassung eingetreten: Die meisten Erzählungen des 19. Jahrhunderts 'kommen nicht mehr an'; sie entsprechen weder inhaltlich noch formal den Bedürfnissen der jugendlichen Leser. Hingegen sind sie als Grundlagen für eigene Produktionen geeignet, weil sich dabei die Ästhetik des 19. Jahrhunderts von der der Gegenwart absetzen und der Inhalt durch die Form verfremden läßt. Alle sentimentalen Partien werden durch die Umstrukturierung beseitigt. Verzichten wir außerdem darauf, den Handlungsgang nachzuzeichnen, sondern versuchen wir, das Geschehen von einer der Hauptgestalten aus in Form einer Rückblende von Erinnerungsbildern vorzuführen, so erhalten wir eine moderne, dem Hörspiel adäquate Darstellungsform.

Für solche Umformungsübungen eignen sich gut die Seldwyler Geschichten und Züricher Novellen von Keller, die Kurzgeschichten von Eich, Bender, Kaschnitz, die Erzählungen von Mann, Lenz, Schnurre u. a.

Weshalb reizt eine solche Aufgabe? — Sie wendet sich an den Spieltrieb wie an den sachlichen Wirklichkeits- und Erfolgssinn, an den Praktiker wie an den Theoretiker, an den Konstrukteur wie an den Ästheten. Die Aufgabe schließt in sich mannigfaltige Einzelaufgaben, so daß jeder Schüler auf ganz verschiedene Weise auf seine Rechnung kommt. Die Beschäftigung mit der Sache ist nicht mehr eine Schulangelegenheit. Wenn man in einen Film geht oder ein Hörspiel hört, so achtet man darauf, wie beide gemacht sind, worauf die Wirkung beider beruht.

d) Vergleich von Ganzschrift und Spielfilm[1]

In der zweiten Hälfte des 10. Schuljahres drängen die Schüler über die Mittelstufe hinaus zu Fragestellungen der Erwachsenen. So empfiehlt es sich, einen Fragenkreis anzugehen, der alle lockt und fördert: die Untersuchung des Verhältnisses von Film und Literatur, zugleich als Einführung in eine kritische Würdigung von Spielfilmen gedacht.

Der Film ist eine der Technik verhaftete Kunstform. Sie ist aus dem modernen Leben nicht mehr wegzudenken. Durch die Erörterung der Gesamtanlage eines nach einem literarischen Werk gedrehten Films vermag der Deutschlehrer Interesse und Verständnis für viele Bereiche des Kunstschaffens zu wecken. Wir wenden ein Verfahren an, das ihn nicht zwingt, sich zu einem Filmspezialisten zu entwickeln oder sich über ein fremdes Gebiet unsachlich zu äußern.

Unser Verfahren: Wir schlagen der Klasse vor, an einem freien Nachmittag Filmklub oder Filmstudio in unserer oder in einer benachbarten Stadt zu besuchen.

[1] Vgl. das 4. Kapitel, S. 96 ff.

Fachleute sollen uns in die Technik der Filmherstellung und in die Filmbeurteilung anhand eines Filmes einführen, der nach einem literarischen Werk gedreht worden ist. Wir wählen als Beispiel die Stormsche Novelle ‚Der Schimmelreiter‘. Gemeinsam erarbeiten wir die Novelle unter dem Thema: Welche Möglichkeiten einer Verfilmung bietet das Werk, und wie weit hat Storm einer Verfilmung ungewollt vorgearbeitet? Wir untersuchen die Novelle in 5—6 Unterrichtsstunden unter dem Gesichtspunkt der verschiedenen 'Einstellungen' und der Verknüpfung der beiden Handlungsgeschehen (der Rahmenhandlung mit der Hauke-Haien-Handlung). Anschließend erfolgt der Besuch im Studio. Der Studioleiter gibt einen Einblick in seine Arbeit und erläutert die Spielmittel und Wirkungsmöglichkeiten des Films an Beispielen. Im Anschluß an die Vorführung des Films ‚Der Schimmelreiter‘ werden Film und Novelle verglichen. — Das Ergebnis dieser Aussprache ist, daß die Klasse geschlossen die Novelle in bezug auf künstlerischen Wert weit über den Film stellt. Die Schüler erkennen, daß der Sinn der Novelle verflacht und um einer vordergründigen Wirkung auf das Publikum willen verfälscht worden ist.

Die vor dem Besuch im Studio gemeinsam erarbeitete graphische Darstellung des Gesamtgeschehens mit dem Ineinander von Rahmenhandlung und Hauke-Haien-Handlung in der Novelle sieht so aus:

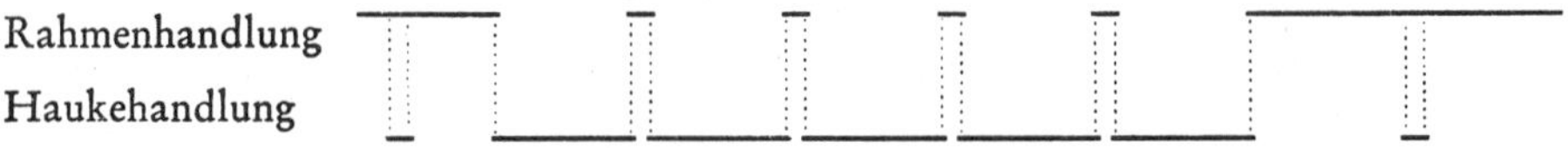

Rahmenhandlung

Haukehandlung

Wie und weshalb die beiden Handlungen untereinander verknüpft sind, haben die Schüler selbständig untersucht.

Ebenso hat die Frage, durch welche szenischen Bilder der Dichter den Lebensweg Haukes schildert und welche Bilder Storms wohl Drehbuchverfasser und Regisseur übernehmen können, lebhaftes Interesse ausgelöst.

Unser Ergebnis: Das Werk ist in vier Akte gegliedert:

I. Kindheit und frühe Jugend. Sie künden Eigenart, Begabung und Schicksal des Mannes an. — Drei Szenengruppen: Der Euklid; Beobachtungen beim Deichbau; Seegespenster und Gespensterglaube, Tötung des Angorakaters.

II. Reife Jugend. — Drei Szenengruppen: Lehrzeit beim Deichgrafen; der Widerstreit zwischen Hauke und Ole Peters; das Eisfest.

III. Hauke als Deichgraf. — Drei Szenengruppen: Begräbnis des alten Deichgrafen; Gespensterglaube (Kauf des Schimmels, Wachsen der Einsamkeit und des Trotzes); der Deichbau.

IV. Haukes Untergang. — Drei Szenengruppen: Krankheit Haukes, das kranke Kind; der Haß des Dorfes und der Untergang.

Das Wechselspiel von Glaube und Aberglaube, von Erbanlage und Umweltbedingungen, der Widerstreit zwischen Hauke und dem Dorf, das Ineinander von Schuld und Schicksal bestimmen das Aufbauprinzip und den Gehalt der Erzählung.

Die Klasse wurde in vier Arbeitsgruppen eingeteilt. Jede Gruppe hatte einen Akt zu bearbeiten, die Naturschilderungen, Charakteristiken, Gruppenbilder dörflichen Lebens, die Darstellung des religiösen Lebens, des Aberglaubens zu untersuchen.

Hauke Haien ist schon zu Lebzeiten eine Gestalt geworden, deren Bild von Furcht, Aberglauben, Haß überwuchert wurde. Nach seinem Tod ist er immer mehr zu einer

Sagenfigur geworden, in der sich drei ganz verschiedene Elemente vereinigen:
1. die Dämonie des Meeres,
2. die Phantasie des abergläubischen Volkes,
3. die Dämonie eines seiner Umwelt überlegenen, aber unnahbaren und unverstandenen Menschen.

Die eingehende Beschäftigung mit der literarischen Vorlage macht eine Aussprache über den Film besonders ergiebig.

Regel: Wir bemühen uns auf der Mittelstufe, jede zweite Werkinterpretation als Mittel zu einem bestimmten Zweck zu verwenden. Dieser Zweck sei möglichst praktischer und theoretischer Natur zugleich.

V. Die Kurzgeschichte auf der Mittelstufe [1]

Werke, die vor wenigen Jahren noch der Oberstufe vorbehalten waren, setzen sich heute auf der Mittelstufe durch, so vor allem die Kurzgeschichten.

Vier Gründe lassen sich für dieses rasche Vordringen der modernen Kurzgeschichte anführen:

1) Gehalt und Sprachform: Die Kurzgeschichte spiegelt und deutet den Menschen fordernde, unbewältigte Erscheinungen der Gegenwart. Sie ist Gefäß „für die dichterische Vergegenwärtigung des modernen Daseins und des von ihm bestimmten Lebensgefühls" (H. Motekat). Durch die Beschäftigung mit ihr lernt die Jugend nicht nur eine charakteristische literarische Form unserer Zeit, sondern auch die Problematik des modernen Daseins erkennen. Beides wird ihr dargeboten in einer eigentümlich neuen Sprache. Zwar tritt — wie uns scheint — in den Kurzgeschichten nicht ein neuer Menschentypus auf, wir finden jedoch Menschen mit eigenen Erlebnis- und Denkformen, Aktions- und Reaktionsweisen, mit eigentümlichen stilistischen Mitteln gezeichnet. Insofern läßt sich die Einführung in die moderne Literatur an Hand der Kurzgeschichte zugleich verbinden mit Untersuchungen über die Art der Menschenzeichnung. Sprachbetrachtung in Verbindung mit Untersuchungen über die Menschenzeichnung und die Art der Daseinsbedrohung — dies ist ein lohnendes Thema für die Schule.

2) Das spannende Geschehen: Die Kurzgeschichte beleuchtet — in einer Sprache, die sich gelegentlich des Alltagsjargons bedient oder sich ihm nähert — ein Alltagsgeschehen derart, daß es als dramatisches Ereignis von großer Eindringlichkeit begriffen werden kann. Sie arbeitet mit Überraschungsmomenten und eigenartigen Beleuchtungseffekten; sie rüttelt die Leser wach und regt sie zum Nachdenken an. Sie bedient sich der Ironie, der Satire; oft wirkt sie auf den ersten Blick unverständlich und gibt Rätsel auf. Sie erweckt Erstaunen, ohne den Intellekt zu lange anzuspannen. Sie bedient sich solcher Mittel, mit deren Hilfe die Teilnahme auch literarisch nicht interessierter Leser geweckt wird.

---

[1] Zur Interpretation vgl. das 9. Kapitel.

Die Kürze: Vorzug und Wirkung der Kurzgeschichte liegen in ihrer Kürze; sie stellt einen dramatischen Augenblick in Erzählform dar und kann in ein oder zwei Stunden mit einer Klasse erarbeitet werden.

Die Hintergründigkeit: Die Kurzgeschichte erhebt scheinbar belanglose Einzelfälle des Alltagsgeschehens durch die Art der künstlerischen Gestaltung zu Modellfällen. Sie lehrt Menschenschicksale beobachten und das Unscheinbare in seiner tieferen Bedeutung erkennen. Das Wechselverhältnis von Sprachform und Existenzaussage kann daran demonstriert werden.

a) Besonderheiten der Form

1. Typen

Ruth Kilchenmann schreibt in ihrem Buch ‚Die Kurzgeschichte. Formen und Entwicklung'[1]: „Die Form der Kurzgeschichte lädt ein zum Experiment, zum Versuch mit neuen Sprachmitteln und Aussageformen, und weil sie das erlaubt, wird sie nicht verknöchern oder leere Schale werden, sondern sie wird, lebendig, sich mit der wechselnden Thematik verändern, weiterleben mit jeder Generation und sich ständig erneuern und verjüngen." Als Vorläufer nennt sie J. P. Hebel, E. T. A. Hoffmann, E. A. Poe, H. Heine, Fr. Hebbel, G. Büchner; an der Wende zur Moderne stehen W. Schäfer, A. Schnitzler, H. v. Hofmannsthal, R. M. Rilke, James Joyce, K. Mansfield, P. Ernst, Th. Mann, H. Hesse, Fr. Kafka, R. Musil, G. Benn; die Erneuerer nach 1945 sind: E. Hemingway, W. Faulkner, W. Borchert, H. Böll; die jüngste Entwicklung wird gekennzeichnet durch die Autoren in den Anthologien: ‚Deutsche Prosa. Erzählungen seit 1945', hrsg. von H. Bingel, Stuttgart 1963; ‚das atelier'. Zeitgenössische deutsche Prosa, hrsg. von Klaus Wagenbach, Fischer-Bücherei 1964; ‚Erfundene Wahrheit'. Deutsche Geschichten seit 1945, hrsg. von M. Reich-Ranicki, München 1965.

H. Pongs[2] unterscheidet seit Paul Ernst im deutschen Sprachraum drei Typen: „... das Grauen als Schatten, den die Überforderung der Charaktere wirft, unter vererbtem Pflichtgefühl" bei Paul Ernst selbst; „das vom Urgrauen durchschütterte Leidensgesicht der den Zweiten Weltkrieg verkraftenden Generation" bei Borchert und Gerd Gaiser; und „das Grauen als Gericht an der bürgerlichen Welt schlechthin, mit der rigorosen Forderung, diese Welt bis auf alle Traditionsgründe zu verändern" bei Bert Brecht. Bei dieser Typisierung sind die Kurzgeschichten Kafkas und die Entwicklung seit 1945 außer Betracht gelassen. Nehmen wir sie herein, so könnte man für die Schule folgende Grundformen unterscheiden:

1. Die abstrakte Erzählung (Parabel) Kafkas, die von der absoluten Einsamkeit des Menschen handelt;
2. die sozialrevolutionäre Kurzerzählung Brechts;
3. das exemplarische Ereignis von Not und seelischem Zusammenbruch (häufig im Zusammenhang mit dem Zweiten Weltkrieg) bei Borchert, Eich, Böll, Gaiser, Bender u. a.;

---

[1] S. 185.

[2] Die Anekdote als Kunstform zwischen Kalendergeschichte und Kurzgeschichte. DU 9 (1957), H. 1, S. 20.

4. die nicht von Kriegsschicksalen bestimmte, sondern einen menschlichen Urkonflikt in der Spiegelung unserer Zeit darstellende Situation bei Ilse Aichinger, Marie Luise Kaschnitz, Siegfried Lenz, Hans Erich Nossack, Friedrich Dürrenmatt u. a. Manche Geschichten von G. Benn, R. Musil u. a. gehören bereits in diese Gruppe.

Aus verschiedenen Grunderfahrungen, Zielsetzungen, Einstellungen zur Wirklichkeit lassen sich diese vier Formen und die damit verbundenen Sprachhaltungen erklären. — Wird im Unterricht je eine erarbeitet, so erkennen die Schüler die Aussagekraft der Formen; sie gewinnen Unterscheidungsmerkmale, einen Überblick über die vorhandenen Möglichkeiten der Gestaltung. Bei Kafka steht der Mensch passiv und unvermögend einer unbekannten Welt gegenüber, die ihn ruft, die sein Dasein bestimmt und die ihm nicht antwortet; die Sprache entspricht dem Aussagegehalt. Bei Brecht tritt der Mensch aus der Passivität heraus und wird Kämpfer für eine bessere gesellschaftliche Ordnung. Bei Borchert, Eich, Böll, Gaiser u. a. steht hinter der Schilderung des Grauens und des Versagens der Menschen eine gültige Ordnung, auf die alles Geschehen bezogen ist, von der es gedeutet werden will.

Bei den Erzählungen der vierten Gruppe überlagern oder durchkreuzen sich häufig zwei Wirklichkeitsbereiche oder Bewußtseinsstufen in einer Person, z. B. Vergangenheit und Gegenwart, Phantasie (Wunsch, Sehnsucht) und Alltagswelt, privates und öffentliches Bewußtsein. Das Ineinander dieser beiden Bewußtseinsschichten bestimmt den Konflikt, die Sprachhaltung und die Bauform der Geschichte, z. B. in ‚Popp und Mingel' von Marie Luise Kaschnitz, ‚Das Plakat' von Ilse Aichinger, ‚Der Tunnel' von Fr. Dürrenmatt.

Für unsere Schüler ist die Zeit des Zweiten Weltkriegs bereits unbekannte Vergangenheit. Sie schätzen die Kriegsgeschichten weniger als die Erzählungen der ersten, zweiten und vierten Gruppe.

2. Die Bauform

Wir suchen mit den Schülern eine graphische Darstellung des Aufbauprinzips der Kurzgeschichte. So wie Gustav Freytag [1] in der Gestalt einer einfachen geometrischen Figur, bestehend aus den zwei Schenkeln eines gleichseitigen Dreiecks, den Aufbau der Tragödie verdeutlicht hat, so prüfen wir, ob wir nicht auch den Aufbau der Kurzgeschichte zeichnerisch darstellen können. Wenn auch Freytags Schema auf viele Dramen nicht anwendbar ist, so ist es doch für den Unterricht nützlich. Unsere Frage lautet: ist ein ähnlich festes Bauprinzip bei der Kurzgeschichte erkennbar?

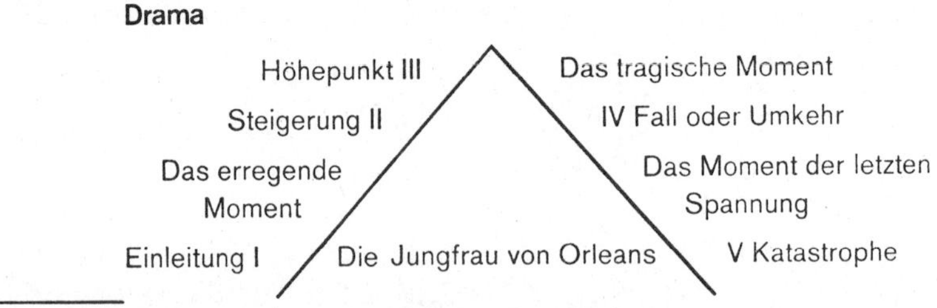

[1] Die Technik des Dramas, 2. Kapitel: Der Bau des Dramas.

Die Kurzgeschichte schildert zwar eine dramatische Situation, sie ist aber kein Drama im kleinen. Ein Bild verdeutliche ihr Wesen und ihre Baugesetzlichkeit:

Ein Stein fällt ins Wasser und versinkt — alltäglicher Vorgang, ohne Belang für den einen, Schauspiel und des Nachdenkens wert für den andern. Was ereignet sich? Der fallende Stein trifft die Horizontalfläche des Wassers, erfährt eine Gegenwirkung und sinkt langsamer, als er zuvor gefallen ist. In dem Augenblick, da der Stein das Wasser berührt, löst er eine horizontale Bewegung aus: Wellenkreise entstehen, breiten sich aus und verebben. Der Einfallspunkt des Steines wird zum Mittelpunkt einer nicht begrenzten dynamischen Figur und zum Schnittpunkt zweier Bewegungen. Die sogenannte offene Form der modernen Kurzgeschichte läßt sich in diesem Bild graphisch darstellen. Die Kurzgeschichte untersucht nicht, weshalb der Stein fällt und wie tief er sinkt; sie schildert den kurzen Augenblick des Zusammenpralls eines Menschen mit der Umwelt, einem schicksalhaft Gegebenen, etwa der eigenen Vergangenheit. Sie ist ein dynamisches, mehrdimensionales Gebilde mit verschiedenen Bewegungsrichtungen: einer horizontalen und einer vertikalen, einer vordergründigen und einer hintergründigen. Scharf gezeichnet ist lediglich der Augenblick und der Punkt des Zusammenpralls. Nach dem Rande zu verschwimmen die Konturen.

Kurzgeschichte: Offene Form!

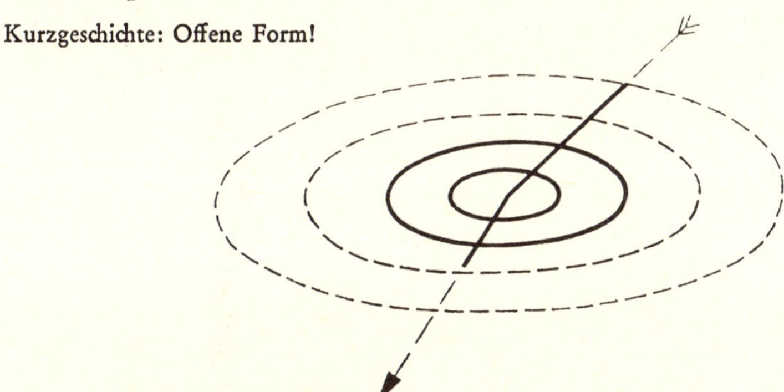

Was verdeutlicht die Figur?

1. den dynamischen und dramatischen Charakter der Kurzgeschichte;
2. die grelle, z. T. mehrfache Beleuchtung einer einzelnen Szene;
3. den Zusammenprall eines Menschen mit einer anderen Macht;
4. Die Unschärfe des Anfangs und des Endes der Kurzgeschichte, das Verfließen der Umrisse gegen den Rand des Geschehens;
5. die Hintergründigkeit;
6. die Bauform, die R. Kilchenmann so beschreibt:

„Allgemeine Übereinstimmung herrscht darüber, daß die Kurzgeschichte in der Regel einen offenen Schluß hat, wobei die Formulierung Benders vom Fehlen eines 'endgültigen Endes' wohl allen anderen vorzuziehen ist. Die Feststellung dagegen, daß es sich bei der Kurzgeschichte um den 'Einbruch eines schicksalhaften Ereignisses in der Folgerichtigkeit des Geschehens' handelt, oder 'daß bei der echten Kurzgeschichte der Höhepunkt, der Wendepunkt und der Schluß zusammenfallen', lassen sich heute kaum mehr aufrecht erhalten" (S. 12).

Oft kennzeichnet die Überschrift den Augenblick, da der Stein ins Wasser fällt und eine gewaltige Bewegung auslöst. Wir geben Beispiele:

,Die Küchenuhr': Der Augenblick, da der Zwanzigjährige die Uhr findet, bringt die erschütternde und zugleich beglückende Erhellung seines früheren Daseins, das er rückblickend als „Paradies" empfindet. Der Augenblick, da er seinen Nachbarn die Uhr zeigt und diese eine ähnliche Erschütterung durchmachen, nur abgeschwächter als er, weil sie nicht so unmittelbar betroffen sind, zeigt die weiterwirkende Kraft des Geschehens.

,Wanderer, kommst du nach Spa ...': In dem Augenblick, da der Schüler als Schwerverwundeter sich in seinem alten Gymnasium wiederfindet, geht ihm die Hohlheit seiner Schulzeit, seines Zeitalters und die Nutzlosigkeit seines Todes auf.

Ilse Aichinger: ,Das Fenster-Theater': Kernpunkt der Geschichte ist ein Mißverständnis. Die neugierige Frau am Fenster, isoliert und kontaktarm, wartet auf eine Sensation, von der sie sich eine Verbindung mit dem Leben erhofft. Sie glaubt, der alte Mann am Fenster gegenüber unterhalte sich mit ihr. Daß im oberen Stockwerk neue Mieter eingezogen sind, hat sie nicht wahrgenommen. In dem Augenblick, da sie diesen Irrtum erkennt, hält sie den Mann für geistesgestört und alarmiert die Polizei.

Wolfdietrich Schnurre: ,Der Verrat': Die Erzählung hat ihren Mittelpunkt in dem Augenblick, da Vater und Sohn für den Affen und sich selbst keinen anderen Ausweg vor dem Hungertod sehen als die Rückgabe des Tieres an den Zoo. Der sogenannte Verrat (der Freundschaft) ist in den Augen des Lesers nicht Verrat, sondern höchstens Kleinmut, wohl aber in den Augen von Vater und Sohn und nach deren Meinung vor allem in den Augen des Gibbon.

So können wir in jeder Kurzgeschichte den Augenblick suchen, aus dem die Geschichte entsteht. Es ist dies der Höhe- oder Mittelpunkt. In ihm entdecken wir zugleich das Besondere der Konfliktsituation und die Struktur der Erzählung.

Sollte sich unsere Darstellung der Bauform der Kurzgeschichte als brauchbar erweisen, so hätten wir damit ein Mittel an der Hand, die eigentliche Kurzgeschichte von anderen Kurzformen — etwa der Anekdote Schäfers oder von Erzählungen Brittings oder Gaisers — abzugrenzen. Sollte sie sich als nicht für alle Kurzgeschichten zutreffend herausstellen, so würde sie uns dennoch so lange den Dienst einer Arbeitshypothese leisten, bis wir noch andere Bauformen entdeckt haben. Die Arbeitshypothese hat den Vorzug, daß sie den Forschertrieb der Schüler anstachelt.

3. Die Technik der Wort-, Satz- und Motivwiederholung bei Borchert und Böll

Das Stilmittel der Wiederholung kennzeichnet viele Kurzgeschichten. Es gestattet Raffung, lapidare Kürze, schlaglichtartige Erhellung des Geschehens, Charakterisierung der Menschen oder ihrer Erlebnisse durch ein Wort oder einen Satz. Beobachten wir die Umwelt, so erkennen wir, weshalb dieses Stilmittel so beliebt ist: Menschen, die einprägsam, lehrhaft oder erregt sprechen, wiederholen sich oft. Dem Schriftsteller, der solche Menschen zeichnet, bietet sich das Stilmittel der Wiederholung an, weil er damit äußere und seelische Vorgänge oder Charaktermerkmale blitzartig erhellen kann. In der ‚Küchenuhr' offenbart der Zwanzigjährige mit dem „ganz alten Gesicht" durch die Wiederholung des Satzes „Sie [die zerbeulte Küchenuhr] ist übriggeblieben" seinen Seelenzustand: er hat bei dem Bombenangriff einen seelischen Schock erlebt und klammert sich jetzt an den einzigen geretteten Gegenstand. Die zertrümmerte Küchenuhr übt eine magische Wirkung aus. Ein Mensch, der meint, einen solchen an sich nutzlosen Gegenstand aufbewahren und den Nachbarn zeigen zu sollen, erregt unsere Teilnahme. Die Wiederholung kennzeichnet den Lapidarstil Borcherts. Wenn der junge Mensch von seiner Mutter spricht, die ihm immer, wenn er nachts um halb drei Uhr nach Hause kam, barfuß in der Küche das Abendbrot bereitet und ihm während des Essens Gesellschaft geleistet hat, dann heißt es: „Und barfuß, immer barfuß." Jetzt, nachdem die Mutter tot ist, erkennt er ihre aufopfernde Liebe. Dies drückt er nicht in vielen oder gar hohen Worten aus; er verrät es vielmehr unabsichtlich durch die Wiederholung der wenigen Worte: „So spät wieder, sagte sie dann. Mehr sagte sie nie. Nur: so spät wieder ... Und sie hat nie mehr gesagt als: So spät wieder." Durch die dreimalige Wiederholung wird die Mutter charakterisiert. Sie klagt nicht, macht keinen Vorwurf, bedauert ihn nicht; sie nimmt teil an seinem Leben; sie ist für ihn da.

Böll verwendet in der Erzählung ‚Wanderer, kommst du nach Spa...' das Mittel der Satz- und Motivwiederholung anders. Eindringlich und von starker Wirkung ist der Kernsatz der Erzählung:

„Siebenmal stand es da: in meiner Schrift, in Antiqua, Fraktur, Kursiv, Römisch, Italienne und Rundschrift; siebenmal deutlich und unerbittlich: Wanderer, kommst du nach Spa ..."

Das Stilmittel der Wiederholung dient hier nicht zur Charakterisierung einer Person, sondern eines Unterrichtsverfahrens, und dieses zur Charakterisierung eines politischen Propagandasystems. So mechanistisch, geistlos das Unterrichtsverfahren, so gewaltsam, primitiv, einhämmernd die sich dahinter verbergende Ideologie. Der Satz demonstriert, wie im Dritten Reich die Lehre vom Tod für das Vaterland mit allen Mitteln der Propaganda der Jugend nahegebracht wurde. Der Junge, der acht Jahre hindurch das humanistische Gymnasium besucht hat, an die Front geschickt wird und nun nach dreimonatiger Abwesenheit als ein Zu-Tode-Verwundeter wieder in die inzwischen in ein Lazarett verwandelte Schule zurückkehrt, findet nicht eine Erinnerung an ein erfreuliches Schulerlebnis. Die Schule sollte der Ort der geistigen Entwicklung, des Sich-selbst-Findens sein: Für unseren Verwundeten ist sie der Sammelplatz einer unechten Humanität, einer falschen Vaterlandsliebe, einer gefährlichen Weltanschauung, ein Ort des Abscheus.

Wie stellt der Verfasser diesen Sachverhalt dar? Er läßt den Verwundeten die Treppen hinauf in den Zeichensaal tragen und dabei die aufgestellten Büsten und Bilder repräsentativer Personen beschreiben.

„Eine Nachbildung des Parthenonfrieses in Gips, gelblich scheinend, echt antik."

„Da war das besonders schöne, besonders große, besonders bunte Bild des alten Fritzen mit der himmelblauen Uniform, den strahlenden Augen und dem großen, golden glänzenden Stern auf der Brust."

„Das Kriegerdenkmal mit dem großen, goldenen eisernen Kreuz obenauf und dem steinernen Lorbeerkranz."

„Die drei Büsten von Cäsar, Cicero, Marc Aurel, brav nebeneinander, wunderbar nachgemacht, ganz gelb und echt, antik und würdig."

„Die große Zeusfratze über dem Eingang zum Zeichensaal."

Die Wortwiederholungen wirken wie der Aufschrei eines Menschen, der nicht weiß, wo er einen Halt finden kann. Bezeichnend ist, daß der Verfasser den Schwerverwundeten mehrmals schreien läßt. Nicht einmal das übertünchte Kreuz spendet Trost. Sachlich, ohne Wärme, wenn auch mit Genugtuung, berichtet er, daß es nicht gelungen sei, das Kreuz zu beseitigen: „Sauber und schön blieb das Kreuzzeichen auf der verschossenen Tünche der Wand." Fragen wir, was an dieser Schule nicht verurteilt wird, so finden wir es wiederum, wenn wir den Wiederholungen nachgehen. Es ist dies die Gestalt des Hausmeisters und das graue Hausmeisterstübchen, in dem der Schüler Milch getrunken und gelegentlich eine Zigarette geraucht hat:

„... es konnte doch nicht wahr sein, daß ich vor drei Monaten noch hier gesessen, Vasen gezeichnet und Schriften gemalt hatte, daß ich in den Pausen hinuntergegangen war mit meinem Marmeladebrot, vorbei an Nietzsche, Hermes, Togo, Cäsar, Cicero, Marc Aurel, ganz langsam bis in den Flur unten, wo die Medea hing, dann zum Hausmeister, zu Birgeler, um Milch zu trinken, Milch in diesem dämmerigen kleinen Stübchen, wo man es auch riskieren konnte, eine Zigarette zu rauchen, obwohl es verboten war. Sicher trugen sie den, der neben mir gelegen hatte, unten hin, wo die Toten lagen; vielleicht lagen die Toten in Birgelers grauem kleinen Stübchen, wo es nach warmer Milch roch, nach Staub und Birgelers schlechtem Tabak ..."

Die Erzählung schließt:

„... er hielt mich an den Schultern fest, und ich roch nur den brandigen, schmutzigen Geruch seiner verschmierten Uniform, sah nur sein müdes, trauriges Gesicht, und nun erkannte ich ihn: es war Birgeler. ‚Milch' sagte ich leise ..."

Von dem Verwundeten aus gesehen ist dieses letzte Wort „Milch" ernst gemeint: Zeichen, daß er Birgeler erkennt und sich an die bei ihm verbrachten Augenblicke erinnert. Vom Verfasser aus gesehen ist es wohl bitter ironisch: Mehr hat ihm die Schule nicht gegeben. Das Wort hat eine doppelte Bedeutung.

Es ist nicht Aufgabe der Schüler, alle Besonderheiten der Form an den Kurzgeschichten zu erarbeiten, sondern nur die charakteristischen. Auch wurden und werden Kurzgeschichten geschrieben werden, die andere Formmerkmale aufweisen. Immer werden wir daher die Schüler anweisen, sich bei der Deutung nicht an ein Rezept zu klammern, sondern jedes einzelne Werk auf seine einmalige Sprachform und Bauform hin zu befragen. Lehrbar ist bei dem Geschäft der Auslegekunst lediglich das funktionale Sehen, das Achten auf die Baugesetzlichkeit eines Werkes.

b) Das Verfahren im Unterricht

1. Das Rahmenthema für Schüleruntersuchungen

Da in der Kurzgeschichte artbestimmende Formelemente erkennbar und für Schüler auffindbar sind, lassen sich folgende Einzelaufgaben formulieren:

Welche konkreten Sachgegenstände werden in einer Erzählung aufgeführt, und welche Bedeutung haben sie innerhalb der Geschichte?

Welche Bedeutung haben die Wort-, Satz-, Motiv- und Handlungswiederholungen?

Beispiele der Ironie sind zu untersuchen. Wer oder was wird ironisiert? Woran erkennt man die ironische Absicht? Mit welchen sprachlichen Mitteln wird die Ironie ausgedrückt?

Hat die Erzählung einen Kern- und Wendepunkt? Was bewirkt die Wendung im äußeren Handlungsverlauf und was die innere Wandlung im Menschen?

Was zeichnet die Hauptperson gegenüber den übrigen Personen der Erzählung aus? Verhält sie sich aktiv oder passiv in der Geschichte?

Solche Einzeluntersuchungen können Schüler unter Anleitung selbständig durchführen. Dabei bedienen wir uns nach Möglichkeit des arbeitsunterrichtlichen Verfahrens: Je 3—5 Schüler übernehmen eine Aufgabe und tragen das Ergebnis ihrer Untersuchung der Gesamtheit vor.

2. Borchert: ‚Nachts schlafen die Ratten doch'
im 8. Schuljahr. Erarbeitung im Unterricht ohne vorherige häusliche Lektüre

Vorfrage: Kann man lernen, interessante Dinge zu erleben? Eine Zeitung bringt täglich einen Kurzbericht: „Das Netteste vom Tage". Irgend jemand hat einem Mitmenschen eine Freude bereitet oder ihm Hilfe geleistet. Kann man sich dazu erziehen, selbst anderen einen Dienst zu erweisen oder Nettigkeiten anderer Menschen zu beobachten?

Die Erzählung ‚Nachts schlafen die Ratten doch' hat einen so bescheidenen Inhalt, daß wir den Vorfall an Borcherts Stelle kaum beachtet hätten. Was ist daran wichtig? Wir beginnen, an das Werk Fragen zu stellen, und unterscheiden drei Arten: Sachfragen, Verständnisfragen, Formfragen. Die erste erfordert Denken — man möchte Einzelheiten erklärt haben; die zweite Nachdenken über die Beziehungen der Menschen zueinander, über ihre Art zu sprechen und zu handeln, die dritte setzt einen Blick für das Wesentliche voraus. Nur zwei der von den Schülern aufgeworfenen Fragen seien im folgenden festgehalten:

1. Warum verrät der Junge zunächst nicht, weshalb er auf dem Schuttplatz hockt, und warum dann später doch?
2. Warum wacht er, da er doch weiß, daß sein Bruder tot ist und vorläufig nicht geborgen werden kann? Das Warten ist sinnlos.

Die erste Frage wird verdeutlicht: Der Junge ist seinen Eltern davongelaufen; ohne Pflege, ohne Bett sitzt er tagelang in einer bombenzerstörten Umgebung, nur mit einem Stück Brot und etwas Tabak versehen und einem Stock bewaffnet. Dies alles des verschütteten Brüderchens wegen. Das ablehnende Verhalten dem fremden Mann gegenüber ist leicht zu erklären: Hinter diesem Gebaren verbergen sich Mißtrauen, Kummer, das Gefühl des Alleinseins, die Haltung eines Erwachsenen. Daß der Junge sich selbst überfordert, wird aus dem Text belegt. Der alte Mann erkennt die Lage: „Worauf paßt du denn auf? ... Wohl auf Geld, was? ..." „Nein, auf Geld überhaupt nicht", sagte Jürgen verächtlich, „auf ganz etwas anderes." Später bekennt er, er wolle das Brüderchen vor den Ratten schützen. Die Ratten sind das zerstörende Element. Sie fressen auf, was unversehrt bleiben soll. Kindlicher Unsterblichkeitsglaube, nicht bewältigtes religiöses Empfinden verbirgt sich hinter dieser Haltung. Der Junge überwindet Angst, Hunger, Müdigkeit und Einsamkeit und hält Totenwache. Mit Güte und einem glücklichen Einfall gelingt es dem Alten, das Kind aus seiner Verkrampfung zu lösen und kindlich zu machen. Bedient er sich nicht einer Notlüge, wenn er behauptet „nachts schlafen die Ratten doch"? Wenn die Ratten als Inbegriff des Zerstörenden gemeint sind, dann spricht aus dem Alten der Glaube, daß es Zeiten der Geborgenheit und des Friedens gibt. Die Kaninchen sind für den Jungen der Inbegriff seiner Sehnsucht nach dem Friedlichen, Unversehrten, nach dem Kindsein.

Die Schüler stellen keine Formfragen. Wie können wir sie dazu anregen? Unser Unterrichtsgespräch darf keinen Bruch aufweisen: Formuntersuchungen sollen nicht gewaltsam gefordert, sie sollen von der Sache her als notwendig erkannt werden. Der Lehrer gibt einen Hinweis: „Borchert gibt der Erzählung die Überschrift: ‚Nachts schlafen die Ratten doch'. Haltet ihr sie für richtig, könnte man sich nicht eine andere Überschrift denken?" Damit ist die Frage nach dem Kernpunkt, dem eigentlichen Mittelpunkt gestellt. Aus ihr lassen sich viele Formfragen ableiten, z. B.: Welches ist der Wendepunkt des Geschehens? Welche Bedeutung haben die Tiere — Ratten und Kaninchen? Wie werden die Ratten und wie werden die Kaninchen eingeführt (Frage der Motivwiederholung)? Woran erkennt man Verkrampfung und Müdigkeit des Jungen, woran die Hilfsbereitschaft des Alten? Wie könnte man das Geschehen graphisch darstellen? Nicht alle diese Fragen werden erörtert, wohl aber lernen die Schüler selbst, in dem Verhältnis von Ratten und Kaninchen das zentrale Thema der Erzählung zu erkennen: Die Kaninchen sind Zeichen für eine friedliche, die Ratten für eine zerstörerische Welt. In dem Augenblick, da der Junge um ein Kaninchen bittet, löst sich in ihm die Verkrampfung.

Wir könnten die Erzählung folgendermaßen aufzeichnen:

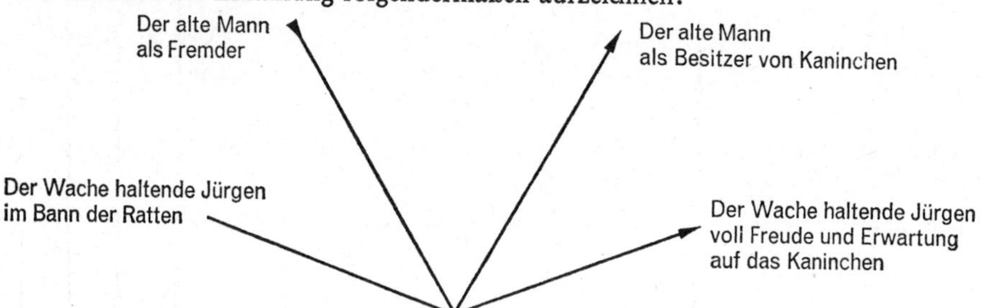

Der Wendepunkt der Erzählung ist der Augenblick, da Jürgen sich auf ein Kaninchen zu freuen beginnt.

3. Böll: ‚Mein trauriges Gesicht' (im 10. oder 11. Schuljahr)

Das Ziel der Stunde wird als Leitfrage für die häusliche Vorbereitung diktiert: Wie zeichnet Böll den Staat? Welche Worte und Sätze in der Geschichte sind ernst, welche ironisch, humorvoll, bewußt doppeldeutig gemeint?

Erster Schritt der Untersuchung. Der Polizist: Er ist als Vertreter der Staatsallmacht die beherrschende Gestalt. Er fragt nicht, ob die Gesetze sinnvoll sind, er überwacht ihre Durchführung. Er kennt keine menschliche Regung dem 'Delinquenten' gegenüber. Der Bürger hat keine Rechte. Recht hat der Gesetzgeber ... Kennzeichnend für den Staatsabsolutismus sind die staatliche „Liebeskaserne", die das Geschlechtsleben, und die staatliche Kneipe, die den Bierkonsum reglementieren; ferner die Parole des derzeitigen Staatschefs: „Glück und Seife".

Eine Frage wird durch die Erzählung angeregt: Ist es unvermeidbar, daß der absolute Staat zu einer Mechanisierung des kulturellen und des persönlichen Lebens führt? Die Begründung ergibt sich aus unserer Erzählung: Die herrschende Partei erklärt sich als Beauftragte und Vollstreckerin des Volkswillens. Sie erhebt ihr politisches Programm zu einem weltanschaulichen Bekenntnis. Jedes Gesetz wird zum Dogma erhöht. Gesetze regeln nicht nur das äußere Zusammenleben der Menschen, sondern greifen in den privaten Bezirk der Bürger ein. Die Gesetze müssen nicht nur erfüllt, sie müssen auch als richtig und das Volkswohl fördernd geglaubt und bezeugt werden (Belege aus der Erzählung.). Darüber hinaus verkündet der Staat noch, daß Freiheit und Demokratie die Grundlagen des Staates seien. Wer es wagt, eine andere Meinung, einen persönlichen Glauben, ein Gewissen oder eigenen Geschmack zu haben, wird als Widersacher des Staates abgeurteilt. Die Folge ist die Furcht der Bürger. Wenn der Staat darüber hinaus den Zwang noch als Freiheit ausgibt und als solche von den Bürgern bezeugt und verherrlicht wissen will, so verkehrt er die Worte in ihr Gegenteil: Lüge und Wahrheit, Zwang und Freiheit. Er zwingt die Bürger zur Maske und zur Unwahrhaftigkeit. Der Mißbrauch der Sprache ist das Merkmal solcher Staatsallmacht.

Zweiter Schritt der Untersuchung — Der Erzähler: Wie kann ein Mensch, der so mißhandelt wird wie der Erzähler unserer Geschichte, der diese absolute Entwürdigung der Menschen kritisch und leidend beobachtet, noch den Humor aufbringen, mit dem die Geschichte schließt?

> „Ich aber muß versuchen, gar kein Gesicht mehr zu haben, wenn es mir gelingt, die nächsten zehn Jahre bei Glück und Seife zu überstehen."

Der furchtbare Inhalt der Geschichte steht in Widerspruch zu der ruhigen, humorvoll-ironisierenden Sprache der Erzählperson. Was ist Realität in der Geschichte: Das Erlebnis der Brutalität des Staates oder das humorvoll-ironisch Dargestellte? Mit dieser Frage beginnt die eigentliche Auslegung der Erzählung.

Die Sprache der Erzählperson: Der Erzähler erscheint ruhig, gleichgültig, in sein Schicksal ergeben. Sein Bericht wirkt sachlich-referierend. Kaum ein Ausdruck innerer Erregung ist festzustellen. Aber hinter der gespielten Sachlichkeit verbirgt sich beißende Ironie, Aufschrei, Empörung. Wo und wie sind solche zu erkennen?

Der Polizist sagt: „Es gibt keine Herren, wir alle sind Kameraden." Er meint es ernst und spricht ungewollt eine bittere Wahrheit aus. Die Parole des Staates macht alle Bürger gleich; es gibt keine Rang-, Standes- und Wertunterschiede. Lediglich zwei Gruppen werden unterschieden, Gehorsame und Ungehorsame. Der Grad des Gehorsams bestimmt den Wert der Bürger. Daß die herrschende Partei sich mit unbegrenzten Machtmitteln ausstattet und über die Bürger erhebt, darf niemand beanstanden. Somit will der Verfasser das Wort in dreifacher Spiegelung verstanden wissen: Der Polizist sagt es gläubig; die Erzählperson referiert es ohne Stellungnahme; der Leser aber soll die darin verborgene, unfreiwillige Selbstironisierung des Polizisten, die von ihm nicht beabsichtigte Ironisierung des Staates und die Verhöhnung der Bürger durch den Staat erkennen: „Er (der Polizist) war ernst wie ein Büffel, der seit Jahrzehnten nichts anderes gefressen hat als die Pflicht."

Kennt Böll nicht den Unterschied zwischen Pflicht und Befehl, Pflicht und äußerem Zwang? Kennt ihn unsere Erzählperson? Hier steht Pflicht für Befehl, Ausschalten jeder menschlichen Regung, Verzicht auf die Sinnfrage. Diese absichtliche Verschiebung der Begriffe wird den Schülern ohne Hilfestellung nicht klar; sie ist kennzeichnend für Bölls Sprachhaltung. Mit dem Begriff der Pflicht ist zugleich ein Verpflichtendes und ein zu etwas Verpflichteter gesetzt. Pflicht ist die Bereitschaft zum Handeln aus Erkenntnis des Rechten; sie wendet sich an das Gewissen als den Umschlageplatz zwischen Erkennen und Tun, Einsicht und Handeln. Das Gewissen — und nur das Gewissen — ist das Verpflichtende für den mündigen Menschen. Dem kategorischen Imperativ Kants (Handle so, daß die Maxime deines Willens jederzeit zugleich als Prinzip einer allgemeinen Gesetzgebung gelten könne) steht die falsche Pflichtauffassung des Polizisten gegenüber. Das politische System, die Ideologie der herrschenden Partei tritt an die Stelle des Gewissens. Wiederum will das Wort in einer dreifachen Spiegelung verstanden werden: Die Erzählperson kennt den Unterschied zwischen Befehl und Pflicht; sie paßt sich dem herrschenden, gefährlichen Sprachgebrauch an, setzt die Begriffe gleich, um die Einfalt des Polizisten, „seine braven Augen", zu charakterisieren. Der Leser aber muß den Unterschied der Wortinhalte erkennen, will er die Absicht des Verfassers wahrnehmen.

Vernichtend ist die Ironie Bölls bei der Schilderung des Schulmeisters. Von ihm müßte man Einsicht in das eigene Tun, nicht „absoluten Gehorsam", Achtung vor anderen, nicht deren absolute Mißachtung erwarten. Die Ironie wird zur Groteske, zu einer unerträglichen Anklage gegen die gebildete Schicht unseres Volkes. „Was hätte der Schulmeister tun sollen? — Notwehr? Kein Mensch kann gezwungen werden, sich selbst zu vernichten." Dagegen wird die Handlungsweise Tells bei Schiller gesetzt. Tell hätte vor dem Hut ausweichen und vor dem Landvogt schweigen können. Beides hat er nicht getan. — Unsere Stellungnahme: Böll sieht den Menschen gebrechlicher als Schiller; er zeichnet ihn, wie er ist; Schiller, wie er sein soll. Nur eine Möglichkeit bleibt der Person der Erzählung in ihrer Lage: Dem Gesetz nicht zu gehorchen und sich verhaften zu lassen. Der Unterschied zwischen gefügigem und widerwilligem Gehorsam, zwischen Umgehung des Gesetzes aus Klugheit, zielstrebigem, passivem Widerstand und offener Widersetzlichkeit wird erörtert. Wer das Erniedrigende in dem Verhalten des Schulmeisters erkennt, merkt den Hohn in der sachlichen Darstellung.

Die Übersteigerung der Groteske geht bis zum Schluß weiter:

„Sie schlugen mich alle: der Vorvernehmer, der Vernehmer, der Obervernehmer, der Hauptvernehmer, der Anrichter und der Schlußrichter, und nebenbei vollzog der Polizist alle körperlichen Maßnahmen, wie das Gesetz es befahl; und sie verurteilten mich wegen meines traurigen Gesichtes zu zehn Jahren, so wie sie mich fünf Jahre vorher wegen meines glücklichen Gesichtes zu fünf Jahren verurteilt hatten.

Ich aber muß versuchen, gar kein Gesicht zu haben, wenn es mir gelingt, die nächsten zehn Jahre bei Glück und Seife zu überstehen ..."

Wie sind diese Worte gemeint? Die Erzählperson sagt nicht: „Ich aber muß versuchen, gar kein Gesicht mehr zu haben, *damit* ich überstehen kann"; oder: „*denn ich möchte überstehen*". Er, der einzig empfindende Mensch in unserer Erzählung, kann nicht im Ernst sich um sein Gesicht, d. h. um sein Menschentum bringen wollen; er kann nicht kapitulieren. So müßte er folgerichtig sagen: „Ich aber *müßte* versuchen, gar kein Gesicht mehr zu haben, wenn ich die nächsten zehn Jahre bei Glück und Seife überstehen möchte. Ein solches Leben lohnt nicht." Dieser Inhalt ist in spielerischer Ironie ausgedrückt. Es bleibt dem Leser überlassen, ihm die Fassung zu geben, die ihm gemäß ist.

Der spielerische Charakter der Sprache, von Anfang an erkennbar, verstärkt sich gegen Schluß immer mehr. Der Vorvernehmer fragt, der Sträfling antwortet:

„Beruf?"
„Einfacher Kamerad."
„Geboren?"
„1. 1. eins", sagte ich.
„Letzte Beschäftigung?"
„Sträfling."
Die beiden blickten sich an.
„Wann und wo entlassen?"
„Gestern, Haus 12, Zelle 13."

Gewolltes Zahlenspiel, gewolltes Spiel mit Worten: Vorvernehmer, Vernehmer, Obervernehmer, Anrichter und Schlußrichter. Gewolltes Spiel liegt der ganzen Komposition zugrunde, das im vorletzten Absatz grotesk-komischen Ausdruck findet:

„Und sie verurteilten mich wegen meines traurigen Gesichts zu zehn Jahren, so wie sie mich fünf Jahre vorher wegen meines glücklichen Gesichts zu fünf Jahren verurteilt hatten."

Fassen wir das Ergebnis zusammen: Spiel, Ironie, Satire, Groteske sind gemischt. Daß er noch nicht einmal die schlimmste Form der Mißachtung der Person im Dritten Reich darstellt, weiß der Verfasser. Die groteske Übertreibung, das Absurde und Bizarre der politischen und sozialen Zustände hebt sich ab von dem sachlichen Bericht und der spielerischen Darstellung. Die Sprache bekommt einen doppelten Boden. Die Wörter erscheinen in der Spiegelung des Polizisten, der Erzählperson und des Verfassers in verschiedenartigem Licht. Manche Begriffe sind in ihr Gegenteil verkehrt. Wer nicht über dieses sprachliche Phänomen unserer Zeit nachdenkt, läuft Gefahr, sein Gesicht zu verlieren.

Dritter Schritt der Untersuchung: Warum schreibt der Verfasser diese Geschichte in solcher Übertreibung? Warum läßt er nicht einen einzigen Menschen sich aufbäumen? Selbst der Erzähler schweigt, duldet. Will er andeuten, daß der Mensch im Zeitalter der Masse Funktionär werden muß, keine Möglichkeit der Notwehr oder der Selbsthilfe hat? Die Schüler sind in der Lage, den ersten Schritt unserer Untersuchung selbständig zu tun: beim zweiten — methodisch entscheidenden — bedürfen sie der Führung. Mit dem dritten rührt der Lehrer vorsichtig die literarische und menschliche Wertfrage an. Das Verhältnis von Inhalt und Sprachform haben wir untersucht, um das eigentlich Gemeinte zu erkennen. An dieser Kurzgeschichte können wir das Wesen der Satire verstehen lehren.

4. Marie Luise Kaschnitz: ‚Popp und Mingel'

Verfahren: Nach häuslicher Vorbereitung erarbeiten sich die Schüler versuchsweise in etwa 20 Minuten in Gruppen (1) das Geschehen, (2) die Charakteristik des Jungen und dessen Verhalten zur Umwelt, (3) den Aufbau der Erzählung, (4) Merkmale der Sprache, (5) die Einheit von Inhalt und Form. Die eigentliche Interpretation wird jedoch erst in dem anschließenden integrierenden Unterrichtsgespräch unter Führung des Lehrers geleistet.

(1) Geschehen: Ein entwicklungspsychologisch bedeutsamer Schritt, der plötzliche Übergang von der späten Kindheit in die erste Phase der Pubertät wird bei einem Jungen (einem Schlüsselkind) durch ein Ereignis am Nachmittag vor Allerseelen ausgelöst. Der Junge erzählt die Geschichte sich selbst in einem inneren Monolog, wobei er die Motive seines Handelns und sein Verhältnis zur Umwelt mitbedenkt. Das Ineinander zweier Entwicklungsstufen stellt sich dar als Ineinander zweier Bewußtseinsebenen. Dies macht die Eigenart der Erzählung aus.

Um die Stunden des Alleinseins zu überbrücken, hat er sich aus wertlosen Sachen ein Spielzeug geschaffen. Da spielt er mit Vater, Mutter und Geschwistern. Als er am Nachmittag vor Allerseelen von der Schule nach Hause kommt, an dem Hund vorbei in die Wohnung und in das nicht geordnete Schlafzimmer eintritt, räumt er auf, ißt Kartoffeln und sucht sein Spielzeug. Vergebens. Er leert den Mülleimer, wirft Seidenpapier auf den Herd und brennt das Gas an. Die Gardinen fangen Feuer. In dem Augenblick kommt der Vater nach Hause. Aufgescheucht beschäftigen sich die ratlosen Erwachsenen, vor allem die Mutter und ein Psychologe, mit dem Jungen. Dieser verschweigt ihnen seine Gefühle und Motive.

(2) Charakteristik des Jungen. Sie wird durch das Verhältnis von direkter (bewußter, reflektierter) und indirekter (unbewußter, ungewollter) Selbstaussage gekennzeichnet.

Der Junge ist noch Kind. Belege: Die Angst vor dem großen Hund gesteht er sich nicht ein. „Scheißhündchen" sagt er nicht, wie er meint, um ihn zu ärgern, sondern um sich Mut und Überlegenheit zu suggerieren. Der Wohnungsschlüssel am Wäscheband um den Hals. Er wünscht sich die Mutter krank, seiner Pflege allein anvertraut. Das Familienspiel offenbart seine Einsamkeit und seine Entwicklungsstufe. Dabei spielt er die Rolle, die ihm die Eltern vorenthalten: Kindsein mit Vater, Mutter und den nicht vorhandenen Geschwistern. Ungewollte Selbstenthüllung ist dabei die Bemerkung: „man wird verstehen, daß ich da nicht auf den Hof wollte".

Der Junge ist nicht mehr Kind. Belege: Seine Reflexion über das Geschehen. Er ist für das Spielzeug „wahrscheinlich längst zu alt". Das Feuer hat er angezündet, weil plötzlich der Drang nach neuer Betätigung, Gefahr, Abenteuer erwacht. Er wird nunmehr zu der Jungenbande gehen und „mit der Zeit Geschmack daran finden", wenn sie

„Schaufenster kaputtschmeißen". „Mit einem Mal" kommt ihm zum Bewußtsein, „daß man kein Kind mehr ist."

(3) Aufbau: Der Wechsel von Reflexion und Bericht, der den Aufbau bestimmt, vollzieht sich in folgenden Schritten:

1. Halbbewußte Reflexion über sich und das mangelnde Verständnis der Erwachsenen, vor allem der Mutter und des Psychologen, die ihn nach den Motiven seines Tuns ausfragen;
2. Bericht über die Rückkehr in die Wohnung, gemischt mit Reflexion über die Eltern und deren gegenseitiges Verhalten;
3. halbbewußte Reflexion über das Verhör der Erwachsenen;
4. Bericht über sein Familienspiel;
5. Bericht über die Suche nach dem fehlenden Spielzeug, gemischt mit Reflexion über die Motive seines Handelns. Reflexion über sich und Darstellung des Herdbrandes;
6. Erkenntnis, daß er kein Kind mehr ist.

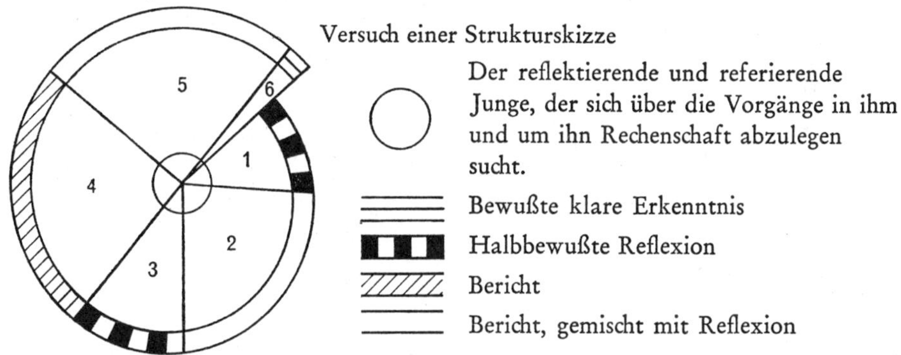

(4) Sprache: Das Wesen des inneren Monologs erklären wir an dieser Geschichte: Der Text ist „eine Art Monolog"; aber er wird nicht gesprochen, sondern nur gedacht. Der Wechsel zwischen Erkenntnis, halbbewußter Reflexion und genauem Bericht über den Vorgang spiegelt sich in dem Wechsel zwischen indirekter Rede, direkter Rede, die nicht als solche gekennzeichnet wird, Aussagen in Ich- und Man-Form. Viele Sätze sind nicht nach den Regeln der Grammatik geordnet und haben dennoch ihre innere Logik. Diese Logik gilt es zu erfassen. Wir beschränken uns im folgenden auf den ersten und die beiden letzten Sätze.

Der erste Satz lautet:

„Noch immer fragen sie mich alle, wie das gekommen sei, neulich am Tag vor Allerseelen, und warum ich das getan hätte."

Indirekte Rede: „Noch immer fragen sie mich alle, wie das gekommen sei". Erläuterung des Sprechers (oder sogar der Autorin): „neulich am Tag vor Allerseelen". Dieser Teil des Satzes, adverbiale Bestimmung der Zeit, ist nicht ein Teil der indirekten Rede, nicht Frage der anderen an den Erzähler, sondern vielmehr eine Erläuterung des Sprechers. Der Satz ist indirekte Rede, Erläuterung und Bericht zugleich.

Die beiden letzten Sätze übertragen wir, um den Unterschied zwischen der Sprachhaltung des Sprechers und der grammatisch gewohnten üblichen Sprechweise deutlich zu machen, in normale Alltagssprache. Die Änderungen und Einschübe, die wir dabei vornehmen, werden unterstrichen.

Das Original	Übertragung in Alltagssprache
... ich mag sie (die Eltern) gern. Nur daß es eben gewisse Sachen gibt, die man ihnen nicht erzählen kann, nur aufschreiben und dann wieder zerreißen, wenn man allein zu Hause ist, und es wird schon dunkel, und unten pfeifen die Jungens von der Bande, und noch ein paar Minuten, dann macht man das Fenster auf und ruft, ich komme, und dann geht man die Treppe hinunter, die Hände recht forsch in den Hosentaschen, vorbei an der Nixe, die hat einem früher sehr gefallen, aber jetzt weiß man mit einem Mal, daß man kein Kind mehr ist.	... ich mag sie (die Eltern) gern. Nur gibt es eben gewisse Sachen, die man ihnen nicht erzählen kann, Sachen, die man aufschreibt, wenn man allein zu Hause ist. Aber dann zerreißt man das Geschriebene wieder. Jetzt bin ich allein. Es wird schon dunkel. Aber ich schreibe nichts auf. Unten pfeifen die Jungens von der Bande. Ich werde wohl zu ihnen hinunter gehen. Wenn noch ein paar Minuten vergehen, dann bin ich des Alleinseins müde, mache das Fenster auf und rufe: „Ich komme." Dann gehe ich die Treppe hinunter, die Hände recht forsch in den Hosentaschen, vorbei an der Nixe, die mir früher gut gefallen hat, aber jetzt nicht mehr gefällt; denn jetzt weiß ich mit einem Mal, daß ich kein Kind mehr bin.

Durch die Gegenüberstellung der beiden Fassungen wird der Unterschied zwischen gedachtem und tatsächlich gesprochenem Monolog, zwischen halbbewußter und bewußter Sprache sinnfällig. Die Schüler begreifen, daß die langen Sätze, bei denen die Satzteile ineinander verfließen, Ausdruck eines Bewußtseinsstroms sind. Die beiden letzten Sätze des Originals bestehen aus: Aussage in Ich-Form; Einschränkung der Aussage in Man-Form; Erläuterung des eigenen Verhaltens vor sich selbst in Man-Form; Feststellung („es wird schon dunkel") als Ausdruck für das Empfinden des Alleinseins; Aufnahme des von der Bande kommenden Signals; Reflexion über die eigene vermutliche Entscheidung in Man-Form; nicht gekennzeichnete direkte Rede („ich komme"), gesprochen von „man"; Vorwegnahme des kommenden Handelns in Man-Form („man geht die Treppe hinunter"); Reflexion über die frühere Einstellung zur Nixe; Erkenntnis über den Eintritt einer neuen Entwicklungsphase in-Man-Form.

In unserer Umformung verwenden wir häufig die Ich-Form. Dadurch verändern wir den Bewußtseinsvorgang bei dem Jungen. Das „Man" meint etwas anderes als das „Ich": Wir zwölfjährigen Jungen von heute, wir Kinder von Müttern, die um einer Musiktruhe willen uns vernachlässigen, wir Buben, die der Straße ausgeliefert sind. Das „Man" schafft scheuen, schüchternen Abstand, eine Verhaltenheit der Aussage, die der Stufe der Vorpubertät eigen ist.

(5) Die Einheit von Inhalt und Form. Zu klären ist, inwiefern die Aussageabsicht der Erzählung die Sprachhaltung des Erzählers (Satzbau, Tempus, Modus, Wortschatz, Sprachbilder), die Form der Charakteristik des Jungen (Charakteristik durch Bericht, durch Handlungen, durch Reflexion), den Aufbau der Erzählung (Steigerung der Bewußtheit über das Geschehen bis zur klaren Erkenntnis am Schluß) und die Form der Kurzgeschichte bedingt. Die Antwort finden die Schüler: Die Verfasserin versetzt sich ganz in die Gedanken und Empfindungen des Jungen, enthüllt mit der Darstellung des Geschehens zugleich die Motive und Folgen des Handelnden, die diesem selbst nur zum

Teil bewußt sind. Ihre Absicht ist, im Verlauf des Monologs und durch diesen eine stärkere Bewußtseinserhellung in dem Jungen zu erreichen und zugleich eine genaue Information des Lesers über die psychischen Vorgänge zu vermitteln.

c) Einführung in die Darstellungsweise Kafkas

Junge Menschen erfassen oft neue Darstellungsformen der Literatur und Bildenden Kunst rascher als Erwachsene. Dennoch kann der Lehrer den Zugang erleichtern. Zwei Wege haben wir, um in die Erzählungen Kafkas einzuführen: 1. Wir erklären die Technik der Verfremdung am Beispiel der Umgangssprache. Auch in ihr gibt es viele verfremdende Redewendungen. 2. Wir vergleichen eine Kurzgeschichte Kafkas mit einer von Brecht oder Borchert.

1. Redensarten oder überraschende Neuprägungen

„Er geht mit dem Kopf durch die Wand." „Er geht die Wand hoch." „Er ist außer sich." „Er verkriecht sich in ein Mäuseloch." Oder: „Pack den Tiger in den Tank", ein Reklameschlager. Weil uns der Sinn dieser Prägungen bekannt ist, übersehen wir ihre eigenartige Sprachform. Dieselbe Erscheinung haben wir in der modernen Lyrik und Prosa. Wie verfährt die Sprache? Sie verwendet ein sinnenhaftes Bild, um unsinnliche Vorgänge, Zustände, Erscheinungen anschaulich zu machen. Niemand faßt die Redensarten wörtlich auf. Versuchen wir es, so erhalten wir ein „surrealistisches" Sprachgebilde.

Wir erfinden in der Klasse zwei solche Geschichten — ein reizvolles Spiel für die produktive Phantasie.

Die Redensart „Er geht die Wand hoch" nehmen wir wörtlich und erfinden dazu einen Anlaß und einen Handlungsablauf. Das Wort meint: Er ist empört, entrüstet über eine Bemerkung, eine Aufforderung, einen Tadel, ein Ereignis. Wer aber an der Wand hochgeht, wird abstürzen, sein Zornausbruch wird in sich zusammensinken. Aus dem Ausbruch und dem In-sich-Zusammensinken machen wir eine Geschichte.

Absturz

Er saß am Schreibtisch und schrieb: Die Welt muß besser werden. Er kannte das Rezept. Man mußte es nur allen Menschen mitteilen. Da klingelte es. Ein Polizist trat herein und überreichte ihm einen dienstlichen Brief. Mißtrauisch öffnete er ihn: Strafanzeige. Eine leichte Körperverletzung, die er beim Autofahren einem Kinde zugefügt hatte, habe zu dessen Tode geführt. Unmöglich! — „Sie sind verhaftet", erklärte der Schutzmann. Er starrte den Mann in Uniform an. Die Welt drehte sich im Kreise. Wo war oben, wo unten? Wo war er? Blitzschnell kletterte er die Wand empor, durch die Decke, auf das Dach, auf das höchste Gebäude der Stadt. Dort sah er die Welt, die auf sein Rezept wartete. — „Kommen Sie mit", sagte der Polizist ruhig, „Sie haben Pech gehabt." Da stürzte er ab, dem Schutzmann vor die Füße. Dieser packte ihn und trug ihn fort.

Was haben wir gemacht? — Einen innerseelischen Vorgang mit Hilfe von grell sinnenhaften Redensarten nach außen projiziert, eine groteske Geschichte erfunden, die nicht wörtlich zu nehmen ist: Eine verschlüsselte Erzählung, eine Parabel, ein Gleichnis für einen Mann, der in „höheren Regionen" schwebt und der empirischen

Wirklichkeit nicht gewachsen ist. Nach dieser Technik sind die 'dunkeln' Erzählungen Kafkas und die 'dunkeln' Gedichte der Moderne gemacht. Eigentlich kommt die Verfremdung dadurch zustande, daß die Partikel „gleichsam", „als ob" fehlt: „Ihm war, als ob sich die Welt drehte" usw.

Der Slogan „Pack den Tiger in den Tank" vergleicht das Benzin mit einem springenden, elastischen, kraftsprühenden Tiger.

> Benzin ist so kraftvoll *wie* ein Tiger (Vergleich)
> Benzin *ist* ein Tiger (Metapher)
> Der Tiger sitzt im Tank (Zeichen, Chiffre)

Unsere Geschichte:

Das Autounglück

Wo? Da, im Tank sitzt er! Er brüllt, tobt, faucht: „Laß mich los, oder ich falle über dich her!" Von Angst gepeitscht, rast der Fahrer davon. 140 km. Rascher! Der Tiger keucht. Feurige Blitze schießen aus seinen Augen. Er springt dich an. Ducke dich! Der Ast über dem Weg! Und mit höllischem Krach stürzt der Tiger aus dem Tank in den Wald.

Innerseelische Vorgänge, Ängste, Erregungen, Erschütterungen, außergewöhnliche Vorgänge der modernen Technik lassen sich mittels dieser „Technik der Darstellung" erfassen.

2. Vergleich von Kafkas Erzählung ‚Vor dem Gesetz' mit Borcherts ‚Küchenuhr'
Wir überprüfen die konkreten Angaben in beiden Erzählungen:

	Borchert	Kafka
Ort der Handlung:	zerbombte Stadt	Vor dem Gesetz (!)
Zeitpunkt der Handlung:	Zweiter Weltkrieg	immer
Beschreibung der Hauptperson:	20 Jahre alt, ganz alter Gesichtsausdruck	ein Mann vom Lande, Türhüter in Pelzmantel mit großer Spitznase, Bart
Gegenstände mit genauer Beschreibung:	Küchenuhr, Bank	—
Was löst die Handlung aus?:	Bombe, Tod der Mutter, zerstörte Küchenuhr	Wunsch des Mannes vom Lande
Was bringt die Steigerung?:	Verhalten der Menschen auf der Bank	Unerbittlichkeit des Türhüters
Wie kommt die Auflösung?:	Wird angedeutet: die Erschütterung löst sich	keine Auflösung
Wichtige Sprachbilder:	Paradies, Küchenuhr kaputt, halb drei, „sah auf die Schuhe"	Gesetz, Tor zum Gesetz, die Türhüter, Flöhe

Konkrete Angaben finden wir bei Kafka weit weniger als bei Borchert, und diese wenigen haben eine *andere Bedeutung* als bei jenem. Kafka schildert zwar auch anschaulich, aber sein Thema ist *abstrakt*: Der Mensch vor dem Gesetz, d. h. im Angesicht dessen, was ihm als Auftrag, als Schicksal, als das unbedingt Gültige 'gesetzt' ist. Das Befremdende ist: *Dieses Abstraktum „Gesetz" be-*

handelt Kafka als Konkretum: „Vor dem Gesetz steht ein Türhüter." Das Gesetz wird als Burg oder als Schloß verstanden: „Von Saal zu Saal stehen aber Türhüter." Während Borchert einen Vorgang der empirischen Wirklichkeit realistisch schildert, beschreibt Kafka eine Ursituation des Menschen als konkreten Vorgang. Dazu verwendet er sinnenkräftige, z. T. sogar naturalistische Sprachmittel (Türhüter mit der Spitznase und dem langen, dünnen, schwarzen tatarischen Bart) und Märchenmotive (Mann vom Lande bittet die Flöhe, ihm zu helfen).

Die Eigenart der Kafkaschen Darstellung besteht darin, daß er unsinnliche Vorgänge sinnenkräftig, als handle es sich um sinnliche Vorgänge, darstellt und dazu auch die Erzählhaltung des Märchens verwendet. Sicher hat Kafka seine naturalistischen Bilder mit Bedacht gewählt. In der Zeichnung des Türhüters erkennen wir einen Angehörigen der mosaischen Gesetzesreligion, wie sie Kafka vielfältig in Prag beobachtet hat, und in der Bitte des Mannes vom Lande an die Flöhe eine Übertreibung östlicher Gewohnheiten.

Haben wir diese Eigenart Kafkascher Darstellungsweise an einem Beispiel erfaßt, so fällt es nicht schwer, den Sinn seiner Erzählungen durch genaue Analyse der Sprachform zu finden.

VI. Literatur und Gesellscaft: ‚Der geteilte Himmel' von Christa Wolf

Soziologische Fragestellungen erscheinen den Jugendlichen heute lohnender als ästhetische. Die Literatursoziologie befaßt sich mit dem Wechselbezug dreier Faktoren: Gesellschaft — Autor — Werk.

1. Wie wirkt die Gesellschaft auf den Autor? Üben politische, wirtschaftliche, weltanschauliche Machtgruppen einen politisch-ideologischen oder ökonomischen Druck aus? Betrachtet sich der Autor als Korrektor, Kritiker, Reformer, Revolutionär oder als Außenseiter der Gesellschaft? Wird er von ihr ausgezeichnet, nicht beachtet, vertrieben, verfemt?

2. Welche Themen gestaltet der Autor in seinem Werk, und wie verfährt er? Gleichgültig, ob er als politisch-weltanschaulicher Aktivist der littérature engagée für oder wider das bestehende System schreibt oder ob er neutrale, allgemein-menschliche Themen darstellt, immer ist er Repräsentant der Gesellschaft und abhängig von seiner Zeit. So erkennen wir heute Storm als Vertreter des nationalen Bildungsbürgertums des 19. Jahrhunderts, Thomas Mann als Vertreter einer liberalistisch-sozialistischen Bildungsaristokratie, Peter Weiss als Sprecher für eine neomarxistische Gesellschaftsverfassung. Der Zweite Weltkrieg, Erkenntnisse der Soziologie und der Kybernetik bestimmen das Denken vieler Schriftsteller der Gegenwart.

3. Welchen Einfluß übt das Werk auf die Gesellschaft aus? Welche Kreise nehmen es auf, welche finden darin eine Bestätigung, eine Herausforderung oder eine Anklage? Welche Kreise nehmen die Werke von Böll, Grass, Enzensberger an, welche halten sie

für gefährlich? Wie stellen sich die Menschen der Bundesrepublik zur Literatur der DDR und umgekehrt?

Da der Bezugspunkt unseres Unterrichts die Gegenwart ist, führen wir auf der Mittelstufe einen Lehrgang über das Thema ‚Literatur und Gesellschaft' durch. In den Mittelpunkt stellen wir Schriftsteller der DDR, eines durch Parteiideologie gelenkten Staates. Wir erörtern die Stellung des Schriftstellers zur Gesellschaft in Ost und West und beleuchten die beiden verschiedenen Formen des Verhältnisses von Staat und Schriftsteller.

a) Einführung in die Thematik

Christa Wolfs Roman ‚Der geteilte Himmel' zählt in der DDR zu den Bestsellern, im Westen zu den namhaften Sprachwerken der Gegenwart. Für Schüler des 10. Schuljahrs ist er spannend und verstehbar. In Absprache mit dem Fach Sozialwissenschaft oder Geschichte und unter Einbeziehung der beiden Verfassungen sowie programmatischer Schriften zu dem Thema Literatur und Gesellschaft führen wir den Lehrgang durch, in dessen Mittelpunkt wir den Roman stellen, weil er das Zentralproblem der Deutschen — politische Spaltung, sozialistisches und kapitalistisches Gesellschaftsbewußtsein, sozialistischer und kapitalistischer Humanismus — zum Thema hat.

Je nach Reifegrad und Leistungsstand der Klasse beginnt oder endet die Unterrichtseinheit mit der Vorführung des gleichnamigen Films. Der Lehrer und eine Expertengruppe aus der Klasse geben eine kurze Inhaltsangabe und führen in die soziokulturelle Problematik im geteilten Deutschland ein.

Inhalt: Die Lehrerstudentin Rita Seidel, 1940 geboren, Vertreterin der jungen sozialistischen Generation, und der Chemiker Manfred Herrfurth, 1930 geboren, Vertreter einer älteren, bürgerlichen Generation, stehen im Mittelpunkt des Geschehens, das die Geschichte der Verbindung und der Trennung der beiden mit der sozialen, ökonomischen und politischen Entwicklung des Landes unlösbar verknüpft. Manfred flieht im August 1961 nach Westberlin; Rita begeht in einem Schwächeanfall einen Selbstmordversuch. Der Roman setzt nach dieser Tat mit ihrem Erwachen im Krankenhaus ein und schildert retrospektiv in einem inneren Monolog während eines zweimonatigen Sanatoriumsaufenthaltes die Ereignisse der letzten Jahre. Im Prozeß des Nacherlebens, der Reflexion und der Selbstanklage sowie der Bewertung des Geschehens findet sie Mut und Kraft zum Neubeginn. Der Erkenntnisprozeß wird zum Genesungsprozeß. Zwei Zeitstufen blendet der Roman ineinander. In der Erinnerung wird die Vergangenheit in die Gegenwart der fortschreitenden Genesung hereingeholt.

Motivation: Die westdeutsche Jugend tut gut daran, sich ein objektives Bild vom politischen Wollen und literarischen Schaffen der Menschen jenseits der Mauer zu verschaffen: Wird es in Zukunft zwei autonome deutsche Staaten aufgrund einer Volksabstimmung geben, oder ist eine Überbrückung der politischen, ideologischen und soziokulturellen Gegensätze möglich? Wie ließe sich die Spaltung geschichtlich, politisch und kulturell rechtfertigen? Entstehen tatsächlich zwei deutsche Sprachen, Literaturen, Gesellschaftssysteme, oder sind die Deutschen in Ost und West lediglich die Opfer zweier politischer Machtblöcke, die ihre Interessengrenzen mitten durch Deutschland ziehen? Das politische Verhalten des einzelnen wird durch die Beantwortung dieser Fragen bestimmt.

Sprache und Literatur werden in diesem Zusammenhang plötzlich zum Gradmesser der geschichtlichen Auseinandersetzung: Besteht für den Schriftsteller der DDR das Recht auf freie Meinungsäußerung und individuelle Entfaltung? Ist ‚Der geteilte Himmel', der zwar harte Kritik am System übt und dennoch sich für den Sozialismus entscheidet, ideologische Tendenzliteratur oder autonome Dichtung? Was könnte die Bevölkerung des Ostens hindern, sich für den Westen zu entscheiden, und was die des Westens, einen liberalen und demokratischen Neosozialismus zu verwirklichen? Ließe sich eine Annäherung beider Teile Deutschlands auf dem Boden eines liberalen Sozialismus denken?

Arbeitsprogramm: Die Schüler erhalten Auszüge aus dem Grundgesetz der BRD und der Verfassung der DDR [1], aus Walter Ulbrichts Schrift ‚Über die Entwicklung einer volksverbundenen sozialistischen Nationalkultur' [2], sowie aus anderen offiziellen Äußerungen [3]. Die Arbeitsaufträge zur Analyse des Romans werden in der ersten Stunde nach Lektüre des Eingangskapitels verteilt. In einem ersten Arbeitsgang betrachten wir die Auszüge aus den theoretischen Texten ohne häusliche Vorbereitung, um Zeit für die Lektüre des Romans zu gewinnen. Im zweiten Arbeitsgang wird der Roman im Unterricht analysiert. Im dritten Arbeitsgang erfolgt die Diskussion der aufgeworfenen Fragen in Form eines Rund- oder Streitgesprächs unter Einbeziehung der theoretischen Texte.

b) Literatur und Gesellschaft in den beiden Teilen Deutschlands

Stimmt die These vom 'freien Westen' und vom 'Zwangsstaat der DDR'? Besteht im Westen tatsächlich die unbegrenzte Freiheit der Meinungsäußerung, und wie ist die Begrenzung dieser Freiheit in der DDR zu verstehen? Wieweit darf hier und dort die Kritik am Staat, an den Parteien, an den mächtigen Interessengruppen gehen? Welchem Zwang unterliegt der Schriftsteller hier wie dort; welchen Auftrag hat er, und wer erteilt ihm den Auftrag? Zur Erörterung dieser Fragen ziehen wir Berichte aus Tageszeitungen über das Verhältnis von Schriftstellern und Staat in der DDR, in der CSSR, in der UdSSR, ferner einzelne Paragraphen der Verfassungen und offizielle Verlautbarungen zu Rate. Ein völlig objektives Bild können wir nicht erhalten, aber wir werden auf die Problematik aufmerksam.

in der BRD	in der DDR
Grundgesetz der BRD vom 23. Mai 1949	*Verfassung der DDR vom 6. April 1968*
Art. 1 (1) Die Würde des Menschen ist unantastbar. Sie zu achten und zu schützen ist Verpflichtung aller staatlichen Gewalt. Art. 2 (1) Jeder hat das Recht auf die freie Entfaltung seiner Persönlichkeit, soweit er nicht die Rechte anderer verletzt und nicht	Art. 1 Die Deutsche Demokratische Republik ist ein sozialistischer Staat deutscher Nation. Sie ist die politische Organisation der Werktätigen in Stadt und Land, die gemeinsam unter Führung der Arbeiterklasse und ihrer marxistisch-leninistischen Partei den Sozialismus verwirklichen ...

[1] Ulbrichts Grundgesetz, Die sozialistische Verfassung der DDR. Mit einem einleitenden Kommentar von Dietrich Müller-Römer, Köln [4]1968.

[2] Dietz Verlag, Berlin 1964.

[3] Siegfried Dübel: Dokumente zur Jugendpolitik der SED. Juventa Verlag, München [2]1966.

gegen die verfassungsmäßige Ordnung oder das Sittengesetz verstößt.

Art. 2 (2) ... Der Mensch steht im Mittelpunkt aller Bemühungen der sozialistischen Gesellschaft und ihres Staates ...

Art. 4 (1) Die Freiheit des Glaubens, des Gewissens und die Freiheit des religiösen und weltanschaulichen Bekenntnisses sind unverletzlich.

Art. 5 (1) Jeder hat das Recht, seine Meinung in Wort, Schrift und Bild frei zu äußern und zu verbreiten und sich aus allgemein zugänglichen Quellen ungehindert zu unterrichten. Die Pressefreiheit und die Freiheit der Berichterstattung durch Rundfunk und Film werden gewährleistet. Eine Zensur findet nicht statt.

Art. 27 (1) Jeder Bürger der DDR hat das Recht, den Grundsätzen dieser Verfassung gemäß seine Meinung frei und öffentlich zu äußern ... Niemand darf benachteiligt werden, wenn er von diesem Recht Gebrauch macht.
(2) Die Freiheit der Presse, des Rundfunks und des Fernsehens ist gewährleistet.

Art. 5 (3) Kunst und Wissenschaft, Forschung und Lehre sind frei. Die Freiheit der Lehre entbindet nicht von der Treue zur Verfassung.

Art. 18 (1) Die sozialistische Nationalkultur gehört zu den Grundlagen der sozialistischen Gesellschaft. Die Deutsche Demokratische Republik fördert und schützt die sozialistische Kultur, die dem Frieden, dem Humanismus und der Entwicklung der sozialistischen Menschengemeinschaft dient. Sie bekämpft die imperialistische Unkultur, die der psychologischen Kriegsführung und der Herabwürdigung des Menschen dient ...

Art. 20 (1) Die Bundesrepublik Deutschland ist ein demokratischer und sozialer Bundesstaat.
(2) Alle Staatsgewalt geht vom Volke aus ...
[Zu vergleichen mit Artikel 1 der Verfassung der DDR.]

(2) Die Förderung der Kinder, der künstlerischen Interessen und Fähigkeiten aller Werktätigen und die Verbreitung künstlerischer Werke und Leistungen sind Obliegenheiten des Staates und aller gesellschaftlichen Kräfte.

Untersuchungsaufgaben:

(1) Der erste Artikel kennzeichnet den Grundcharakter des Grundgesetzes wie der Verfassung der DDR. Charakterisiert den Unterschied.

(2) Vergleicht Artikel 1 und 2 des Grundgesetzes mit Artikel 2 der Verfassung der DDR. Worin besteht der Unterschied des Verhältnisse von Mensch und Staat hier und dort?

(3) Die Freiheit der Presse und der Berichterstattung wird hier wie dort gewährleistet. Besteht dennoch (in der Praxis) ein Unterschied; falls ja, wie läßt er sich aus der Verfassung bzw. dem Grundgesetz begründen?

(4) Die Freiheit des einzelnen findet hier wie dort ihre Grenze in der Treue zur Verfassung. Besteht dennoch (in der Praxis) ein Unterschied; falls ja, wie läßt er sich aus der Verfassung bzw. dem Grundgesetz nachweisen?

Der Unterschied zwischen West und Ost liegt u. a. in der anderen Verwendung der Begriffe. Die „Grundsätze der Verfassung" der DDR sind ideologisch festgelegt. Wer sich nicht zu ihnen bekennt, hat das Recht auf freie Meinungsäußerung verwirkt. Der scharfe Gegensatz zwischen Sozialismus und Kapitalismus und die These, daß der Sozialismus dem Frieden, dem Fortschritt und der Förderung der sozialistischen Nationalkultur diene, während der Westen in einer imperialistischen Unkultur steckenbleibe und den Krieg vorbereite, ist „geltendes Recht". Wer sich nicht zu dieser These bekennt, stellt sich außerhalb der Verfassung.

Im Zusammenhang mit der sog. „Spiegelaffäre" hat das Bundesverfassungsgericht am 5. August 1966 folgendes Urteil gefällt: „Eine freie, nicht von der öffentlichen Gewalt gelenkte, keiner Zensur unterworfene Presse ist ein Wesenselement des freiheitlichen Staates; insbesondere ist eine freie, regelmäßig erscheinende politische Presse für die moderne Demokratie unentbehrlich" [1].
Das ‚Deutsche Schriftstellerlexikon' [2] charakterisiert die westdeutschen Schriftsteller, selbst wenn sie eine u. E. soziale oder sozialistische Absicht verfolgen, als bürgerlich humanistisch. Beispiele: H. M. Enzensberger sei die „Stimme einer jungen bürgerlichen ('zornigen') Generation, deren zeitkritischer Affront jedoch ohne Kontakt mit der Arbeiterklasse ist". Heinrich Böll gilt als „eine der bedeutendsten Dichterpersönlichkeiten unter den in der Nachkriegszeit in Westdeutschland hervorgetretenen bürgerlich-humanistischen und antifaschistischen Schriftstellern". Schnurre, Andersch, Eich und Walser werden als „bürgerlich-humanistisch" klassifiziert. Der Blechtrommel' von Günter Grass wird „Verzicht auf eine progressive Bewältigung" der Probleme, „eine Begrenzung und Verengung des sozialen Blickwinkels und damit ... eine Deformation der Wirklichkeit (die Welt als Brechmittel)" vorgeworfen.

Das gleiche Lexikon gibt über namhafte Schriftsteller z. T. keine, z. T. ungenügende Auskunft: Nicht erwähnt werden Schriftsteller, die die DDR verlassen haben, wie Uwe Johnson, Christa Reinig, Gerhard Zwerenz. Stephan Hermlin wird zwar als „namhafter Vertreter der sozialistischen deutschen Nationalliteratur gewürdigt, unerwähnt bleibt, daß er Veröffentlichungsschwierigkeiten hat; Peter Huchel gilt als „Landschaftsdichter, der die provinzielle Enge der sogenannten Heimatkunst durchbricht, indem er Natur und Landschaft aus der Sicht der arbeitenden Menschen (Knechte und Mägde) darstellt und in Beziehung zur Entwicklung der sozialistischen Gesellschaft setzt".

Erich Kästner katalogisiert die (westdeutschen) Schriftsteller in scherzhaft-ironischer Weise:

„Der eine rangiert als neuromantischer Hymniker, der zweite als Bühnenspezialist für komplizierte Ehebrüche, der dritte als reimender Voraustrompeter einer neuen Weltordnung, der vierte als zivilisationsfeindlicher Südsee- und Chinanovellist, der fünfte als Verfasser historischer oder katholischer Erzählungen, der sechste als Meister des Essays in Romanform, der siebente als bezahlte Kinderbuchtante mit sozialem Einschlag, der achte als nihilistischer Dramatiker mit philosophischem Hosenboden, der neunte als Epiker der Schwerindustrie und Eisenverhüttung, der zehnte als psychologischer Kunstseidenspinner, der elfte als Heimatdichter, Abteilung Bergwelt über 1500 Meter." [3]

Ergebnisse unserer Betrachtungen und vorläufige Stellungnahme:

BRD	DDR
Der Auftrag des Schriftstellers ist vom Staat nicht formuliert.	Der Auftrag des Schriftstellers ist vom Staat formuliert.

---

[1] Abgedruckt in ‚Der Spiegel' Heft 35, 22. August 1966.

[2] Hrsg. von G. Albrecht, K. Böttcher, H. Greiner-Mai, P. G. Krohn. VEB Bibliographisches Institut, Leipzig [5]1964.

[3] Erich Kästner: Kästner über Kästner. In: Die Konferenz der Tiere. Ullstein-Buch Nr. 256, S. 152.

Die Autoren betrachten sich z. T. als berufene Kritiker der Gesellschaft und des Staates.	Die Autoren müssen sich als Förderer des Sozialismus betätigen und dürfen in gewissem Umfang die Mißstände innerhalb des Systems darstellen.
Die herrschenden Normen der Gesellschaft werden z. T. scharf kritisiert.[1] Beispiele: Günter Grass, Hans Magnus Enzensberger, Heinrich Böll, Karl Krolow, Ingeborg Bachmann.	Die von Staat und Partei verkündeten Normen werden zur Grundlage der Anthropologie der Schriftsteller: „Die Gesetze der sozialistischen Moral" sind eine „edle humanistische Idee" vom „guten Menschen"; sie sind entscheidend für die Durchsetzung des gesellschaftlichen und ökonomischen Fortschritts. Walter Ulbricht bezeichnet die Literatur als „taktische Waffe des Sozialismus" [2].
Antikapitalistische, sozialistische Schriftsteller können in der BRD leben und publizieren: z. B. Ernst Bloch; andere leben aus freiem Entschluß im Ausland: z. B. Peter Weiss, Hans Magnus Enzensberger.	Nicht linientreue Schriftsteller erhalten Schreibverbot oder fliehen: z. B. Uwe Johnson, Wolf Biermann (aus der SED ausgeschlossen), Christa Reinig, Gerhard Zwerenz (DDR-Flüchtling), Horst Bienek, (Pawel Kohout ist aus der KPC ausgeschlossen worden).

Ergebnis: Die Freiheit des Schriftstellers in der BRD ist nicht eingeschränkt; er ist zu jeder Form der Kritik am Staat und an der Gesellschaft berechtigt; er kann sich zum Kommunismus bekennen. Die Freiheit des Schriftstellers in der DDR ist durch die Verfassung auf die engen Grenzen der Parteiideologie eingeengt. Innerhalb dieser Grenzen hat er einen beachtlichen Bewegungsspielraum. Die Freiheit der Presse, von der Verfassung garantiert, wird in der DDR heute großzügiger verstanden als vor 20 Jahren.

Beurteilung der Entwicklung: Der Kampf mancher westdeutscher Schriftsteller gegen Nazismus, Feudalismus, Kapitalismus geht vermutlich von einer liberalistisch-neosozialistischen Grundkonzeption aus. Der Kampf ostdeutscher Schriftsteller gegen die Fehlentwicklungen des Sozialismus in der DDR wird zugunsten einer größeren Freiheit des einzelnen auf der Grundlage des Sozialismus geführt und zielt möglicherweise auf ähnliche Tendenzen zum Aufbau einer neosozialistischen und demokratischen Gesellschaftsordnung, wie wir sie im Westen beobachten. Sollte eine Annäherung zwischen Ost und West erfolgen, so wäre zu erwägen, ob sie auf dem Boden einer solchen Denkweise, die Kapitalismus, Feudalismus und partei-gelenkten Kommunismus gleicherweise verurteilt, weil alle drei die Grundrechte der Person — wenn auch mit verschiedenen Mitteln — einschränken. Eine Aufgabe der jungen Generation könnte es sein, neue Brücken zwischen den getrennten Teilen zu schlagen, Mißtrauen abzubauen und sich auf das Gemeinsame zu besinnen. Die folgenden Gedichte umreißen die Thematik der Diskussion in der Klasse und die Möglichkeit einer Überwindung des Gegensatzes von Ost und West.

---

[1] Deutschland. Deutschland. Politische Gedichte vom Vormärz bis zur Gegenwart. Ausgewählt und hrsg. von Helmut Lamprecht. Bremen 1969.

[2] Walter Ulbricht: Über die Entwicklung einer volksverbundenen sozialistischen Nationalkultur, S. 14.

H.-Günter Wallraff:[1] Hier und dort

Hier und dort

I

Hier freiheit
dort knechtschaft

hier wohlstand
dort armut

hier friedfertigkeit
dort kriegslüsternheit

hier liebe
dort haß

dort satan
hier gott

II

Hier gleichheit
dort ausbeutung

hier aufbau
dort zerfall

hier friedensheer
dort kriegstreiber

hier leben
dort tod

dort böse
hier gut

III

jenseits von hier und fernab von dort

such ich mir
nen fetzen land
wo ich mich ansiedle
ohne feste begriffe

Anonymer Bürger aus der DDR[2]

Die wir leben müssen zwischen den Feuern,
ja sagen — nein denken — nicht denken —
die wir dunkle Nächte haben und genormte Gesichter
die wir leben müssen ohne Erwartung —
und sehen: die Herzen werden alt vor der Zeit
wir bitten euch:
verschont uns mit eurer Menschlichkeit.

c) Analyse des Romans

Der umfangreiche Roman bereitet Schwierigkeiten. Ein zweimaliges Lesen kann nicht gefordert werden. Deshalb erteilen wir zur häuslichen Lektüre Arbeitsaufträge mit genauen Anweisungen. Die beiden ersten sind von allen, von den folgenden ist je einer nach freier Wahl zu erledigen:

1. Lesen Sie den ganzen Roman mit dem Bleistift in der Hand und unterstreichen Sie alles, was Ihnen auffällt.
2. Untersuchen Sie entweder für Kapitel 1—10 oder 11—20 oder 21—30, an welchen Stellen die beiden Wirklichkeitsebenen Gegenwart und Vergangenheit sichtbar miteinander verknüpft sind.
3. Stellen Sie übersichtlich — mit Belegstellen — zusammen, was die beiden Hauptpersonen verbindet und was sie trennt.

---

[1] Deutschland. Deutschland. Politische Gedichte vom Vormärz bis zur Gegenwart. Ausgewählt und hrsg. v. H. Lamprecht. Bremen 1969, S. 543.

[2] Deutschland. Deutschland. Politische Gedichte vom Vormärz bis zur Gegenwart. Ausgewählt und hrsg. v. H. Lamprecht. Bremen 1969, S. 547.

4. Versuchen Sie in Form einer geometrischen Figur eine Gruppierung der Personen.
5. Notieren Sie das Erscheinen der Leitmotive „Einheit und Teilung des Himmels", „Dunkel und Helligkeit", „Angst und Hoffnung", „Tränen und Glück", „Optimismus und Pessimismus" und die dazugehörenden Sprachbilder.
6. Notieren Sie, was am Sozialismus und was am Westen kritisiert wird.
7. Worin besteht die Selbstkritik Ritas?

Wir erwarten nicht, daß die Schüler diese Aufgaben gut bewältigen; sie sollen die Methode erlernen, mit der man an einen Roman herangeht. Dazu geben wir Hilfestellung: Das Schema zur Analyse wird in der Einführungsstunde am Beispiel der ersten drei Kapitel gemeinsam aufgestellt. Nach diesem Schema soll jeder Schüler 10 Kapitel untersuchen. Diese Hausaufgabe wird anschließend in Arbeitsgruppen besprochen und ergänzt. Das Ergebnis der Gruppenarbeit wird in einer folgenden Stunde zu einer Gliederung des Romans mit Vermerk der Sprachbilder und Leitwörter zusammengestellt.

Schema zur Analyse des Werks

Kapitel	Reale Zeit	Berichtete Zeit	Inhalt in Stichworten	Sprachbilder, Leitwörter, Zitate
Vorspruch	—	—	Weiterleben in der rauchigen Stadt	„Reiner Himmel", „Verschleierter Himmel", „Unrast", „Gewöhnen"
1	Ende August 1961		Krankenhaus. Erwachen. Tränen. Besuche	„Unendliche Finsternis", „Begrenzte Helle". Die beiden Waggons von links und rechts „zielen genau auf mich"
2		Herbst 1959	Erste Begegnung mit Manfred (M) Dessen Charakteristik	„Spöttisch gelangweilte Augen", „Selbstironie", „hochmütig", „gelangweilt"
3		Weihnacht/ Neujahr 1959/60	Ritas Selbstcharakteristik. M's Besuch. Die Neujahrsnacht	„Die beiden Hälften paßten ganz genau ineinander, und auf der Nahtstelle spazierten sie, als wäre es nichts." „Tränen". (Motiv der Einheit)

Die Auswertung der Gruppenarbeit führt zu einer graphischen Darstellung der Gesamtkomposition: Zwei Zeiten — reale Zeit und berichtete Zeit — werden von der Autorin ineinandergeblendet. Wir stellen sie als zwei waagrecht verlaufende Parallelen dar. Die berichtete Zeit umfaßt als vergangenes Geschehen die Geschichte Rita — Manfred mit einer ihr eigenen Verlaufsgesetzlichkeit: Beginn der Liebe, Steigerung, Höhepunkt Ende August 1960 als Wendepunkt, kritische Auseinandersetzung zwischen beiden, Trennung. Der Höhepunkt Ende August 1960 wird Ende Oktober 1961 im Sanatorium berichtet; von da an beginnt Ritas Genesung.

Aufbau des Werkes

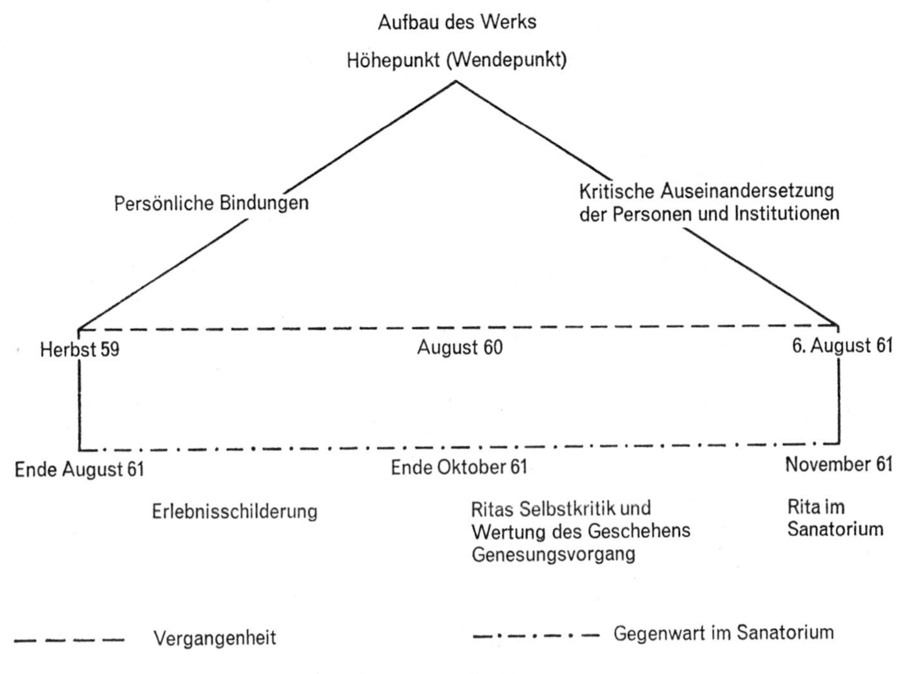

Gliederung des Romans

Kap.	Reale Zeit	Berichtete Zeit	Inhalt
Vorspruch	—	—	Widerständen zum Trotz mit Zuversicht tätig sein
1	Ende August 61		Erwachen im Krankenhaus
2		Herbst 59	Erste Begegnung mit Manfred
3		Dezember/Januar 59/60	Besuch Manfreds
4		März 60	Besuch Schwarzenbachs
5		April 60	Im Haus Herrfurths. Die Dachkammer
6	Oktober 61	April 60	Die Dunstglocke der Stadt
7	Oktober 61	April 60	Im Waggonwerk
8		April 60	Meternagel. Streit im Hause Herrfurth
9		April 60	Schicksal Meternagels
10	Oktober 61	20. April	Jubiläum. Wendland Produktionsleiter. Die Brigade

Kap.	Reale Zeit	Berichtete Zeit	Inhalt
11	Oktober 61	Frühjahr	Katastrophenstimmung. Mißwirtschaft. Kampf Ermisch—Meternagel
12		Frühjahr	Idealismus—Realismus. Meternagels Rückversetzung. Gerechtigkeit
13	Oktober 61	Sommerbeginn	Promotion. Höhepunkt der Verbindung. Fahrt in den Harz
14		Sommerbeginn	Im Harz. Begegnung mit Wendland und Rudi Schwarz. Ritas 20. Geburtstag
15		Sommer 60	Produktionssteigerung durch Meternagels Initiative
16	Oktober 61 Selbstvorwürfe	August 60	Jubiläumsfest. Auseinandersetzung Wendland—Manfred
17	Oktober 61	September 60	Rita im Lehrerinstitut. Verzweiflung; Veränderung bei Rita
18	Ende Oktober	Herbst 60	Wendland in Manfreds Institut
19	Selbstkritik	Weihnachten 60	Abendgesellschaft beim Professor. Systemkritik
20	November 61	März 61	Manfred und Martin in Thüringen
21	Absicht zur Rückkehr	März 61	Ritas Flucht nach Hause
22	zwei Briefe	März 61	Intrigen. Bremsklötze. Martin Jung
23	November 61	12. April 61	Probefahrt mit Leichtmetallwagen. Konflikt Wendland—Manfred
24		Mai 61	Ritas Flucht mit Wendland. Streit mit Manfred
25		Pfingsten 61	Manfreds Flucht nach Westberlin
26		6. August 61	Ritas Fahrt nach Westberlin
27		6. August 61	Rita und Manfred in Westberlin. Abschied
28 29	November 61 November 61	6. August 61	Reflexion über Berlinerlebnis. Schwarzenbach
30	November 61		Rückkehr in die Stadt. Meternagels Krankheit
Nachwort:	—		Mut zu einer 'neuen Freiheit'

Getrennt von dieser Gliederung halten wir fest, was sich äußerlich wahrnehmbar während des Sanatoriumsaufenthaltes ereignet und welche Funktion diese Ereignisse besitzen:

1. Kap. Besuche von Wendland, Meternagel, Mitgliedern der Brigade, Marion. Vorankündigung des Kommenden.

8. Kap. Besuch Meternagels für 10 Minuten. Für Rita ein Anlaß, ausführlich im folgenden von ihm und dem Problem der Produktion zu sprechen.

20. Kap. Besuch Marions; Anlaß, eine neue Phase in der Auseinandersetzung mit dem sozialistischen System einzuleiten.

22. Kap. Eintreffen der beiden Briefe (von Manfred an Martin mit Begleitbrief von Martin): Vorgriff auf die weitere Entwicklung, vor allem auf die Flucht Manfreds und deren Bewertung durch Martin.

28./29. Kap. Besuch Erwin Schwarzenbachs als Hilfesuchender und als Helfer. Beide bestärken einander. In seiner Anwesenheit gewinnen beide Klarheit über sich.

In den Kapiteln 2 bis 5 herrscht die Schilderung der Vergangenheit ohne merklichen Bezug zur Gegenwart, weil die Sprecherin noch ganz im Banne der Vergangenheit lebt. In den Kapiteln 6 und 7, 10 und 11, 13, 16 bis 23 tritt Rita als Berichtende reflektierend und immer stärker kritisch-selbstanklagend hervor. In den Kapitel 24 bis 27 geht diese Reflexion in die Darstellung des Geschehens ein, d. h. die beiden Zeitstufen der Darstellung gehen ineinander über.

In diesem Aufbauprinzip des Romans steckt die eigentliche Aussageabsicht. Wir fassen zusammen:

1. Der Genesungsprozeß Ritas hängt zusammen mit der Bewältigung ihrer Vergangenheit, d. h. mit der Auseinandersetzung mit Manfred, mit sich und mit dem Sozialismus.
2. Die Selbstanklagen entlasten Manfred und dessen 'bürgerliches' Denken; sie stellen eine Kritik an ihrer jugendlich-unreifen Einstellung zur Wirklichkeit dar.
3. Der Genesungsprozeß ist ein menschlicher Reifungsprozeß, worin Licht und Schatten, Versagen auf beiden Seiten anerkannt und dennoch zum Schluß der Sozialismus bejaht wird.

D a s B a u g e f ü g e. Die Prinzipien des Kontrasts, der Polarität und der Dialektik bilden inhaltlich und formal das Kompositionsgefüge des Werkes. Der Titel liefert den Schlüssel zum Verständnis der Dialektik des Inhalts und der Polarität der Form.

Der Begriff „Himmel“ steht geographisch-astronomisch für Weltraum und psychologisch-soziologisch für die Einheit des Wollens und Handelns. Der Begriff „Geteiltsein“ setzt die Vorstellung der Einheit und den Wunsch zur Wiedervereinigung voraus. Die Einheit schafft im Roman Zuversicht, das Geteiltsein führt im Roman zum Leiden, zur Verzweiflung. Der gefährliche Trennungsstrich der Teilung des Himmels geht nicht nur durch Ost und West (Mauer), sondern auch durch den Sozialismus und durch alle Menschen des Romans. Das Bemühen Ritas, Wendlands, Schwarzenbergs geht darum, die Einheit des Himmels wieder herzustellen, obgleich sie erkennen, daß dies nur in Ansätzen zu leisten ist. Beispiel:

Rita und Manfred in Westberlin. Rita: „Früher suchten sich Liebespaare vor der Trennung einen Stern, an dem sich abends ihre Blicke treffen konnten. Was sollen wir uns suchen?“

„Den Himmel wenigstens können sie nicht zerteilen“, sagte Manfred spöttisch.

Der Himmel? Dieses ganze Gewölbe von Hoffnung und Sehnsucht, von Liebe und Treue? „Doch“, sagte sie leise, „der Himmel teilt sich zu allererst“ (29. Kapitel).

Himmel meint Manfred im astronomischen, Rita im metaphysischen Sinn.

Ritas Selbstmordversuch aus physischer Schwäche wird von ihr so gedeutet:

„Unbewußt gestattete sie sich einen letzten Fluchtversuch: Nicht mehr aus verzweifelter Liebe, sondern aus Verzweiflung darüber, daß Liebe vergänglich ist wie alles und jedes" (30. Kapitel).

In diesen Worten wird die Teilung als unaufhebbar bezeichnet (erkannt). Zwar überwindet Rita den Zusammenbruch, sie beginnt ein neues Leben, sie spricht von ihrer „neuen Freiheit", aber der Zwiespalt von Mut und Verzweiflung, Optimismus und Pessimismus, Furcht und Hoffnung, der alle Menschen im Roman zeichnet, wird an ihr am deutlichsten dargestellt.

Verschiedene Bereiche der Einheit und der Teilung:

1. die geographisch-politische. Beispiel: Die Mauer,
2. die anthropologisch-soziologische. Beispiel: Spaltung der Menschen in „die Herrfurths" als Inbegriff der Spießer, Intriganten, Mitläufer, Karrieremacher und die Gruppe der Meternagel, Wendland, Schwarzenberg,
3. die psychische. Beispiel: Die Selbstanklagen und Zweifel Ritas,
4. die weltanschauliche. Beispiel: Sozialismus-Individualismus, Sozialismus-Kapitalismus.

Diese vier Dimensionen der Teilung und der erstrebten Einheit der Welt lassen sich nicht isoliert betrachten; sie hängen miteinander zusammen. Wenn wir sie zugleich ins Auge fassen, erkennen wir die Absicht der Autorin.

Dennoch bleibt ein Gegensatz unüberbrückbar, der zwischen Wahrheit und Unwahrheit, Gerechtigkeit und Ungerechtigkeit, Hoffnung und Verzweiflung, Licht und Finsternis.

Meternagel: „Normal ist, was uns nützt, was unsereinen zum Menschen macht. Unnormal, was uns zu Arschkriechern, Betrügern und Marschierern macht" (15. Kapitel).

Manfred: „Der Mensch ist nicht dazu gemacht, Sozialist zu sein. Zwingt man ihn dazu, macht er groteske Verzerrungen." Dagegen

Schwarzenberg: „Wir brauchen keine Nachplapperer, sondern Sozialisten" (29. Kapitel).

Nicht nur der Gesamtaufbau, die Verknüpfung von Vergangenheit und Gegenwart, sondern auch die Übergänge von Kapitel zu Kapitel und die Zuordnung der Personen zueinander gehorchen dem Prinzip der Polarität und des Gegensatzes. Antithetische Kapitelverknüpfungen: „Sie sahen sich an und lächelten." (Ende des 5.) „Blieb das Lächeln?" (Anfang des 6.) „Heute weiß sie: Damals, in jener Nacht, hatte sie zum erstenmal das noch unaussprechbare Gefühl einer drohenden Gefahr." (Beginn des 10.) „Sie liebten sich und waren voll neuer Erwartung auf ihren zweiten Winter." (Ende des 16.) „Einen dritten gemeinsamen Winter gab es nicht." (Anfang des 17.)

Die Gruppierung der Personen erfolgt zwar nach dem Schema der Schwarz-Weiß-Technik, jedoch nach dem anthropologischen Grundkonzept von Zupacken, Aufbauen einerseits und Intrigieren, Vorteilesuchen, Sabotieren, Denunzieren andererseits.

Zuordnung der Personen:

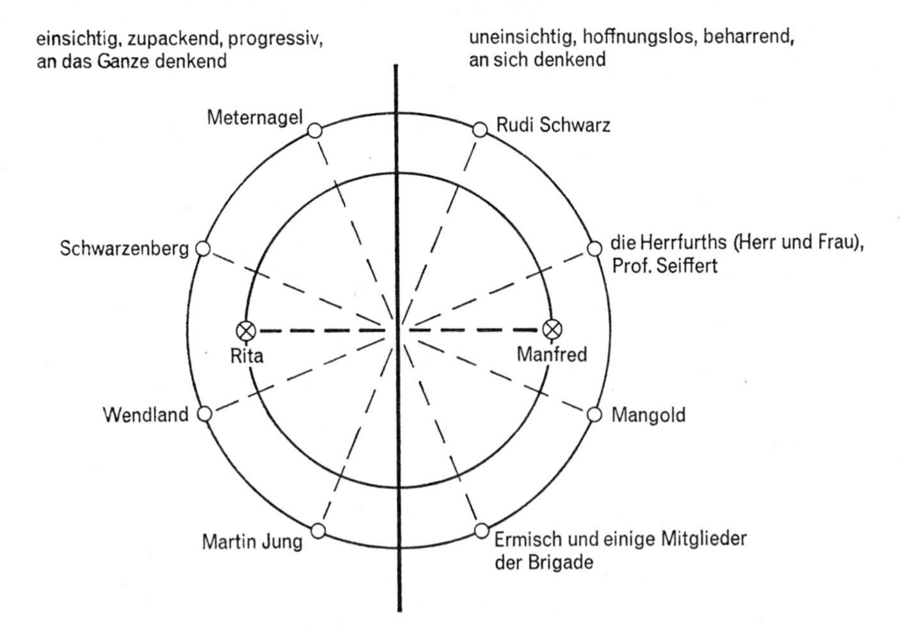

Was verbindet und was trennt Rita und Manfred?

Das Verbindende	*Das Trennende*
Gefühl der Einheit der Welt	Auseinandersetzung mit der Wirklichkeit
I. Persönliche Zuneigung	I. Verschiedenheit der Charaktere. Unfähigkeit Manfreds zum Glauben an eine soziale Ethik und an den Fortschritt
II. Einsamkeit beider, gegenseitige Hilfe	II. Rita und Manfred als Angehörige verschiedener Generationen
III. Reiz der Verschiedenheit der Charaktere	III. Manfreds Auseinandersetzung mit der Wirklichkeit führt ihn zur Enttäuschung, zum Schweigen: 1. „Verschwörung in Thüringen“ gegen die bessere Maschine (Unfähigkeit oder Böswilligkeit der Funktionäre) 2. Enttäuschung über die Funktionäre (Mangold) und Karrieremacher (Müller)
IV. Gemeinsame Erlebnisse 1. Neujahrsnacht 2. Mansardenzimmer 3. Erleben der Stadt 4. Fahrt in den Harz als Höhepunkt	IV. Manfreds Auseinandersetzung mit Wendland als Zeichen der Überlegenheit Wendlands

V. Auseinandersetzung Manfreds mit der „Spießerwelt" (Vater, Mutter, Parteifunktionäre) als Ausdruck der Gemeinsamkeit des Denkens beider

VI. Bemühen beider um sachliche Arbeit und wissenschaftlichen Fortschritt.

V. Manfreds Flucht nach Westberlin als Flucht aus der Verantwortung: der entscheidende Grund der Trennung beider.

d) Zusammenfassung in Form eines Rund- oder Streitgesprächs

Zwei Möglichkeiten stehen den Schülern zu einer abschließenden Besprechung zur Wahl:

a) Das Rundgespräch unter Führung eines Schülers. Dabei werden folgende Fragen diskutiert:

1. Ist ‚Der geteilte Himmel' ein kommunistischer Tendenzroman zur Stützung der Parteiideologie? Zu untersuchen ist, welche Kritik die Autorin am System und an Westdeutschland übt. Die entsprechenden Textstellen werden von Schülern vorgetragen und erläutert.
2. Ist ‚Der geteilte Himmel' ein sozialistischer Roman mit dem Ziel, den Menschen Mut zu machen, Staat, Partei und Gesellschaft zu ändern?
3. Lassen sich die im Roman dargestellten Gegensätze zwischen Ost und West abbauen?

b) Das Streitgespräch unter Vorsitz eines Schülers.

These: Die Autorin hält die Wiedervereinigung Deutschlands für ausgeschlossen. Sie scheint sie auch nicht zu wünschen, da sie den Westen für kapitalistisch, bürgerlich-individualistisch, materialistisch hält. Die Sicht der Autorin von Ost und West ist parteiisch. Der Sozialismus des Ostens ist für uns unannehmbar; er würde unsere persönliche Freiheit so stark einschränken und uns in den Machtbereich der Sowjetunion eingliedern, daß wir uns dagegen zur Wehr setzen.

Gegenthese: Der Roman ist unparteiisch. Der Autorin geht es nicht um die Verteidigung der sozialistischen Ideologie, sondern um den Aufbau einer demokratischen und sozialen Gesellschaftsordnung. Der Roman ist — vielleicht unbeabsichtigt — ein Bindeglied zwischen Ost und West; er will zeigen, daß wir alle unseren Beitrag zur Wiedervereinigung leisten können.

SECHSTES KAPITEL

DAS LESEBUCH ALS ARBEITSBUCH ZUR GESTALT- UND ZUR GESTALTUNGSLEHRE

I. Das Lesebuch auf der Mittelstufe

Auf der Unterstufe hat das Lesebuch eine doppelte Aufgabe: es ist 'Lese'buch und zugleich Arbeits- und Übungsbuch zur Gestaltungslehre. Auf dieser Altersstufe besitzen wir neben dem Lesebuch mit seinen Kurzerzählungen, Märchen, Sagen, Schwänken nur in beschränktem Umfange größere Ganzschriften.

Auf der Mittelstufe herrschen die umfangreichen Ganzschriften vor; dennoch hat auch hier das Lesebuch, das u. a. Auszüge aus solchen Ganzschriften enthält, weiterhin seine unersetzbare Aufgabe als Arbeits- und Übungsbuch zur Gestalt- und Gestaltungslehre. Nicht der Befriedigung des Lesehungers, nicht in erster Linie der Klassenlektüre, sondern der häuslichen Vorbereitung auf den Unterricht soll es dienen. Wir brauchen im Deutschunterricht regelmäßige, kontrollierbare und möglichst differenzierende Hausaufgaben. Diese sollten nicht langweilig und schematisch sein, sondern unter einer übergreifenden Sinnfrage stehen. Die Themen hierfür entnehmen wir häufig dem Lesebuch. Welches sind seine Aufgaben?

1. Es dient der Anleitung zum Referat, zur Rede, zum Bericht, zum Rundgespräch und zum Streitgespräch.

Der Schüler erhält z. B. die Aufgabe, ein Stück zu Hause so zu lesen, daß er den Inhalt frei vortragen kann, nur einen Stichwortzettel in der Hand. Oder er wird angehalten, sich an Hand eines Stückes über ein Thema Gedanken zu machen, das in freier Diskussion erörtert wird. Oder man läßt ihn eine Gliederung anfertigen, weil man Grundsätze des Aufbaus einer Rede entwickeln will.

2. Es dient als Anregung zur Lektüre von Ganzschriften und zur Stiluntersuchung.

Wie im Naturkundeunterricht einzelne Teile der Pflanze isoliert betrachtet werden, damit der Schüler die Pflanze in ihrem Aufbau und ihrer Entwicklung erkennen lerne, so sollen die Bruchstücke unserer Lesebücher zunächst für sich erarbeitet, dann aber dem größeren Zusammenhang, aus dem sie herausgelöst worden sind, wiedereingefügt werden. Wir untersuchen den Auszug, um zur Beschäftigung mit dem ganzen Werk anzuregen. Vor uns hängt z. B. im 10. Schuljahr ein Landschaftsbild von C. D. Friedrich, während wir eine Landschaftsschilderung von Eichendorff oder Stifter auf ihre Sprachform hin prüfen, um das Wesen der Schilderung zu erfassen; und wir finden von hier aus den Weg zur Eichendorff-(Stifter-)Novelle. Wir haben ein Stück aus dem „Simplizissimus", dem „Grünen Heinrich", den „Buddenbrooks", aus Anna Seghers ‚Das siebte Kreuz', Orwell ‚Die Farm der Tiere' gelesen. Diese Betrachtung soll die Schüler bewegen, das ganze Werk zu lesen.

Auch für die thematischen Zyklen, die wir planen — im 8. Schuljahr „Welt und Literatur der Germanen", im 9. Schuljahr „Die mittelalterliche Sprache und die Welt der Staufer", im 10. Schuljahr „Die Kunst des Barock" —, brauchen und finden wir entsprechende Kapitel im Lesebuch oder gesondert davon ein Leseheft mit einer Reihe von Abbildungen.

3. Die Lesestücke dienen als Grundlage zur Einübung der Aufsatzarten.

Wir brauchen vom 7. Schuljahr an Texte, die der Einführung in die literarische und praktische Menschenkunde dienen. Texte z. B. aus Lavaters ‚Physiognomischen Fragmenten' mit den entsprechenden Portraits, Charakteristiken aus Erzählungen der Romantik und des Realismus, aus Werken des 20. Jahrhunderts. Viele der bereits vorhandenen Geschichten sind geeignet, zur Menschenbeobachtung und zum Nachdenken über Menschentypen anzuregen; aber wir könnten durch eine geeignete Textauswahl mit Bildbeilagen einen Schritt weitergehen: im 8. Schuljahr „Charakteristiken junger Menschen", im 9. und 10. Schuljahr „Charakteristiken von Menschen aus verschiedenen Berufskreisen". Dem Deutschunterricht wird mehr Gewicht verliehen, wenn wir neben den literarischen auch die zur Beschäftigung mit den Menschen der Umwelt anregenden Texte zu Wort kommen lassen. Die unerläßliche Einführung in die Problematik der modernen Industriegesellschaft erfolgt auf der Mittelstufe auf dem Weg über die Darstellung der Menschen am Fließband, in der Lehrlingsabteilung, im Laboratorium, in der Gewerkschaft.

Ein anderes Kapitel zur Stilkunde würde charakteristische Situationsschilderungen aus verschiedenen Stilepochen und Ländern zusammenstellen und durch Bildreproduktionen illustrieren. Die Texte könnten in Verbindung mit Photographie und Malerei eine anschauliche Einführung in menschliche Grundstile und Ausdrucksformen geben. Grundstile entsprechen immer Anschauungs- und Denkformen. Von hier aus ergeben sich interessante Fragestellungen über das Verhältnis von Schreibstil, Wohnform, Arbeitsplatz und Verhaltensweise, d. h. von literarischem Stil und Gesellschaftsverfasssung.

Für das 9. Schuljahr wünschen wir uns ein Kapitel „Tiersprache und Menschensprache": Darstellungen von Tierpsychologen und Sprachtheoretikern über die Ausdrucksmöglichkeiten der Tiere, die Bedeutung der Sprache für die menschliche Entwicklung, die Sprachbildung in der Gehörlosenschule, das Schicksal Kaspar Hausers und Auszüge aus dem Leben Helen Kellers.

Im 10. Schuljahr brauchen wir im Zusammenhang mit der Erörterung des Themas „Moderne Arbeitswelt" Aufsätze über die Sprache im Zeitalter der Technik, über den Einfluß der Massenmedien auf das Sprachverhalten des Menschen[1].

[1] Vgl. DU 10 (1958), H. 3: Film und Hörspiel im Deutschunterricht I. — DU 12 (1960), H. 6: Film und Hörspiel im Deutschunterricht II. — DU 17 (1965), H. 6: Sprache und Literatur des technischen Zeitalters im Deutschunterricht I. — DU 18 (1966), H. 1: Theater — Hörspiel — Fernsehspiel in der Schule I. — DU 20 (1968), H. 5: Sprache und Literatur des technischen Zeitalters im Deutschunterricht II. — DU 21 (1969), H. 1: Massenmedien und Theater ...

II. Probleme bei der Arbeit mit dem Lesebuch

Die für die Unterstufe dargelegten Grundsätze gelten abgewandelt auch für das 7. bis 10. Schuljahr. Mit der fortschreitenden geistigen Selbständigkeit der Schüler ändern sich jedoch die Themenkreise und die Arbeitsmöglichkeiten. Dabei drängen sich folgende Überlegungen und Fragen auf:

a) Die thematische Anordnung der Lesestücke

Im 7. Schuljahr gehen wir in der Regel von einer allgemeinen Lebensfrage aus; doch formulieren wir das Thema so, daß es zur Sprachanalyse, zum Sprechen und zum Schreiben nötigt. Je natürlicher, unmittelbarer, gegenwartsbezogener das Thema, desto besser. Die folgenden Vorschläge für das 7. Schuljahr sind notgedrungen allgemein gehalten:

„Reiseberichte bekannter Männer, Entdecker, von ihnen selbst oder von Schriftstellern erzählt."

„Landschaften und Menschen: Wie leben, wohnen, sprechen die Menschen am Meer, in den Alpen, am Rhein, in Mitteldeutschland heute?"

In beiden Fällen drängt sich die Zusammenarbeit mit dem Erdkundeunterricht auf; doch verfolgen beide Fächer verschiedene Ziele. Der Deutschunterricht übt den Bericht, das Rundgespräch, die Naturschilderung, die Charakteristik und führt in die Mundarten ein.

„Erfinder und Wegbereiter der Technik." Wir üben Rundgespräch und Inhaltsangabe in Verbindung mit der Beschreibung eines Arbeitsvorgangs in einer Fabrik.

„Bekannte Sportler. Vom Wert des Sports und der sportlichen Leistung." Wir üben das Streitgespräch, die Reportage und die Beschreibung einzelner Turnübungen und Sportarten.

„Gute und schlechte Abenteuergeschichten. Was ist Trivial- und Subliteratur?" Untersuchungen in Verbindung mit Referaten über die Privatlektüre.

„Schwänke und Diebsgeschichten."

„Zwei bekannte Schriftsteller: Marie Luise Kaschnitz und Ilse Aichinger, Uwe Johnson und Günter Eich, Hans Bender und Siegfried Lenz." Durch den Kontrast stoßen die Schüler auf Probleme der literarischen Form. Wir verfassen über einen der beiden eine Funkreportage.

„Heinrich Schliemann und die Welt Homers. Eine Schulfunksendung in Form eines Features, entstanden in Zusammenarbeit von Deutsch und Geschichte."

„Tiergeschichten, von Forschern und von Dichtern erzählt: Lorenz, Goethe, Kleist, M. v. E. Eschenbach, oder: Lorenz, Melville, Eipper." Wir untersuchen den Unterschied zwischen der Sprache des Tierforschers und des Dichters.

Im 8. und 9. Schuljahr werden die Themen bei den Unterrichtseinheiten strenger auf Sprache und literarische Formprobleme ausgerichtet. Zwar tritt die Lebensproblematik nicht zurück, aber sie wird anders formuliert: Fragen des künstlerischen Schaffens, der Stilformen, der literarischen Gattungen und Begriffe werden untersucht.

Im 10. Schuljahr treten Themen über die Sprache der Werbung und über journalistische Formen in den Vordergrund.

b) Die Planung[1]

Sobald wir Lesestück oder Ganzschrift in einen großen Zusammenhang stellen, stoßen wir auf das Problem des Bezugssystems. Davon hängen Zielsetzung und Unterrichtsverfahren ab. Wir können z. B. Hebels Erzählung ‚Der Husar in Neiße' in folgende Zusammenhänge stellen: 1. Kriegsgeschichten, 2. das Werk Hebels, 3. das Wesen der Anekdote, 4. menschliches Verhalten im Augenblick der Gefahr. Dabei können wir 1. die Erzählungsfortsetzung, 2. die Nacherzählung, 3. die Inhaltsangabe üben und 4. eine Stiluntersuchung durchführen. Wir müssen uns auf ein Bezugssystem festlegen. Damit ist der Vorentscheid über das Unterrichtsverfahren getroffen.

Weiter: Nicht nur das arbeitsunterrichtliche Verfahren erfordert die Planungsstunde. Wollen wir die Schüler an *einem* Text in die Kunst der Interpretation einführen, so können wir keine differenzierenden Hausaufgaben stellen, doch ist auch in diesem Falle eine Vorbesprechung unerläßlich. Die Schüler sollen nicht nur wissen, was in den nächsten Wochen auf dem Programm steht, sondern sollen dieses bejahen. Leitfragen und Untersuchungsaufgaben an die Klasse ermöglichen die aktive Mitarbeit.

c) Das Einüben der wichtigsten Arbeitsformen und das Gewöhnen an den Gebrauch von Hilfsmitteln[2]

Wir erklären, warum wir eine Aufgabe durchführen und wie wir dabei verfahren: wie man eine Diskussion leitet, ein Streitgespräch vorbereitet und durchführt, wie man Fragen stellt, wie man Nachschlagewerke benutzt. Die Spielregeln des gemeinsamen Arbeitens werden verbindlich festgelegt. Vom 9. Schuljahr an liegt ein etymologisches Wörterbuch auf. Das Klassenzimmer wird zur Werkstatt theoretischen Arbeitens.

d) Die Zusammenarbeit mit verwandten Fächern

Möglichkeiten: Im 7. Schuljahr die Betrachtung der Welt Homers im Verein mit Geschichte und Erdkunde; im 8. Schuljahr die Einführung in die Welt der Germanen im Verein mit Geschichte; im 9. Schuljahr die Einführung in die Bedeutung der Sprache von Tier und Mensch in Verbindung mit Biologie, im 10. Schuljahr die Einführung in die Aufsatzform der Erörterung über Themen aus dem Bereich der modernen Arbeitswelt in Zusammenarbeit mit dem Fach Gemeinschaftskunde oder Physik und Chemie.

---

[1] Vgl. Kap. 2: Schaffung eines demokratischen Unterrichtsstils durch kooperative Planung.
[2] Vgl. Kap. 3: Lernziele und Verfahrensweisen.

III. Zehn Arbeitsweisen

Abwechseln im Verfahren kann man, wenn man die verschiedenen Arbeitsweisen kennt. Die folgenden wurden in vielen Jahren erprobt; sie sind übertragbar. Im Unterricht gehen gelegentlich zwei ineinander über; wir stellen sie soweit möglich in Reinform dar. Zunächst die Übersicht:

a) Das Lesebuch im Dienste der Erziehung zum Sprechen[1]:

1. Erzählstunde, Kurzvortrag und Referat
2. Das Rundgespräch
3. Das Streitgespräch

b) Die Anleitung zum selbständigen Interpretieren:

4. Die Erzählungsfortsetzung
5. Das Erfassen der Kerngedanken einer Erzählung
6. Textinterpretation in Verbindung mit Bildbetrachtung
7. Textanalyse in Verbindung mit Leitfragen und Untersuchungsaufträgen.

c) Lesestücke als Grundlage für die Einübung der Aufsatzarten[1]:

8. Inhaltsangabe und Précis
9. Die Schilderung (Landschaftsschilderung, Situationsbilder, Charakteristik)
10. Begriffserläuterung und Erörterung

Dialogisierung und Anfertigung von Hörfolgen, Hörspielen und dramatischen Skizzen aus Prosavorlagen üben wir auf der Mittelstufe weniger an Lesebuchstücken als an größeren Ganzschriften. Hingegen eignen sich die Anekdoten und Kurzgeschichten des Lesebuchs zur Einführung in den Interpretationsaufsatz (vgl. 9. Kapitel).

a) Das Lesebuch im Dienste der Erziehung zum Sprechen

1. Erzählstunde, Kurzvortrag und Referat

Die Erzählstunde auf der Mittelstufe dient nicht nur der Fertigkeit des lebendigen, spannenden Erzählens wie auf der Unterstufe, sondern zugleich der Deutung eines Textes. Wir wählen ein Rahmenthema: „Fremde Länder", „Tiergeschichten", „Anekdoten", „Griechische Sagen", im 7. Schuljahr; „Kurzgeschichten", „Menschen im Gefängnis", „Arbeiter" im 8. Schuljahr; „Käuze", „Unverständliche Geschichten", Erzählungen von Schnurre und Lenz u. a. im 9. Schuljahr. Innerhalb des Rahmenthemas wählt jeder Schüler frei aus einigen Texten, die ausgesucht wurden. Er hält sich an folgende Gliederung:

Einleitung: Wer erzählt die Geschichte, wann und wo spielt sie? In wenigen Worten werden den Hörern wichtige Sacherklärungen gegeben.

---

[1] Vgl. die Kapitel ‚Erziehung zum Sprechen' und ‚Erziehung zum Schreiben' in Band Mittelstufe II dieser Methodik.

Hauptteil: Inhalt der Geschichte. Dieser wird so ausführlich berichtet, daß die Zuhörer den Sinn erfassen. Wichtige Teile werden wörtlich vorgelesen.

Schluß: Sinn und Sprachform der Geschichte. Es wird erklärt, was der Verfasser sagen will, was dem Berichterstatter gefallen hat und was an der Sprache auffällt.

Im Anschluß an den Schülerbericht setzt die Kritik der Klasse am Vortrag ein. Sind in zwei Stunden etwa 6—7 Schüler zu Wort gekommen, so stellen wir die Aufgabe, eine andere Geschichte zu einem neuen Thema vorzubereiten. Diese schreiben wir als Klassenaufsatz ins Reinheft, wobei die obige Gliederung eingehalten wird.

Wir üben im 9. und 10. Schuljahr die Ansprache, die Werberede und die politische Rede. Dazu brauchen wir Textmuster: Wahlreden von verschiedenen Parteien über den gleichen Gegenstand, daneben Reden eines Politikers der DDR. Unsere Absicht: Stilanalyse in Verbindung mit eigenen Redeversuchen.

2. Das Rundgespräch

Im 7. Schuljahr beginnen wir mit einfachen Problemstellungen im Zusammenhang mit eigenen Beobachtungen wie zum Beispiel: „Verhalten sich die Angehörigen anderer Völker und Rassen anders als wir?" Jeder Schüler liest ‚Jenö war mein Freund' von Wolfdietrich Schnurre und ‚Jerry lacht in Harlem' von Josef Reding; er kann den Inhalt referieren und seinen Eindruck mitteilen. Im Anschluß daran werden eigene Erfahrungen mit Ausländern mitgeteilt. Das Ergebnis des Gesprächs wird im Arbeitsheft festgehalten: Die Lebensgewohnheiten anderer Völker weichen von den unseren in mancher Hinsicht ab. Deshalb ist es gut, sie zu kennen und zu verstehen. Die Deutschen geben den anderen oft Anlaß zum Tadel, manchmal berechtigt, manchmal, weil sie unsere Gewohnheiten nicht kennen.

8. oder 9. Schuljahr — Thema: „Das Verhalten der Deutschen gegenüber den Juden im Zweiten Weltkrieg ist nicht nur unmenschlich, sondern unverständlich". Folgende Texte werden zugrunde gelegt: Heinrich Böll ‚Im Durchgangslager', ‚Das Tagebuch der Anne Frank', Elisabeth Langgässer ‚Saisonbeginn', Max Frisch ‚Der andorranische Jude'. Wiederum ist unsere Absicht, die Schüler zum produktiven Lesen und zur persönlichen Stellungnahme anzuleiten. Im Verlauf des Rundgesprächs werden die in dem Text aufgeführten Menschen charakterisiert; wichtige Stellen werden vorgelesen und analysiert. Zum Schluß wird das Ergebnis gemeinsam im Arbeitsheft festgehalten.

Ein weiteres Thema: „Warum fühlen sich junge Menschen oft mißverstanden und ungerecht behandelt?" Wiederum legen wir zwei Lesestücke fest: Hermann Hesse ‚Unterbrochene Schulstunde' und Rilke ‚Die Turnstunde'. Ein Jahr später gehen wir aus von Marie Luise Kaschnitz ‚Das dicke Kind', von Ausschnitten aus den ‚Buddenbrooks' von Thomas Mann, von Kafka ‚Der Nachbar', Musil ‚Der junge Törless'.

9. oder 10. Schuljahr — Thema: „Verkehrsunfälle und ihre Darstellung in der Literatur". Texte: ‚Der Verkehrsunfall' von Robert Musil, Ausschnitte aus ‚Der Mann ohne Eigenschaften' und ‚Der Motorradunfall' von Gerd Gaiser (‚Gib acht in Domokosch'). Die Gesprächsteilnehmer fertigen, soweit möglich, einen schriftlichen

Bericht über einen selbstbeobachteten Verkehrsunfall an. Zeitungsberichte über Verkehrsunfälle aus der Lokalpresse werden gesammelt. Unser Ziel ist, zu untersuchen, wie anders ein Schriftsteller einen Verkehrsunfall darstellt als wir oder ein Verkehrspolizist. In der Form des Rundgesprächs lernen die Schüler selbständig Texte untersuchen.[1]

3. Das Streitgespräch

Bei der Erörterung mancher Lesestücke entstehen Meinungsverschiedenheiten, so z. B. bei Brittings ‚Brudermord im Altwasser'. These: „Der Schluß der Geschichte soll andeuten, daß die beiden Brüder Verbrecher sind oder werden." Gegenthese: „Die beiden Brüder haben sich wie alle Jungen dieses Alters zwar als Lausbuben verhalten, aber doch den Tod des Bruders nicht verschuldet. Über ihre weitere Entwicklung kann man nichts sagen." Oder bei Gerd Gaisers ‚Der Mensch, den ich erlegt hatte'. These: „Der Erzähler fühlt sich zu Recht als Mörder, er hat geschossen aus der ‚Lust, fertig zu machen' ", wie er selbst sagt. Gegenthese: „Der Erzähler handelte ‚im Dienst und in Notwehr'; sein Tun ist gerechtfertigt".

Die „Förster- und Wilddiebgeschichten" von Annette von Droste-Hülshoff, Paul Ernst und Georg Britting (‚Das Waldhorn') führen in der Klasse zur Parteibildung. Wir nützen diese Erfahrung und nehmen ein solches Stück als Vorlage für ein Streitgespräch, formulieren These und Gegenthese und bilden zwei Parteien. Über die Durchführung berichtet das Kapitel ‚Erziehung zum Sprechen' in Band Mittelstufe II dieser Methodik.

b) Die Anleitung zum selbständigen Interpretieren

Jungen Menschen die Kunst des Deutens beizubringen ist möglich, wenn wir ihnen entsprechende Denksport- oder Erfindungsaufgaben vorsetzen. Die folgenden Versuchsreihen werden in der Form des thematischen Unterrichts mit der Klasse vorbesprochen.

4. Die Erzählungsfortsetzung

Vom 7. Schuljahr an verbinden wir zwei oder drei Geschichten derselben Art zu einer Übungsreihe, etwa: „Das Verhalten des Menschen im Augenblick der Gefahr", „Tiergeschichten", „Rechtsfälle", „Diebsgeschichten", „Schwänke", „Satiren". Ein Beispiel für das 7. Schuljahr: Thema: „Menschlichkeit und Unmenschlichkeit." Texte: Friedrich von Schiller ‚Herzog von Alba bei einem Frühstück auf dem Schlosse zu

---

[1] Das Thema „Schulgeschichten selbst erlebt und Schulgeschichten bekannter Männer" ist für die ganze Mittelstufe geeignet. Martin Gregor-Dellin hat unter dem Titel ‚Vor dem Leben' Schulgeschichten von Thomas Mann bis Heinrich Böll gesammelt. Darin finden sich ‚Die Turnstunde' von Rilke, ‚Der erste Schultag' von Arno Holz, ‚Abdankung' von Heinrich Mann, Ausschnitte aus den Buddenbrooks, aus Werken von Friedrich Huch, Alfred Döblin und Klaus Mann, daneben Erzählungen von Hans Bender, Wolfdietrich Schnurre, Benno Hurt u. a. (Nymphenburger Verlagsbuchhandlung, München).

Rudolstadt im Jahr 1547'; Johann Peter Hebel ,Der Husar in Neiße'; Hans Bender ,Die Wölfe kommen zurück'.

Durchführung: In der ersten Stunde, einer Erzählstunde, berichten wir von Erfahrungen. Jeder Schüler erzählt eine Begebenheit, die seine Eltern erlebt haben. Der Lehrer leitet die Stunde mit einer eigenen Erzählung ein. Die Absicht: Die Schüler sollen die Wirklichkeit aus der Erfahrung ihrer Angehörigen kennenlernen, ehe wir uns mit der literarischen Darstellung von Unmenschlichkeiten befassen. Zum Schluß wird der Plan mitgeteilt: „Wir wollen an einigen Geschichten sehen, wie die Menschen sich verhalten. Ihr werdet drei Geschichten, teilweise vorgelesen, zu Ende erzählen.

Friedrich von Schiller: ,Herzog Alba...'

Die beiden ersten Sätze lauten:

„Eine deutsche Dame aus einem Hause, das schon ehedem durch Heldenmut geglänzt und dem deutschen Reich einen Kaiser gegeben hat, war es, die den fürchterlichen Herzog von Alba durch ihr entschlossenes Betragen beinahe zum Zittern gebracht hätte. Als Kaiser Karl V. im Jahr 1547 nach der Schlacht am Mühlberg auf seinem Zuge nach Franken und Schwaben auch durch Thüringen kam, wirkte die verwitwete Gräfin Katharina von Schwarzburg, eine geborene Fürstin von Henneberg, einen Sauve-Garde-Brief bei ihm aus, daß ihre Untertanen von der durchziehenden spanischen Armee nichts zu leiden haben sollten ..."

Wir lesen das Stück vor bis zu dem Satz: „Meinen armen Untertanen muß das ihrige wieder werden, oder bei Gott! — indem sie drohend ihre Stimme anstrengte — Fürstenblut für Ochsenblut!"

Gemeinsam überlegen wir: Drei Möglichkeiten gibt es für den Ausgang: Die Gräfin erfüllt ihre Drohung und läßt die Feinde töten; oder die Gäste geben nach und ersetzen den Schaden; oder die Gäste siegen über die Gräfin. Wer genau zugehört hat, kann nicht zweifeln, wie die Geschichte ausgeht. Versucht, im Sinne Schillers das Ende zu finden!

Die Auswertung: Zwei Schüler lesen ihren Schlüß vor. Ist die Lösung überzeugend? Sind alle Hinweise aus dem vorgelesenen Teil beachtet? Mit diesen Fragen setzt die Sprach- und die Formuntersuchung ein. Überschrift des Stückes und die beiden ersten Sätze werden ins Arbeitsheft diktiert. Wie ist der 1. Satz gebaut? Das Bauschema:

H. S.	S ______		P ______	
N. S.		______		______

Die Antithetik des ersten Satzes ist inhaltlicher und formaler Art: Das Prädikat „war es" trennt ihn in zwei Hälften. Die Subjektgruppe mit dem 1. Relativsatz berichtet über die Hauptperson der Erzählung und die Eigenschaften ihres Hauses; der zweite Relativsatz benennt den Gegenspieler und kennzeichnet ihn:

deutsche Dame	fürchterlicher Herzog
durch Heldenmut geglänzt	beinahe zum Zittern gebracht

Mit dem 1. Satz ist bereits das antithetische Baugesetz der Erzählung gegeben. Der zweite und dritte Satz bringen ein weiteres Motiv: den Vertrag zwischen der Gräfin und dem Kaiser. Ein drittes Bauelement ist der Begriff der Höflichkeit, das leitmotivartig die Anekdote durchzieht, ihren Verlauf und Ausgang bestimmt. Diese drei Bauelemente — Antithetik, Vertrag und Höflichkeit — müssen auch den Schluß bestimmen. Die Schüler werden durch die gestellte Aufgabe genötigt, Satzbau und Aufbau der Anekdote zu untersuchen. Noch einmal wird die Geschichte geschlossen vorgetragen und folgendes Schema in das Arbeitsheft eingetragen:

Handelnde Personen:	Herzog Alba, Herzog von Braunschweig und Sohn, Gefolge, das Kriegsheer	Die Mutter ihres Volkes, ihre Diener
Thema:	Gewalt, Vertragsbruch, Kampf der Gewalt gegen das Recht	Recht, Vertrag, Gegenwehr, Warnung, Appell an die Einsicht, Mut, Rechtlichkeit, Fürsorge der Frau
Auflösung des Gegensatzes:	Höflichkeit als diplomatisches Spiel. Geistesgegenwart und Klugheit auf beiden Seiten führen die Auflösung der Spannung herbei.	

Johann Peter Hebel: ‚Der Husar in Neiße'

Die beiden ersten Sätze lauten:

„Als im Anfang der Französischen Revolution die Preußen mit den Franzosen Krieg führten und durch die Provinz Champagne zogen, dachten sie nicht daran, daß sich das Blättlein wenden könnte und daß der Franzos noch im Jahr 1806 nach Preußen kommen und den ungebetenen Besuch wettmachen werde. Denn nicht jeder führte sich auf, wie es einem braven Soldaten im Feindesland wohl ansteht."

Wir lesen das Stück bis zu dem Wendepunkt vor:

„Als er (der preußische Husar) aber merkte, daß der Sergeant der nämliche sei, dessen Eltern er geplündert und mißhandelt hatte, und als der ihn an seine Schwester erinnerte, versagte ihm vor Gewissensangst und Schrecken die Stimme, und er fiel vor dem Franzosen auf die zitternden Knie nieder und konnte nichts mehr herausbringen als ‚Pardon'! dachte aber: Es werde nicht viel helfen."

Wiederum werden drei Möglichkeiten der Auflösung kurz erörtert: Der Sergeant tötet den Husaren; er übergibt ihn dem Gericht, oder er verzeiht ihm. Hierauf entwerfen die Schüler schriftlich einen Schluß. Zwei Arbeiten werden vorgelesen.

Die Schüler gewähren dem Husaren keinen Pardon und geben die Begründung nach dem Motto „Auge um Auge, Zahn um Zahn": „Das Blättlein hat sich gewendet"; nun kann er den Bösewicht bestrafen. — „Handelt der Franzose recht", so fragen wir, „wenn er jetzt den Husaren tötet? Was muß der Franzose tun, um richtig zu handeln?" Er muß das Geschehnis dem Gericht melden; dieses soll das Urteil fällen. Kein Mensch darf einen anderen töten, es sei denn in letzter Notwehr, der einzelne darf sich sein Recht nicht selber nehmen; tut er es, so begeht er ein Unrecht, und die Folge ist, daß sich ein Unrecht auf das andere häuft. — Damit haben wir den Inhalt des Merksprüchleins, das am Schluß unserer Geschichte steht, erarbeitet, ehe wir noch den Ausgang der Geschichte kennen — und haben zugleich den Unterschied zwischen Rache und Strafe offengelegt.

Nunmehr lesen wir die Geschichte von Anfang bis zu Ende ohne Unterbrechung vor. „Worüber seid ihr überrascht?“ „Über die Haltung des Franzosen und den Ausgang der Geschichte.“ — „Warum hat der Franzose keine Rache genommen?“ „Woran ist der Husar gestorben?“ Die Schüler sollen sich in die Rolle des verzeihenden Franzosen versetzen. „Mir fällt ein Wörtchen auf, das zweimal vorkommt und beidemal den Grund ankündigt: das Bindewörtchen ‚Denn‘. Es heißt: Denn wenn das Herz bewegt ist ... Denn er hatte von dieser Zeit an keine ruhige Stunde mehr.“ Was begründet dieses „Denn“? — Zweimal eine Wahrheit, die Wahrheit, daß das Leid den Menschen größer mache und daß das schlechte Gewissen uns vor das Jüngste Gericht stelle. „Noch etwas anderes fällt auf: Der Dichter Johann Peter Hebel scheint nicht gut Deutsch zu können. Er wechselt zwischen Präsens und Präteritum, manchmal in einem Satz. Warum und wann wechselt er?“

Mit dieser letzten Frage wenden wir uns der Besonderheit der Form zu, weil auf dem Wechsel von Vergangenheit und Gegenwart Formprinzip und Gehalt der Erzählung beruhen. Durch diesen Wechsel wird die Erzählung nicht nur packender — der Dichter verwendet auch noch andere Mittel, um den Leser direkt einzubeziehen, welche? —, sondern er macht den Begriff „Zeit“ sinnfällig: Die Zeit ist wie ein Blatt in einem Buch; der Leser blättert um, vergißt; Gegenwart wird Vergangenheit. Die Geschichte aber zeigt uns, daß unser Tun nicht vergeht, sondern Gegenwart bleibt bis zum Jüngsten Tag. Die Analyse des ersten Satzes zeigt wiederum das Baugefüge der Anekdote.

Wir vergleichen rückblickend Satzbau, Aufbau und Grundgedanken der Anekdoten von Schiller und von Hebel. Dabei wird sichtbar, daß der Vergleich die Eigenart beider Geschichten erhellt: Bei Schiller führt die Unerschrockenheit zu einem Sieg des Rechts; bei Hebel bringt das Gewissen die Entscheidung über Recht und Unrecht.

Wenden wir uns dem dritten Text zu:

Hans Bender: ‚Die Wölfe kommen zurück‘

Die beiden ersten Sätze lauten:

„Krasno Scheri hieß das Dorf seit der Revolution. Es lag fünfzig Werst von der nächsten Stadt in großen Wäldern, die eine Straße von Westen nach Osten durchschnitt.“

Wir lesen die Erzählung vor bis zu dem Satz:

„Du kennst die Wölfe nicht, Maxim. Aber wenn du mitkommen willst —“

Drei Lösungsmöglichkeiten werden erörtert: Die Kinder werden gerettet, sie kommen um, oder die Männer und die Kinder kommen um. Wieder verfertigen die Schüler einen Schluß, und nach dem Vorlesen zweier Schülerarbeiten setzt die Analyse ein. Zwar überrascht nicht die Auflösung der Erzählung, wohl aber das Anschwellen des Wolfsmotivs. Der Schluß ist ganz anders als bei Hebel und Schiller. Wir untersuchen den Satzbau: Einfache Sätze, aneinandergereiht. Weshalb? Der Verfasser gibt keine Begründungen, keine Erklärungen, nur den fortlaufenden Bericht; er stellt uns mitten in das Geschehen hinein und überläßt uns die Stellungnahme. Er wertet nicht. Was bedeuten die Wölfe?

Untersuchen wir, wie und wo das Wolfsmotiv erscheint. Zunächst sind die Wölfe nur in der Vorstellung des Gefangenen vorhanden; dann fragt dieser nach den Wölfen; darauf entsteht ein Gespräch über sie; dann entdecken die Kinder eine Wolfsspur; und jetzt: ein Tier wird vom Fenster aus gesehen; nunmehr machen sich die Männer auf zur Rettung der Kinder. Wir erkennen das Prinzip der Steigerung. Was aber ist mit den Zügen der Wölfe gemeint? Sehen wir genau hin: „So zogen Heere in die Städte der Feinde ein, durch die Mauern des Schweigens, der Verachtung, des Hasses. Die Menschen verkrochen sich vor ihnen ..." Da muß der Lehrer lebendig den Vorgang der Besetzung eines Landes schildern: Die Wölfe erscheinen als der Feind, der ein Land besetzt, ausraubt, zerstört. Aber das ist es nicht allein: Gegen die Wölfe stehen der Russe und der Deutsche, Sieger und Besiegte, zusammen, um die Kinder und sich selbst zu schützen. Wer sind diese Wölfe, die den Frieden wittern und zerstören?

Eine dreifache Bedeutung haben die Wölfe, so stellen wir fest: Sie sind realiter vorhanden als raubgierige Tiere; in übertragenem Sinn sind es die Feinde, die das Land des Besiegten ausbeuten; und im weiteren Sinn die Mächte, die den Frieden der Menschheit bedrohen.

An einem Beispiel haben wir das Prinzip des thematischen Unterrichts erläutert. Es zeigt, daß die zyklische Zusammenstellung von Lesestücken ergiebiger ist als die isolierte Behandlung einzelner Texte, daß die Schüler bereits im 7. Schuljahr durch dieses Verfahren zur Einsicht in Bauformen des Erzählens gelangen.

5. Das Erfassen des Kerngedankens einer Geschichte

Alle gründliche Einzelinterpretation muß mit einer großzügigen Fragestellung verbunden werden. Wir müssen die Schüler dazu erziehen, selbst Wesensfragen zu finden. — Wie machen wir das?

Wir suchen nur die Kernfrage eines Stückes. Beispiel: In einem Lesebuch des 9. Schuljahres finden wir einen Abschnitt „Wie wir nicht lesen sollen" von Wilhelm Schneider. Dieses Stück bietet eine Reihe wichtiger Ansatzpunkte zu einer anregenden Erarbeitung verschiedenartiger Lesestücke. Wir beginnen mit einer gründlichen Textbetrachtung. Die Schüler sollen zu Hause die Gliederung des Stückes aufschreiben. Es gelingt nicht: wir helfen nach:

1. Über die Verwahrlosung des Lesens in unserer Zeit
2. Gründe des oberflächlichen Viellesens
3. Folgen des gedankenlosen Lesens

Die Lektüre des Stückes dient als Einleitung zur Erörterung der Behauptung: Richtig lesen kann, wer die Hauptsache eines Textes zu finden weiß. Den Kerngedanken findet, wer an den Text Fragen stellen kann. Wir machen die Probe aufs Exempel: Jeder Schüler darf eine kurze Geschichte (Anekdote, Sage, Fabel) vorlesen; die Klasse sucht eine Kernfrage an den Text zu stellen und in einigen Worten den Kerngedanken anzugeben. Der Vorzug dieses kurzweiligen Verfahrens liegt auf der Hand: Es werden in einer Stunde drei oder vier Texte auf den Leitgedanken hin untersucht. Der Blick wird auf das Wesentliche gerichtet. Die Schüler lernen Fragen stellen. Die einfachen, kurzen, heiter-humorvollen Texte eignen sich zu diesem Versuch deshalb gut, weil sie reizen und weil ihr Sinn sprachlich nicht leicht zu fassen ist.

6. Textinterpretation in Verbindung mit Bildbetrachtung

Die Textinterpretation unter Zuhilfenahme von Bild und Plastik erlaubt uns, von der Anschauung auszugehen oder auf sie hinzuführen.

Beispiel: Was machen wir mit dem Stück ‚Hände‘ von Karl Scheffler in einem Lesebuch des 9. Schuljahres? Die Schüler lesen den Text und erfahren, daß Hände 1. das kunstvollste Werkzeug des Menschen sind, 2. etwas wie ein Eigenleben haben, 3. daß die Hände über Besonderheit und Beruf Auskunft geben und daß 4. die Sprache mit dem Begriff Hand viele Vorstellungen verbindet. Das erste und dritte wissen sie, das zweite erscheint ihnen überschwenglich ausgedrückt, das vierte nehmen sie zur Kenntnis. Wir wollen sie deshalb vor der Lektüre des Stückes die Ausdruckskraft der Hand selbst aus eigener Anschauung finden lassen. Die Hand spricht eine doppelte Sprache: Die Form der Hand gibt Auskunft über Charakter, Anlagen und Beruf eines Menschen; die Gestik der Hand verrät die augenblickliche Gemütsverfassung. Ein allgemeines Gespräch über die menschliche Hand bleibt farblos, uneindringlich. Besser ist es, man legt Gemälde oder Photographien (Handstudien) vor; noch wirksamer ist es, die Schüler auf die Gestik der Schauspieler aufmerksam zu machen oder sie in eine Gerichtsverhandlung zu führen, damit sie dort die Handbewegungen der verschiedenen Personen beobachten.

Unser Vorgehen: Wir erzählen die Geschichte der Bürger von Calais und fragen: Was geht wohl in den Bürgern vor, die sich freiwillig entschlossen haben, sich für die andern zu stellen? Statt auf eine Antwort zu warten, zeigen wir ihnen Rodins ‚Bürger von Calais‘. Gesicht und Hände der Figuren geben Antwort auf die Frage. Wir erarbeiten einen wesentlichen Inhalt des Lesebuchtextes vorweg an Hand unserer Plastikwiedergabe. Anschließend zeigen wir Hände, von Malern gemalt, z. B. die ‚Betenden Hände‘ von Dürer. Wodurch sprechen sie? Durch ihre Form (Geäder, Zartheit der Finger und durch ihre Bewegung. Nun erst lesen wir den Text und suchen die Gliederung zu erfassen. Zum Abschluß erarbeiten wir in Anlehnung an das Grimmsche Wörterbuch die Sprachbilder, die sich auf die Hand beziehen.

7. Die Textanalyse in Verbindung mit Leitfragen und Untersuchungsaufträgen

Wenn wir auch die arbeitsunterrichtlichen Formen bevorzugen, so müssen wir doch immer wieder das Analysieren unter Anleitung des Lehrers einüben. Leitfragen, Untersuchungsaufträge und Arbeitsaufträge im Unterricht helfen uns bei diesem Verfahren.

Beispiel im 7. Schuljahr: Tier und Mensch, Untersuchung von Tiergeschichten in Verbindung mit Tierbeobachtungen und Naturschilderungen. ‚Ein Wolf' von Hermann Hesse und ‚Krambambuli' von Marie von Ebner-Eschenbach.

Ankündigung: Wir wollen Tiergeschichten lesen, in denen Tier und Mensch als Gegenspieler auftreten und das Tier als dem Menschen überlegen dargestellt wird. Dabei untersuchen wir, wie verschieden die Verfasser das Verhältnis von Tier und Mensch gestalten. Die Untersuchungen verbinden wir mit eigenen Darstellungen. Es eignen sich folgende Erzählungen: ‚Der Stierkampf' von Thomas Mann, ‚Außerordentliches Beispiel von Mutterliebe bei einem wilden Tier' von Heinrich von Kleist, ‚Krambambuli' von Marie von Ebner-Eschenbach und ‚Ein Wolf' von Hermann Hesse. Die Texte, die nicht im Lesebuch abgedruckt sind, werden vervielfältigt. „Lest die vier Stücke und schlagt vor, welche wir ausführlich betrachten wollen."
Diese nächste Stunde wird zur Planungsstunde. Welche Möglichkeiten der Auseinandersetzung zwischen Tier und Mensch gibt es? — Ein Tier fällt einen Menschen an. Oft ist dabei das Tier an Körperkraft und Gewandtheit überlegen, und es gibt Auseinandersetzungen, in denen das Tier an Instinktsicherheit den Menschen übertrifft. Die Regel ist freilich, daß der Mensch mit Hilfe seiner Waffen und geistigen Fähigkeiten über das Tier siegt.

Hermann Hesse: ‚Ein Wolf'

Das Stück erscheint in einigen Lesebüchern unter dem Titel ‚Der Wolf' oder ‚Wölfe'. Wir bringen den 1. Abschnitt und die beiden letzten wörtlich.

„Noch nie war in den französischen Bergen ein so unheimlich kalter und langer Winter gewesen. Seit Wochen stand die Luft klar, spröde und kalt. Bei Tage lagen die großen, schrägen Schneefelder mattweiß und trostlos unter dem grellblauen Himmel, nachts ging klar und klein der Mond über sie hinweg, ein grimmiger Frostmond von gelbem Glanz, dessen starkes Licht auf dem Schnee blau und stumpf wurde und wie der leibhaftige Frost aussah. Die Menschen mieden alle Wege und namentlich die Höhen, sie saßen träge und schimpfend in den Dorfhütten, deren rote Fenster nachts neben dem blanken Mondlicht rauchig trüb erschienen und früh erloschen ...

Einige Wolfsfamilien, von den grausamen Qualen des Hungers gefoltert, entschlossen sich, in eine andere Gegend zu ziehen. Drei schöne starke Tiere trennten sich von ihnen und wandten sich dem Schweizer Jura zu. Sie erbeuteten bald einen Hammel, bald einen Hund. Sie brachen in die Behausungen der Menschen ein. Es wurde ein Preis auf sie ausgesetzt; zwei von ihnen wurden erlegt, der jüngste und stolzeste entkam. Schließlich wurde auch er von einer Kugel getroffen; das sterbende Tier schleppte sich ins Freie.

... Da kamen Lichter und Schritte nah. Bauern in dicken Mänteln, Jäger und junge Burschen in Pelzmützen und mit plumpen Gamaschen stapften durch den Schnee. Gejauchze erscholl. Man hatte den verendenden Wolf entdeckt. Zwei Schüsse wurden auf ihn abgegeben, und beide fehlten. Dann sahen sie, daß er schon im Sterben lag, und fielen mit Stöcken und Waffen über ihn her. Er fühlte es nicht mehr.

Mit zerbrochenen Gliedern schleppten sie ihn nach St. Immer hinab. Sie lachten, sie prahlten, sie freuten sich auf Schnaps und Kaffee, sie sangen, sie fluchten. Keiner sah die Schönheit des verschneiten Forstes, noch den Glanz der Hochebene, noch den roten Mond, der jetzt über dem Chasseral hing und dessen schwaches Licht in ihren Flintenläufen, in den Schneekristallen und in den gebrochenen Augen des erschlagenen Wolfes sich brach."

Vorüberlegung: Wer nachweisen wollte, wie unrecht Hesse tut, die reißenden Wölfe zu verherrlichen, wer aus dem Stück eine Lektion der bürgerlichen Alltagsmoral machen wollte, wonach jeder gewaltsame Eingriff in den geheiligten Besitz als ein Verbrechen erscheint, der würde dem Stück nicht gerecht. Unsere Schüler ergreifen ausnahmslos Partei für den Wolf. Sie stehen auf seiten der Gruppe, die sich gegen eine Übermacht verteidigt. Wir müssen ihnen klarmachen, weshalb der Wolf auch in Wahrheit Hauptfigur sein soll. Selbst wenn wir meinen, es sei bloße Menschenverachtung, die den Dichter Licht und Schatten in dem Gemälde des Kampfes zwischen Tier und Mensch einseitig verteilen läßt, so dürfen wir diese Meinung doch (wenn überhaupt) erst dann äußern, wenn die Schüler Verständnis für die Hessesche Darstellung gewonnen haben.

Auswertung des Stückes: Das Stück bietet zwei Wege zur Erarbeitung, die wir beide verbinden:

1. Wir stellen es in den Dienst der Stilkunde und Aufsatzerziehung und üben die Landschafts- und Tierschilderung; dabei soll die Gewalt und Schönheit der Natur und ihrer Geschöpfe erfaßt werden;
2. wir betrachten die Erzählung als Drama, als Kampf zwischen Mensch und Tier, wobei die Hauptrolle dem Wolf zufällt.

Aufgabe (nur im Winter, wenn Schnee liegt): „Ein Gang durch eine Schneelandschaft bei großer Kälte". Umfang: eine halbe Seite. Vorbereitung dieser Aufgabe: Wie ist der Himmel, die Luft, der Schnee bei großer Kälte? Beachte die Farbe des Schnees, des Himmels, der Bäume am Spätnachmittag, des Mondes, der Schornsteine, der Fenster, der Berge — und beobachte das Verhalten der Tiere: der Vögel, des Wildes.

Zwei Schüler lesen ihre Arbeit vor. Statt ausführlicher Kritik hören wir den ersten Abschnitt der Hesseschen Geschichte. Hesse entwirft das Bild eines „unheimlich kalten und langen Winters". Wir spüren die Kälte, wir sehen die Landschaft. Wie hat er das gemacht? Wir achten auf Bei- und Umstandswörter. Viele sind einsilbig: „klar, spröde, klein, kalt, nachts, blau, stumpf, trüb". Wir finden viele Farbbezeichnungen: „mattweiß, grellblau, gelb, rauchig trüb, blau und dumpf, rot, blau". Unter den Hauptwörtern fallen die Einsilber und Zweiheber auf: „Luft, Mond, Frostmond, Glanz, Licht, Schnee, Frost". Dadurch entsteht der straffe, harte, festgefügte Satzrhythmus. Aber diese Wortwahl macht die Wirkung des Bildes nicht aus. Es ist mannigfaltig, wir sehen Einzelheiten: die Schneefelder, die Luft, den Himmel, den Mond und den Frost, die Menschen in den Hütten, die roten Fenster, den Lichtschein, der hindurchfällt. Noch mehr: In dem Bild herrscht Spannung; zwei Mächte stehen einander gegenüber: der kalte Winter, der alles beherrscht, und die trägen, schimpfenden Menschen voller Angst. Damit haben wir bereits das Bauprinzip der Geschichte erkannt.

Die Wertfrage: „Ist es nicht seltsam, daß der Dichter Partei ergreift für die Wölfe? Tun die Menschen nicht recht, sie zu erschlagen? Was bewundert der Dichter an den Wölfen? Warum ergreift ihr Partei für sie? Hättet ihr weniger Angst vor ihnen als die Bauern? Würdet ihr euch weniger freuen, wenn ihr sie erlegt hättet?"

Wir finden die Antwort im gemeinsamen Gespräch: Gewiß muß man sich wehren, aber man kann doch Mitleid haben mit dem Wolf.

Die Formfrage: „Hat der Dichter in der Erzählung noch einmal ein Landschaftsgemälde entworfen wie zu Beginn? Wo findet ihr eines, das sich dem ersten vergleichen läßt? — Die Schilderung des sterbenden Wolfes wird vorgelesen: „Er war getroffen. Sein weißlicher Unterleib war an der Seite mit Blut befleckt, das in dicken Tropfen zäh herabträufelte." — bis zu dem Satz: „Traurig hing der Blick des sterbenden Tieres an der matten Mondscheibe, und wieder röchelte ein schwaches Heulen schmerzlich und tonlos in die Nacht." Die Schüler untersuchen schriftlich die Bei- und Zeitwörter: „horchend, angstvoll, mühselig, zitternd, verwundet, er fühlte einen trüben, klammernden Schmerz, er fühlte die Hand des Todes wie eine unsäglich schwere Last auf sich drücken, starrte trübe in die graue Schneenacht. Traurig hing der Blick des sterbenden Tieres an der matten Mondscheibe." Hesse vermenschlicht den Wolf. Er ist ein Stück Natur, wild, hart, ungebrochen. Und die Menschen in ihren Hütten sind durch ihre Sicherheit und Ruhe träge geworden.

„Keiner sah die Schönheit des verschneiten Forstes, noch den Glanz der Hochebene, noch den roten Mond, der jetzt über dem Chasseral hing, und dessen schwaches Licht in ihren Flintenläufen, in den Schneekristallen und in den gebrochenen Augen des erschlagenen Wolfes sich brach."

Marie von Ebner-Eschenbach: ‚Krambambuli'

Die Geschichte des Hundes Krambambuli, der zugrunde geht, weil er zwei Herren, die sich auf Tod und Leben bekämpfen, nicht gleichzeitig die Treue halten kann, ist in ihrer äußeren Handlungsführung leicht zu übersehen.

Leitfrage: „Ihr habt Tiere beobachtet und wahre Begebenheiten mit Tieren erzählt. Meint ihr, daß die Dichterin die Geschichte frei erfunden hat? Kann die Erzählung wahr sein, oder erscheint sie euch unwahrscheinlich?" Das Für und Wider der Schülerantworten setzt ein. „Daß Krambambuli noch nach Jahren seinen ersten Herrn wittert und auf ihn zuspringt, ist ein Zeichen einer feinentwickelten Hundenase. Überraschend für unseren Menschenverstand ist aber, daß er bei seinem toten Herrn bleibt und verwildert, statt zu dem lebenden zurückzukehren. Ebenso erstaunlich ist, daß der Revierförster seinen Hund erschießen will und den Verwilderten nicht zurückholt. Der Hunger hätte — nach unserer Denkweise — den Hund zu seinem Herrn zurücktreiben müssen, und der Jäger hätte Verständnis und Anerkennung für die Hundetreue haben sollen. Wie erklärt ihr euch diese beiden Seltsamkeiten?" „Aus welchen Beweggründen haben Herr und Tier gehandelt? — Aus Schuldgefühl und Stolz der Hund, aus verletzter Liebe und Enttäuschung über den Abfall des Hundes der Förster. Können wir so viel menschliches Empfinden bei dem Hund und so wenig menschliches Verzeihen bei dem Herrn voraussetzen?"

Von dieser Fragestellung aus betrachten wir das Werk in der Erwartung, aus ihm selbst eine Antwort zu finden. Wir heben im folgenden nur einige für uns wesentliche methodische und inhaltliche Punkte hervor und stellen sie, um das Grundsätzliche anschaulich zu machen, schematisch dar; wir zeichnen nicht die Unterrichtsstunde nach.

Die nachstehenden Beobachtungen werden gemeinsam gemacht, die Fragen jedoch gruppenweise verteilt und in Form von Untersuchungsaufträgen schriftlich beantwortet.

Erste Beobachtung: Die Dichterin betont die Reinrassigkeit des Hundes. Frage: „Sind Treue, feinentwickeltes Schuldgefühl — im menschlichen Sinn kann man von Schuld nicht sprechen — und Stolz (Eigenschaften, die Krambambuli auszeichnen) nach Auffassung der Dichterin an die Rasse gebunden?" — Wir stellen zusammen, wie die Dichterin den Hund beschreibt, welcher Rasse er angehört, was über sein Wesen ausgesagt wird. Das Ergebnis ist nicht eindeutig; als richtig erscheint, daß die stolze Haltung des Hundes mit dem Stammbaum in Verbindung gebracht wird. Der Stammbaum sei „so alt und rein wie der eines deutschen Ordensritters".

Zweite Beobachtung: Die Dichterin spricht von der gewaltsamen „Unterwerfung" des Tieres unter seinen neuen Herrn. Frage: „Hat sich aus dieser Unterwerfung eine Anhänglichkeit des Hundes zu seinem zweiten Herrn entwickelt?" — Die eingeflochtene Geschichte mit der Gräfin gibt eine eindeutige Antwort. Aber — es bleibt ein „Aber" zurück — der Hund hat seinen Herrn später verlassen und ist zum ersten zurückgekehrt.

Dritte Beobachtung: Der zweite Herr hat das Tier besser gehalten als der erste. Dennoch ist die Liebe des Hundes zu seinem ersten Herrn größer. Frage: „Ist die Anhänglichkeit des Hundes an den Menschen gar nicht von dessen Behandlung des Tieres abhängig? Hat Krambambuli kein Gespür für den Charakter seiner beiden Herren?" — Wir betrachten den Charakter des ehemaligen Forstgehilfen, finden aber keine andere Antwort als die, die Konrad Lorenz in seinem Buch ‚So kam der Mensch auf den Hund' gegeben hat: Im ersten Lebensjahr erfolgt die Bindung des Jungtieres an seinen Herrn, die nicht mehr aufzulösen ist.

Vierte Beobachtung: Die Geschichte beginnt mit den Worten: „Vorliebe empfindet der Mensch für allerlei Gegenstände. Liebe, die echte, unvergängliche, die lernt er — wenn überhaupt — nur einmal kennen." Frage: „Gilt diese Feststellung nur von Hopp zu seinem Hund oder auch von Krambambuli zu seinem ersten Herrn, der ihn großgezogen hat?" — Wir stoßen damit auf den Konflikt von Liebe und Treue, der sich in Menschen und offenbar auch in Tieren abspielt. Der Hund erlebt diesen Konflikt wie ein Mensch. „Wie schildert die Dichterin die Äußerungen des Konfliktes des Hundes, eines Wesens, das doch nicht sprechen kann?" — Wir suchen die Stellen:

> Der Hund folgte ihm mit den Augen, bis er zwischen den Bäumen verschwunden war, stand dann auf, und sein mark- und beinerschütterndes Wehgeheul durchdrang den Wald. Ein paarmal drehte er sich im Kreise und setzte sich wieder aufrecht neben den Toten hin. —

Warum hat der Jäger den Hund nicht zurückgeholt? Auch in ihm spielte der Konflikt von Liebe und Treue — er liebte den Hund und fühlte sich verraten: „Deserteur, pflicht- und treuvergessene Kanaille". In Wirklichkeit war der Hund treu, der Revierförster aber nicht groß genug, um ihn zu verstehen. Er hat dem Hund die Treue nicht gehalten, sondern ihn im Stich gelassen:

> „Am selben Abend stand Hopp vor dem Schlafengehen am Fenster und blickte in die schimmernde Sommernacht hinaus. Da war ihm, als sehe er jenseits der Wiese am Waldes-

saum den Hund sitzen, die Stätte seines ehemaligen Glückes unverwandt und sehnsüchtig betrachtend — der Treueste der Treuen, herrenlos!"

Rückblick. Eines haben beide Erzählungen gemeinsam: Der Mensch ist der Versager, das Tier der Überlegene. Hesse übt Kritik an den Menschen, er gibt ein Gesellschaftsdrama, Ebner-Eschenbach schildert innere Vorgänge, sie stellt den Konflikt im Menschen und im Hund dar; sie entwirft ein psychologisches Drama: Wir finden soziale Konflikte bei Hesse, seelische Konflikte bei Ebner-Eschenbach.

c) Lesestücke als Grundlage für die Einübung der Aufsatzarten

Geschrieben wird im Deutschunterricht immer: Hausaufgaben und schriftliche Arbeitsaufträge in der Klasse sowie die Zusammenfassung des Ergebnisses einer Stunde nötigen alle Schüler ständig zum Schreiben. Dabei kontrollieren wir immer wieder die Führung der Arbeitshefte. Bei den folgenden Arbeitsweisen geht es darum, die Stilformen der Mittelstufe einzuüben und gleichzeitig zum genauen Lesen zu erziehen.

8. Inhaltsangabe

Die Inhaltsangabe ist eine Arbeitsform, die vom 7. bis zum 13. Schuljahr ununterbrochen geübt wird; zu ihrer Einübung eignen sich Anekdoten und Kurzgeschichten, in sich geschlossene Texte mit übersichtlicher Gliederung im Umfang von etwa je zwei bis sieben Seiten. Der Auftrag: „Gebt keine Nacherzählung, sondern berichtet kurz, wovon die Geschichte handelt; schreibt nicht mehr als eine Seite und bedient euch folgender Gliederung: Einleitung — Hauptteil — Schluß. In der Einleitung gebt ihr einen Hinweis auf den Verfasser, auf den Ort und Zeitpunkt der Handlung und auf die Art der Geschichte. Im Hauptteil berichtet ihr gedrängt den Ablauf des Geschehens. Zum Schluß erläutert ihr, was euch an der Geschichte gefällt und was der Verfasser damit ausdrücken will."

9. Charakteristik und Situationsschilderung

Texte mit ausführlicher Personenbeschreibung und -schilderung finden wir in vielen Prosawerken. Solche Texte zu vergleichen, ist vom 8. Schuljahr an lehrreich. Die realistischen Erzähler, etwa Raabe und Keller, beschreiben ihre Personen anders als Gerhart Hauptmann, Thomas Mann, Robert Musil, Max Frisch, Peter Weiss; wieder anders die Historiker, Soziologen und Psychologen. Da auf der Mittelstufe das Interesse am Menschen erwacht und die Aufsatzform der Charakteristik gerne geübt wird, stellen wir für unseren Unterricht zwei oder drei Texte zu einem Zyklus zusammen. Am Anfang steht der eigene Schülerversuch, der zu einer Erörterung des Problems Anlaß gibt und die Untersuchung der Textvorlagen motiviert. Im 8., 9. und 10. Schuljahr verwenden wir etwa 6 bis 7 Stunden auf diese Unterrichtseinheit, die jeweils mit einem Klassenaufsatz abschließt.

Die Situationsschilderung üben wir nicht um ihrer selbst willen, sondern um dem Schüler neue Bereiche menschlicher Erfahrung und sprachlicher Gestaltung zu erschließen. Daher die Schilderung auch der Großstadt. „Der Hof eines Fabrikgebäudes“, „Der Hinterhof einer Mietskaserne“, „Gras zwischen Gleisanlagen“. Solche Themen kontrastieren wir mit Naturschilderungen: „Das Meer“, „Das Hochgebirge“, „Flußlandschaft“, denn methodisch gesehen hat der Vergleich den Vorzug, daß er Gegensätze sichtbar macht, den Intellekt herausfordert, den Blick für das Wesentliche schult und Untersuchungsaufträge ermöglicht.

10. Erörterung und Begriffserläuterung

In den Lesebüchern für das 9. und 10. Schuljahr finden sich Erörterungen und Abhandlungen über das Verhältnis von Mensch und Technik, über moderne Produktionsmethoden, Automation und Automaten, Stellungssuche und Stellenangebote; über Sprache und Meinungsbildung im Zeitalter der Massenkommunikationsmittel; über Fragen des Rechts, z. B. die Gleichberechtigung der Frau; über das Lesen und über die Aufgaben der Kritik. Die Aufsätze stammen von Physikern, Technikern, Philosophen, Soziologen, Rechtswissenschaftlern, Philologen und Literaten. Es herrscht Unklarheit darüber, in welchem Umfang solche gedanklichen Texte aus fremden Wissenschaftsbereichen zum Grundbestand des Deutschunterrichts gehören. Gelegentlich betrachtet sich der Deutschlehrer als nicht zuständig.

Die Reflexion über Sprache und Literatur aber gehört zweifellos in den Deutschunterricht. Texte über die Kunst des Lesens und Schreibens, des Argumentierens und Diskutierens, die Formen der Rede, über Trivialliteratur, über Grundfragen der Hermeneutik und der literarischen Kritik, über Journalismus und die audiovisuellen Formen der Literaturvermittlung, über verschiedene Sprachschichten und das Verhältnis von Sozialschicht und Sprachbeherrschung sollten im Lesebuch der späten Mittelstufe und der Oberstufe vertreten sein. Allerdings lassen sich stufengemäße Texte oft nicht finden. In Zukunft wird man dazu übergehen müssen, Texte für diesen Zweck zu bestellen oder in Arbeitsgruppen selbst zu schaffen.

Wie erarbeiten wir gedankliche Prosa? Vier Wege bieten sich an:

(1) Nachschrift eines Vortrags in der Form einer Inhaltsangabe,
(2) Anfertigung eines Précis [1],
(3) die Problemerörterung in der Form des Rundgesprächs als Einführung in die textgebundene Erörterung,
(4) das Streitgespräch über einen Text als Einführung in die dialektische Form der Erörterung.

(1) Nachschrift eines Vortrags in der Form einer Inhaltsangabe. Der Lehrer liest einen unbekannten Text (aus einem fremden Lesebuchwerk) vor mit der Aufforderung, Notizen zu machen, eine Überschrift zu finden, eine Gliederung anzufertigen und eine Inhaltsangabe im Arbeitsheft zu verfassen. Dies ist eine erste Anleitung zur Kollegnachschrift. Die Übung schafft eine starke Konzentration.

[1] Heinz Siedler: Der Précis. Erfahrungen, Methoden, Texte. Der Deutschunterricht, Beiheft 2 zum Jahrgang 19/1967.

Welche Texte eignen sich? Die Texte müssen übersichtlich gegliedert und vom Inhalt her faßlich sein. Es eignen sich Auszüge aus Stifters Vorrede zu ‚Bunte Steine': „Das sanfte Gesetz", der Aufsatz ‚Marie Curie' von Elisabeth Langgässer, ‚Kolchosniki' von Wassili Aksenow, ‚Ein Auto für morgen' von Heinrich Hauser, ‚Gebührt Carleton ein Denkmal?' von Gottfried Benn.

Zum Verfahren: Der Text wird ohne Angabe der Überschrift zweimal vorgelesen. Zur Ausarbeitung der Inhaltsangabe reichen zunächst 25 bis 30 Minuten. Erfahrungsgemäß wird bei größerer Zeitspanne die Leistung nicht besser. Erst auf der Oberstufe benötigen wir eine Doppelstunde. — Der erste Versuch fällt dürftig aus. Gemeinsam erstellen wir dann eine Gliederung. In der nächsten Stunde wiederholen wir den Versuch mit einem anderen Text. Der dritte oder vierte Versuch gilt als Klassenaufsatz.

(2) Anfertigung eines Précis. Der Précis ist eine Sonderform der Inhaltsangabe. Dabei wird die Vorlage auf ein Drittel gekürzt. Der Text liegt dem Schüler vor. Er liest ihn mindestens zweimal, unterstreicht die Leitbegriffe, stellt eine Gliederung her und gibt die Grundgedanken mit eigenen Worten wieder. Auf der Unterstufe wählen wir kurze Beschreibungen und Anekdoten, auf der Mittelstufe Schilderungen, Kurzgeschichten und gedankliche Prosa mit einem Umfang von 500—700 Wörtern. Da viele Lesestücke umfangreicher sind, zerlegen wir sie und verteilen sie abschnittweise auf Arbeitsgruppen.

Beispiel: Henry Ford, Auszüge aus ‚Mein Leben und Werk', in manchen Lesebuchwerken abgedruckt unter dem Thema „Mensch und Arbeit". Der erste Teil handelt von repetitiver und kreativer Arbeit, der zweite von der Verwendbarkeit aller Arten von Leistungsgruppen in einem Industrieunternehmen (einschließlich der Blinden, Gebrechlichen, Körperbeschädigten), der dritte von der Arbeitsdisziplin im Betrieb. Diese drei Abschnitte werden auf Arbeitsgruppen zu je 3—5 Schülern verteilt, die gemeinsam ihren Précis abfassen. Diese Arbeitsform nötigt zu gedanklicher Schärfe und sprachlicher Präzision.

(3) Die Problemerörterung in der Form des Rundgesprächs als Einführung in die textgebundene Erörterung. Wir gehen von einem aktuellen Problem aus und suchen aus dem Lesebuch und der Presse Texte, die uns die zur Diskussion nötigen Gedanken liefern. Beispiel: „Meinungsbildung im technischen Zeitalter. Wird unsere politische Meinung durch Zeitung und Fernsehen, unsere literarische Meinung durch die Schule bestimmt? Welchen Einfluß haben Eltern und Lehrer auf unser Denken?"

Als Arbeitsgrundlage wählen wir Auszüge aus Carl Friedrich von Weizsäcker ‚Gedanken über unsere Zukunft. Drei Reden', Göttingen ^{2}1967.

Arbeitsauftrag: Prüft, wer eure Vorstellungen über Demokratie, Mitbestimmung, Autorität, über Bücher und Schallplatten bestimmt, in welchem Umfang ihr euch von dem Urteil eurer Eltern oder Lehrer leiten laßt, ob ihr Urteile der Jugendzeitschriften übernehmt. Referiert ferner die Grundgedanken C. Fr. von Weizsäckers und erläutert sie.

(4) Das Streitgespräch in Verbindung mit Begriffserläuterungen, dargelegt an dem Text ‚Die Arbeit als Gemeinschaftsleistung' von Fried-

rich Naumann. Die Textvorlage verwenden wir, um eine These und eine Gegenthese zu formulieren, die in der Form eines Streitgespräches zu verteidigen sind.

Naumann gibt in diesem Abschnitt eine Definition der Arbeit von der Negation her, die zwar dem Ursprung des griechischen und altdeutschen Wortes, nicht aber unserem modernen Empfinden gerecht wird:

„Unter Arbeit verstehen wir zweckvolles Handeln, dessen Ziel die Überwindung lebensfeindlicher Mächte ist: Hunger, Kälte, Hitze, Dürre, Überschwemmung, Überwältigung durch Tiere oder fremde Menschen, Vereinsamung, Dunkelheit, Krankheit und schließlich in allen seinen Formen der Tod. Bei gesteigerter Gemeinschaftskultur der Menschen kommen Unbildung, Unehre und Unfreiheit dazu."

Man kann „Arbeit" anders verstehen und folgende Definition dagegensetzen: „Arbeit ist nicht nur Kampf gegen Not, sondern auch zweckvolles Handeln um eines Werkes willen. Der Reiche arbeitet, auch wenn ihn nicht die Sorge vor künftiger Not drängt, weil er ein Ziel verwirklichen will. Der Künstler arbeitet, um mit Hilfe seines Werkes Einfluß auf Menschen auszuüben. Der Forscher wird nicht von Not, sondern von seinem Erkenntnisstreben getrieben. Unsere Kultur ist das Ergebnis jahrtausendelanger Arbeit vieler Völker." Als Ergebnis unserer Diskussion halten wir fest: Arbeit ist beides zugleich, Kampf gegen die Not und planvolles Schaffen; Mühsal und Freude. Das Doppelgesicht der Arbeit kommt den Schülern zum Bewußtsein.

Verfahren: Zwei Möglichkeiten haben wir ausprobiert.

a) Seit dem 8. Schuljahr wird die Definition geübt. So fordern wir auf die nächste Stunde eine Definition folgender Begriffe: Arbeit, Sport, Spiel, Gemeinschaft. Einzelfragen: Weshalb arbeitet der Mensch, weshalb treibt er Sport, weshalb spielt er? Welche Bedeutung hat die Arbeit für den einzelnen, welche für die Gemeinschaft? Die Stunde selbst verläuft mit der Überprüfung und Berichtigung der Schülerausarbeitungen.

Die Anweisung für die zweite Stunde lautet: Geben Sie eine Gliederung zu dem Stück ‚Arbeit als Gemeinschaftsleistung' und nehmen Sie kritisch Stellung zu seinem Inhalt.

b) Arbeitsanweisung zu einem Streitgespräch:

These: Friedrich Naumann definiert die Arbeit als Handeln zum Zweck der Überwindung lebensfeindlicher Mächte.

Gegenthese: Definition der Arbeit als eines zweckvollen Handelns um eines Werkes für die Gesellschaft willen.

Der Aufsatz von Friedrich Naumann ist zu lesen und die Gliederung festzustellen. Eine der beiden Thesen ist in einem Kurzreferat zu begründen; die möglichen Gegenargumente sind zu widerlegen. Das Streitgespräch verläuft nach festgelegtem Plan und endet mit einer Abstimmung.

Auf ähnliche Weise lassen sich andere Texte aus dem Bereich der Wirtschaft und der Technik, der Gewerkschaften und der politischen Parteien erarbeiten.

Der Aufsatz von Ernst Hippel ‚Von der Bindung des Staates an das Recht der Menschheit' aus dessen ‚Einführung in die Rechtstheorie', Münster 1955, bildet den Ausgangspunkt zu folgendem Streitgespräch:

These: Auch in der Demokratie ist die Freiheit des einzelnen bedroht, sie ist nicht die beste Staatsform.

Gegenthese: Die Demokratie schützt nicht vor dem Mißbrauch der Freiheit, aber sie bestraft ihn. Sie ist die bestmögliche Staatsform.

DAS LYRISCHE UND SOZIALKRITISCHE GEDICHT

I. Die Funktion der Lyrik für die Entwicklung des Sprachbewusstseins

Lyrische Gedichte sind der schwierigste Gegenstand, den wir auf der Mittelstufe behandeln. Unsere Klassen sind offenbar von Jahr zu Jahr immer weniger empfänglich dafür. Lassen wir sie den Jahresplan mitbestimmen, so wählen sie das Thema ab; und es bedarf einiger Mühe, im Laufe des Jahres dafür Interesse zu wecken. Selbst an Mädchenklassen wächst der Widerstand dagegen — von Ausnahmen abgesehen. Erst auf der Oberstufe nimmt die Bereitschaft zur Beschäftigung mit Lyrik bei etwa 20—30 % der Schüler wieder zu, wie eine Umfrage zeigt, die wir 1969 an einigen Schulen durchgeführt haben. Die Gründe für diese Abkehr der Jugend von der Lyrik liegen auf der Hand: Eine Lernmotivation durch die Gesellschaft erfolgt nicht; die Öffentlichkeit nimmt an der lyrischen Produktion wenig Anteil [1]. Für den Jugendlichen ersetzt die Beatplatte das Lesen von Lyrik. Weder Natur- noch Liebeslyrik sind als Gegenstand des Klassenunterrichts erwünscht. Wie das Autofahren das Wandern, so verdrängt der Schlager die Naturlyrik; wie Sexus den Eros, so die Illustrierte die Liebeslyrik. Im Zeitalter der Mondfahrt werden Mondbücher, aber nicht Mondgedichte gelesen. Technische Rationalität und subjektive Erlebnislyrik lassen sich in diesem Alter offenbar schwer miteinander vereinigen. Eine rückläufige Bewegung ist vorläufig nicht abzusehen.

Welche Folgerungen ziehen wir daraus für den Unterricht? — Wir verzichten auf der Mittelstufe auf das Thema, wenn die Klasse es ablehnt. Sollte sich eine kleine Gruppe bereitfinden, so bieten wir eine freiwillige Arbeitsgemeinschaft an; aber auch dafür schlagen wir Lyrik der Gegenwart vor. Das Entgegenkommen des Lehrers, vom traditionellen Schulkanon abzugehen, verhindert eine Trotzhaltung. Entscheidend ist: Wir suchen neue Zugänge zu einer neuen Art lyrischer Gebilde. Der Lehrer kann Bereitschaft für folgende Themen wecken:

1. Die lyrische Handwerkslehre. Wie spricht und wie macht man Gedichte? Das Gedichtemachen ist lehr- und lernbar.
2. Die Dunkelheit des modernen Gedichts. Wir wollen sehen, ob wir ihr beikommen können. Die Lyriker sind die Seismographen der sprachlichen und d. h. der gesell-

[1] „Heute wird nichts mehr bezahlt für Gedichte. Das ist es.
Darum wird heute auch kein Gedicht mehr geschrieben."
(Bertolt Brecht: Lied der Lyriker)

schaftlichen Veränderungen. Bei ihnen kann man die Sprache unserer Zeit besser kennenlernen als in den Artikeln der Illustrierten.

3. Das ironische, satirische, polemische, d. h. das politische und sozialkritische Gedicht; das Gedicht als Anklage. Wir wollen untersuchen, was angegriffen und was angestrebt wird. Wie sind solche Gedichte 'gemacht'?
4. Sprachspiele, Scherzgedichte. Wir analysieren, kritisieren und produzieren.

In allen vier Fällen wenden wir uns an den Intellekt und an die Fähigkeit zum Vortrag wie zum eigenen Schaffen. Daß die Beschäftigung mit lyrischen Formen lohnend ist, erläutern wir. Wer sich als Journalist, Redner, Schriftsteller, Werbefachmann betätigen will, sollte das Gedichtesprechen, -deuten und -machen erlernen. Werbeslogan und Werbetext bedienen sich der lyrischen Mittel wie die Tapeten- und Textilindustrie der Formen der modernen Malerei. Unsere Absicht ist es, durch die Beschäftigung mit dem modernen Gedicht, das wir in Kontrast zu dem des 19. Jahrhunderts setzen, das Sprachbewußtsein des Jugendlichen zu schärfen und zu differenzieren. Da heute das zeitkritische Gedicht leichter Aufnahme findet als das lyrische und da im politischen Gedicht Tagesprobleme aufgegriffen werden, empfehlen wir der Klasse eine Unterrichtseinheit über das didaktische (lehrhafte) Gedicht. An ihm läßt sich das Verhältnis von Literatur und Gesellschaft ebenso illustrieren wie das Problem der Teilung Deutschlands oder der Wohlstandsgesellschaft. Manche Klassen sind mehr für Scherzgedichte als für politische Lyrik aufgeschlossen, wir stellen ihnen daher beide Themen zur Wahl, sofern wir sie nicht miteinander verbinden, denn sie ergänzen sich wie Ernst und Scherz, Tragik und Komik, Kampf und Versöhnung.

II. Die Handwerkslehre zur Lyrik: Wir sprechen, untersuchen und verfertigen Gedichte

Der Umgang mit dem Gedicht soll nicht schablonisiert werden. Wir erklären nicht mehr als unbedingt nötig ist; doch lehren wir kurzweilige, unterhaltende und beispielhafte Gedichte sprechen, das metrische Schema klopfen und aufzeichnen, Metren und Reimarten benennen. Rasch gewöhnen wir die Schüler daran, sich kurz mündlich oder schriftlich über ein Gedicht zu äußern, d. h. wir verbinden die Sprechübung mit Untersuchungsaufträgen zu Metrum und Rhythmus, zur Strophenform, zur Syntax, zur Aussageabsicht. Die Aufträge werden bald der Klasse, bald der Gruppe erteilt. Lyrische Gedichte eignen sich zu Sprachübungen und zur schriftlichen Interpretation, politische zum Vortrag und zur Diskussion. Vom Interpretationsaufsatz handelt das 9. Kapitel; hier sei von anderen Verfahrensweisen die Rede.

a) Formen des rhythmischen Sprechens. Vortragsübungen in Verbindung mit Sprachbetrachtung

Stellen wir Gedichte verschiedener Grundhaltung und Aussageabsicht gegeneinander, so entdecken wir Grundformen des rhythmischen Sprechens. Wann sprechen wir beschwingt, verhalten, monoton, entrüstet usw.? Diese Frage erörtern wir am Beispiel und vom Wortinhalt her. Dabei entdecken wir Spannungsverhältnisse verschiedener Art — zwischen Gegenwart und Vergangenheit, Gegenwart und Zukunft, Ich und Umwelt. Lebendig wird der Vortrag, wenn sich der Sprecher in den Zustand versetzt, der dem Gedicht zugrunde liegt. Das folgende Übersichtsschema entsteht in gemeinsamer Arbeit.

Spannungsverhältnisse in den Gedichten und in der Art des Sprechens

Sprechweise	Gegensätze oder Spannungsverhältnisse	
beschwingt	freudige Bewegung, sich Hinwegsetzen über	Widerstände und Schwierigkeiten
	Beispiele: Tanzlieder, Gedichte mit daktylischem Metrum	
zuversichtlich	Erkenntnis des Unbefriedigten in der Gegenwart	Glaube an die Veränderung oder Veränderbarkeit der Lage in der Zukunft
	Beispiele: Frühlingsgedichte, politische Gedichte (Brecht)	
verhalten	Aufdrängende Bewegung (Freude, Hingabe, Leidenschaft)	gebändigt durch Einsicht, Enttäuschung oder Wunsch nach Ruhe
	Beispiele: Goethe ‚Über allen Gipfeln ist Ruh', Trakl ‚Rondell', ‚Sommer', viele Naturgedichte von Mörike, Hebbel, Rilke, Kaschnitz, Bachmann	
trotzig — herausfordernd	Auflehnung oder passiver Widerstand	gegen stärkeren fremden Willen
	Beispiel: Goethe ‚Prometheus', politische Gedichte	
klagend	Schmerz in der Gegenwart über den Verlust	eines Gegenstandes, den man in der Vergangenheit besessen hat
	Beispiele: Trakl ‚Grodek', Huchel ‚Das Zeichen', ‚Chausseen'	
wehleidig (kitschig)	Selbstbemitleidung, lamentieren	über einen unabänderlichen Tatbestand
	Beispiel: Scheffel „Es ist im Leben häßlich eingerichtet, daß neben Rosen gleich die Dornen stehn"	
schwermütig	Erloschene ⟶ Absterbender ⟶ (Gegenwart)	Hoffnung Lebensmut (Vergangenheit)
	Beispiele: Meyer ‚Eingelegte Ruder', Rilke ‚Der Panther', Christa Reinig ‚Robinson', Trakl ‚Am Moor'	
ironisch, spöttisch	Unbefriedigende Lage	wird zum Schein als befriedigend ausgegeben

	Beispiele: Heine, Joachim Ringelnatz ‚Klimmzug', Enzensberger	
polemisch — satirisch	Mißstände in der Gegenwart	werden angeprangert in der Hoffnung auf Verbesserung
	Beispiele: Politische Gedichte	

A u f g a b e. Jeder Schüler sucht Beispiele für einzelne Arten des Sprechens und trägt sie vor: Die Klasse übt Kritik am Vortrag und untersucht das zugrundeliegende Spannungsverhältnis. Dieser Arbeitsauftrag gewährt den Schülern Freiheit in der Auswahl; die Klasse erhält einen sachlichen Anhaltspunkt zur kritischen Analyse der Texte wie des Vortrags. Dabei wird der Zusammenhang zwischen Metrum und Sprachrhythmus und Art des Vortrags festgestellt.

D u r c h f ü h r u n g. Stellen wir Gedichte verschiedener Grundhaltung und Aussageabsicht gegeneinander, so entdecken wir Grundformen des rhythmischen Sprechens.

1. Das beschwingte Sprechen, geübt an drei Beispielen

Rainer Maria Rilke: D e r B o d e n s e e

Die Dörfer sind wie ein Garten.
In Türmen von seltsamen Arten
Klingen die Glocken wie weh.
Uferschlösser warten
Und schauen durch schwarze Scharten
Müd auf den Mittagssee.

Und schwellende Wellen spielen
Und goldne Dampfer kielen
Leise den lichten Lauf;
Und hinter den Uferzielen
Tauchen die vielen, vielen
Silberberge auf.

Der Gedichtvortrag der Schüler ist lahm; sie erkennen weder den rhythmischen Fluß, den Tanzschritt, noch die Musik der Sprache. Wir klopfen oder klatschen den Takt und stellen das metrische Schema fest:

```
1 ◡/◡ /◡◡/◡        1 ◡/◡◡/◡/◡
2 ◡/◡◡/◡◡/◡        2 ◡/◡◡/◡/◡
3  /◡◡/◡◡/         3  /◡◡/◡/
4  /◡ /◡ /◡        4 ◡/◡◡/◡/◡
5 ◡/◡◡/◡ /◡        5  /◡◡/◡/◡
6  /◡◡/◡ /         6  /◡ /◡/
```

Die Freiheit der Taktfüllung, der Wechsel zwischen männlichen und weiblichen Reimen, zwischen Reimpaaren und umschließenden Reimen, zwischen hartem und weichem Verseinsatz (der Auftakt fehlt in je drei Versen) bringen Gelöstheit und sich steigernde Bewegung in das Ganze. — Achten wir auf den 3. und 6. Vers. Die beiden ersten Verse sind jeweils parallel gebaut; der 2. Vers bringt eine Steigerung des ersten; die anhebende Freude klingt im 3. Vers aus. Neuer Ansatz in Vers 4; Steigerung in Vers 5; Ausklingen in Vers 6. Blick und Ohr werden Schritt für Schritt vom Land auf den See und weiter zu den Schneebergen geführt. Stellen wir uns die Landschaftsbilder vor und vollziehen wir die Bewegung mit, dann sprechen wir die in den Bildern ruhende und sich steigernde Freude und Heiterkeit. Der Tanzschritt des $^3/_4$-Taktes verlangt, daß keine Silbe verschluckt, daß jede Pause ausgehalten wird.

Karl Krolow: Katze im Sprung

Sie schlägt mit den Krallen den spitzen Mond,
Die fliegende Mondspur im Laub.
Durch Blumenwände, von Schreien bewohnt,
Fegt ihr Leib wie gewittriger Staub.

Luft schwankt wie Spinnweb, und flammig zuckt
Sie auf unterm federnden Sprung.
Wie den Lichtfleck, der sich im Graben duckt,
Zieht's sie mit in den lautlosen Schwung:

Schwebt der knisternde Balg, das elektrische Tier
Durch die Stille, die duftende Nacht,
Verteilt an die Schwärze, nicht dort und nicht hier,
Vom Fluge gewichtlos gemacht.

Fährt mit glimmenden Lichtern als Sternfackel hin,
Die im flatternden Äther brennt,
Wie die Windsbraut ins Leere, mit schwindendem Sinn,
Der den rasenden Absturz nicht kennt.

Die Schüler notieren, jeder für sich, im Arbeitsheft Überschrift, Verfasser, metrisches Schema der vier Strophen, die nicht genau übereinstimmen, und kennzeichnen die Strophenform. Hier das Schema der beiden ersten Strophen

I	◡ / ◡ ◡ / ◡ ◡ / ◡ /	4 H	II	/ ◡ ◡ / ◡ ◡ / ◡ /	4 H
	◡ / ◡ ◡ / ◡ /	3 H		◡ / ◡ ◡ / ◡ ◡ /	3 H
	◡ / ◡ / ◡ ◡ / ◡ ◡ /	4 H		◡ ◡ / ◡ / ◡ ◡ / ◡ /	4 H
	◡ ◡ / ◡ ◡ / ◡ ◡ /	3 H		/ ◡ / ◡ ◡ / ◡ ◡ /	3 H

Regelmäßiger Wechsel von Vierhebern und Dreihebern, daktylischer Bau. Die Verse setzen in der 1. Strophe alle mit Auftakt ein. Männliche Kreuzreime. In der ersten und zweiten Strophe bilden je zwei Verse einen Satz. Die beiden letzten Strophen bestehen je aus einem Satz. Das Gedicht ist streng symmetrisch gebaut. Der Doppelpunkt am Ende der zweiten Strophe hat besondere Bedeutung, die es zu untersuchen gilt; denn er steht genau in der Mitte des Gedichts.

Wir üben uns im Sprechen: Durch den Vortrag soll der Sprung der Katze — federnd, kraftvoll, leicht, unheimlich — ausgedrückt werden. Zunächst bereitet der Vortrag Schwierigkeiten, weil wir die Sprachbilder nicht verstehen. Das mangelnde Verständnis erschwert das richtige Sprechen. Deshalb sammeln und untersuchen die Schüler, sei es im schriftlichen Arbeitsauftrag, sei es im Rundgespräch, die schwer faßlichen Sprachbilder:

spitzer Mond; fliegende Mondspur im Laub; von Schreien bewohnte Blumenwände; der Katzenleib als gewittriger Staub; wie Spinnweb schwankende Luft; der sich im Graben duckende Lichtfleck; der mit glimmenden Lichtern als Sternfackel hinfahrende Balg.

Lassen sich diese Sprachbilder auf Grund eigener Beobachtungen der Wirklichkeit erklären? Ja, wir sehen und hören bei Erregungen der Katze das Funkeln und Knistern des elektrisch geladenen Balgs, das sich sträubende Haar. Daher nennt Krolow die Katze „das elektrische Tier". Beim Gewitter ist die Luft ebenfalls elektrisch geladen, deshalb vergleicht er den Katzenleib dem gewittrigen Staub. In der Nacht bilden die in eine Blumenrabatte einfallenden Mondstrahlen verschiedene Formen. Auf dieser Beobachtung beruhen die Bilder der ersten beiden Verse. Die Augen der Katze werden einem Meteor (Sternfackel) verglichen, die Kraft des durch die Luft schnellenden Tieres einer Windsbraut, die den Körper emporsaugt, um ihn irgendwo wieder abstürzen zu lassen. Und wie drückt Krolow das Piepsen der Mäuse aus? („Von Schreien bewohnt")

Der Dichter verwendet ungewohnte, aber sachlich genaue, stimmige Sprachbilder; er betrachtet Einzelheiten der Eigenart des Tieres und des Sprungs durch die Luft. Das „elektrische Tier" und die geheimnisvolle Kraft des Sprungs, dies ist das Thema des Gedichts. Wir erkennen in der Sprachform den Gehalt. Der Doppelpunkt kennzeichnet den Mittelpunkt des Ganzen sowohl vom Inhalt wie vom Aufbau und von der Dynamik her: Die beiden ersten Strophen fassen den Absprung; die beiden letzten das „Schweben" des „elektrischen Tiers".

Wir stellen den beiden Gedichten von Rilke und Krolow ein drittes entgegen:

Günter Eich: **Inventur**

Dies ist meine Mütze,	/ ⌣ ⌣ ⌣ / ⌣
dies ist mein Mantel,	/ ⌣ ⌣ / ⌣
hier mein Rasierzeug	/ ⌣ ⌣ / ⌣
im Beutel aus Leinen.	⌣ / ⌣ ⌣ / ⌣

Ist das ein Gedicht? Ist es nicht die anspruchslose Mitteilung eines Landsers? Jeder Schüler untersucht die Bauform für sich und trägt sie in sein Arbeitsheft ein, ehe wir das Ganze sprechen. Das kunstlose Gebilde enthüllt sich durch die Analyse des Metrums, der Wort- und Satzwiederholungen und des Satzbaus beim anschließenden Vortrag als eindringlich, klangvoll, stockend. Die einfachen sprachlichen Mittel sind von großer Ausdruckskraft: Der schlichten Aufzählung für sich belangloser Gegenstände entspricht die für sich belanglose Form; belangvoll wird beides in seiner Entsprechung durch das gleichbleibende Metrum und die Reihung unter demonstrativer Wiederholung des Possessivpronomens. Die vier Zeilen kreisen um den, der sie spricht, wie die Gegenstände um ihn herum liegen; alles ist — ganz anders bei den schon in sich bedeutungsvollen Dingen in den beiden vorigen Gedichten — allein auf das Ich bezogen: äußerste Konzentration mit einfachsten Mitteln. Erkenntnis: Der Daktylus eignet sich auch zum harten, gewollt ungekünstelten Sprechen über Alltagserfahrungen. Wir vergleichen seine Wirkung in den drei Gedichten.

Haben wir einige Gedichte mit daktylischem Versmaß gesprochen und gedeutet, so erarbeiten wir bei einem anderen eine schriftliche Interpretation. Der Interpretationsaufsatz entwickelt sich organisch aus unseren Versuchen in der Klasse [1].

2. Das verhaltene, das schwermütige und das anonyme Sprechen

Nicht nur das freudig bewegte Sprechen im Tanzschritt, auch das verhaltene Sprechen fällt schwer. Dem anderen Rhythmus ist eine andere Sprache zugeordnet.

[1] Vgl. das 9. Kapitel in diesem Band.

Aus: Friedrich Hebbel: Sommerbild

Ich sah des Sommers letzte Rose stehn,
Sie war, als ob sie bluten könne, rot;
Da sprach ich schauernd im Vorübergehn:
So weit im Leben, ist zu nah am Tod!

Mit wenig Worten bauen wir das Vorstellungsbild auf: Sommerliche Pracht; Wogen von Licht; reifende Ährenfelder, Duft und Farbe der Blumen. Diese Fülle verdichtet in einer Rose. In dieser Fülle der Tod. Eine Vision: höchstes Leben und geahnter Tod in einem Bild. Nun sprich beides: Leben und Tod. Bewegung, die in Ruhe übergeht. Eine sprachmusikalische Übung, die nicht länger als 5—10 Minuten dauert. Das Gegenstück folgt:

Conrad Ferdinand Meyer: Eingelegte Ruder

Meine eingelegten Ruder triefen,
Tropfen fallen langsam in die Tiefen.

Nichts, das mich verdroß! Nichts, das mich freute!
Niederrinnt ein schmerzenloses Heute!

Unter mir — ach, aus dem Licht verschwunden —
Träumen schon die schönern meiner Stunden.

Aus der blauen Tiefe ruft das Gestern:
Sind im Licht noch manche meiner Schwestern?

Wie spricht man dieses Gedicht? Das metrische Schema im Heft: Trochäen, Fünfheber, weibliche Reime, paarweise gereimt. Schwierigkeiten bereitet der erste Vers der 2. Strophe. „Das zweite ‚Nichts' ist vom Metrum her unbetont", wird festgestellt. „Nein, beide ‚Nichts' werden gleich monoton gelesen. Das Geräusch gleichmäßig und eintönig fallender Wassertropfen kennzeichnet Rhythmus und Sprechweise des Gedichts."

Seltsame Bildersprache: Das sprechende Ich sitzt im Boot und läßt sich treiben. Wofür stehen die fallenden Tropfen? — Für die niederrinnende Gegenwart, für die nicht zu unterscheidenden Stunden des Jetzt. Teilnahmslosigkeit, Beziehungslosigkeit zwischen dem sprechenden Ich und der Gegenwart. Selbst die Erinnerung an die schöneren Stunden kann den Sprecher kaum erregen. Oder doch? Warum bezeichnet er die blaue Tiefe als Vergangenheit? — Die niederrinnenden Tropfen fallen in den See, das Meer. Setzt er die Tropfen den Stunden der Gegenwart gleich, so ist die blaue Tiefe das Meer der Vergangenheit. Gleichklang, fallende Tropfen, Unendlichkeit des Meeres, Monotonie des Sprechens, Unberührtsein von Hier und Jetzt, Gleichmaß des Metrums und der Strophenform, aber hohe Musikalität der Sprache, große Suggestivwirkung der Sprachbilder und bei dem Gleichmaß eine starke sinnenfällige Übereinstimmung von Inhalt und Form. Dürers ‚Melancholie' wird betrachtet.

Der Unterschied der Sprachform in beiden Gedichten: Präteritum, Bericht aus der Erinnerung im ersten Gedicht; Präsens, das Ich zwischen Vergangenheit und Zukunft,

Ellipsen im zweiten Gedicht. Stärkere Unmittelbarkeit besitzt das zweite. Wir lassen ein anderes aus unserer Zeit folgen.

Die Dichter der Gegenwart schaffen neue lyrische Ausdrucksmittel, weil sie neue Lebenserfahrungen festhalten. Neuartige syntaktische und rhythmische Bildungen, eine Sprachhaltung, die nüchterne Sachlichkeit im Ton und in der Wortwahl mit einer eigentümlichen, schwer verständlichen Bildersprache vereinigt; Abkehr von dem Stimmungsbild des 19. Jahrhunderts; Dissonanz im Verhältnis des Menschen zu sich und zur Umwelt: dies sind Merkmale des modernen Gedichts.

Dennoch gibt es zum Gedicht unserer Zeit keine anderen Zugänge als zu dem Goethes, Eichendorffs oder Mörikes: das Lesen und Sprechen, verbunden mit Untersuchungen zur Sprachform. Dabei entdecken die Schüler die Form des unpathetischen nüchternen Sprechens, sei es betont sachlich-kritisch, sei es sachlich-ironisch, sei es anonym. Ein Beispiel für das anonyme Sprechen ist das folgende:

Ingeborg Bachmann: Reklame

Wohin aber gehen wir
ohne sorge sei ohne sorge
wenn es dunkel und wenn es kalt wird
sei ohne sorge
aber
mit musik
was sollen wir tun
heiter und mit musik
und denken
heiter
angesichts eines Endes
mit musik
und wohin tragen wir
am besten
unsere Fragen und den Schauer aller Jahre
in die Traumwäscherei ohne sorge sei ohne sorge
was aber geschieht
am besten
wenn Totenstille
eintritt

Ratlosigkeit! Wir sammeln alles, was uns unfaßlich erscheint: Zweierlei Schrifttypen; die Wörter *sorge* und *musik* sind kleingeschrieben; keine Satzzeichen; keine erkennbare rhythmische oder syntaktische Gliederung; keine metrische Ordnung; kein Zusammenhang zwischen Überschrift und Gedicht. Welche Wege haben wir, um uns diesem Gedicht zu nähern? Es sind die folgenden:

1. Wir stellen das metrische Schema fest,
2. wir erfassen kleine Sinneinheiten und fügen Satzzeichen ein,
3. wir gliedern das Gedicht vom Sprechen her,
4. wir heben die Kursivzeilen vom übrigen Text ab.

Der vierte Weg, verbunden mit dem zweiten, ist einfach und sicher. Wir setzen Satzzeichen und entdecken vier Fragen:

(1) Wohin aber gehen wir,
wenn es dunkel und wenn es kalt wird?

(2) Aber was sollen wir tun
und denken
angesichts eines Endes?

(3) Und wohin tragen wir
unsere Fragen und den Schauer aller Jahre?

(4) Was aber geschieht,
wenn Totenstille
eintritt?

Fragen fordern Antwort: Findet der Fragende eine Antwort? — Die Scheinantwort aus einem Plattenspieler mit überdrehter Platte: *sei ohne sorge, sei mit musik heiter, trage deine Fragen in die Traumwäscherei!*

Damit haben wir die Dunkelheit des Gedichtes aufgehellt: Zwei Stimmen sind gegeneinander gesetzt, eine ängstliche, verstört fragende, und eine mechanisch-tote, eine menschliche Stimme und die Stimme einer Platte. Beide Stimmen sind in den ersten Versen deutlich voneinander geschieden, vermischen sich dann, die menschliche Stimme scheint sich mehr und mehr der mechanischen Stimme des Apparates anzupassen, die die Traumwäscherei empfiehlt. Was heißt das? Die vier Fragen sind leere Träume, Schaum, von dem man sich durch ein 'Musikbad' befreit. Aber beide Stimmen verstummen angesichts des Todes. Nur die menschliche Frage — eine stumme Frage — bleibt offen, „wenn Totenstille eintritt". Das Gedicht drückt die Intensität des unaufhörlichen menschlichen Fragens und die zur Schablone erstarrte Antwort der Apparate aus. Wie müssen wir es sprechen? — Ängstlichkeit und Anonymität, menschliche Sorge und starre Monotonie durchdringen sich, bis zum Schluß beide Stimmen zum Schweigen kommen, doch so, daß die Frage noch hörbar wird und in uns weiterschwingt.

3. Grundformen lyrischen Sprechens

Von den Möglichkeiten lyrischen Sprechens aus finden wir im 10. und 11. Schuljahr Grundformen der Lyrik und in ihnen Grundverhaltensweisen des Menschen. Wir wollen diese Typen auf der Mittelstufe nicht alle und nicht systematisch kennenlernen. Vollständigkeit ist nicht möglich. Jedoch erarbeiten wir uns einen vorläufigen Überblick, um den Sachverhalt zu erfassen und um weitere Beispiele und Formen suchen zu können. Daraus ergeben sich Untersuchungsaufträge. Die Frage lautet: Sind den einzelnen Sprechweisen lyrische Formen und diesen bestimmte Merkmale der Syntax und der Wortwahl zuzuordnen? In welchen Gedichten begegnen wir z. B. dem Ausruf, der Frage, dem einfachen Aussagesatz, dem Vergleich, dem Konjunktiv, usw.? Diese Fragen seien hier nur angedeutet.

Arten des rhythmischen Sprechens	lyrische Grundform	Merkmale der Sprache
Das Preisen	Hymne	Ausruf Sich Erheben Du-Anrede
Das Klagen	Elegie	Monologisch
Das demütige inbrünstige Sprechen	Gebet (verschiedene Arten)	?
Das empörte, revolutionäre Sprechen	expressive Lyrik	freie Rhythmen, Prosa
Das rhetorisch-pathetische Sprechen	Barocklyrik	traditionelle Strophenformen
Das beherrschte Sprechen	Odenformen	Strenges Metrum, strenger Strophenbau

Das anonyme Sprechen	Subjektive Ausdrucksweise unserer Zeit	Abkehr von herkömmlicher Bildersprache, neue individuelle Gedichtformen

Unsere Absicht, die Sprachuntersuchung mit dem rhythmischen Sprechen zu verbinden und gleichzeitig verschiedene Formen der Lyrik zu untersuchen, kommt der sachlichen Haltung der Altersstufe entgegen. Es werden keine Gefühle oder Stimmungen ausgebreitet. Es wird gefragt, untersucht und geprobt. Der Arbeitsauftrag entspricht dieser Unterrichtshaltung.

Wir haben jeweils drei verschiedenartige Gedichte zu einem Zyklus zusammengestellt, um von der Aufgabe her Spannung zu schaffen. Natürlich kann man auch motivgleiche oder inhaltsgleiche Gedichte verbinden, so z. B. „Die Technik im Gedicht“, „Arbeiter dichten“, „Der Tod im Gedicht“, „Herbstgedichte“. Immer liegt uns daran, Gedichte aus unserer Zeit mit Gedichten früherer Jahrhunderte zu kontrastieren. Im folgenden sei noch ein anderes Mittel der Aktivierung der Klasse vorgeführt.

b) Die reflektierende Gedichtbetrachtung. Methodenbewußtsein. Wir lehren Fragen stellen und ordnen

Wer Gedichte verstehen lehren will, muß eine Methode der Analyse entwickeln helfen. Je mehr wir das Verfahren vereinfachen, ohne formalistisch zu werden, desto besser. Mit welchen Fragen gehen wir an ein Gedicht heran? Wir lehren systematisch Fragen stellen und bereiten so den Interpretationsaufsatz vor.

Gottfried Kellers ‚Abendlied‘ und Paul Celans ‚Augen‘: Es ist nicht selbstverständlich, sondern erstaunlich, daß man das Organ preist, mit dem man sieht, und nicht das, was man sieht: die Augen und nicht die Welt. Was ist das für ein Mensch, der wie Keller von und zu seinen Augen spricht? Sie sind ihm das Tor zur Welt, durch welches die Welt zu ihm eindringt. — Was ist der Unterschied zwischen dem ersten (Fensterlein) und dem zweiten Bild (Fünklein, Sternlein)? Im zweiten Bild leben die Augen; sie erhellen das Ich, sind nicht nur leblose Linse wie in einem Fotoapparat. Der Zusammenhang zwischen Seele—Auge—Außenwelt wird zu einem Wechselbezug. Wir fühlen uns an das Goethewort erinnert:

> Wär' nicht das Auge sonnenhaft,
> Die Sonne könnt' es nie erblicken;
> Läg' nicht in uns des Gottes eigne Kraft,
> Wie könnt' uns Göttliches entzücken?

Die Dankbarkeit gegen seine Augen umschließt des Dichters Dankbarkeit gegen die Welt. Ihr entströmt der Jubel der letzten Strophe. Das Preislied auf die Augen ist ein Preislied auf die Welt. Der Gedanke an den Tod erhöht und verstärkt von Strophe zu Strophe die innere und äußere Sehkraft. Goethe spricht einmal von dem Scheideblick, mit dem man beim Abschiednehmen die Dinge tiefer erfaßt. So steigert sich das

Abendlied im Gedanken an die hereinbrechende Nacht zu einem Preislied auf die Sehkraft des Auges und zu einem Preislied auf die Welt.

Die langsam sinkende und von Zeile zu Zeile bedächtiger und stiller werdende Tonführung findet in ihrer Verhaltenheit ihren stärksten Ausdruck in dem Bild vom Flügelwehen des Falters am Ende der 3. Strophe. Von da aus wendet sich die Tonkurve von unten nach oben, von der Besinnlichkeit zur Begeisterung. Das „Doch noch" drückt diese Umkehr aus, das „dem sinkenden Gestirn gesellt" den Lebensbezug, in dem sich der Dichter weiß; das „Trinkt . . ." der beiden letzten Strophen öffnet sich der ganzen Welt mit all ihrem Schönen und Häßlichen, Großen und Kleinen, Glück und Unglück; sagt „Ja" zum Leben. Wie Einatmen zum Ausatmen, so verhalten sich die ersten drei Strophen zur letzten.

Wie viele Dinge dieser Welt muß Keller scharf betrachtet haben, als Maler und Dichter, um die Darstellung von Einzeldingen — sei es das Bildnis eines Menschen, eines Baumes, einer Fliege, einer Blume, einer Landschaft — sich bemüht haben, ehe er das Wort von dem „goldenen Überfluß der Welt" finden konnte. Wie oft wird er über Goethes Wort vom sonnenhaften Auge nachgedacht haben, ehe er von den Augen als „lieben Fensterlein" sprechen konnte. Unserem Gedicht liegen unzählige Einzelerlebnisse aus vielen Jahren zugrunde, ehe der Dichter alles zu einem Ganzen sich verdichten sah. Und unsere Schüler sollten das aus dem Gedicht nachempfinden können? Die Einzeluntersuchung des Kellergedichts ist qualvoll, wenn die Klasse nicht will. Wir können die Bereitschaft wecken, wenn wir es zu einem modernen Gedicht in Kontrast setzen, etwa zu

Paul Celan: Augen

Augen:
schimmernd von Regen, der strömte,
als Gott mir zu trinken befahl.

Augen:
Gold, das die Nacht in die Hände mir zählt',
als ich Nesseln pflückt'
und die Schatten der Sprüche reutet'!

Augen:
Abend, der über mir aufglomm, als ich aufriß das Tor
und durchwintert vom Eis meiner Schläfen
durch die Weiler der Ewigkeit sprengt'.

Ein überraschend anderes Gedicht: dunkel, faszinierend. Wieder stellen wir Fragen: Was ist anders? Was will es aussagen? — Keinen Dank, keinen Jubel, keine Gemütsbewegung.

1. Strophe: nasse Augen, regennaß, tränennaß, weil Gott einen Befehl erteilte.
2. Strophe: leuchtende Augen, weil ich in der Nacht Nesseln für Blumen hielt.
3. Strophe: durchdringende Augen des alternden Menschen, der das Tor zu den Vororten (Weilern) der Ewigkeit aufriß.

Keine Bitterkeit, keine Wehleidigkeit, sondern nüchterne Feststellung. Keller verwendet Präsens und Futur, Celan das Präteritum, er gibt einen Rückblick. Er vermeidet die überlieferten Metaphern und schafft neue, welche hinter der Sachlichkeit das Menschliche durchscheinen lassen. Wie gelingt ihm dies? Wie drückt er z. B. „weinende Augen" aus? Er wählt ein doppeldeutiges Sprachbild: „schimmernd vom Regen". Der Regen, den man auf Befehl trinken muß, ist Wasser der Bitterkeit, des Grams. Regen meint also „Regen des Kummers, des Schmerzes". An diesem Gedicht können wir die lyrische Sprache unserer Zeit und aus dem Vergleich Keller—Celan den Unterschied zwischen der lyrischen Grundhaltung des 19. und des 20. Jahrhunderts begreifen lernen.

Ordnen wir die Fragen, die wir an ein Gedicht stellen, so finden wir folgende Gruppen, die wir zur Grundlage unseres Schemas für den Interpretationsaufsatz machen (vgl. 9. Kapitel):

I. Fragen zur Benennung der lyrischen Form und zur Charakteristik des Inhalts.
II. Fragen zur Bauform, zum metrischen Schema, zum Rhythmus, zum Aufbau.
III. Fragen zur Sprache — Sprachbilder (Metapher, Vergleich), Wortwahl, Satzbau.
IV. Fragen zur Aussageabsicht. Welches ist der wichtigste Vers, das wichtigste Wort, das wichtigste Bild?

c) Verfertigung rhythmischer Gebilde

Das Verfahren, das wir für die Unterstufe ausführlich dargestellt haben, üben wir an anderen Gegenständen auf der Mittelstufe:

1. Wir geben ein Thema, etwa „Kampfhähne". Haltet in fünf bis sechs Sätzen den Streit fest. In jedem Satz ein Anschauungsbild. Keine Nebensätze, keine Begründung, nur Beobachtung. Versucht, ob ihr ein geschlossenes Bild zuwege bringt, das so gemalt ist, daß der Leser nicht merkt, ob es sich um Tiere oder Menschen handelt. Andere Beispiele: „Verschlafen", „Verträumt", „Vor dem Fernsehschirm", „Widerspruchsgeist", „Warum so laut?", „Warum so trotzig?"
2. Wir geben Thema und metrisches Schema, etwa einen Gedichtanfang, ohne den Verfasser zu nennen.

R o b i n s o n (Christa Reinig)

Manchmal weint er wenn die Worte
still in seiner Kehle stehn

D i e S e i l t ä n z e r (Georg Heym)

Sie gehen über den gespannten Seilen
Und schwanken manchmal fast, als wenn sie fallen.

D r e i H a s e n (Christian Morgenstern)

Drei Hasen tanzen im Morgenschein
im Wiesenwinkel am See:

Die Aufgabe besteht darin, das gegebene Thema nach dem metrischen Schema auszugestalten bzw. weiterzuführen. Voraussetzung für die Bewältigung der Aufgabe ist, daß wir uns gemeinsam die Situation klar vor Augen stellen. Es genügt, wenn die Schüler entweder zu Hause oder im Unterricht (5 Minuten) den Anfang eines eigenen Sprachgebildes zustande bringen. Anschließend untersuchen wir das Gedicht des Autors.

3. Wir verfassen Haikus. Die Schüler wählen die Themen selbst. Alle Gegenstände, die uns auffallen, eignen sich. Es ist viel gewonnen, wenn die Jugendlichen selbst Listen für Dreizeiler aufstellen. Schülerbeispiele:

Ein Auge blickt mich an
Und trifft mich.
Ein Augenblick.

Öde. Nichts ereignet sich.
Nichts in mir.
Langeweile.

Rauhreif.
Erstarrte Gräser
klirren spröde.

Eisblumen.
Die Nacht hat mein Fenster
in einen Garten verwandelt.

Wintersonne.
Gold-violett spiegelt sich
das Wunder in meinem Fenster.

Tauwetter.
Der Abdruck eines großen Schuhs
im grauen Schneematsch.

4. Wir verfassen Situationsbilder in Gedichtform. Vor der Bekanntschaft mit Georg Brittings ‚Im Tiroler Wirtshaus' verfassen die Schüler einige Sätze zu dem Thema: „Tagesanbruch während der Sommerferien in den Bergen". Hier zwei mittelmäßige Leistungen:

Man erwacht um fünf Uhr von dem Krähen der Hähne.
Nicht einmal hier hat man Ruh.
Mit Kuh- und Kirchenglockengeläute in den Ohren
Dreht man sich auf die andere Seite und schläft weiter.

Hähne krähen auf dem Mist
Kühe brüllen auf der Wiese.
Frühnebel wallen auf.
Kirchenglocken fangen an zu läuten.
Frauen gehen Wasser holen.
Männer schlurfen über den Hof.

Der Vergleich mit dem Gedicht Brittings führt zu besserem Verständnis der eigenen wie der fremden Leistung und zur kritischen Erkenntnis, daß der Rang eines Wortkunstwerkes von der Qualität der sprachlichen Bilder abhängt.

Situationsbilder als Gemeinschaftsarbeit. Thema: Tübingen — Impressionen einer Stadt. Gedichte und Photos [1].

[1] Aus dem Unterricht von Dr. A. Kleiner.

1. Wochenmarkt im Herbst

Vereinzelte Stände
ducken sich um den Brunnen,
bunte Schirme,
naß vom Regen.
In Kisten leuchtet das Obst.
„Die letzten Blumen!"
„Eier!"
„Leute, kauft!"
Preisschilder.
Im Rinnstein verfaulen
zerquetschte Tomaten.

2. Altes Tor

Die stille Straße
endet am Tor.
Mächtige Steinquader
übereinander getürmt,
zum Bogen gewölbt,
gemeißelte Wappen,
ein Bildnis des Herzogs,
altdeutsche Schrift —
Schnörkel, vom Regen
verwaschen.
Rosenranken
zerbröckeln ...

3. Wirtshausschilder

Wirtshausschilder laden ein:
große vergoldete,
vornehme Leuchtschriften,
schnörkelige Ranken
um ein Blechbild:
Der Grüne Baum,
Zur Krone,
Zum Roten Ochsen.
Wer kann da widerstehen?
Prost!

III. Einführung in das Gedicht der Gegenwart in Verbindung mit Gestaltungsversuchen

a) Die dunkle Metapher

Nach Walter Höllerer kann man aus der gegenwärtigen Lyrik das Wort des Petronius heraushören: „Wenn man es recht besieht, so ist überall Schiffbruch", aber auch das Gegenwort: „Wenn man richtig bricht, so ist überall ein Schiff." Die Lyrik beschreibt nicht selten irgendeine Form des Zusammenbruchs. Sie spricht von „Strandgut", „Schuttablage", „Scherben", aber auch von Neuanfang [1]. Der Lyriker der Gegenwart verzichtet auf die überkommenen Sprachbilder, Vorstellungen, Erlebnismodelle und Themen. Er schafft apokryphe Bilder, die durch ihre Ursprünglichkeit einen eigenartigen Reiz ausüben; und er findet neue Themen für seine Gedichte. Die „Dunkelheit" dieser Lyrik reizt den Scharfsinn der Jugendlichen. Wer solche Gebilde verstehen will, muß über die Worte, Metaphern und syntaktischen Fügungen nachdenken.

[1] Beispiele: Günter Eichs Gedichte ‚Strandgut', ‚Kleine Reparatur', ‚Schuttablage', ‚Botschaften des Regens'. Paul Celans Gedicht ‚Schuttkahn'. In Loerkes Gedicht ‚Märkische Landschaft' ist vom „Sarg", in Hans Kaspers Gedicht ‚Nachricht' von „erstickten Fischen", in Celans Gedicht ‚Nacht' von „Scherben" und „Scherbenton" die Rede. Doch bleiben die Dichter nicht beim Untergang stehen. Celan sagt in dem Gedicht ‚Zuversicht': „Kommt, bahnt den Stollen", Eich in ‚Tage mit Hähern': „Ungesehen liegt in der Finsternis / die Feder vor meinem Schuh." In Dieter Wyss' Gedicht ‚Viele stehen im dunkel' finden sich die Verse: „Doch mit der woge bug / Bricht vogelschrei über das treibende schiff" als Zeichen, daß Land in der Nähe ist.

Die Schüler sammeln Beispiele für schwerverständliche Bilder:

O. Lœrke:	Der Himmel fließt in steinernen Kanälen (Blauer Abend in Berlin)
R. Brambach:	Wächst aus dem Keller ein Baum durch Diele und Mansarden (Der Baum)
G. Trakl:	Die Weide am dunklen Teich Weint lautlos in die Nacht (Schweigen)
N. Sachs:	Sieh doch der Mensch bricht aus mitten auf dem Marktplatz hörst du seine Pulse schlagen und die große Stadt gegürtet um seinen Leib auf Gummirädern — (Sieh doch)
I. Goll:	Geschlechtloses Geschlecht, Dein Mund singt keine roten Lieder mehr (Untergrundbahn)
K. Hoff:	Das Licht ist entmündigt (Fernsehen)
G. Eich:	Hackt er [der Häher] mit hartem Schnabel tagsüber die Nacht (Tag mit Hähern)

Statt diese Bilder einzeln zu enträtseln, zeigen wir die Technik der Verfremdung, mit der die Dichter heute wie zu allen Zeiten neue Sprachbilder schaffen. Das Rezept ist einfach. Sie suchen Vergleiche für das, was sie ausdrücken wollen, und formen den gefundenen Vergleich in eine Metapher um.

Der Wie-Vergleich wird zur Metapher

Er hat Angst *wie* ein Hase.	Daraus wird: Er *ist* ein Angsthase.
Er gebärdet sich *wie* ein Pfau.	Daraus wird: Er *ist* ein Pfau.
Er geht aufrecht *wie* eine Latte.	Daraus wird: Er *ist* eine Latte.
Sein Auge ist naß *wie* von Regen.	Daraus wird: Sein Auge schimmert vom Regen naß.

Was geschieht durch diese Umwandlung? In jeder Metapher wird eine Eigenschaft, ein Merkmal zum Vergleichspunkt mit dem Gemeinten: Mensch — Hase = Angst. Mensch — Pfau = Eitelkeit. Der Lyriker geht aber noch weiter. Er macht ein Gedicht über den Hasen, über die Latte, als ob der Hase, die Latte, ein Mensch wäre. Die Metapher wird für das Gemeinte selbst genommen. Wir machen in der Klasse ein Gedicht über die Metapher Latte.

Eine Latte stelzt durchs Zimmer,
knarrt und ächzt,
ausgetrocknet, rissig,
und ganz vornehm.

Nicht von einer „Latte" ist die Rede, sondern von einem „Menschen, der sich *wie eine Latte* gebärdet". Aber alle Aussagen über die Latte (aus Holz) stimmen: sie ist richtig gezeichnet, und durch sie hindurch erscheint ein lattenähnlicher Mensch. Nun könnten wir dem Gedicht noch eine Überschrift geben. Gibt es Menschen, die so sind, etwa „Der vornehme Herr“, „Der alte Graf“, „Der alte General“? Damit werden wir polemisch. Besser ist die Selbstironie. Wir setzen darüber „Ich“. Wollen wir die Dunkelheit der modernen Lyrik aufhellen, so müssen wir die Metaphern in Wie-Vergleiche rückverwandeln und den Vergleichspunkt suchen. Nach diesem Rezept können wir die 'verschlüsselten' Gedichte 'entziffern': das Wort, das als Geheimziffer, als 'Chiffre' erscheint, ist Kennziffer, deren Sinn wir durch genaue Betrachtung ergründen können.

Ein anderes Beispiel:

„Der Abendhimmel leuchtet wie ein Blumenstrauß“, sagt Dauthendey. Uns erscheint dieser Vergleich abgegriffen. Wenn wir ihn in eine Metapher verwandeln, etwa: „Der Blumenstrauß am Himmel leuchtet bunt“, so erhalten wir eine schwerverständliche Metapher, die wir weiterführen können:

Der Blumenstrauß am Himmel ist verwelkt.
Dürre Blätter fallen von den Tulpenblüten.
Schmutzige Wäsche wird aufgezogen
Schwarze Tücher hängen an den Sternen.

Was haben wir gemacht? Den Blumenstrauß, eine Metapher, haben wir in ursprünglicher Bedeutung genommen, konkretisiert. Von ihm können Blätter abfallen. Zwei weitere Metaphern haben wir für die eindringende Dunkelheit und Nacht hinzugenommen. Ebenso verfahren die Dichter der Gegenwart. Damit haben wir den Schlüssel zum Verständnis der Technik der Verfremdung im modernen Gedicht gefunden. Wir prüfen an Beispielen, ob unsere Behauptung stimmt.

Rainer Brambach: Der Baum

Seit ich weit draußen
das Haus in der Siedlung bewohne,
wächst aus dem Keller ein Baum
durch Diele und Mansarden.
Laub hängt fahnengleich
zu allen Fenstern hinaus,

der Wipfel wiegt sich
über dem moosgrauen Dach.

Ich hause unbesorgt nah dem Gezweig,
im Hof fault der Spaltklotz,
auf dem Speicher rostet die Säge.
Nachbarn freilich rufen sich zu:
Sein Haus ist wie unsere Häuser,
was ist der Narr fröhlich —
Hört, er singt in der Frühe, redet
und lacht, wenn es dämmert!
Der Baum wächst.

Was ist gemeint mit dem Baum, der aus dem Keller durch Diele und Mansarde wächst? — Gegenfrage: Was ist das Wesen des Baumes? — Er wurzelt im Boden, breitet sich aus in der Luft, überläßt sich der Sonne, dem Regen, dem Sturm, blüht, trägt Früchte; er vegetiert, lebt pflanzenhaft. Damit haben wir den Schlüssel zum Verständnis des Gedichts. Das Haus wird von diesem naturhaften Leben durchdrungen. Das sprechende Ich will sagen: „ich lebe“ *wie* ein Baum, „unbesorgt“, „singe“ *wie* die Vögel, bin Teil der mich umgebenden Natur.

Hermann Kasack: Der schmerzliche Baum

Der schmerzliche Baum
greift in den Himmel.
Schmäht der Wolke
die regenstreichelt.
Ballt die Faust,
geduckt —
springt hoch.
Rot klafft der Horizont.
Der schmerzliche Baum kniet.
Der Himmel schaufelt Nacht...

Das Adverb „schmerzlich" wird wider die Sprachlogik als attributives Adjektiv verwendet. Meint Kasack den von Schmerz geschüttelten, den erschütterten Menschen, der sich gegen den Himmel auflehnt, die Wolken für sein Geschick verantwortlich macht, der zur Revolution bereit ist, der betet und den das Schicksal mit Finsternis schlägt? Warum verwendet Kasack diese Metapher? Gegenfrage: Wozu macht der Schmerz fähig? Durch wühlenden Schmerz wird der Mensch bald zum Ankläger und Revolutionär, bald zum Beter, bald zum Geschlagenen. Das Thema des Gedichts ist nicht der Mensch, sondern der Schmerz, der dem Menschen durch alle Eingeweide dringt, der wächst wie ein Baum.

Wie kann man den Krieg, das Elend, den Kummer, den Gram, die Hoffnung darstellen? Hier ein Beispiel für ein Gemälde des Krieges:

Peter Huchel: Des Krieges Ruhm

Ich sah des Krieges Ruhm.
Als wärs des Todes Säbelkorb,
Durchklirrt von Schnee, am Straßenrand
Lag eines Pferds Gerippe.
Nur eine Krähe scharrte dort im Schnee nach Aas,
Wo Wind die Knochen nagte, Rost das Eisen fraß.

Huchel verwendet zwar den Als-ob-Vergleich, aber nur, um eine neue Metapher einzuführen: des Todes Säbelkorb. Was ist damit gemeint, etwa der Kriegsruhm des einzelnen Soldaten? Der Krieg erscheint selbst als leibhaftiger Tod. Der Ruhm dieser Gestalt ist sichtbar: ein riesiger Säbelkorb, geführt von der Knochenhand des Todes, der über den Schlachtfeldern steht. Konkrete Bilder, knapp ausgewählt, setzen der Vision („Ich sah ...") feste Umrisse: Klirrende Winterkälte, Pferdegerippe, verweste Leichen, Knochen, verrostete Geschütze: Ausdrucksstarke Bilder, syntaktisch richtig gefügt, eindrucksvoller als ein expressionistisches Gemälde. Ein apokalyptisches Bild aus unserer Zeit, in der Sprache der Gegenwart.

Paul Celan: Espenbaum

Espenbaum, dein Laub blickt weiß ins Dunkel.
Meiner Mutter Haar ward nimmer weiß.

Löwenzahn, so grün ist die Ukraine.
Meine blonde Mutter kam nicht heim.

Regenwolke, säumst du an den Brunnen?
Meine leise Mutter weint für alle.

Runder Stern, du schlingst die goldene Schleife.
Meiner Mutter Herz ward wund von Blei.

Eichne Tür, wer hob dich aus den Angeln?
Meine sanfte Mutter kann nicht kommen.

Das Formprinzip der Gegensetzung wird rasch erkannt. In allen Strophen wird ein Bild aus der Ukraine gegen eine Aussage über die Mutter gesetzt, und zwar in den vier ersten Strophen ein Naturbild gegen das Leid über den Verlust der Mutter. In der letzten Strophe vereinigen sich Bild und Aussage zu gegenseitiger Deutung. Wie sind Bild und Aussage ineinander verfugt? Anders gefragt: Warum löst das Naturbild die Erinnerung an die Mutter aus? Es sind die Farbadjektive in den beiden ersten Strophen, die Doppelbedeutung des Wortes Regen (als Labsal und als Regen des Grams) in der dritten und die Form des runden Sterns in der vierten Strophe. Die Gegensetzung geht noch weiter: weiß — nicht weiß; grün — blond; Regen — weint; der die Schleife schlingende runde Stern (aktiv) — die von der Kugel getroffene Mutter (passiv). Bei diesem Gedicht sollte man nicht von Montagetechnik sprechen wie bei ‚Reklame' von Ingeborg Bachmann, sondern von Assoziationstechnik.

b) Wir verfertigen ein Gedicht über das Thema „Bruch"

Am Anfang steht eine Materialsammlung als Wortschatzübung: Sinn- und Wortgruppen, darunter möglichst viele Wörter aus dem Bereich der Technik, werden zusammengestellt.

Bruch, brüchig, brechen, abbrechen, durchbrechen, einbrechen, verbrechen, zerbrechen
Schiffbruch, Planke, Strandgut, Schiffbrüchiger, SOS-Ruf
Rohrbruch, Installateur, Flansche, Überschwemmung
Abbruch der Beziehungen zwischen Völkern; Feindschaft, Krieg, Haß, Leidenschaft, Gewalt
Bruch mit der Familie, mit der Vergangenheit, Ketten werden gebrochen, Empörung, Auflehnung, Selbständigkeit, Freiheit
Vertrauensbruch, Wortbruch, Verrat, Hinterhalt, Sturz

Aus diesem Rohmaterial schaffen wir ein Kurzgedicht. Der Lehrer gibt die erste Strophe an.

Bruch

Hundekälte. Rohrbruch.
Kein Schlosser
Wohnung ersäuft
Ich verstehe nichts von Flanschen.

Autosturz im Schwarzwald
Eingeklemmt
Regungsunfähig!
Fünf Meilen weit kein Mensch.

Freundschaft ein Witz!
Wortbruch
ist Klugheit.
Keiner will dumm sein.

Verlaß auf mich?
Nein!
Wozu?
Wer fragt danach?

Rohrbruch Radbruch
Vertrauensbruch
Wohin
brechen wir auf?

Nach diesem Schema lassen sich viele Kurzgedichte erfinden; als Themen bieten sich an: S t u r z , E n t g l e i s t , V e r e i s t , V e r l o r e n.

Ein anderes Beispiel: „Beschreibt einen Schuttabladeplatz, indem ihr nur Hauptwörter aneinanderreiht." Es entsteht folgende Skizze: Unrat, Gestank, schwelendes Feuer, Blech, Gerümpel, Holzteile, verrostetes Türschloß, Autoreifen, Teile einer Konservendose, löcherige Bettflasche, Lumpen. — Dagegen stellen wir das Gedicht ‚Schuttablage' von Günter Eich.

Auf ähnliche Weise erarbeiten lassen sich ‚S e c h s t a g e r e n n e n' von Walter Mehring, ‚N a c h r i c h t' von Hans Kasper, ‚F e r n s e h e n' von Kay Hoff, ‚D e r R a d w e c h s e l' von Bertolt Brecht.

IV. Das politische und das sozialkritische Gedicht. Brecht, Enzensberger, Biermann, Kunert, Bienek u. a.

Spätestens wenn im Klassenzimmer Bilder von Mao Tse-tung hängen, die Schüler über autoritäre Formen im Elternhaus und in der Schule klagen, schlagen wir eine Unterrichtseinheit vor: „Berechtigte Kritik. Untersucht am Beispiel des politischen Gedichts."

Arbeitsprogramm: Wir beobachten und beschreiben Unzuträglichkeiten in der Umwelt (Schule, Elternhaus, Stadtverwaltung, Gastarbeiterelend, Menschen in Not, rebellierende Jugend) und überlegen, wie sie beseitigt werden können. Gleichzeitig klären wir, woran Schriftsteller Anstoß nehmen. Etwa 15 zeitkritische Gedichte werden von einer Expertengruppe gemeinsam mit dem Lehrer ausgewählt und vervielfältigt [1]:

Bertolt Brecht: Lob des Kommunismus, Lob des Lernens, Lob der Partei
Hans Magnus Enzensberger: Verteidigung der Wölfe gegen die Lämmer, Konjunktur, Bildzeitung
Mathias Schreiber: Demokratie
Wolf Biermann: Frage und Antwort und Frage
Günter Kunert: Gartenpflege
Erich Brehm: Zweierlei Deutschland
Uve Schmidt: Deutschlandlied
H.-Günter Wallraff: Hier und dort
Horst Bienek: Zeichen und Sätze
Wolfgang Weyrauch: Das Vaterland

Auftrag: Jeder Schüler verfaßt einen Bericht über einen selbst beobachteten Mißstand, möglichst mit Angabe der Ursache und Vorschlägen für eine Abhilfe. Jede Arbeitsgruppe wählt nach freier Wahl ein oder zwei Gedichte zur Interpretation. Die Ergebnisse der Gruppenarbeit und die offenen Fragen werden der Gesamtheit vorge-

---

[1] Die Gedichte sind entnommen: Bert Brecht: Hundert Gedichte 1918—1958. Berlin 1958. — Hans Magnus Enzensberger: Verteidigung der Wölfe. Frankfurt/M. 1963. — Helmut Lamprecht (Hrsg.): Deutschland, Deutschland. Politische Gedichte vom Vormärz bis zur Gegenwart. Bremen 1969.

legt. Am Schluß auch dieser Unterrichtseinheit stehen eigene rhythmische Versuche über aktuelle sozialkritische Themen.

Der dialektische Bau der politisch-sozialkritischen Gedichte

Die zeitkritischen Gedichte entstehen aus dem Spannungsverhältnis zwischen dem, was ist, und dem, was sein soll: Das Bestehende ist schlecht; das Gewünschte ist gut. Wir untersuchen diese Gegensätzlichkeit und die Art ihrer Darstellung. Dabei gehen wir von Bertolt Brechts[1] Erläuterung des Dialektischen aus:

„Die Dialektik

Flach, leer, platt werden Gedichte, wenn sie ihrem Stoff seine Widersprüche nehmen, wenn die Dinge, von denen sie handeln, nicht in ihrer lebendigen, d. h. allseitigen, nicht zu Ende gekommenen und nicht zu Ende zu formulierenden Form auftreten. Geht es um Politik, so entsteht dann die schlechte Tendenzdichtung. Man bekommt 'tendenziöse Darstellungen', d. h. Darstellungen, welche allerhand auslassen, die Realität vergewaltigen, Illusionen erzeugen sollen. Man bekommt mechanische Parolen, Phrasen, unpraktikable Anweisungen."

Aufrufe, Aufforderungen, direkte Rede, Fragen, die der Leser beantworten soll, der Wechsel von Aussage- und Fragesätzen, ironische, satirische, polemische Feststellungen kennzeichnen die politischen Gedichte. Das folgende Gedicht wird im entwickelnden Verfahren analysiert.

Wolf Biermann: Frage und Antwort und Frage

Es heißt: Man kann nicht mitten im Fluß
die Pferde wechseln
Gut. Aber die alten sind schon ertrunken

Du sagst: Das Eingeständnis unserer Fehler
nütze dem Feind
Gut. Aber wem nützt unsere Lüge?

Viele sagen: Auf die Dauer ist der Sozialismus
gar nicht vermeidbar
Gut. Aber wer setzt ihn durch?

Das dialektische Denken vollzieht sich im Dreischritt von These, Antithese und Synthese. Biermann stellt unverbunden These und Antithese einander gegenüber und überläßt es dem Leser, den Gegensatz aufzulösen. Freilich suggeriert er durch seine Fragestellung das Resultat. Dabei muß der Leser das Bildhaft-Gesagte ins Gemeinte übertragen. Wir benutzen folgendes Schema:

Das dialektische Gedicht

1. These	1. Antithese	1. Synthese
Das Bild: Man kann nicht mitten im Fluß die Pferde wechseln.	Das Bild: Die Pferde sind schon ertrunken.	Das Bild: Wenn du den Fluß überqueren willst, mußt du die toten Pferde ausspannen und neue anspannen.

[1] In: Über Lyrik. edition suhrkamp 70 (1964), S. 25.

1. These	1. Antithese	1. Synthese
Das Gemeinte: Man kann das Bestehende nicht ändern. Pferde stehen für Arbeitskräfte der politisch-sozialen Entwicklung.	Das Gemeinte: Die bestehenden Verhältnisse sind schlecht. Die Antriebskräfte (die Führung) sind abgewirtschaftet.	Das Gemeinte: Schaffen wir durch unser Handeln eine Veränderung der Zustände.
Die Sprachform: „es heißt" = man sagt. Man-Urteile sind allgemein, für den einzelnen unverbindlich. Wer sich ihrer bedient, scheut eigene Stellungnahme und selbstverantwortliches Handeln.	Die Sprachform: „Gut. — Aber". Der Autor stellt dem Man-Urteil eine Tatsache gegenüber; bzw. er gibt seine Feststellung als Tatsache aus. Er widerspricht dem Man-Urteil und erklärt es für falsch.	Die erwartete Stellungnahme des Lesers: Wenn die Antithese des Autors richtig ist, muß etwas geschehen.

2. These	2. Antithese	2. Synthese
Direkte Aussage: Wenn wir etwas ändern, bekennen wir, daß etwas schlecht ist, daß wir Fehler gemacht haben. Damit nützen wir dem Feind.	Direkte Aussage: Wenn Fehler vorhanden sind und verschwiegen werden, ändern wir nichts und lügen ohnehin. Wem nützt die Lüge, uns oder dem Feind?	Urteil des Lesers: Das Lügen nützt dem Feind und schadet unserer eigenen Sache, denn es hindert uns am Handeln, an der Verbesserung des gegenwärtigen Zustandes.
Sprachform: Der Autor spricht den Gesprächspartner direkt an: „Du sagst". Aber nun läßt er ihn ein Allgemeinurteil aussprechen, das dessen Nichthandeln rechtfertigt.	Sprachform: Der Autor greift den Gedanken des Partners auf und formuliert ihn neu in Form einer Frage: Verschweigen von Fehlern ist Lüge.	Die erwartete Antwort des Lesers: Wir müssen alle Fehler eingestehen.

3. These	3. Antithese	3. Synthese
Prämisse: Der Sozialismus ist die einzige Gesellschaftsform, die das gegenwärtige System verbessern kann. Die Verwirklichung des Sozialismus ist ein unaufhaltsamer Geschichtsprozeß.	„Gut. Aber" wer verwirklicht den unaufhaltbaren Prozeß?	Aus These und Antithese ergibt sich die Notwendigkeit für den Leser, selbst Hand anzulegen. „Werdet selbst die Pferde, spannt euch selbst vor den Wagen mitten im Fluß, sonst bleibt er stecken."
Sprachform: „Viele sagen" etwas Richtiges. Man-Urteil, das dem einzelnen erlaubt, der Entscheidung tatenlos zuzusehen.	Sprachform: Konkrete Frage an den Leser: Wer handelt?	Die erwartete Antwort des Lesers: „Ich helfe mit."

Das Gedicht, ein Aufruf zur Veränderung der politischen Zustände, ist ein Dialog mit dem Leser, der in einem dialektischen Denkprozeß zum Handeln für den Sozialismus aufgefordert wird. Dabei wird jeweils die Antwort des Lesers unausgesprochen zur Formulierung der nächsten These (der nächsten Strophe) genommen. Offen bleibt die Frage, was der Verfasser unter Sozialismus versteht, welche Form des Sozialismus verwirklicht werden soll.

Bert Brecht verwendet zur Darstellung der Dialektik zwei Schemata: I. These und Antithese, II. These, Antithese und Synthese. In ‚Lob des Kommunismus‘ und ‚Lob der Partei‘ zeigt er die Alternative:

‚Lob des Kommunismus‘[1]:

These	Antithese
Kein Ausbeuter kann den Kommunismus begreifen. Die Dummköpfe nennen ihn dumm und die Schmutzigen nennen ihn schmutzig.	„Du kannst ihn begreifen“, „Er ist das Ende der Verbrechen“, „Er ist nicht das Chaos, sondern die Ordnung.“

‚Lob der Partei‘[2]:

These	Antithese
„Der Einzelne hat zwei Augen“ „Der Einzelne kann vernichtet werden“	„Die Partei hat tausend Augen“ „Aber die Partei kann nicht vernichtet werden.“

Nach diesem Schema hat die Partei immer recht; der einzelne muß sich unterwerfen. In anderen Gedichten aber wird diese Antithetik in einen Dreischritt überführt:

‚Wer aber ist die Partei?‘[3]:

These	Antithese	Synthese
Du	und ich	und wir — wir alle. In deinem Anzug steckt sie. Wo ich wohne, ist ihr Haus. Zeige uns den Weg, den wir gehen sollen.

[1] Bertolt Brecht: Hundert Gedichte 1918—1950. Aufbau-Verlag, Berlin 1958, S. 251.
[2] Ebd., S. 244.
[3] Ebd., S. 245.

‚Lob der Dialektik‘[4]:

These	Antithese	Synthese
Das Unrecht ... Die Unterdrücker ... Die Gewalt ... Die Stimme der Herrschenden Die Ausbeutung	„Aber von den Unterdrückten sagen viele jetzt: Was wir wollen, geht niemals“	„Wer noch lebt, sage nicht: niemals“ „Wer verloren ist, kämpfe!“ „Und aus niemals wird: heute noch“

Das Prinzip ist klar: der radikale Gegensatz von Unterdrückern und Unterdrückten, von Kapitalismus und Kommunismus läßt sich in einer Antithetik ausdrücken. Sobald jedoch zum Kampf aufgerufen wird, muß der Feind demaskiert und müssen die Mutlosen, Unentschlossenen gewonnen werden. Dabei ergibt sich der Dreischritt: Unterdrücker — mutlose Unterdrückte — Handelnde.

Innerhalb der eigenen Partei wiederholt sich das Schema: Im dialektischen Kampf zwischen dem einzelnen und der Partei hat die Partei recht und der einzelne unrecht. Bei der Festsetzung der Parteiziele soll jedoch der Gegensatz zwischen der Freiheit des einzelnen und der Macht der Gesamtheit in einer höheren Einheit aufgehoben werden. Dafür haben Rousseau mit dem Begriff der volonté générale und Schiller in seinen Ästhetischen Briefen das Denkmuster geliefert.

Mathias Schreiber: Demokratie

Ich will
du willst
er will
was wir wollen
geschieht
aber was geschieht
will keiner von uns

Auch diese Verse sind nach dem dialektischen Prinzip gebaut:

These	Antithese	Synthese
Wir geben unseren Willen kund; er wird ausgeführt	Was geschieht, ist nicht unser Wille	Ob ein Denkfehler oder ein Umschaltfehler vorliegt, er muß behoben werden. Was in der Demokratie geschieht, muß von allen gewollt sein, was alle wollen, muß geschehen.

Weshalb funktioniert die Demokratie schlecht, und wie kann man sie funktionsfähiger machen? Ist es möglich, daß in der Demokratie autoritäre Formen nachwirken?

[4] Bertold Brecht: Hundert Gedichte 1918—1950. Aufbau-Verlag, Berlin 1958, S. 242.

Geht etwa in der Anonymität des Staats- und Verwaltungsapparates der Wille der Mehrheit unter? Oder will der Autor sagen: „Der Wollende hat immer recht, der Handelnde hat immer unrecht, denn er muß Kompromisse schließen, Rücksicht nehmen, nachgeben, das Mögliche tun"? Gibt es die Staatsform, die dem einzelnen die größtmögliche Freiheit sichert und zugleich den Willen der Gesamtheit verwirklicht?

Nach dem Schema des Gedichtes lassen sich eine Reihe von Schülerversuchen anfertigen. Hier zwei Beispiele:

Schülerversuche

Diktatur

Ich muß
du mußt
er darf
ich muß gehorchen
du mußt gehorchen
er darf befehlen
wir müssen wollen
was er befiehlt.

Wer denkt
anders denkt
vorausdenkt
wird bestraft.

Schultyrannei im Winter

Punkt 7 Uhr 45
mitten im Winter
Ich will nicht,
ich muß.
Alles in mir
widersetzt sich.

Das Bett hat mehr
Überzeugungskraft
als Mathematik
oder Deutsch.
Aber
wer fragt danach?

Uwe Schmidt: Deutschlandlied

Wir mauern
Wir mauern
Wir mauern
Wir mauern
Wir mauern
Wir mauern
Wir mauern
Wir mauern
Wir mauern
Wir mauern
Wir mauern
Wir mauern
Wir mauern
Wir mauern
Wir mauern
Wir mauern
Wir mauern
Wir mauern
über alles

Beispiel für Gedanken- oder Satzmontage: Montagetechnik

Der achtzehnmal wiederholte Satz „Wir mauern" wird mit dem Lied „Deutschland, Deutschland über alles" zu einem komplexen Gedankengebilde verknüpft. Der Satz „Wir mauern" ruft viele Assoziationen wach: die Mauer als Symbol der Teilung Deutschlands; den Bienenfleiß der Deutschen, der falsch eingesetzt wird; den Stumpfsinn, mit dem gedacht, gearbeitet, produziert wird; das Pathos, mit dem sogar die Teilung Deutschlands immer wieder vorangetrieben wird — und dies alles vermeintlich zum Ruhme Deutschlands. Ironie, Spott, Hohn und Klage ist dieses ‚Deutschlandlied', eine Parodie auf die Nationalhymne.

Aufgabe für die Arbeit in Gruppen: Wir ergänzen die 18 Sätze durch Objekte und (oder) durch adverbiale Bestimmungen, damit die Aussageabsicht deutlich wird:

Wir mauern die Teilung
Wir mauern den Gegensatz von Ost und West
Wir mauern aus Überzeugung
. . .

V. Sprachspiele und Scherzgedichte. Morgenstern, Ringelnatz, Arp, Heissenbüttel, Gomringer u. a.

„Das Spielerische ist ein wichtiger Faktor im allgemeinen Entindividualisierungsprozeß, den das Gedicht gegenwärtig durchmacht." [1] Das Spiel mit Vorstellungen, Begriffen, Worten und Sätzen stellt für Jugendliche einen reizvollen Zugang zur Sprache dar. Sprachspiele fordern Intellekt und Phantasie heraus und wecken produktive Kräfte. Schon auf der Unterstufe beginnen wir mit der Lektüre und dem Verfassen von Nonsensversen. Auf der Mittelstufe üben wir die Wort-, Satz- und Textmontage. Gedichte von Morgenstern, Ringelnatz, Arp, Enzensberger, Heißenbüttel und Gomringer dienen als Vorlage zu eigenen Versuchen. Die Art, wie wir in die Technik der Wort-, Satz- und Textmontage einführen, wird im 8. Kapitel ausführlich dargestellt.

Arbeitsprogramm: Wir schaffen und analysieren Sprachspiele. Die Spiele sollen witzig sein, überraschen, verblüffen, ungewohnte Ideenassoziationen herstellen, die konventionellen Bilder der Wirklichkeit zerstören, verfremden. Wir experimentieren mit der Sprache:

1. Wir setzen Druckfehler in eine Vorlage ein, um eine scherzhafte Wirkung hervorzubringen. Dafür eignen sich rührselige Gedichte. Beispiele: „Harz" für „Herz", „Gefälle" für „Gefühle", „sunderbar" für „wunderbar", „ich eule herbei" für „ich eile herbei". Mit unseren Versuchen vergleichen wir folgende Vorlagen:

   „Die Fingur" für „die Figur", Gedichtüberschrift von Christian Morgenstern,
   „Nonjugation" für „Konjugation", Gedichtüberschrift von Rolf Haufs [2],
   „Der gute Willi ist sein menschlich Himmelreich", Gedichtanfang von Bazon Brock [3],

   „Der Doktor Doll, der Daktor Dall
   der Diktor Dill, der Duktor Dull" aus Martin Walsers ‚Professorenliedchen' [4].

2. Wir tauschen Wörter oder Satzteile aus oder montieren nach dem Muster

H. M. Enzensberger: middle class blues [5]

das gras wächst,
das sozialprodukt,
der fingernagel,
die vergangenheit.

wir essen das gras.
wir essen das sozialprodukt.
wir essen die fingernägel.
wir essen die vergangenheit.

---

[1] Karl Krolow: Aspekte zeitgenössischer deutscher Lyrik. List Bücherei 249, 1963, S. 108.
[2] Die Meisengeige, Zeitgenössische Nonsensverse, hrsg. v. G. B. Fuchs. Frankfurt 1968, Fischer Bücherei 917, S. 60.
[3] Ebd., S. 50.
[4] Ebd., S. 29.
[5] Blindenschrift, Frankfurt 1964.

Schülerversuch: Verschlafen

Der Hase schläft
die Maus,
der Neckar,
der Bürger.

Der Hase verschläft die Treibjagd,
die Maus verschläft den Kater,
der Neckar verschläft den Sommer,
der Bürger verschläft Treibjagd, Kater und Sommer.

H. M. Enzensberger: Bildzeitung[1]

du wirst reich sein
markenstecher uhrenkleber:
...

sozialvieh stimmenpartner
du wirst stark sein:
...

manitypistin stenoküre
du wirst schön sein:
...

Schülerversuch: Schülerstreik

wir schüler anstandsbürger
wir bürger armleuchter
wir autofahrer backdriver
wir scheinbürger ohnmachtsschüler
wir selbstlenker fremdsteuerer
wir fahrlehrer
wir sicherfahrer ohne führerschein

ihr bürger wohlstandsschüler
ihr schülerschreck heimleuchter
ihr beifahrer radfahrer
ihr scheinregierer fremdverlierer
ihr fernlenker selbstbesteuerer
ihr sitzenbleiber
ihr nichtfahrer mit scheinführer

(E. K.)

3. Wir vergleichen gegensätzliche Begriffe, die ein Grundwort gemein haben, wie Schriftsetzer und Ofensetzer, Ratsschreiber und Kugelschreiber, Herrenschneider und Glasschneider nach dem Muster ‚Trunkenheit im Dienst' von Rudolf Hartung[2]

Der eine stellte am Schreibtisch die Schrift,
der andere draußen die Weichen!
und konnten, da beide recht abstinent,
sich ruhig das Wasser reichen.

4. Wir bringen Phantasiebegriffe hervor und verwenden sie als Begriffe für konkrete Gegenstände, z. B. „Mundlandschaft" für „Mondlandschaft", „Kohlwasser" für „Kielwasser", „Nachtdieb" für „Tagdieb" nach dem Muster „Mondschaf" (statt Mondkalb) von Christian Morgenstern oder

Peter Härtling: Der Fabelzahn[3]

der uns so höhnisch umgekehrt:
der schnabelhut
der fabelzahn
hat von sich selbst so lang gezehrt
im untermut
im überwahn,
daß er verzog
daß er verging
und auch noch log
als man ihn hing.

---

[1] Verteidigung der Wölfe. Frankfurt 1963.
[2] Die Meisengeige. Zeitgenössische Nonsensverse, hrsg. v. G. B. Fuchs, S. 28.
[3] Ebd., S. 117.

5. Wir fügen den Versen eines Gedichtes je ein Wort ein nach dem Muster von

Oskar Huth: Neues Doppel-Saalelied[1]

An der Doppelsaale
hellem Doppelstrande

Dafür eignen sich Adjektive und Substantive wie: hell, dunkel, schaurig, feurig, friedlich, sanft, Essig, Zunder, Unfug, Wunder.

Christian Morgenstern: Das Mondschaf

Das Mondschaf steht auf weiter Flur.
Es harrt und harrt der großen Schur.
Das Mondschaf.

Das Mondschaf rupft sich einen Halm
und geht dann heim auf seine Alm.
Das Mondschaf.

Das Mondschaf spricht zu sich im Traum:
„Ich bin des Weltalls dunkler Raum."
Das Mondschaf.

Das Mondschaf liegt am Morgen tot.
Sein Leib ist weiß, die Sonn ist rot.
Das Mondschaf.

Wie ist das Gedicht gemacht? — Einen Menschen, der sich außerhalb jeder Regel seltsam, ungeschickt, als Fabelwesen verhält, nennt der Volksmund „Mondkalb" oder „Riesenbaby". In Analogie zu „Mondkalb" erfindet Morgenstern den Begriff „Mondschaf" und gibt dem so geschaffenen Wesen zugleich konkrete und phantastische Züge. Die Untersuchungsaufgabe lautet: Welche Eigenschaften und Tätigkeiten entsprechen einem wirklichen Schaf, welche einem Phantasiegebilde, und wie wird durch die Sprache die Wirklichkeit verfremdet (aufgehoben, zerstört)? Das Arbeitsschema, das auch für ähnliche Gedichte gilt, hält folgende Punkte fest:

Arbeitsschema

(mögliche) Wirklichkeit	Phantastik der Vorstellung und spielerische Sprachform
1. „steht auf weiter Flur"	scherzhaft formuliert. Es entsteht die Vorstellung der Einsamkeit, Verlassenheit des Schafes.
„harrt der ... Schur"	Anthropomorphisiert. Wiederholung: „harrt und harrt" als Ausdruck der Ungeduld. „große Schur" deutet auf „großes Schaf" oder „Radikalschur"

[1] Die Meisengeige. Zeitgenössische Nonsensverse, hrsg. v. G. B. Fuchs, S. 111.

2. „rupft sich einen Halm" „und geht dann heim"	Anthropromorphisiert ist der zweite Vers, 'untertrieben' ist „einen Halm"
3. —	Die dritte Strophe ist reine Phantastik: Das Mondschaf als 'Weltinnenraum'
4. „liegt am Morgen tot" „Sein Leib ist weiß. die Sonn ist rot"	Auflösung des Vorstellungsspiels: Am Morgen scheint der Mond nicht mehr, also gibt es auch kein Mondschaf. Es ist gestorben. Der „weiße Leib" erinnert an das weiße Fell des Schafs. Kontrast der Farben: weiß—rot.

Nach diesem Schema sind viele Gedichte Morgensterns gemacht: Ein Abstraktum wird anthropomorphisiert. Beispiel: Perfekt und Imperfekt in ‚Unter Zeiten', ‚Bim, Bam, Bum', ‚Der Seufzer'. Oder ein Konkretum wird anthropomorphisiert. Beispiele: ‚Die Trichter', ‚Die beiden Flaschen'. Oder ein Teil steht für das Ganze. Beispiel: ‚Das Knie'. Die Folgerichtigkeit der Gedankenentwicklung ist aufzeigbar: Ursprüngliche und anthropomorphisierte Begriffe werden ineinandergeblendet. Es entsteht eine Verschränkung zweier Vorstellungsbereiche. Der Seufzer in dem gleichnamigen Gedicht besitzt die Eigenschaft des Begriffs; er ist Ausdruck unerfüllter Wünsche und Leidenschaften, er glüht und kann Eis zum Schmelzen bringen; gleichzeitig fährt er als junger Mann Schlittschuh auf dem Eis. Bleibt er stehen, so schmilzt das Eis, und er bricht ein. Ergebnis: Die Groteske ist einsehbar, interpretierbar und sogar nachahmbar.

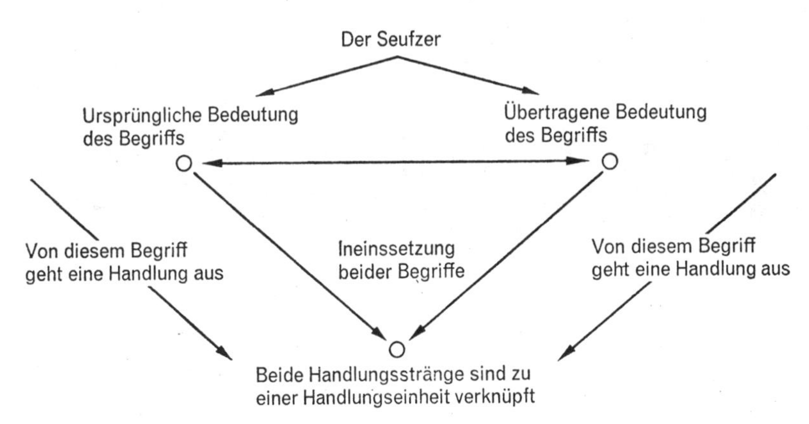

Peter Härtling: W e i s e M ö g l i c h k e i t [1]

da steht der zag,
da sitzt der haft —
und beide wissen eines:
daß keiner lag
gibt ihnen kraft —
trotz des geknickten beines.

[1] Die Meisengeige, Zeitgenössische Nonsensverse, hrsg. von G. B. Fuchs, S. 67.

Wie ist das Gebilde gemacht? — Reime über das Wort „zaghaft". Das Adjektiv wird in Grundwort und Nachsilbe zerlegt, beide werden personifiziert und so beschrieben, daß der Begriff „zaghaft" anschaulich wird.

Hans Arp: Ein Tag fällt vom Lichtbaum ab[1]

(1) Ein Tag fällt vom Lichtbaum ab.
(2) Große Flügel werden dunkler.
(3) Nun bauen die Träume
(4) eifrig an einem Blumenstern.
(5) Eine singende Rose
(6) schlüpft aus einem mondenen Ei.

(mögliche) Wirklichkeit	Phantastik der Vorstellung und spielerische Sprachform
1. Ein Tag geht zu Ende. Ein Blatt fällt vom Baum	Satzmontage. Lichtbaum = Sonnenjahr = 365 Tage = Vorstellungsmontage
2. Die Gegenstände werden dunkler und dunkler. Große Flügel tragen den Flugkörper rasch vorwärts	Satzmontage als Vorstellungsmontage
3./4. Die Träume heben die Wirklichkeit auf, verwandeln die Dinge und Vorstellungen. Der Baumeister baut. Blumenbeet Stern am Himmel	Träume als Baumeister bauen an einem Wunschgebilde, das schön ist wie eine Blume und dauerhaft wie ein Stern.
5./6. Ein singender Vogel eine blühende Rose	Wortmontage
Ein schlüpfender Vogel piepst Ein Vogel schlüpft aus einem Ei	Satzmontage

Worin besteht der Sinn des Unsinns in diesen Gedichten? Christian Morgenstern widmet seine ‚Galgenlieder' 'dem Kinde im Manne'. Er zitiert Nietzsche: „Im echten Manne ist ein Kind versteckt: das will spielen." Das Spiel mit Worten, Vorstellungen und Begriffen ist ein Merkmal des Witzes, der geistreichen Überraschung, der Verfremdung. Die Unsinnslyrik könnte man treffender als witzig-scherzhafte, paradoxscheinende Lyrik bezeichnen. Daß nicht alle Witze und nicht alle Nonsensverse geistreich sind, ist eine andere Sache. Der Grad des Überraschungseffekts, die Zahl der anklingenden Ideenassoziationen, die Neuheit der Wortkombinatorik sind Kriterien zur Wertung dieser Art von Lyrik. Die Auflösung solcher Gedichte ist für junge Menschen reizvoll, die Anleitung zur Schaffung solcher Gebilde lohnend.

[1] Akzente, Zeitschrift für Dichtung, 5. Jahrgang, Heft 4. Carl Hanser Verlag, München 1958.

ACHTES KAPITEL

KLASSISCHE BALLADE UND MODERNES ERZÄHLGEDICHT, SONG UND MORITAT

Im Unterricht des 7. und 8. Schuljahrs hat die klassische Ballade auch in Zukunft Heimatrecht. Sie fesselt durch ihren Inhalt, ihre Vorliebe für Handlung und Bewegung und entspricht dem 'künstlerischen Bedürfnis' des ersten Abschnitts der Pubertät.

Im 9. und 10. Schuljahr tritt an ihre Stelle die moderne Ballade. Als Parodie auf die traditionelle Ballade, als Wiederaufnahme des Bänkelsangs, als Auseinandersetzung mit aktuellen sozialpolitischen Mißständen ist sie als episches Erzählgedicht, Song oder Moritat ein legitimer Ausdruck künstlerischen Schaffens und sozialkritischer Bestrebungen unserer Zeit. Sie öffnet dem jungen Menschen in der antiliterarischen zweiten Phase der Pubertät einen Zugang zur modernen Literatur. Die Beschäftigung mit den Massenmedien und der Trivialliteratur schließt sich ihrer Erarbeitung sinnvoll an.

Wollen wir Grundsätze zur Arbeit mit der Ballade aufstellen, so müssen wir die Frage beantworten, was die Ballade, die klassische und die moderne, will und was sie für den Menschen in der Pubertät bedeuten kann.

I. Die klassische Ballade im 7. und 8. Schuljahr

a) Didaktische Überlegungen

1. Bauform der klassischen Ballade

Börries von Münchhausen nennt in den Leitsätzen, die er seinem Buch ‚Meisterballaden' voranstellt, „das kurze erzählende Gedicht Ballade“. Ihr Wesen liege „in der bestimmten Behandlung einer Handlung.“ Die „Sprachbehandlung der Ballade ist schmuckhaft und bewußt, die des lyrischen Gedichts natürlich und ungesucht. Die Handlung der besten Balladen zeigt zwei Vorgänge, von denen der untere Vorgang immer sinnlich-wirklich, der obere Vorgang (der sich bisweilen nur in der Seele des Lesers abspielt) derjenige Bestandteil ist, welcher der Ballade ihren seelischen Feingehalt gibt. Oberer und unterer Vorgang sind meist durch das sinnlich wahrnehmbare Teilchen verknüpft, das dann häufig zum Titel der Ballade wird.“ Statt von einem oberen und unteren Vorgang kann man auch von vordergründigem und hintergründigem Geschehen, von Vorderbühne und Hinterbühne, von äußerer Handlungsführung und innermenschlicher Entwicklung sprechen. Immer haben wir in der klassischen Ballade zwei Handlungsgeschehen: Das wirkliche ist rational faßbar, das andere, das nach Münchhausen sich bisweilen nur im Bewußtsein des Lesers abspielt, irrational. Das Irrationale ist entweder magisch-gegenständlicher oder unsinnlich-imaginärer Natur. Stets ist es das den Menschen beunruhigende Element.

Manche Personen in der Ballade spielen nur auf der Vorderbühne, andere nur auf der Hinterbühne. Beide Gruppen sind in ihrer Welt gesichert; es gilt für sie nur die Gesetzlichkeit eines der beiden Bereiche. Die Hauptperson der Ballade jedoch hat Zugang zu beiden Bereichen und wird durch die Welt des Hintergründigen gefährdet. Die Handlung der Ballade wird in der Regel ausgelöst durch das Hinübertreten oder Hinübergezogenwerden der Hauptfigur aus dem Vordergründigen in das Hintergründige. Manchmal wird dadurch ihr körperliches Leben, manchmal auch ihr Ich gefährdet. Durch die Handlung geraten in der Gestalt des Helden zwei Seinsordnungen in Streit. Wir können mithin sagen: Das Kennzeichen der Ballade ist das Bedrohtsein des Menschen durch eine unheimliche, unfaßbare Macht, die in den Bereich des sinnlich erfahrbaren Lebens einbricht, den Menschen aus seiner Sicherheit aufschreckt und entweder vernichtet oder mit dem Schrecken wieder entläßt.

Ein typisches Beispiel für das Ineinandergreifen der verschiedenen Seinsschichten in der Brust des Helden ist Goethes ‚Erlkönig'. Dort spielt der Vater ausschließlich auf der sinnlich-sichtbaren, rational-faßbaren Vorderbühne, der Erlkönig mit seinen Töchtern auf der irrationalen, magisch-gegenständlichen Hinterbühne. Die Handlung wird dadurch ausgelöst, daß der Erlkönig in den Raum der erdhaft sicheren Welt hineingreift und den Knaben in seinen Bereich hinüberziehen will. Der Knabe ist dem daraus entstehenden Zwiespalt nicht gewachsen. Für ihn ist das Reich des Erlkönigs bedrohende Wirklichkeit. Die Person der Geschichte, durch die die Handlung sich entfaltet, ist der Knabe: Er steht zwischen dem Vater und dem Erlkönig, beiden auf ganz verschiedene Weise zugehörig. Nach Münchhausen müßte die Ballade eigentlich nach dem Knaben benannt sein; daß sie ‚Erlkönig' heißt, ist bedeutsam: Wenn auch der Erlkönig nur auf der Hinterbühne agiert, so greift er doch unmittelbar in das äußere Geschehen ein: Er tötet das Kind.

Was die verschiedenen Balladen unterscheidet, ist die Besonderheit des Hintergründigen und die Art, wie der obere und der untere Vorgang in der Handlung miteinander verflochten sind. Immer aber steht eine Gestalt zwischen zwei sich feindlich berührenden Welten. Manchmal ist der daraus entstehende Konflikt ein ethischer oder religiöser, manchmal spielt er jenseits von Gut und Böse. Dann sind entweder Naturelemente wie im ‚Taucher' oder Naturgeister wie beim ‚Knaben im Moor', Triebe oder Phantasiegebilde die verhängnisvollen Gegenspieler, die den Menschen bedrohen.

2. Aufnahmefähigkeit und -bereitschaft der Schüler

Was soll eine solche Dichtungsgattung für die 12—14jährigen? Sie haben den kindlichen Glauben an Hexen, Feen, Gespenster, Kobolde, Nixen und Wassermänner verloren und sind gerade dabei, in der sichtbaren Erfahrungswelt mit ihren klar erkennbaren Gesetzen und Ordnungen heimisch zu werden. Das naiv-primitive Weltbild des

Kindes ist zerbrochen, ein neues, das kritisch-realistische Weltbild des Erwachsenen, ist im Entstehen. Ist es berechtigt, wenn wir in diesem Augenblick dem jungen Menschen noch einmal die Requisiten des überlebten mythischen Kinderglaubens in der Ballade vorsetzen? Im mythischen Weltbild fehlt das, was er in sich entwickeln muß: das Bewußtsein der persönlichen Verantwortung sich und anderen gegenüber. Betrachten wir nochmals die Seelenlage dieser Altersstufe: Es ist die Stufe, in welcher der Mensch am meisten gefährdet ist, weil er in sich gespalten, unsicher, richtungslos lebt. Die Selbstsicherheit und Zuversicht des 10—11jährigen ist verlorengegangen. Der Verstand hat sich selbständig gemacht, das Gefühl ist erwacht, das selbstverantwortliche Gewissen bildet sich aus dem Konflikt von Verstand und Gefühl, aus dem Gegeneinander von Trieben, Strebungen, Willensmotiven und Erkenntnissen. Tatkraft und Tatendrang treiben den jungen Menschen nach außen. Er bewegt sich auf zwei Bühnen — der Vorder- und der Hinterbühne. Auf der Vorderbühne zeigt er sich kritisch, nüchtern, als Rationalist — auf der Hinterbühne spielt sich sein Innenleben ab mit seinen geheimen Wünschen, Trieben, Begierden. Auf jeder der beiden Bühnen fühlt er sich unsicher. Die Gefährdung des Alters kommt aus den neu erwachten Kräften des eigenen Ichs. Die Überwindung dieses Zustandes der Pubertät ist nur möglich, wenn einerseits der Verstand in seine Schranken verwiesen und andererseits das Gefühlsleben durch Selbstkritik und Selbstkontrolle mit Hilfe des Verstandes geführt wird. Die Ballade stellt die dichterische Gestaltung der Gemütslage des jungen Menschen der Umbruchzeit mit ihrer Gefährdung und Hintergründigkeit dar. So ist es natürlich, daß er sich in dem Alter von 12—14 Jahren zu dieser Gedichtform hingezogen fühlt. Das Schaurige, Unheimliche, Dämonische, das Verführerische, Tiefgründige der Hinterbühne der Ballade spürt er in sich selbst wirksam. Das spannende, handlungsreiche Geschehen entspricht seinem Tatendrang. So bedeutet die Ballade ihm selbst unbewußt Selbstdarstellung und Selbstkritik, Warnung, Mahnung und — indem sie die Schicht des Magischen und Dämonischen freilegt — Selbstbefreiung. Indem sie das Ineinandergreifen der zwei Handlungsebenen aufzeigt, nötigt sie ihn, in sich selbst die Schichten des Rationalen und Irrationalen, des Bewußten und Unbewußten zu erfassen und miteinander zu verbinden.

3. Schwierigkeiten für den Lehrer

Nicht nur die Ballade, auch der junge Mensch macht es dem Lehrer, der sich nicht mit dem Auswendiglernen des Gedichtes begnügt, nicht immer leicht. Der Lehrer muß beide ernst nehmen. Er darf die Ballade nicht nur als Spiel der dichterischen Phantasie begreifen, denn sie ist ein wirkliches Drama; aber er muß wissen, daß der Dichter in der Ballade das Reich der Dämonen bändigt, indem er es beschwört. Er muß den kritischen Sinn der Schüler wachrufen, und er muß die Welt der Elfen, Wassermänner, Gespenster entweder als poetische Requisiten aus der mythischen Geschichtsepoche erklären oder als mythische Bilder eines in jedem Menschen wirkenden magischen Zwischenbereichs deuten. Der 12—14jährige soll die Ballade nicht auffassen wie das Kind das Märchen — naiv, unreflektiert. Er soll erkennen, daß die Märchenwelt eine Idealwelt ist, in der der gute Mensch belohnt und der böse bestraft wird. Die wirkliche Welt der Erwachsenen hingegen ist hart, furchtbar und oft undurchsichtig, weil in ihr das Zerstörende (Herrschsucht, Geltungsdrang, Niedertracht, Gewalttätigkeit, Gewinnsucht) gelegentlich die Oberhand gewinnt und weil die Menschen durch verschiedene Auffassungen von Recht, Besitz, Eigentum, Freiheit in Konflikt geraten. Die Balladenwelt steht zwischen der Märchenwelt und der erfahrenen Wirklichkeit. Ursprünglich Tanzlied, stellt sie in der Form eines dichterischen Spiels hintergründige, schicksalhafte Ereignisse von allgemein-menschlicher Bedeutung dar.

Der Dichter erfährt das Hintergründige als Wirklichkeit und er hebt es hinauf zum bedeutsamen Spiel. So muß auch der Lehrer beides tun: das Hintergründige — durch die Symbolik sichtbar gemacht — als bedrohende Wirklichkeit ernst nehmen, die Ballade als dramatisches Geschehen deuten und im jungen Menschen die Kraft wecken, welche die physische Furcht zu überwinden in der Lage ist — wodurch erst das Ganze als Spiel im tieferen Sinne faßbar wird.

Die Frage, wann wir den jungen Menschen mit der Ballade bekannt machen sollen, beantwortet sich von selbst: Die klassische Ballade gehört nicht auf die Unter-, sondern auf die beginnende Mittelstufe. Der 10—11jährige mag intellektuell durchaus in der Lage sein, das vordergründige Geschehen, den äußeren Handlungsablauf der Ballade zu erfassen, das eigentliche Leben der Ballade bleibt ihm verschlossen, weil ihm die Erlebnisgrundlage dafür fehlt. Er betrachtet sie wie ein Farbenblinder den Regenbogen: Da er das Farbenspiel nicht sieht, kann er es nicht analysieren.

b) Methodische Grundsätze

Am Anfang der Unterrichtseinheit im 7. Schuljahr steht die Vorbesprechung. „Ihr kennt bereits aus dem 6. Schuljahr Erzählgedichte. Nun wollen wir einige Balladen von Mörike, Goethe, Schiller, Annette von Droste-Hülshoff vortragen und dabei untersuchen, was eine Ballade ist. Manche davon sind schwer verständlich. Deshalb wollen wir in den beiden nächsten Stunden den ‚Feuerreiter‘ und den ‚Erlkönig‘ in je einer Stunde besprechen. Anschließend werdet ihr selbst eine Ballade nach eigener Wahl vortragen und erklären. An den beiden ersten wollen wir lernen, Fragen an diese Gedichte zu stellen.

In allen Balladen treten Menschen auf, die in Bedrängnis geraten. Welcher Art ist die Bedrängnis, wodurch wird sie ausgelöst, wie steigert sie sich, und welches ist der Ausgang? Es sind in der Regel unfaßbare Mächte, die einem Menschen Angst einjagen. Wer von euch hat schon einmal ein herzbeklemmendes Angstgefühl gehabt, etwa als er nachts durch einen stockfinsteren Wald ging, als ihm auf einem hohen Turm schwindlig wurde, als er im Wasser einen Krampf bekam, als die Zeitungen von Kindesentführungen, Mädchenraub, Vergewaltigung berichteten? Was ist Angst? Angst kommt von Enge; es wird einem dabei eng ums Herz; man fühlt sich beklommen. Angst hat man vor etwas Unbestimmtem, Furcht vor etwas Bestimmtem. Wie kann man gegen Angst und Furcht angehen? Wir wollen prüfen, wodurch die Menschen der Ballade bedroht werden und wie sie sich im Augenblick der Gefahr verhalten. Bereitet zunächst den ‚Feuerreiter‘ und den ‚Erlkönig‘ zum Vortrag vor und notiert, was ihr nicht versteht.“ Soweit die Ankündigung.

Der Lehrer weiß: So viele Arten von Angst, so viele Arten des Bedrohenden. Die Angst spielt im Menschen der Gegenwart eine ebenso große Rolle wie in der Ballade:

1. die unbegründete, eingebildete Angst, wie Kinder sie oft, z. T. von Erwachsenen eingegeben, haben: bei Nacht durch den Friedhof, in den Keller gehen. Dagegen ist mit Vernunft anzukommen: „Wir gehen gemeinsam. Es gibt keine Gespenster.";
2. die Angst als Gefühl des Bedrohtseins durch Naturgewalten wie Blitz, Hochwasser, Lawinen, Erdbeben. Diese Angst ist als Warnzeichen nützlich: „Sei vorsichtig, umsichtig, vorausdenkend." Sie überfällt uns, weil wir diesen Gewalten unterlegen sind;
3. die Angst davor, daß Wissenschaft und Technik der Kontrolle des Menschen entgleiten und zur Vernichtung der ganzen Menschheit führen könnten. Dagegen hilft nur der Kampf gegen den Herrschaftstrieb, den Zerstörungstrieb der Menschen, der Appell an die Einsicht, das unermüdliche Bemühen um die Humanisierung des Menschen. Das Gefühl solchen Bedrohtseins begleitet viele Menschen.
4. die existentielle Angst vor Krankheit, Alter, Tod. Nicht jeder Mensch hat sie; aber keiner weiß, ob er nicht morgen von ihr gepackt wird. Dagegen helfen nur z. T. Selbstvertrauen und Glauben;
5. die existentielle Angst vor dem Triebhaften der eigenen Natur, entstanden aus dem Empfinden der Schwäche des Willens gegenüber dem Bereich des Emotionalen und menschlicher Krankheiten (Trunksucht, Rachsucht, Geschlechtsgier). Es gibt Menschen, die alle Entgleisungen des Menschen aus der Vererbung, andere, die sie als Ausfluß der Umwelteinflüsse und der Gesellschaftsstruktur deuten. Selbstkontrolle und Sozialreform sind nicht ausreichende Mittel gegen diese Form von Angst;
6. die moderne Ballade stellt häufiger als die klassische das Bedrohtsein des Menschen durch die Zwänge des sozialen und politischen Systems, durch die Enge der bürgerlichen Moral (Motiv der Kindsmörderin), durch das System der Ausbeutung und Unterdrückung der Armen (Arme-Leute-Ballade), durch die Konsumgesellschaft (Diebstahlballaden) dar.

Die Psychoanalyse weiß zur Überwindung der Angst keinen anderen Weg als den der Selbstdurchleuchtung, der Reflexion, des Appells an das Selbstvertrauen. Es ist bezeichnend, daß die Menschen zu allen Zeiten das Phänomen des Bedrohtseins in dichterischer Form bewältigt haben. Im Unterricht sollte bei der Einführung in die Ballade mit dem Erlebnis der Angst zugleich auch die Reflexion über sie stattfinden.

Zum Gedichtvortrag. Die Ballade fordert Sprechschulung. Soll das Gedicht vom Sprechen her erschlossen werden, so wird man es den Schülern zur häuslichen Vorbereitung aufgeben. Es entsteht eine natürliche Ausgangslage für die Stunde, wenn ein Schüler vor die Klasse tritt und sich an dem vorbereiteten Gedicht versucht. Der Lehrer merkt am Vortrag, ob Inhalt und Grundstimmung erfaßt sind. Weder Lehrer noch Schüler wollen mit dem Schauspieler in Wettbewerb treten oder ihn nachahmen. Nicht der vollendete Kunstvortrag, sondern der Liebhabervortrag ist das Ziel, dem Lehrer und Schüler zustreben. Das ist ein Mittelding zwischen dem gewöhnlichen Sprechen zur eigenen Freude und dem Bühnenvortrag mit Wirkung auf die Menge.

Die Aufgabe bei der Balladenbetrachtung besteht darin, den realen Vorgang realistisch, das irrationale Geschehen aus der Wirklichkeit des Irrationalen zu deuten und das Ineinandergreifen beider Vorgänge sichtbar und im Vortrag hörbar zu machen.

Die Ballade ist ein lyrisches Drama mit Spielern und Gegenspielern, mit Exposition, einem erregenden Moment, einer Verwicklung und einer Katastrophe oder Lösung. Sie lebt aus der Spannung. Deshalb fragen wir: „Wer ist der geheimnisvolle Gegenspieler?“ „Woher rührt die Spannung?“ „Welches sind die Mächte, in deren Wirkungsbereich ein Mensch gerät?“ Indem wir solche Fragen erörtern, betrachten wir in gleicher Weise Gehalt und Form. Diese Fragen müssen geklärt sein, wenn man von den Schülern einen guten Vortrag erwartet. Deshalb führt jeder Schülervortrag zwangsweise zur Klärung von Gestaltfragen.

Wie das Drama will auch die klassische Ballade, daß der Zuhörer in die Handlung einbezogen wird. Er soll mit-handeln, mit-leiden. Der Held der Ballade ist tot oder von der Angst erlöst, der Zuhörer mag sich durch Einsicht von dem Grauen befreien und darüber Herr werden. — Wie rasch der Lehrer beide Schritte — das Hineinziehen des Schülers in die Angst und das Befreien von dem Grauen — tut, ist nicht entscheidend. Wichtig ist, daß der zweite Schritt überhaupt erfolgt.

Der Vortrag mit verteilten Rollen entspricht nicht dem Wesen der Ballade, die eben von einem Menschen als Einheit empfunden und gestaltet werden soll. Der Vortragende muß sich in die verschiedenen Rollen hineinversetzen und diese sprechen, ohne daß die Einheit des Gedichtes zerstört wird. Der Mensch in der Pubertät führt ja auch verschiedene Leben, die er zu einem einzigen verbinden muß. Der Balladenvortrag ist deshalb für ihn ein Gestaltungsprozeß. Alle Einzelrollen der Ballade unterliegen einem einheitlichen Gestaltungsgesetz, d. h., sie leben ihr Eigenleben im Rahmen eines Gesamtlebens.

c) Vortrag und Untersuchung zweier Balladen im 7. Schuljahr

1. Mörikes ‚Feuerreiter‘

Vorbetrachtung. Die Mehrschichtigkeit dieser Ballade entspricht ihrer Mehrdeutigkeit. Darin liegt die Hauptschwierigkeit für die Betrachtung im Unterricht. Die Vergegenwärtigung der Erlebnishintergründe, die zum Gedicht geführt haben, erscheint zum richtigen Verständnis für den Lehrer notwendig. Ob dadurch die Betrachtung im Unterricht leichter wird, bleibe dahingestellt.

Die Erstfassung der ‚Romanze vom wahnsinnigen Feuerreiter‘ von 1824 steht im Banne des kranken Hölderlin. Der äußere Anstoß zum Beginn der ersten Strophe ist die Erscheinung des in Unrast bald da, bald dort hinter den Fenstern seiner Turmstube mit seiner weißen Mütze auftauchenden umnachteten Dichters. Der Student Mörike hat wohl oft auf der Neckarbrücke in Tübingen gestanden und nach dem Dichter geschaut. — Das Jahr 1824 brachte für Mörike eine schwere Erschütterung durch das Peregrina-Erlebnis. Der Brand im Klinikum in Tübingen vom gleichen Jahr war für ihn wie für seinen Jugendfreund Waiblinger in gleicher Weise erschütternd. Das Schicksal des Freundes, der, von einer Leidenschaft besessen, einige Jahre später in der Ferne starb, mochte schon damals den Dichter mit Sorge erfüllt haben. Jedenfalls erscheint in der ‚Romanze' vom Jahr 1824 das Feuer als ein unheimlich wirkendes Naturelement und zugleich als Sinnbild für die Dämonie einer sich selbst zerstörenden Leidenschaft.

Die 3. Strophe unseres Gedichtes vom Jahr 1841, von manchen als eine nachträgliche Bemühung um eine Verchristlichung und Humanisierung aufgefaßt, ist für das Verständnis der heutigen Gedichtfassung entscheidend. Sie bringt eine neue, auf Überlieferung des Volksglaubens oder auf echter Religiosität beruhende Motivierung des Todes des Feuerreiters. Nunmehr erscheint das Element des Feuers in dreifacher Bedeutung: als das zerstörende Urelement der Natur, als Dämonie des Menschen und als das Element des Teufels, als Höllenfeuer. Der Feuerreiter erscheint jetzt als der Frevler, der zur Sühne irgendeiner Schuld von dem Element verschlungen wird, dem er verfallen ist.

Die dritte Schicht (das Feuer als Höllenfeuer) ist nicht etwa ein Fremdkörper in dem Werk, sondern keimhaft schon in der ersten Fassung enthalten. Die letzte Fertigung stellt die eigentliche Vollendung des Gedichtes dar. Das geht aus dem andern Bauelement des Gedichtes, dem Warnruf des Feuerglöckleins, hervor. In ihm finden wir den Kontrapunkt zu dem dämonischen Element des Feuers. Feuer und Feuerglöcklein gehören zusammen wie Nein und Ja, Untergang und Rettung, Schuld und Sühne, Sünde und Gnade. Das eine ruft das andere. Beide zusammen bilden eine Sinneinheit. Im Wechselbezug beider erst entsteht eine symbolische Handlung und eine musikalische Komposition. Das Feuerglöcklein bedeutet realiter Alarmruf beim Brand, moraliter Warnruf vor den Mächten der Zerstörung, mystice Stimme des Gewissens, Ruf zum Gebet, Verkündung des Heils. Im gleichen Maße wie das Feuerglöcklein ist auch das christliche Element ein integrierender Bestandteil des Gedichtes.

Mörikes ‚Feuerreiter' ist nicht zuletzt Gestaltung eines musikalischen Erlebnisses. Hugo Wolfs Partitur für Chor und großes Orchester kann als Bestätigung hierfür genommen werden. Die Bekanntschaft des jungen Mörike mit Mozarts ‚Don Juan', dessen gewaltige Wirkung auf die damalige Generation wir nur noch schwach nachzuempfinden vermögen, führt ihn zum Erlebnis jener dämonisch-übermenschlichen Gestalt, deren Schicksal mit furchtbarer Folgerichtigkeit sich „in reißendem Ablauf" bis zur Selbstvernichtung erfüllt. Bezeichnend ist, daß im ‚Maler Nolten' unsere Ballade von einem „schönen Bariton" eines Schauspielers mit „schwarzseidenem Domino-Mäntelchen über die Schulter geworfen" (vgl. Don Juan auf der Bühne) vorgetragen wird. Der Gesang wird von einer Zither begleitet. „Das Instrument stimmte, dem seltsamen Inhalt des Liedes entsprechend, mehr grell und ängstlich monoton als eigentlich melodisch zum Gesang, welchem ein mäßiges Spiel in Gebärden und Mienen erst seinen vollkommenen Ausdruck verlieh."

Fünf dramatische Akte sind es, in denen jeweils drei Ereignisse vor uns abrollen:

1. Ausbruch des Feuers — Einläuten der Glocke — Aufbruch des Feuerreiters
2. Auflodern der Flamme — Weiterläuten — Ritt des Feuerreiters
3. Höhepunkt des Feuers — Übertöntwerden der Glocke — Feuerbeschwörung
4. Zusammensinken der Flamme — Ausläuten der Glocke — Verschwinden des Feuerreiters
5. Ende der Feuersbrunst — Nachklingen der Glocke — Ende des Feuerreiters

Im Ineinander dieser drei sinnenhaften Vorgänge mit ihrem jeweiligen Tiefencharakter zu einem Ganzen liegt die Wirkung dieser Ballade.

Sacherklärungen: Möglich ist folgende Einleitung: Der Lehrer erzählt von jenem großen Brand in Tübingen vor 200 Jahren, bei dem Herzog Karl Eugen zu Pferd durch Umritt und Feuersegen die Flammen bannen wollte. Durch das spannend erzählte Geschehen soll das Interesse für die Ballade geweckt, zugleich aber das Verständnis für die 3. Strophe vorbereitet werden. Es wird über den Volksglauben gesprochen, der besonderen Menschen beschwörende Kraft über das Feuer zutraut: dem Landesvater, dem Geistlichen, aber auch Personen, in deren Umgebung es nicht recht geheuer ist: Zauberer, Hexen, Scharfrichter, Schinder, Zigeuner. Herzog Karl Eugen soll die Kunst von einem alten Zigeuner übernommen haben.

Gut an dieser Einleitung ist, daß wichtige Sacherklärungen vorweggenommen und die Schüler bereits in die Grundstimmung des Unheimlichen versetzt werden, vielleicht bedenklich ist, daß von ihr aus der Wahrheitsgehalt der Ballade den Schülern schwer zu vermitteln ist. Kluge Schüler könnten einwenden: „Früher haben die Menschen an Hexen und Feuerbeschwörer geglaubt; der Volksglaube ist Volksaberglaube, den wir überwunden haben. Heute würde Mörike diese Ballade nicht mehr dichten, denn heute ist ein solcher Glaube nicht mehr lebendig."

Die Schüler hätten recht: Alle Kunstwerke sind zeitbedingt, aber die großen Werke der Vergangenheit haben noch Gegenwartsbedeutung; und diese muß man erklären. ‚Der Feuerreiter' würde heute nicht mehr geschrieben werden, aber wir können ihn trotzdem verstehen lernen. Die Dämonie des Feuers und des menschlichen Verhaltens kann der Lehrer an Beispielen illustrieren. Dabei wird er sich aktueller Ereignisse bedienen: Brand, Überschwemmung, Erdbeben; Schicksal eines Trunksüchtigen, eines Morphinisten, die ihre Familien ruinieren, vielleicht sogar zu Verbrechern werden; Rassenwahn und Glaubensfanatismus, die Menschen zu Bestien werden lassen. Auch für uns heute ist der Mensch ein Rätsel, zu Taten und Untaten fähig.

Wollen wir so in die Ballade einführen, dann geben wir keine Sacherklärungen zuvor, sondern erzählen der Klasse den Inhalt der Sage vom Feuerreiter. Wir halten uns an den Bericht Mörikes im ‚Maler Nolten', lassen jedoch alle historischen Einzelheiten, die der Dichter zum Glaubhaftmachen seiner Sage braucht, weg, da wir sie psychologisch begründen.

In der Nähe einer Stadt lebte vor vielen Jahren ein Mann ganz zurückgezogen im Giebeldach eines halbzerfallenen Hauses. Er soll in einem kaiserlichen Regiment Hauptmann gewesen sein und seine Heimatrechte durch irgendein Verbrechen verwirkt haben. Sein Schicksal machte ihn menschenscheu, mit niemand trat er in näheren Verkehr, ließ sich das ganze Jahr hindurch nicht auf der Straße blicken — außer wenn in der Stadt oder der Umgebung Feuer ausbrach. Er witterte das jedesmal. Man sah ihn dann an seinem kleinen Fenster in einer roten Mütze totenblaß unruhig hin und her gehen. Gleich mit dem ersten Feuerlärm, nicht selten aber wohl schon zuvor und eh' man recht wußte, wo es brannte, kam er auf einem mageren Klepper unten aus dem Stall herausgesprengt und jagte spornstreichs unfehlbar der Unglücksstätte zu. Nun geschah's . . ., daß er das Feuer mit einem Kruzifix bannen wollte. Darob war das Volk entsetzt. War er mit dem Teufel im Bunde? Die Menschen sahen in seinem Handeln einen Mißbrauch des Heiligen, eine freventliche Machtanmaßung, und sagten, einmal wird ihn doch der Böse holen.

Soweit die Sage. „Was haltet ihr von diesem Menschen?" Antwort: „Er kann nicht mit dem Teufel im Bunde sein, sonst würde er nicht die Macht des Feuers bannen wollen; aber er scheint doch teuflischen Mächten verfallen zu sein; vielleicht möchte er sich von ihnen befreien und gerät dabei immer in neue Schuld." — „Könnt ihr euch einen solchen Menschen vorstellen, der dem Bösen in irgendeiner Form verfallen ist, sich dagegen wehrt und doch nicht die Kraft hat, sich davon zu lösen? Wie wird wohl dieses Menschenleben enden? Mörike hat es in einer Ballade geschildert."

Es folgt der Gedichtvortrag.

Erarbeitung. Aus Einführung und Gedichtinhalt ergeben sich Leitfragen und Untersuchungsauftrag für die folgende Betrachtung. Sie werden von den Schülern selbst gefunden, beziehungsweise vom Lehrer diktiert.

1. Ist der Feuerreiter ein Mensch oder ein Gespenst?
2. Welches ist sein Verhältnis zum Bösen, und wie verhält es sich mit dem Ende des Feuerreiters?
3. Untersucht den Zusammenhang zwischen dem Feuer und dem Glockenläuten in den fünf Strophen!

Zur Beantwortung der drei Fragen müssen wir den Text betrachten. Was erfahren wir in der ersten Strophe über den Feuerreiter? Wir sehen nur seine rote Mütze, weiter nichts. Was geschieht außerdem? Es entsteht ein Gedränge an der Brücke. Wir hören die Feuerglocke gellen zum Zeichen, daß es wirklich brennt.

Was geschieht in der 2. Strophe? Wir sehen den Feuerreiter wie besessen zum Brandort reiten. Das rippendürre Tier und der Reiter erinnern an das Bild vom Tod als Sensenmann. Wir kommen mit dem Feuerreiter am Brandort an und hören von der Ferne die Glocken läuten.

Was ereignet sich bei der brennenden Mühle? Der Feuerreiter bespricht die Flammen und will sie mit Zaubergewalt bannen. „Wie erklärt ihr euch den 2. Teil der 3. Strophe? Wer spricht das ‚Wehe'?" — „Der Dichter" — „Weshalb das ‚Wehe'?" — „Aus Angst vor dem Verlorensein der Seele. Er sieht die Gefahr der Verdammnis für den Feuerreiter." — „Verurteilt der Dichter den Feuerreiter?" — „Nein, die Worte ‚Gnade Gott der Seele dein!' bezeugen sein Erbarmen."

Welche Bedeutung hat die Feuerglocke in unserem Gedicht? In der 1. Strophe ertönt sie grell und aufrüttelnd, als Warnerin vor Leibesgefahr. In der 2. Strophe hören wir sie deutlich aus der Ferne an den Brandort herübertönen. In der 3. Strophe wird das Geläute überdeckt durch das Prasseln der Flammen und das Rasen des Feuerreiters. Aber sie ist dennoch da, wo? — Im Rhythmus der Worte? Was hören wir von der Glocke in der 4. Strophe? — Das Ausläuten, den letzten Glockenton, der als besonders grell empfunden wird, weil er der letzte ist. Was ist mit dem Reiter in dieser Strophe, und was will der Rhythmus der Glocke hier sagen? — Das „Husch!" drückt das Gruseln aus, das wir in Erinnerung an diese Spukgeschichte empfinden. Aber dieser Schauder fällt von uns ab, sobald wir die ruhigen, vom Rhythmus der Glocke getragenen Worte hören:

> Ruhe wohl,
> Ruhe wohl
> Drunten in der Mühle.

„Wie müssen wir das Gedicht vortragen, damit die Hörer es wie ein Feuer aufleuchten, lodern und verglimmen sehen?" Damit beginnen wir die Vortragsübung.

2. Goethes ‚Erlkönig'

Die Schwierigkeiten der Betrachtung des ‚Erlkönigs' sind anderer Art als die des ‚Feuerreiters'. Eine vorherige Sacherklärung als Verstehensgrundlage ist nicht nötig. Der vordergründige Handlungsverlauf ist für den Schüler faßbar, er meint, das Gedicht zu verstehen. Wir wollen im folgenden die Ballade im Blick auf den Schülervortrag uns erarbeiten. Die Schüler erfahren: „In der nächsten Stunde üben wir den ‚Erlkönig', bereitet euch vor."

Vortragsübung in Verbindung mit gemeinsamer Textbetrachtung. Zu Beginn der Stunde sagt ein Schüler das Gedicht auf, schlecht und recht. „Warum ist es so schwer vorzutragen?" Weil verschiedene Personen mit ganz verschiedenem Stimmton sprechen. „Wie viele Personen treten auf?" Der Dichter, der Vater, der Sohn, Erlkönig. „Und Erlkönigs Töchter?" Erlkönigs Töchter sprechen nicht. „Auch nicht die Worte ‚Ich liebe dich, mich reizt deine schöne Gestalt!' " — „Wie unterscheiden sich die vier Stimmen? Wie spricht der Dichter die 1. Strophe? Unterscheidet sich seine Stimme von der des Vaters?" Gewiß, der Dichter berichtet; der Vater aber ist innerlich beteiligt, er hat Sorge um das Leben seines Sohnes. — „Wie kommst du zu der Annahme, dem Vater sei um das Leben seines Sohne bange?" — Der Sohn ist krank, und der Vater weiß es. — „Ist irgend etwas Besorgniserregendes an dem, was der Dichter erzählt?" Nein, der Dichter ist nur erstaunt, daß Vater und Sohn noch zu so später Stunde unterwegs sind. Das Erstaunen findet sich nur im 1. Vers, die drei folgenden beruhigen und wollen beruhigend wirken. — Aber der Vater ist doch in Sorge um sein Kind, denn er sagt:

‚Mein Sohn, was birgst du so bang dein Gesicht?'

Daraus ist nicht zu entnehmen, daß er von einer Krankheit seines Sohnes weiß; im Gegenteil, wenn der Sohn krank wäre, so wäre die Frage unnatürlich; denn ihr liegt die Aufforderung zugrunde: Schau um dich, halte dich aufrecht! Aus der Frage geht hervor, daß der Sohn gesund ist. — In der 1. Strophe beruhigt uns der Dichter: dem Sohn kann nichts geschehen; der Vater beschützt ihn. In der 2. Strophe beruhigt der Vater den Sohn: Sieh genau hin; was dich ängstigt, sind nur Nebelstreifen. „Also ist alles, was der Sohn sieht, nur Einbildung? Er hat von den Elfen und Waldmännern gehört und sieht, wie es Kinder tun, in jedem Baum bei Nacht einen verzauberten Mann und im aufsteigenden und sich verschlingenden Nebel den Reigentanz der Elfen?" — Aber der Sohn hört doch die Stimme des Erlkönigs! — Auch das ist Einbildung. Er hat Angst vor den Bildern, die ihm seine Phantasie vorgaukelt. — „Wir wollen sehen, ob ihr recht habt: Was ist Furchterregendes an dem, was der Knabe sieht und hört? Wie sieht der Erlkönig aus, und was will er von dem Jungen?" — Er ist ein König, erkennbar an Krone und langem, wallendem Gewand; er verspricht dem Kind schöne Spiele, bunte Blumen und ein güldenes Gewand. — „Das sind Dinge, die ein Kind doch eher locken als ängstigen könnten. Der Knabe sieht in eine Welt voll Glanz, Schönheit und geheimnisvoller Wunder. Wie erklärt ihr euch seine Angst?" — Vielleicht lockt ihn diese Welt, vielleicht sind es geheime Wünsche, vor denen er Angst hat.

„Wie müssen wir den ‚Erlkönig' sprechen?" Einschmeichelnd, lockend — noch mehr: verlockend, verführerisch. Verlocken und verführen bedeutet, zum Unerlaubten locken und führen. — „Nun wissen wir, welches Reich der Knabe sieht und welche Stimme er hört: das Reich des Verführerisch-Schönen, des geheimnisvoll Bezaubernden und Verzaubernden. Dieses Reich ist nicht nur ein Gebilde seiner Phantasie; es lebt in seinen Wünschen und unbewußt in seinem Denken. Das Reich des Erlkönigs ist eine Wirklichkeit in ihm und um ihn. Der Dichter macht es anschaulich in der Gestalt des Erlkönigs und seiner Töchter. Die Angst des Knaben ist die Angst vor dem Verführerisch-Schönen. Wie verhalten sich diese drei Gestalten (Vater, Sohn und Erlkönig) zueinander?" Zwischen Vater und Erlkönig herrscht überhaupt keine Verbindung. Der Vater weiß gar nichts von dem Dasein des Erlkönigs. Erst das Wort ‚dem Vater grauset's' zum Schluß deutet an, daß er etwas von den unheimlichen Mächten spürt, die über seinen Sohn Gewalt gewonnen haben.

„Und der Sohn? — Kann er nicht bei seinem Vater Zuflucht finden? Warum fühlt er sich nicht bei ihm geborgen?" — Äußerlich weiß er sich wohl beschützt, aber innerlich nicht, weil der Vater nichts von der Gefahr weiß, der er ausgesetzt ist. Darin liegt für den Knaben das Furchtbare: Er sieht sich verloren, schutzlos der Welt des Erlkönigs ausgeliefert, obgleich sein Vater ihn zu beruhigen meint. Der Vater sieht sein Kind von Augenblick zu Augenblick mehr bedroht. Und das Kind selbst sieht sich von Minute zu Minute mehr verloren. Erlkönig gewinnt Gewalt über sein Leben.

„Woran stirbt der Knabe?" — Erlkönig tötet ihn. Geheimnisvolle, verführerisch drängende Naturmächte außer ihm — und unheimliche, unkontrollierbare, Furcht und Grauen erregende Mächte in ihm —, sie alle zerren das Kind von seinem Vater weg und töten es.

Nun lesen wir das Gedicht, das mit dem Ton des Erstaunens einsetzt und den Ton der Selbstberuhigung des Vaters anklingen läßt und uns von Strophe zu Strophe weiter in den Gegensatz von äußerer Sicherheit und inneren Bedrohtheit hineintreibt. Selbst der Vater, der nach außen hin seine Ruhe bewahrt, der gleichmäßig beruhigend spricht, wird innerlich von dem Vorgehen mehr und mehr gepackt. In seinen Worten:

„Mein Sohn, was birgst du so bang dein Gesicht?"

ist beim erstenmal noch keine Spannung zwischen äußerem Sprechen und innerer Bewegung. Aber von Strophe zu Strophe wächst seine Angst um den Sohn — bis zum letzten Wort des Dichters: „Dem Vater grauset's . . .". Auch für ihn werden die Mächte des Unsichtbar-Unheimlichen, Unfaßbaren sichtbare Wirklichkeit — durch den Tod des Sohnes.

Solche Steigerung wie in diesem Gedicht, die bis zum Schluß anhält, haben wir nur in der Ballade und im Drama. Zum Abschluß hören wir die Vertonung von Schubert.

d) Der Wechsel zwischen gebundenem und freiem Unterrichtsverfahren

Haben wir zwei bis drei Balladen im 7. Schuljahr in beschriebener Ausführlichkeit interpretiert, so lockern wir unseren Unterricht wieder auf. Jeder Schüler wird eine Ballade nach freier Wahl und häuslicher Vorbereitung vortragen. Wir stellen eine solche Vortragsstunde unter eine Leitfrage: Welches ist das Verhältnis von Vorder-

und Hinterbühne in den einzelnen Werken, oder von welcher Macht wird der Mensch unserer Ballade bedroht? Die Schüler lernen dabei rasch die verschiedenen Formen der klassischen Ballade von dem balladesken epischen Gedicht unterscheiden: etwa den ‚Erlkönig' vom ‚Schatzgräber' oder dem ‚Sänger'; ‚Das Glück von Edenhall' von ‚Taillefer'; den ‚Taucher' vom ‚Handschuh'; den ‚Archibald Douglas' von ‚John Maynard'. Im 8. Schuljahr legen wir den Weg von der gebundenen zur freien Unterrichtsform, falls es die Schüler wünschen, noch einmal zurück. Dabei werden wir auch Stücke wählen wie ‚Der Mönch von Bonifazio' von C. F. Meyer, die ‚Nibelungen' und ‚Die Mär vom Ritter Manuel' von Agnes Miegel. Manche Ballade verbinden wir mit einem Prosatext zu einer Sinneinheit, so die ‚Nibelungen' mit der gleichnamigen Sage, C. F. Meyers ‚Füße im Feuer' mit dem ‚Amulett'. — Tiefen Eindruck auf junge Menschen machen die 'Versucherballaden', in denen der Mensch, von einer Leidenschaft getrieben, untergeht.

Der planmäßige Wechsel zwischen einem streng interpretierenden und einem freien Unterrichtsverfahren, in dem die Schüler Gegenstand und Stundenverlauf in festgelegtem Rahmen selbst mitbestimmen, ist auf der Mittelstufe anzustreben.

II. Das moderne Erzählgedicht, Song und Moritat im 9. und 10. Schuljahr

a) Didaktische Überlegungen

1. Merkmale der modernen Ballade

Der klassischen, den Menschen verherrlichenden Tragödie steht die den Menschen ironisierende moderne Tragikomödie, dem klassischen Handlungs- und Entwicklungsroman der 'nouveau roman', dem klassischen Märchen das Antimärchen, dem klassischen Gedicht das 'montierte Gedicht', der klassischen Ballade die moderne Antiballade gegenüber. In diesem Gegensatz der literarischen Formen spiegelt sich der Wandel des menschlichen Bewußtseins, der Einstellung zum Staat, zur Gesellschaft, zur Kunst in den letzten 150 Jahren. Zwar hat Schiller bereits den Gegensatz zwischen klassisch und modern in seiner Abhandlung über ‚Naive und sentimentalische Dichtung' als Grundbestand der historischen Entwicklung erhellt, aber die Gegenwart liefert hierzu Anschauungsmaterial, das der Moderne den Vorzug vor der Klassik einräumt. Ob und wann einmal eine Richtung auf eine neue Klassik der Zukunft in völlig anderer Form als der um 1800 sich anbahnt, die alle Neuansätze der Moderne in sich vereinigt, wissen wir nicht, wohl aber dürfen wir annehmen, daß die Darstellung des Grotesken, Absurden und des negativen Helden auch wieder eine Gegenbewegung, eine 'Negation des Negativen', auslösen wird.

Die Satire auf das klassische Muster der Ballade, auf das erhabene Gefühl, den großen Menschen und die einmalige Begebenheit; die Hinwendung zum Alltagsgeschehen, zur Alltagssprache, das Spiel mit der bedrückenden Wirklichkeit; die ironisch gemeinte Neubelebung des Bänkelsangs mit seinen Räubergeschichten, Blutbädern,

Naturkatastrophen, in volksliedhaften Rhythmen und Melodien vorgetragen; der Angriff auf die platte Bürgerlichkeit in jeglicher Gestalt, auf die verschwiegenen sozialen Mißstände und die geltenden Maximen, auf den Hochmut der Besitzenden und den Machtmißbrauch der Herrschenden — das sind Merkmale des modernen Erzählgedichts, des Songs und der Moritat. Zwar hat das moderne Erzählgedicht mit der klassischen Ballade die liedhafte Form gemein, gelegentlich sogar Reim und Refrain, die dramatische Handlung mit knappem Dialog und rascher Steigerung; aber das ist auch alles. An Stelle des Gegensatzes von äußerer Handlung und innerem Geschehen, von Vorder- und Hinterbühne tritt der Gegensatz von scheinbar vordergründiger Aussage und hintergründiger Aussageabsicht, von gespielt ernsthafter Handlung und verborgenem Appell an das kritische Urteilsvermögen des Hörers oder Lesers. Will die klassische Ballade die Identifizierung des Hörers mit dem Geschehen, so die moderne die Distanzierung, die Reflexion über das Wort und die gemeinte Sache, denn sie ist nicht primär sinnfälliger Handlungsbericht in Liedform, sondern Scherz- oder Haßbericht plus Kommentar in balladesker, bänkelsängerischer Aufmachung [1].

2. Die Aufnahmefähigkeit und -bereitschaft der Schüler

Von dem Augenblick an, da Mädchen die Pille verlangen und Jungen Erfahrungen mit Rauschgift machen, da beide, im Bann der Jugendzeitschriften, die Emanzipation von den Zwängen der Schule und des Elternhauses deklamieren und Staat und Gesellschaft als versteinerte Gebilde der Vergangenheit ansehen, ist es Zeit, die Zusammenhänge zwischen literarischer Gesellschaftskritik und realer Gesellschaftsreform, zwischen Song, Moritat, Pamphlet und sozialer Betätigung sachlich kritisch an geeigneten Beispielen zu untersuchen. Der Lehrer tut gut, die oft uneinsichtige Kritik der Jugend an Schule und Unterricht ernstzunehmen. Gewiß ist die Behandlung des Themas auf der Oberstufe ertragreicher, aber auf der späten Mittelstufe ist es vordringlich. Fernsehen, Jugendzeitschriften, Illustrierte, Schallplatten, Groschenhefte informieren die Schüler früh über alle Erscheinungen des Allzumenschlichen. Keine der Vokabeln aus den Songs der ‚Dreigroschenoper' ist ihnen unbekannt. Der Vorwurf, der Gegenstand stelle eine sittliche Gefährdung dar, ist unbegründet. Im Gegenteil: Die Schule kann literarischen Geschmack und kritisches Urteilsvermögen nur an Gegenständen schulen, die das Interesse der Schüler besitzen. Im Verlauf der Arbeit klären sich die Vorstellungen über Glück, Emanzipation, Genuß, Liebe, Sexus ebenso wie die literarästhetischen und sozialkulturellen Begriffe.

3. Schwierigkeiten für den Lehrer

Die Erarbeitung der modernen Ballade setzt die Bekanntschaft mit der klassischen voraus. Werden in einem Lehrgang beide miteinander kontrastiert, was sich empfiehlt, so stellen sich die Schüler auf die Seite der modernen und lehnen die klassische ab.

---

[1] Karl Riha verfolgt in dem Buch ‚Moritat. Song. Bänkelsang. Die moderne Ballade' die Entwicklung von Arno Holz und Frank Wedekind über Christian Morgenstern, Alfred Lichtenstein, Georg Heym zu Ehrenstein, Klabund, Mehring, Ringelnatz, Tucholsky, Kästner und weiter zu Bertolt Brecht bis zu Christa Reinig, Hans Carl Artmann, Christoph Meckel, Raoul Tranchirer, Günter Grass und Gerhard Rühm.

Der Lehrer wird nicht verteidigen, sondern die Wirkung der klassischen Ballade auf die Komponisten des 19. Jahrhunderts und der musikalischen Komposition auf uns illustrieren. Die modernen Balladen besitzen auch eine weiterwirkende Kraft, aber in anderer Richtung: Kabarett, Film, Fernsehen und Hörspiel greifen sie auf; die Sprache der modernen Ballade wirkt auf die Produktion der jungen Generation. Verständnis für die stilisierte Kunst der klassischen Ballade zu wecken, ist ebenso schwierig wie für die gewollt-saloppe, spielerische Sprache der modernen Ballade. Versuchen wir selbst einmal, aus einer Darstellung in einem Greuelbericht der Boulevardpresse einen Song nach Brechtscher Manier oder aus einer Moritat, wie es neuerdings im Funk geschieht, ein Hörspiel zu machen, so geht uns das Verständnis für die Eigenart der modernen Form auf.

Drei Aufgaben hat der Lehrer zu bewältigen, der von dem vorhandenen stofflichen Interesse zu einem sozioliterarischen Verstehen führen will:

1. die Auswahl: Welche Gedichte eignen sich für die Mittelstufe? Die meisten entziehen sich dem Erfahrungshorizont der Altersstufe;
2. die Unterrichtsabsicht: Was sollen die Schüler daran lernen? Das bloße Sprechen über den Inhalt genügt nicht;
3. das Verfahren im Unterricht: Im folgenden wird an einem Beispiel ein Weg aufgezeigt. Dabei bestimmen die Schüler Textauswahl, Ziel und Unterrichtsgang mit. Wir bitten den Musiklehrer um seine Unterstützung bei der Vorführung der Brechtschen Songs und der vertonten klassischen Ballade.

b) Entwurf zu einem Lehrgang

1. Stoffauswahl [1] und Unterrichtsziel

Drei Gruppen von Texten bieten wir zur Auswahl an. Sie können kombiniert oder abgeändert werden. Die Expertengruppe unter den Schülern trifft die Entscheidung für die Klasse.

(1) Moritaten, d. h. scherzhaft heitere oder sozialkritische Greuel- und Gruselgeschichten [2]

---

[1] Die Texte finden sich in: Neue deutsche Erzählgedichte, gesammelt von Heinz Piontek, dva; Bänkelbuch. Deutsche Chansons, hrsg. von Eric Singer, Fischerbücherei 760; Moderne Balladen, ausgewählt und eingeleitet von Fritz Pratz, Fischerbücherei 850; karl riha, moritat, song, bänkelsang. die moderne ballade. Göttingen 1965, sowie in den Gedichtausgaben von Bertolt Brecht.

[2] Charakteristik der Balladen der ersten Gruppe: Unter den Gedichten dieser Abteilung entdecken die Schüler ein Beispiel für die scherzhaft-pathetische, eine Totenpredigt parodierende, humoristische Schauerballade bei Bergengruen, ein Beispiel für die ironische, an Chr. Morgenstern erinnernde Groteskballade bei Singer, für die den Bänkelsang scherzhaft ironisierende Moritat bei Reinig, für die Arme-Leute-Ballade bei Kästner und Wedekind, für die sozialkritische Moritat bei Brecht und für die sozialrevolutionäre Ballade bei Brecht. Keines der Gedichte will ernstgenommen werden. Selbst die Gesellschaftskritik wird als unterhaltendes Spiel der Phantasie mit der Wirklichkeit vorgebracht. Keines will erheben und keines zur Revolution aufrufen. Die klassische Ballade einerseits und das politische Pamphlet andrerseits sind die literarischen Kontraststücke zur modernen Ballade.

Werner Bergengruen ‚Totenklage um Samogonski'
Erich Kästner ‚Kurt Schmidt, statt einer Ballade'
Eric Singer ‚Ballade vom Bart'
Frank Wedekind ‚Brigitte B'
Christa Reinig ‚Die Ballade vom blutigen Bomme'
Bertolt Brecht ‚Die Moritat von Mackie Messer'
Bertolt Brecht ‚Von der Kindesmörderin Marie Farrar'

(2) Moderne Gedichte, die den Titel Ballade tragen

Christa Reinig ‚Die Ballade vom blutigen Bomme'
Erich Kästner ‚Ballade vom Defraudanten'
Karl Alfred Wolken ‚Ballade an Bord'
Karl Krolow ‚Matrosen-Ballade'
Günter Grass ‚Die Ballade von der schwarzen Wolke'
Christoph Meckel ‚Ballade'
Karl Alfred Wolken ‚Ballade vom begrabenen Zweifel'
Wolf Biermann ‚Die Ballade von dem Drainage-Leger Fredi Rohsmeisel aus Buckow'

(3) Sozialkritische Erzählgedichte und Songs von Bertolt Brecht. Wir wählen: Die Moritat von Mackie Messer; Die Seeräuber-Jenny oder Träume eines Küchenmädchens; Vom armen B. B.; Legende vom toten Soldaten; Der Schneider von Ulm; Morgenchoral des Peachum „Wach auf, du verrotteter Christ"; Von der Kindsmörderin Marie Farrar; Ballade von der Billigung der Welt.

Das Ziel, das wir mit unserem Lehrgang verfolgen, ist sechsfacher Art: Wir versuchen

1. Gemeinsamkeiten und Unterschiede unter den modernen Gedichten zu benennen und damit das Strukturgefüge einzelner Gedichte zu erkennen;
2. den Gegensatz zwischen der klassischen und der modernen Ballade aufzuzeigen;
3. Beispiele für Ironie, Witz, Humor, Komik, Groteske, Satire, Zynismus, Polemik und für die Montagetechnik zu finden;
4. uns im Vortrag zu üben;
5. zum Abschluß einen Interpretationsaufsatz über ein unbekanntes Gedicht als Leistungstest zu schreiben;
6. freiwillig uns im Verfertigen einer Moritat nach einer der Vorlagen zu üben.

2. Hinweise zur Durchführung

Zwei Balladen werden gemeinsam in der Klasse erarbeitet. Dabei gehen wir vom Vortrag aus und stellen die inhaltliche und sprachliche Analyse in den Dienst des Vortrags. Die übrigen Balladen werden auf Arbeitsgruppen verteilt. Begriffe wie Kabarettballade, Reportageballade, Arme-Leute-Ballade, Groteskballade (Morgenstern), Nonsense-Dichtung, Protestsong, Bänkellied, sozialkritische Ballade, Moritat, Gebrauchslyrik, Unterhaltungsliteratur, Wortgroteske, Wortverdrehung, Wortmontage, Bildmontage, Komik, Parodie, Humor, Galgenhumor, Schockwirkung, Rollenmonolog, Rollendialog werden erläutert; sie bezeichnen das Begriffsfeld, dem diese Texte einzuordnen sind.

Erich Kästner: Kurt Schmidt, statt einer Ballade[1]

1. Der Mann, von dem im weiteren Verlauf
die Rede ist, hieß Schmidt (Kurt Schm., komplett).
Er stand, nur sonntags nicht, früh 6 Uhr auf
und ging allabendlich Punkt 8 zu Bett.

2. 10 Stunden lag er stumm und ohne Blick.
4 Stunden brauchte er für Fahrt und Essen.
9 Stunden stand er in der Glasfabrik —
1 Stündchen blieb für höhere Interessen.

3. Nur sonn- und feiertags schlief er sich satt.
Danach rasierte er sich, bis es brannte.
Dann tanzte er. In Sälen vor der Stadt.
Und fremde Fräuleins wurden rasch Bekannte.

4. Am Montag fing die nächste Strophe an.
Und war doch immerzu dasselbe Lied!
Ein Jahr starb ab. Ein andres Jahr begann.
Und was auch kam, nie kam ein Unterschied.

5. Um diese Zeit war Schmidt noch gut verpackt.
Er träumte nachts manchmal von fernen Ländern.
Um diese Zeit hielt Schmidt noch halbwegs Takt.
Und dachte: Morgen kann sich alles ändern.

6. Da schnitt er sich den Daumen von der Hand.
Ein Fräulein Brandt gebar ihm einen Sohn.
Das Kind ging ein. Trotz Pflege auf dem Land.
(Schmidt hatte 40 Mark als Wochenlohn.)

7. Die Zeit marschierte wie ein Grenadier.
Im gleichen Schritt und Tritt. Und Schmidt lief mit.
Die Zeit verging. Und Schmidt verging mit ihr.
Er merkte eines Tages, daß er litt.

8. Er merkte, daß er nicht alleine stand.
Und daß er doch allein stand, bei Gefahren.
Und auf dem Globus, sah er, lag kein Land,
in dem die Schmidts nicht in der Mehrzahl waren.

9. So war's. Er hatte sich bis jetzt geirrt.
So war's, und es stand fest, daß es so blieb.
Und er begriff, daß es nie anders wird.
Und was er hoffte, rann ihm durch ein Sieb.

---

[1] Aus dem Gedichtband ‚Ein Mann gibt Auskunft'

10. Der Mensch war auch bloß eine Art Gemüse,
    das sich und dadurch andere ernährt.
    Die Seele saß nicht in der Zirbeldrüse.
    Falls sie vorhanden war, war sie nichts wert.

11. 9 Stunden stand Schmidt schwitzend im Betrieb.
    4 Stunden fuhr und aß er, müd und dumm.
    10 Stunden lag er, ohne Blick und stumm.
    Und in dem Stündchen, das ihm übrigblieb,
    bracht er sich um.

L e i t f r a g e : Ist es ein trauriges oder scherzhaftes Gedicht? Wie muß man es sprechen? Was will es aussagen?

I n h a l t : Der Autor gibt einen knappen, sachlichen, betont unsentimentalen Bericht über Leben und Tod des Mannes Schmidt, über die Monotonie seines Tagesablaufs an Wochen-, Sonn- und Feiertagen, über seine Hoffnungen, sein Mißgeschick (Verlust des Daumens, Tod seines Kindes), die Enttäuschung über das Los aller armen Leute und seinen Selbstmord. Ein trauriges Gedicht. Aber der Bericht ist so scherzhaft-ironisch, komisch, grotesk, satirisch, voller Wortwitz und Wortbedeutungsspiele, daß wir den Selbstmord nicht ernst, sondern das Ganze als balladeske Karikatur des Lebens eines armen Mannes auffassen. Inhalt und sprachliche Grundhaltung stehen in Kontrast zueinander.

S p r a c h e : Jede Zeile hat einen scherzhaft-witzigen oder grotesk-komischen Unterton. Einige Beispiele:

1, 1: Scherzhaft-ironisch und gespielt-bombastisch ist die Formel: „im weiteren Verlauf"; es war noch gar nicht die Rede von dem Mann namens Schmidt.

1, 2: Scherzhaft-paradox ist der Inhalt der Klammer „(Kurt Schm., komplett)". Der Name darf nicht „komplett", sondern muß abgekürzt „Schm." gesprochen werden. Ein Widerspruch zwischen Schriftbild und Aussage. Dahinter steckt eine Absicht: So wichtig ist der Mann und der Name nicht, daß man ihn ganz nennen müßte. Außerdem steht er für alle armen Teufel.

1, 3—4: Scherzhaft-übertrieben ist die Pedanterie im Tagesablauf: „allabendlich Punkt 8". Gemeint ist etwas Bedrückendes: Punkt 6 rasselt der Wecker, weil die Arbeit ruft; und abends ist Schmidt todmüde, so daß er früh zu Bett gehen muß. Ausbeutung des Arbeiters.

2, 1—3: Satirisch-polemischer Unterton: Tötender Mechanismus des modernen Maschinensklaven. Gespielt ist die rechnerische Exaktheit der Schreibweise in Ziffern statt in Buchstaben.

2, 4: Ironisch-scherzhaft-komisch ist der Kontrast der 4. Zeile zu den drei ersten. Welcher Art sollen die „höheren Interessen" des Kurt Schm. sein? Eine bürgerliche Redefloskel wird auf den Proletarier angewandt. Gemeint kann sein: Freizeit, ein Glas Bier, ein Gespräch mit der Wirtin, Besuch eines Kinos, Lesen einer Illustrierten.

3, 1: Wortmontage: Die Verben ausschlafen — sich satt essen werden miteinander verschränkt: schlief sich satt. Dadurch werden zwei Vorstellungen ausgelöst: Schlaf- und Hungerbefriedigung.

3, 2: Pars pro toto: rasieren „bis es brannte" soll andeuten: er hat sich auf Hochglanz herausgeputzt.

3, 4: Understatement für Draufgängertum gegenüber Frauen, das „Mißgeschick" von Strophe 6, 2 wird angekündigt.

4, 1—2: Scherzhafte, metaphorische Anwendung der Wörter „Strophe", „Lied" aus dem Bereich der Musik auf die Monotonie des Wochenablaufs.

4, 3—4: Eine andere Metapher für diese Monotonie aus dem Bereich der Biologie: „starb ab". Antithetischer Satzbau in Vers 4: „Und was auch kam, nie kam ...".

5, 1—4: Dasselbe Verfahren mit Metaphern aus dem Bereich der Wirtschaft: „gut verpackt" und des Tanzes: „hielt halbwegs Takt". Dieses Nebeneinander von Metaphern aus ganz verschiedenen Bereichen überrascht, verblüfft und erheitert den Leser.

6, 1—4: Ein Höhe- und Wendepunkt. Ironisch-groteske Beispiele für persönliches Mißgeschick, dahinter ein versteckter Angriff auf die bürgerliche Gesellschaft, die den Proletarier nicht schützt. Der Verlust des Daumens ist für den Besitzenden nicht so schlimm, denn er muß nicht mit der Hand arbeiten, wohl aber für den Arbeiter. In groteskem Kontrast dazu stehen Geburt und Tod des unehelichen Kindes. Für den Bürger ist die Geburt des Sohnes ein Glück, für Schmidt ein Mißgeschick. Groteskkomisch ist die Satzmontage: „Das Kind ging ein", montiert aus „Das Kind starb" und „das Pflänzchen ging ein".

7, 1—4: Erweckung komischer Vorstellungen durch komische Vergleiche: Die Zeit — ein Grenadier; Das Vergehen der Zeit ein Marschieren im Exerzierschritt des Soldaten. Im Kontrast dazu die andere Metapher: Die Zeit verging — Schmidt verging. Die Zeit an sich geht nicht zu Ende, wohl aber die Lebenszeit eines Menschen, auch Freude, Schmerz vergehen; aber man kann nicht sagen: „Schmidt verging". Die Wirkung dieser Vorstellungsmontage: Sie erweckt das Gefühl des Trostlos-Traurigen und zugleich (durch die falsche Analogie) den Eindruck des Grotesken.

10, 1—4: Steigerung der grotesken Vergleiche: Der Mensch als Gemüse, das zum Verzehr für andere dient. Im Kontrast dazu die paradoxen Vorstellungen von der Seele: Wenn die Seele nicht in der Zirbeldrüse saß, wo dann?, fragt man sich. Irgendwo muß sie sitzen, folgert man. Der nächste Satz aber bezweifelt ihre Existenz und behauptet zugleich grundsätzlich ihre Wertlosigkeit.

11, 1—4: Variation der Strophe 2 verbunden mit der Pointe des letzten Verses.

2, 4: 1 Stündchen blieb für andere Interessen.

11, 4—5: „Und in dem Stündchen, das ihm übrigblieb, bracht er sich um".

So wenig wir Kurt Schm. „die höheren Interessen" glauben sollen, so wenig den Selbstmord. Beides ist metaphorisch gemeint. Wir müssen wohl den letzten Vers ergänzen: „brachte er sich um Frohsinn, Hoffnung, einen gemütlichen Feierabend, ein menschenwürdiges Dasein". Aber würde das der Autor sagen, so wäre das Ganze ein Lamento auf die Misere der Armen, kein geistreiches Spiel mit Worten und Vorstellungen und einer effektvollen Pointe am Schluß.

Die Bauform: Die Untersuchung der Sprache bestätigt unser Urteil: Sachlicher Bericht und persiflierende, witzige Sprache sind die Bauelemente des Gedichts. Kontrast und Steigerung der paradoxen Sprachbilder bis zur letzten Zeile. Die Zeit ist der Kerker, in dem Kurt Schm. eingesperrt ist — gemeint ist: Arbeitszeit, Essenszeit, Schlafenszeit, Tagesablauf, Wochen- und Jahresablauf, Lebenszeit. Ausbrechen kann man nur aus der letzten. Das tut Kurt Schm. metaphorisch im letzten Vers.

Die Aussageabsicht: Nicht den Lebenslauf und die Charakteristik eines Mannes Schmidt, sondern die Karikatur des Schicksals des Proletariats will Kästner zeichnen. Das Wesen der Karikatur: Wenige Striche, Übertreibung, Verzerrung, Hervorheben von Einzelheiten, Absicht der Verblüffung, Überraschung, Verfremdung, Unterhaltung. Gewiß Gesellschaftskritik, aber nur als Vorlage für Wort- und Satzspiele. Ebensosehr ist das Ganze Karikatur des Alltags, des Lebensablaufs jedes Menschen, des menschlichen Lebens schlechthin. Insofern ist der Grundzug nicht nur Satire, Polemik, sondern auch Humor, Lächeln über das Unzulängliche, Galgenhumor.

Die Technik der Wort- und Satzmontage

Die absichtliche Verbindung heterogener Vorstellungen oder Gedanken in einem Wort bzw. Satz zum Zweck des Überraschungs- und Verfremdungseffekts nennen wir Wort- bzw. Satzmontage. Sie ist ein charakteristisches Mittel nicht nur der modernen Ballade, sondern des modernen Sprachverhaltens überhaupt. Ironie und Witz entstehen mittels dieser Technik. Ein entscheidendes Ziel dieses Lehrgangs ist es, die Schüler hierzu Beispiele suchen, analysieren und selbst erfinden zu lehren. Von hier aus läßt sich das Wesen der Ironie, des Witzes, der Satire, der Komik anschaulich erklären. Die Montagetechnik ist lehr- und lernbar.

Wortmontage: Zwei Wörter oder Ausdrücke, die verschiedenen Bereichen angehören, werden ineinandergeschoben, d. h. absichtlich falsch zusammengesetzt. Beispiele:

Sich satt schlafen (aus „sich satt essen" und „ausschlafen")
Demokratur (aus „Demokratie" und „Diktatur")
Journaille (H. Heine, aus „Journal" und „Kanaille").

Satzmontage: Zwei Sätze völlig verschiedenen Inhalts lassen sich auf vielerlei Art ineinanderblenden:

1. Wir machen zwei Hauptwörter aus verschiedenen Bereichen vom gleichen Verb abhängig — das ist die rhetorische Figur des „Zeugma":

   „Er frißt seinen Ärger und sein Spanferkel in sich hinein."
   „Er schlürft den Tee der Mutter und die Standpauke des Vaters mit Behagen.

2. Wir verwenden ein Verb in doppelter Wortbedeutung:

   „Er brannte Branntwein, wie kein anderer konnte,
   und sein Branntwein brannte wie kein anderer."

   (Bergengruen ‚Totenklage um Samogonski')

3. Begriffe aus verschiedenen Bereichen, die ganz entgegengesetzte Empfindungen wachrufen, und völlig belanglose Wörter werden scheinbar willkürlich aneinandergereiht:

   „Marie Farrar, geboren im April,
   Unmündig, merkmallos, rachitisch, Waise,
   Bislang angeblich unbescholten, will
   Ein Kind ermordet haben in der Weise"

   (Brecht ‚Von der Kindsmörderin Marie Farrar')

4. Völlig unvereinbare Vorstellungen werden miteinander verbunden:

   „Ich rufe eine schwarze Wolke, schrie
   der Hahn im weißen Dampf auf schwarzem Mist,
   Geschrei verscheuchte Schlummer aller Höfe"

   (Christoph Meckel ‚Ballade')

5. Zwei Redensarten werden vertauscht:

   Der Frieden brach aus (aus „Der Krieg brach aus" und „der Friede wurde geschlossen").
   „Da bleibt vor Schreck der Wecker stehen" (aus „da bleibt mir vor Schreck die Spucke weg" und „der Wecker bleibt stehen")

   „Ich gebe dir eine Ohrfeige, daß dir alle Gesichtszüge entgleisen" (aus „Ich gebe dir eine Ohrfeige, daß dir Hören und Sehen vergeht" und „der Eisenbahnzug ist durch einen Zusammenstoß entgleist")

Die Absicht der Wort- und Satzmontage wird deutlich, sobald die Schüler eigene Beispiele finden oder erfinden. Ihr Kennzeichen ist dies: Im Leser werden gleichzeitig zwei verschiedene Vorstellungen durch ein Wort oder einen Satz wachgerufen; er wird überrascht, belustigt oder schockiert; sein Intellekt wird in Bewegung gesetzt; er beginnt, mit Sprache und Vorstellungen zu spielen.

3. Beispiel eines Interpretationsaufsatzes aus dem 9. Schuljahr [1].
   Verfaßt von einer Schülerin (Klassenaufsatz)

Bertolt Brecht: Die Seeräuber-Jenny. Träume eines Küchenmädchens

Meine Herren, heute sehen Sie mich Gläser abwaschen
Und ich mache das Bett für jeden.
Und Sie geben mir einen Penny, und ich bedanke mich schnell
Und Sie sehen meine Lumpen und dies lumpige Hotel
Und Sie wissen nicht, mit wem Sie reden.
Aber eines Abends wird ein Geschrei sein am Hafen
Und man fragt: Was ist das für ein Geschrei?
Und man wird mich lächeln sehn bei meinen Gläsern
Und man sagt: Was lächelt die dabei?

Und ein Schiff mit acht Segeln
Und mit fünfzig Kanonen
Wird liegen am Kai.

[1] Zum Interpretationsaufsatz vergleiche das 9. Kapitel in diesem Band.

Und man sagt: Geh, wisch deine Gläser, mein Kind
Und man reicht mir den Penny hin.
Und der Penny wird genommen und das Bett wird gemacht.
(Es wird keiner mehr drin schlafen in dieser Nacht)
Und Sie wissen immer noch nicht, wer ich bin.
Denn an diesem Abend wird ein Getös sein am Hafen
Und man fragt: Was ist das für ein Getös?
Und man wird mich stehen sehen hinterm Fenster
Und man sagt: Was lächelt die so bös?

Und das Schiff mit acht Segeln
Und mit fünfzig Kanonen
Wird beschießen die Stadt.

Meine Herren, da wird wohl Ihr Lachen aufhören
Denn die Mauern werden fallen hin

Und die Stadt wird gemacht dem Erdboden gleich
Nur ein lumpiges Hotel wird verschont von jedem Streich
Und man fragt: Wer wohnt Besonderer darin?
Und in dieser Nacht wird ein Geschrei um das Hotel sein
Und man fragt: Warum wird das Hotel verschont?
Und man wird mich sehen treten aus der Tür gen Morgen
Und man sagt: Die hat darin gewohnt?

Und das Schiff mit acht Segeln
Und mit fünfzig Kanonen
Wird beflaggen den Mast.

Und es werden kommen hundert gen Mittag an Land
Und werden in den Schatten treten
Und fangen einen jeglichen aus jeglicher Tür
Und legen ihn in Ketten und bringen vor mir
Und fragen: Welchen sollen wir töten?
Und an diesem Mittag wird es still sein am Hafen
Wenn man fragt, wer wohl sterben muß.
Und dann werden Sie mich sagen hören: Alle!
Und wenn dann der Kopf fällt, sag ich: Hoppla!

Und das Schiff mit acht Segeln
Und mit fünfzig Kanonen
Wird entschwinden mit mir.

In der Ballade nimmt Jenny die Rolle des Erzählers ein. Aber man kann nicht 'Erzähler' sagen, denn sie spricht zu sich selbst, und keine Zuhörer sind da, auch wenn sie „meine Herren“ sagt.

Inhalt: Jenny ist Küchenmädchen in einem, wie sie selbst sagt, lumpigen Hotel. Dort wäscht sie Gläser ab und macht Betten. Dabei träumt sie. In ihrem Wunschtraum ist sie eine große Seeräuberheldin. Eines Tages käme ein großes und stolzes Schiff. Ein Getöse würde im Hafen sein, und die Besatzung des Schiffes mit 8 Segeln und 50 Kanonen beschösse die Stadt und machte alles dem Erdboden gleich, alles, nur ihretwegen nicht ihr Hotel. Denn sie, die große Seeräuberjenny, soll geschützt und gerettet werden. Alle Leute würden sich wundern. Die Schiffsbesatzung finge alle Einwohner und stellte ihr anheim zu bestimmen, wer getötet werden solle. Und sie, das Küchenmädchen, ließe alle Leute der Stadt sterben, um sich so für ihr niedriges Leben zu rächen. Dann bestiege sie das mächtige Schiff und führe davon.

Charakteristik: Jenny hat zerlumpte Kleidung, ist arm und stammt aus einem niederen Milieu. Doch sie hält sich für mehr. Bevorzugte Herrin, Gebieterin über Leben und Tod möchte sie sein. Die Wirklichkeit steht im Gegensatz zu ihrem Traumleben. Darum ist Jenny verbittert. Es paßt ihr nicht, daß sie auf das aus nur ein paar Pennies bestehende Trinkgeld angewiesen ist. Jenny ist zu stolz, Trinkgeld zu nehmen, aber so arm, daß sie sich sogar noch dafür bedanken muß. Jenny ist in ihrer Verbitterung sehr grausam und ungerecht und gibt allen andern die Schuld an ihrem schweren Leben.

Aufbau: Die Ballade ist in 4 Strophen zu 12 Zeilen gegliedert; jede Strophe selbst in zwei Abschnitte geteilt. Der erste Teil besteht fast immer aus 9 Zeilen, die die Handlung tragen. In diesem ersten Teil kann man von Strophe zu Strophe eine Steigerung wahrnehmen. Zuerst berichtet Jenny noch von sich, dann nimmt das Schiff und seine Besatzung in ihrer Darstellung den ganzen Platz ein. Anfangs ist nur ein Geschrei, dann ein Getöse, darauf wird alles dem Erdboden gleichgemacht, und der Höhepunkt ist die Tötung aller Einwohner der Stadt. Der zweite Teil jeder Strophe besteht aus 3 Zeilen, die kurz berichten, was das Schiff mit 8 Segeln und 50 Kanonen tun wird. Jenny und die Schiffsbesatzung nehmen jeweils die erste, das Schiff die zweite Stelle ein. —

Sprache: Da die Seeräuberjenny selbst spricht, muß die Sprache auch ihrem Niveau angepaßt sein. Fast jede Zeile beginnt mit „und“, Jenny gebraucht auch sehr oft „man“. Doch vulgär ist die Sprache keineswegs. Man würde nicht erwarten, daß Jenny so gehoben spricht: „Es werden kommen hundert gen Mittag an Land“, „sie fangen einen jeglichen aus jeglicher Tür“. Vielleicht soll die Sprache andeuten, daß Jenny doch mehr ist, als man denkt?

Gelegentlich treten Reime auf, aber unregelmäßig. Trotzdem wirkt das Ganze nicht wie Prosa, da die letzten drei Zeilen immer gleich regelmäßig sind und das Ganze abrunden, ja sogar einen Rahmen, einen Kehrreim darstellen. Dadurch erhält das Gedicht die Form einer Ballade.

Aussageabsicht: Man kann dieses Gedicht Brechts, das der ‚Dreigroschenoper‘ entnommen ist, als harte Sozialkritik auffassen. Brecht setzt sich für die Sozial-Niedergestellten ein. Er will dem Leser die Gefühle und Träume, die Sehnsüchte und Gedanken eines Menschen aus niederem Milieu zeigen und daran deutlich machen, wie verbittert und grausam man werden kann, wenn man erkennt, daß man nie aus seinem Milieu herauskommt. Brecht wirft gleichzeitig die Frage auf, ob die heutige Gesellschaft diese Mißstände überhaupt verantworten kann. — (G. P.)

NEUNTES KAPITEL

EINFÜHRUNG IN DEN INTERPRETATIONSAUFSATZ IM 8. BIS 10. SCHULJAHR

Wer sich um den Interpretationsaufsatz bemüht, tut gut, sich die geschichtliche Entwicklung des Deutschunterrichts zu vergegenwärtigen. Das freie Unterrichtsgespräch der Schüler und der freie Aufsatz über ein dichterisches Werk waren die großen Errungenschaften der Jugendbewegung, der Arbeitsschul- und der Kunsterziehungsbewegung zu Beginn das 20. Jahrhunderts. Die Schüler durften sich frei äußern; ihre Meinung wurde ernstgenommen. Das empfanden sie als eine Befreiung aus den Fesseln des autoritären Lernbetriebs des 19. Jahrhunderts. Anders war es nach 1945: keine Jugendbewegung, keine gestauten geistigen Energien, kein Protest gegen eine autoritäre, immer noch vorhandene Lernschule, sondern Mißtrauen gegen jede Form von Enthusiasmus. In dieser Epoche entstand eine andere Neuerung: die Anleitung zur Gestaltanalyse im Unterrichtsgespräch unter Führung des Lehrers und kurz darauf die schriftliche Deutung: Schüler interpretieren selbständig Gedichte, Kurzgeschichten, Prosatexte. Diese Aufsatzform hat sich rasch durchgesetzt und ist heute ein fester Bestandteil der schriftlichen Reifeprüfungs-Aufsatzthemen in allen Bundesländern.

Etwa seit Beginn der sechziger Jahre werden Versuche mit dem Interpretationsaufsatz auf der Mittelstufe unternommen. Die Erfahrungen, die wir in Zusammenarbeit mit den Referendaren des Tübinger Studienseminars gewinnen, sind so erfreulich, daß wir in der Einführung dieser Aufsatzform auf der Mittelstufe eine Bereicherung des Deutschunterrichts sehen. Was man im Bereich dieses Faches als 'Exemplarischen Unterricht' bezeichnen kann, läßt sich am Beispiel des Interpretationsaufsatzes erläutern.

I. Absicht und Vorgehen

a) Vorzüge des Interpretationsaufsatzes

Robert Pries hat die Vorzüge des Interpretationsaufsatzes auf der Mittelstufe am Beispiel des lyrischen Gedichts aufgezeigt. Die Literaturbetrachtung, die im Dienste des Interpretationsaufsatzes steht, wird straffer, einfacher, faßlicher, zielstrebiger, anregender; sie wird ertragreicher. — Der Lehrer muß seinen Unterricht auf längere Sicht planen und thematisch ordnen: acht bis zehn Stunden Beschäftigung mit Kurzgeschichten oder Balladen. Arbeitsziel ist zugleich die Erziehung zum Lesen und zum Schreiben, die Stilbetrachtung wie die Sprachlehre. Der Grundsatz des thematischen Unterrichts wird verwirklicht.

Darüber hinaus muß er sein Unterrichtsverfahren überdenken: Welche Texte können Fünfzehnjährige selbständig interpretieren? Was an einer Kurzgeschichte, einer Anekdote, einer Ballade ist deutbar; wie weit ist die Kunst des Deutens lehrbar; gibt es eine Regel, ein erlernbares Schema, das man Schülern dieser Stufe vermitteln kann?

b) Geeignete Texte

Nicht alle literarischen Werke, die zum Lektürekanon der Mittelstufe gehören, eignen sich zur Einführung. Novellen und Dramen können von Fünfzehnjährigen ohne Anleitung nicht einmal mündlich bewältigt werden. Ihre Deutung übersteigt das Fassungsvermögen der Schüler. Auch nicht als Thema für eine Facharbeit der Oberstufe darf man eine Novelle oder ein Drama anraten, sondern lediglich die Untersuchung eines Teilproblems. Also nicht: Stifters ‚Hochwald', sondern etwa: Die Sprachbilder in Stifters ‚Hochwald'. Wenig eignen sich zunächst Prosatexte, die Novellen und Romanen entnommen sind. Fabeln sind von Tertianern ihrer Gedrängtheit wegen nicht schriftlich zu deuten. Sie enthalten zu wenig Handlung, sind zu dicht, als daß ein Schüler mehr als eine halbe Seite darüber schreiben könnte. Jedoch kann man Fabeln verschiedener Bauform vergleichen lassen. Auch lyrische Gedichte von klassischer Einfachheit bieten für Schüler zu wenig Ansatzpunkte. Alles Klassisch-Einfache ist schwer deutbar, weil es unmittelbar überzeugt. Die folgenden erprobten Hinweise bedürfen noch der weiteren Überprüfung und Ergänzung:

1. Für die ersten schriftlichen Versuche eignen sich vor allem Naturgedichte und Arbeitergedichte, Balladen, Anekdoten und Kurzgeschichten, in sich geschlossene, kurze Werke, die vom Inhalt wie von der dichterischen Form her Interesse erregen. Gedichte wie Prosatexte müssen dem Erfahrungskreis der Altersstufe entsprechen. Gedichte mit daktylischem Versmaß oder freier Taktfüllung sind häufig auch inhaltlich anregender als solche mit gleichmäßigem Wechsel von Hebung und Senkung.
2. Die Werke sollen möglichst einen Mittelpunkt oder Höhepunkt besitzen, von dem aus die Einheit von Form und Inhalt erfaßt werden kann.
3. Syntax, Sprachbilder und Aufbau des Werkes sollen der Untersuchung keine zu großen Schwierigkeiten bieten.

Als geeignet haben sich für schriftliche Interpretationen der Schüler folgende Texte erwiesen:

a) Gedichte: Brentano, Mörike, Eichendorff, Hebbel, Rilke, einfach-faßliche Gedichte von Georg Trakl, Georg Britting, Marie-Luise Kaschnitz, Günter Eich, Gottfried Benn, Bertolt Brecht, Peter Huchel, Johannes Bobrowski u. a.

b) Balladen: Zu Goethe- und Mörike-Balladen können sich Schüler ohne Hilfe des Lehrers nicht gut sachgemäß schriftlich äußern. Wir wählen lieber Balladen der Droste, der Agnes Miegel, des Freiherrn von Münchhausen oder auch von C. F. Meyer, Fontane, Bertolt Brecht, Christa Reinig, Johannes Bobrowski, Karl Krolow, Erich Kästner u. a.

c) Anekdoten: Nach unserer Erfahrung können sich Schüler im 9. Schuljahr mit Erfolg an einfacheren Anekdoten von J. P. Hebel, H. von Kleist, Paul Ernst und Wilhelm Schäfer versuchen.

d) Kurzgeschichten: Als geeignet haben sich erwiesen Kurzgeschichten von Stefan Andres, Ingeborg Bachmann, Ernst Bender, Heinrich Böll, Georg Britting, Günther Weisenborn, Marie Luise Kaschnitz, Siegfried Lenz, Wolfdietrich Schnurre, Gerd Gaiser, Ilse Aichinger, Kalendergeschichten von Bertolt Brecht.

c) Der Unterrichtsplan

Bevor wir mit der Vorbereitung beginnen, legen wir unseren Plan mit der Klasse fest: Wir werden gemeinsam in etwa sechs bis acht Stunden drei bis vier Gedichte oder Anekdoten oder Kurzgeschichten erarbeiten. Daran wird das Grundsätzliche der Gattung erfaßt: Merkmale der literarischen Form, Wechselverhältnis von Inhalt und Sprachform, Besonderheit der Syntax und der Sprachbilder. Die Schüler werden an wenigen Beispielen in den Sinn und in die Methode der Interpretation eingeführt. Gemeinsam wird ein Gliederungsschema für den Interpretationsaufsatz entworfen. Es ist nicht erforderlich, sich auf e i n e n Schriftsteller für die Unterrichtseinheit zu beschränken.

Der Text für den ersten Interpretationsaufsatz muß leichter sein als die zuvor im Unterricht erarbeiteten Stücke. Der erste Versuch ist für Lehrer wie Schüler eine Probe. Es schadet nichts, wenn nicht alle Erwartungen erfüllt werden. Nicht immer unmittelbar danach, oft Monate später unternehmen wir den zweiten Versuch. Es ist eine Erfahrungstatsache, daß diese Arbeitsform den Sinn der Schüler für Sprachform und Dichtung mehr schärft als die bloße mündliche Besprechung in der Klasse.

II. Die schriftliche Deutung von Kurzgeschichten und Anekdoten [1]

Kurzgeschichten eignen sich zur Einführung in den Interpretationsaufsatz aus folgenden Gründen:

1. Vom Inhalt her: Sie enthalten eine spannende Handlung und ein überraschendes, sensationelles Ereignis. Sie kommen dem Stoffhunger und Sensationsbedürfnis der Altersstufe entgegen.

2. Von der Form her: Die moderne Kurzgeschichte besitzt eine Reihe auch für Schüler leicht erkennbarer Formmerkmale: Sie hat häufig keine Einleitung; schon der erste Satz führt in das Geschehen ein; sie enthält eine geradlinige, leicht überschaubare Handlungsführung mit starker Antithetik. Diese Antithetik wird in der Regel durch die Gegensätzlichkeit der Charaktere der handelnden Personen sowie durch das Ineinanderwirken des äußeren Geschehensablaufes und der seelischen Vorgänge ausgelöst.

[1] Zur Kurzgeschichte vgl. das 5. Kapitel.

Die Sprache der modernen Kurzgeschichte ist nicht selten doppelschichtig. Wort-, Satz- und Bildwiederholungen haben einen erkennbaren Aussagewert. Das Wesen des Symbols und der Motive kann man an solchen Geschichten verdeutlichen. So, wie die Kurzgeschichte selten eine Einleitung hat, so ist sie auch ohne Schluß: Einleitung und Schluß sind offen; scharf beleuchtet ist ein Kern- oder Höhepunkt des Geschehens. In ihm verknüpfen sich äußeres und inneres Geschehen, von ihm aus ist die Erzählung deutbar.

3. Von der Übertragbarkeit der Methode her: Hat der Schüler die Bauform der Kurzgeschichte an drei Beispielen kennengelernt, so ist er imstande, an anderen Texten das Ineinander von Inhalt und Form, von Aussageabsicht und Sprachgestalt zu untersuchen.

a) Der erste gemeinsame Versuch: Günther Weisenborn ‚Zwei Männer'

Die erste Kurzgeschichte, die wir gemeinsam untersuchen, dient als Muster der schriftlichen Textdeutung. Wir wollen an diesem Beispiel ein allgemeines Verfahren der Deutung entwickeln, nehmen also die einzelne Geschichte als einmaliges Werk und zugleich als Vertreter einer Gattung. Möglichst als Hausaufgabe geben wir den Auftrag: „Lest die Geschichte ‚Zwei Männer' von Günther Weisenborn und notiert alle Fragen, die wir an Hand des Textes untersuchen können. Wer keine Fragen findet, verfertige eine Inhaltsangabe."

Es zeigt sich, daß die Schüler Wesensfragen und Formprobleme nicht sehen: Sie fassen das Geschehen vordergründig auf und besitzen noch keine Gesichtspunkte zum Beobachten. Der Lehrer leitet an, Gruppen von Fragen zu stellen. In der Art, wie wir die Fragen ordnen, geben wir zugleich ein Gliederungsschema für den Interpretationsaufsatz.

1. Fragen zum Inhalt: Viele Sachfragen der Schüler sind unwesentlich, andere führen weiter. Beispiele: Wo liegt Santa Sabina? — Unwesentlich. Wie heißt der Farmer? Der Dichter sagt es nicht. Warum nennt er weder den Namen des Indios noch den des Farmers? — Die Warumfragen sind wesentliche Fragen.
2. Fragen zum Verhalten der Personen: Worin unterscheiden sich die beiden Männer und was verbindet sie? Was geht in ihnen vor? Warum will der Indio den Farmer zunächst in den Fluß werfen und versucht dann, selbst hineinzuspringen?
3. Fragen zum Aufbau: Hat die Geschichte eine Einleitung? Wie entsteht die Spannung? Wodurch wird sie gesteigert? Wie löst sie sich? Hat die Erzählung einen Höhe- oder Wendepunkt? Wo liegt er?
4. Fragen zur Sprachform: Verwendet der Dichter bestimmte, wiederkehrende Wörter und Sätze; welches ist deren Bedeutung? Dies ist die Frage nach den Sprachbildern und Metaphern und deren Bedeutung als Symbole und Motive innerhalb der Erzählung. Fragen zur Wortwahl: Welche Zeitwörter, Eigenschaftswörter, Hauptwörter kommen mehrmals vor und haben eine besondere Bedeutung? Beispiel: kalt, dunkel, platzen. Fragen zum Satzbau: Was für Sätze herrschen vor? Sagen sie etwas über den Inhalt aus?

5. Das Verhältnis von Inhalt und Sprachform. Entspricht der Inhalt der sprachlichen Form?

Zu (1) Inhalt:

Günther Weisenborn erzählt eine Episode aus dem Leben zweier Männer in Argentinien, die durch ein Hochwasser in Lebensgefahr geraten. Sie gehören verschiedenen Rassen und sozialen Schichten an. Der eine, „der Farmer", ist ein Weißer und Besitzer einer Teefarm; der andere, ein Indio, ist sein „Peon", sein Diener. Vor den andringenden Wasserfluten retten sich die beiden auf das Dach ihrer Hütte. Dieses wird von den Wellen mitgerissen und treibt mit ihnen in Nebel und Nacht hinein. Dem Diener wird bewußt, „daß ein Mann ein schweres Gewicht hat". Der Gedanke tritt an ihn heran, seinen Herrn ins Wasser zu stoßen, um sein eigenes Leben zu retten. In diesem Augenblick teilt der Farmer seine letzte Zigarette mit ihm. Diese kameradschaftliche Tat beschämt den Diener und bewirkt, daß er nun selber bereit ist, sein Leben zu opfern, um das seines Herrn zu retten. Der Farmer zieht ihn aus dem Wasser, sie werden beide an Land gespült und machen sich daran, die zerstörte Farm wieder aufzubauen.

Zu (2) Die beiden Männer:

Wir erfahren nicht den Namen des Weißen, nichts von seinem Aussehen, seinen Charaktereigenschaften und nicht viel von dem Indio. Und doch werden sie durch einige Sätze charakterisiert. Wir suchen sie auf:

„Sie hatten tausendmal dem Tod ins Auge gesehen"; sie kannten also die Todesgefahr in vielerlei Gestalt. Das hat sie hart und schweigsam gemacht; „Ihr Auge war kalt und gelassen ihre Hand".

Am wichtigsten ist der Satz zu Beginn des eigentlichen Geschehens: „Es ist unter Männern Brauch, daß man sich in gewissen Lagen die letzte Zigarette teilt"; später übt der Farmer diesen Brauch. Der Weiße rechnet also mit dem Tod. Er achtet seinen Diener als Mann: Das ist in Argentinien mit seinen Gegensätzen zwischen Weißen und Indios nicht selbstverständlich. Ob der Farmer frei von der Versuchung ist, den anderen ins Wasser zu stoßen, um sich zu retten, erfahren wir nicht. Hinter den Sätzen: „Gegen Morgen richtete sich der Farmer auf und befahl seinem Peon, nicht einzuschlafen. Der Indio wunderte sich über die harte Stimme seines Herrn", verbirgt sich wahrscheinlich nicht die Furcht davor, er könne den Schlafenden ins Wasser stoßen, sondern Kameradschaftlichkeit. Der Indio ist in seiner Andersartigkeit dem Weißen ebenbürtig. „Er wäre bedenkenlos dem Farmer um die Erde gefolgt. Er war Indio und wußte, was ein Mann ist." Der Farmer war ein solcher „Mann": klug, überlegen, besonnen, hart und gütig. „Aber er (der Diener) wußte auch, daß ein Mann ein schweres Gewicht hat." Das Wort „Mann" bedeutet hier: 80—90 Kilo! „Er glaubte nicht, daß der Farmer gutmütig das Dach verlassen würde; aber man konnte ihn hinunterkippen, denn es ging hier um Leben und Tod. Das dachte der Indio, und er rückte näher. Sein Gesicht war steinern, es troff vor Regen." Aber hinter diesem steinernen Gesicht verbirgt sich nicht nur kalte Berechnung, sondern auch Opferbereitschaft: Die Kameradschaftlichkeit des Weißen, die sich in der Teilung der letzten Zigarette beweist, rührt den Indio, so daß er bereit ist, ins Wasser zu springen.

Zwei Menschen verschiedener Rasse, Herkunft, Erziehung, Kulturstufe, Lebenseinsicht, Lebensart; und beide in ihrem menschlichen Wert ebenbürtig.

Zu *(3)* Aufbau:

Mit den einleitenden Sätzen werden wir mitten ins Geschehen hineinversetzt. Zeit und Ort bleiben unbestimmt, nur das Außergewöhnliche wird festgehalten: Wolkenbruch im Februar. Der erste Hauptteil schildert den anschwellenden, reißenden Strom als Zerstörer der Farm, der Familie des Indios, aller Lebenshoffnungen. Im zweiten Hauptteil lernen wir die innere Gefährdung der beiden Männer kennen. Der dritte bringt die dramatische Situation, den Wechselbezug von äußerer Handlung und inneren Vorgängen.

An Aufbau und Inhalt lassen sich die Merkmale einer Kurzgeschichte aufzeigen: Auf zwei Ebenen spielt das Geschehen — äußere und innere Bedrohung, innere und äußere Rettung des Menschen. Beide Ebenen sind ineinander geschoben. Ein Augenblick erscheint als der Höhe- und Wendepunkt der Geschichte: Es ist der Augenblick der inneren Gleichstellung, da der Weiße dem Indio die halbe Zigarette anbietet.

Zu *(4)* Sprachform:

Auf diesen Wendepunkt hin ist die Geschichte angelegt. Das zeigt sich an der Art, wie zweimal davon berichtet wird: „Es ist unter Männern Brauch, daß man in gewissen Lagen die letzte Zigarette teilt" und „Da folgte der Farmer dem Brauch aller Männer, zog seine letzte Zigarette, brach sie in zwei Teile und bot dem Indio einen an. Sie rissen das Papier ab und kauten den Tabak, da sie kein Feuer hatten." Außer dem Sprachbild der geteilten Zigarette gibt es noch ein anderes, das als Motiv sich wiederholt: „die fetten Blasen", die aus dem Wasser aufsteigen und zerplatzen. Fünfmal ist von den Blasen die Rede. Sie sind ein Zeichen für das Unheil, das das Wasser verursacht, ein Todessymbol. Der Farmer „zählte die fetten Blasen". „Der Peon hatte drei Blasen gezählt. Ihre Hand hatte die letzte Blase erschlagen." „Die Blasen platzten." „Sie hatte die letzte Blase ihres Atems mit ihrer Hand zerschlagen."

Zu *(5)* Das Verhältnis von Inhalt und Sprachform:

So ist die Erzählung um diese beiden Sprachbilder, die als Leitmotiv wirken, komponiert: das eine — die Blasen — gefährlich, lebensbedrohend, unheilvoll; das andere — das Brechen der Zigarette — Zeichen der Kameradschaft, der Anerkennung, der Verbundenheit, der Hilfsbereitschaft. Das eine Symbol (ein Naturvorgang) bedeutet Zerstörung; das andere (eine symbolische Handlung) meint die Bewährung des Menschen.

Noch ein Wort gibt es, das als Leitmotiv die Geschichte durchzieht, das Wort „Mann". Die Überschrift ‚Zwei Männer' hat einen Doppelsinn; sie meint „Mann" als körperliches Wesen und zugleich als Ausdruck tapferer, schweigsamer und hilfsbereiter Wesensart. — Diese drei Sprachbilder sind das eigentliche Thema der Erzählung.

Wir gehen nicht auf die Sprachmerkmale ein, welche Schüler aus eigenen Kräften nicht entdecken können: Die Darstellung der Zeit: Temporalsätze, unbestimmte Zeitadverbien und ihre Bedeutung; Verhältnis von Gegenwart, Vergangenheit und Zukunft;

das Verhältnis von Aktiv und Passiv, Tun und Leiden;
das Verhältnis von Indikativ und Konjunktiv, von Wirklichkeit und Nichtwirklichkeit;
das Verhältnis von Satzgefügen, Satzreihen, einfachen Sätzen, Ellipsen und deren Aussagewert;
die Ironie in der Sprache. Beispiel: „Der Wolkenbruch, den sich der argentinische Himmel damals im Februar leistete";
die Art der Metapherbildung. Beispiel „Saftgrünes Vermögen".

Solche Sprachuntersuchungen sind allenfalls im Klassengespräch möglich. Der Lehrer kann eine Liste der untersuchenswerten Spracherscheinungen aufstellen und immer wieder am Text aufsuchen lassen.

b) Das Gliederungsschema für die schriftliche Deutung von Kurzgeschichten und Anekdoten

Das Gliederungsschema, das bei unserem ersten Versuch im 8. Schuljahr erarbeitet wird, ist auf andere Kurzgeschichten übertragbar. Es ist einfach, wenig differenziert, um nicht zu verwirren.

I. Kurze Inhaltsangabe: Dabei steht es dem Schüler frei, den Umfang seiner Inhaltsangabe zu bestimmen. Je kürzer und prägnanter, desto besser.

II. Die Hauptpersonen und ihr Verhältnis zueinander: Als Sinn der Geschichte bezeichnen wir „die Aussageabsicht des Verfassers": Was will der Verfasser sagen? Weshalb erzählt er seine Geschichte? Welches ist der Kernpunkt der Erzählung? Die Antworten auf diese Fragen ergeben sich aus der Betrachtung der Hauptpersonen. Es empfiehlt sich, die Textdeutung mit der Behandlung der Verhaltensweisen der (Haupt)Personen zu beginnen. —

III. Der Aufbau der Erzählung: Die Schüler sollen prüfen, wie die Geschichte gegliedert ist: Wo liegen die Sinnschritte oder Wendepunkte? Wie entsteht die Spannung? Wodurch erfolgt eine Steigerung? Wie löst sich die Spannung auf?

IV. Sprachuntersuchungen: Wir beobachten Satzbau, Wortwiederholungen, hervorstechende Sprachbilder, Besonderheiten der Wortwahl und deren Aussageabsicht. An Stelle von „Leitmotiv" verwenden wir den Ausdruck „wiederkehrendes Sprachbild".

V. Zusammenfassung: Dieser Abschnitt mag kurz ausfallen; er bereitet noch auf der Oberstufe Schwierigkeiten. Oft bringt er nur die Wiederholung dessen, was bereits in Punkt 2 oder 4 ausgeführt worden ist. Was er soll, ist dies: die Einheit von Aussageabsicht und Sprachform — das eigentliche Ziel des Unternehmens — zusammenfassen.

Das Gliederungsschema im 9. oder 10. Schuljahr ist ausführlicher, weil die Schüler mehr Fragen haben. Es erhält die Form eines Merkblatts, das auch auf der Oberstufe noch verwendbar ist.

Anleitung zur schriftlichen Deutung von Kurzgeschichten

I. Inhaltsangabe im Präsens

Sie setzt den Leser, der die Geschichte nicht kennt, ins Bild. Es ist dies der Teil, der bei einer Zeitungsnachricht im Fettdruck erscheint.

Hilfsfragen: Wer ist der Verfasser? Welches ist die literarische Form? Wo und wann spielt die Geschichte? Welches sind die wichtigsten Ereignisse?

II. Ausführliche Charakteristik der Personen

Hilfsfragen: Was erfahren wir über die äußere Erscheinung der Personen, und was sagt das Erscheinungsbild über ihr Verhalten aus? Was erfahren wir über ihre Gedanken, Gefühle, Absichten? Wie handeln sie, warum handeln sie so? In welchem Verhältnis stehen die Personen zueinander? Verändert sich ein Mensch durch das in der Geschichte dargestellte Ereignis? Erkläre diese Veränderungen.

III. Erzählperspektive, Handlungsführung und Aufbau

Hilfsfragen zur Erzählperspektive: Wer erzählt (erzählt eine Person aus der Geschichte oder der Verfasser)? Beurteilt der Erzähler die Handlung, oder stellt er sie nur sachlich dar?

Hilfsfragen zur Handlungsführung: Besitzt die Geschichte eine Einleitung, einen Hauptteil, einen Schluß? Wenn ein Teil fehlt, überlege, warum. Besteht der Hauptteil aus einem oder aus mehreren Ereignissen? Wo hat die Handlung ihren Höhepunkt? Wie bringt der Autor Spannung in seine Geschichte? Wie steigert sich diese Spannung? Wie löst sie sich? Bleiben zum Schluß Fragen offen? Welche?

Hilfsfragen zum Aufbau: Kannst du den Aufbau graphisch darstellen? Versuche es und füge dem Schaubild kurze Erläuterungen bei.

IV. Untersuchung der Sprache

Dieser Abschnitt ist der schwerste.

Hilfsfragen: Verwendet der Verfasser die gehobene Sprache, die Umgangssprache, Mundart, Gassensprache, die wissenschaftliche Sprache? Paßt die Sprachschicht zum Inhalt und warum? Untersuche den Wortschatz: Kommen Wortwiederholungen vor und weshalb? Bevorzugt der Verfasser eine bestimmte Wortart und weshalb? Beachte den Satzbau: Verwendet der Verfasser Ellipsen, Satzreihen, Satzgefüge? Paßt dieser Satzbau zum Inhalt? Achte besonders auf die Sprachbilder: Welche Bedeutung haben sie?

Bringe nur Beobachtungen über die Sprache, die Aufschluß geben über die Menschen oder über die Aussageabsicht des Verfassers. Belege deine Beobachtungen durch Zitate aus dem Text. Sagen Satzbau oder Wortschatz nichts über den Inhalt und die Personen aus, dann lasse sie unerwähnt.

V. Zusammenfassung

Zum Schluß überlege, ob du irgendeine Beobachtung als die wichtigste ansiehst. Jede Erzählung hat einen Mittelpunkt, von dem aus alle Zusammenhänge zwischen Inhalt, Personen, Sprache und Aufbau verständlich werden. Oft ist dieser Mittelpunkt ein Sprachbild, ein wiederkehrendes Wort, eine Geste. Bist du bei der Charakteristik oder bei der Untersuchung der Sprache auf einen solchen wichtigen Punkt gestoßen, so prüfe, ob du von ihm aus eine Zusammenfassung deines Aufsatzes geben kannst.

S. 264!!!

DIE KURZGESCHICHTE (Mittelstufe)

III. Die schriftliche Deutung von lyrischen Gedichten und Balladen

Absicht, Verfahren und Ertrag der schriftlichen Deutung von Gedichten ist ähnlich denen der Kurzgeschichten.

a) Der erste gemeinsame Versuch im 8. oder 9. Schuljahr:

Peter Huchel: Frühe

Wenn aus den Eichen
der Tau der Frühe leckt,
knarren die Türen, rädern die Speichen
vom Schrei der Hähne geweckt.

Noch unterm Laken
des Mondes schlafen die Wiesen, kühl und hell.
Die Sumpffeuer blaken,
die Frösche rühren ihr Paukenfell.

Mondhörnig schüttelt
sein Haupt das Rind
und weidet dunkel am Bach.

Der Habicht rüttelt
im stürzenden Wind
die Helle der Lerchen wach.

„Wie schreibt man einen Aufsatz über ein solches Gedicht?" Diese Frage regt das Gespräch über das Verfahren der mündlichen und schriftlichen Gedichtbetrachtung an. — „Überlegt, was wir mit einem Gedicht anfangen!" — „Wir lesen es still oder hören den Vortrag, notieren das metrische Schema und die Strophenform, untersuchen die Sprachbilder und den Satzbau und üben uns im Vortrag." — „Ähnlich verfahren wir bei unserem Aufsatz." Das folgende Gliederungsschema wird gemeinsam erarbeitet.

Gliederungsschema

I. Kurze Inhaltsangabe.

II. Die Bauform: Das metrische Schema. Bemerkungen zum Versmaß, zum Bau der Strophen, zu Aufbau und Gliederung des Ganzen.

III. Sprachuntersuchungen: Wortwahl, Satzbau, Sprachbilder und deren Bedeutung.

IV. Zusammenfassung: Aussageabsicht und Sprachform. Der Mittelpunkt des Gedichts. Wie muß man es sprechen?

Die Schüler erhalten folgende schriftliche Arbeitsaufträge:

Zu *I:* Kennzeichnet in wenigen Sätzen den Inhalt des Gedichts. Der Leser eures Aufsatzes, der das Gedicht nicht kennt, soll sich eine Vorstellung von seinem Inhalt machen können.

Zu *II:* Notiert das metrische Schema und das Reimschema. Erläutert den Bau einer Strophe und den Aufbau des Ganzen.

Zu *III:* Schreibt nieder, was euch an der Sprache auffällt, und überlegt, was diese sprachlichen Besonderheiten zu bedeuten haben.

Zu *IV:* Hat das Gedicht einen besonders wichtigen Vers oder ein hervorstechendes Sprachbild? Wie soll es gesprochen werden?

Für jeden Arbeitsauftrag geben wir etwa fünf Minuten Zeit. Es ist nicht nötig, daß alle Schüler ihn gut und vollständig durchführen.

Zwei Schüler lesen jeweils ihre Aufzeichnungen vor, die gemeinsam berichtigt und ergänzt werden. In einer Doppelstunde erhalten wir folgenden Text:

I. Peter Huchel, ein bedeutender Dichter der DDR, beschreibt den Anbruch des Tages auf dem Lande. Es ist Mai oder Frühsommer. Er spricht vom ersten Hahnenschrei, von den knarrenden Türen frühmorgens. Der Mond steht noch am Himmel, und die Frösche quaken. Auf der Weide beginnt das Rind zu grasen. Der Habicht geht auf Raub aus, und die Lerchen werden wach.

II. Die Bauform. Es ist nicht einfach, das metrische Schema aufzuzeichnen, weil die vier Strophen nicht einheitlich gebaut sind. Wir versuchen es:

1. Strophe	/ ◡ ◡ / ◡	2 Schwere (= Hebungen)		
	◡ / ◡ / ◡ /	3 „ „	,	Pause
	/ ◡ ◡ / ◡ / ◡ ◡ / ◡	4 „ „		
	◡ / ◡ / ◡ ◡ / .	3 „ „	.	Punkt
2. Strophe	/ ◡ ◡ / ◡	2 „ „		
	◡ / ◡ / ◡ ◡ / ◡ / ◡ / .	4 (5) „ „	.	Punkt
	◡ / / ◡ / ◡	3 (2) „ „		
	◡ / ◡ / ◡ ◡ / ◡ / .	4 „ „	.	Punkt
3. Strophe	/ ◡ ◡ / ◡	2 Schwere (= Hebungen)		
	◡ / ◡ /	2 „ „		
	◡ / ◡ / ◡ ◡ / .	3 „ „	.	Punkt
4. Strophe	◡ / ◡ / ◡	2 „ „		
	◡ / ◡ ◡ /	2 „ „		
	◡ / ◡ ◡ / ◡ / .	3 „ „	.	Punkt

Die beiden ersten Strophen sind vierzeilig, aber die vier Zeilen haben nicht gleich viele Schweren oder Hebungen; die beiden letzten Strophen sind dreizeilig, auch sie stimmen metrisch nicht voll überein. Das daktylische Versmaß bestimmt den Rhythmus des Gedichts, aber es wird frei gehandhabt. Manche Verse beginnen mit Auftakt, andere nicht. Die Taktfüllung wechselt zwischen ein und vier Silben. Diese Unregelmäßigkeit des Versmaßes findet sich auch im Bau der Verse und Strophen. Der erste Vers aller vier Strophen hat zwei Hebungen, der zweite Vers der ersten Strophe hat drei, der der zweiten Strophe vier oder fünf, der der dritten und vierten Strophe je zwei Hebungen. Auch die Verse drei und vier der beiden ersten Strophen sind nicht gleich gebaut.

Auffallend ist das Reimschema des Gedichts (der Begriff Sonett ist noch nicht bekannt). Die beiden ersten Strophen haben Kreuzreime nach dem Schema a b a b, c, d, c, d; die beiden letzten Strophen sind parallel gebaut nach dem Schema e f g, e f g. Aus dem Bau der Strophen und dem Reimschema geht hervor, daß die beiden ersten und die beiden letzten Strophen enger zusammengehören. Auffallend ist der Wechsel zwischen männlichen und weiblichen Reimen.

III. Besonderheiten der Sprache. Die erste Strophe besteht aus einem Satzgefüge, einem Wenn-Satz. Die Konjunktion „wenn" hat nicht konditionale, sondern temporale Bedeutung: „Immer, wenn auf den Eichen der Tau sich bildet, beginnt das geschäftige Leben in Haus und Hof." Dieser Wenn-Satz zeigt, daß kein einmaliger Tagesanbruch geschildert wird, sondern ein regelmäßig wiederkehrender. Es wird also kein einmaliges Situationsbild entworfen. Die lautstarken Zeitwörter „knarren" und „rädern" und das Hauptwort „Schrei" weisen darauf hin, daß der Tag mit kraftvoller Bewegung einsetzt. Die folgenden Strophen bestätigen dies. Die Verben der Bewegung bestimmen den Charakter des Gedichts. Das erste Satzgefüge drückt einen Gegensatz aus, den wir auch in der zweiten Strophe beobachten: Stille, das lautlose Leben in der Natur steht im Gegensatz zu dem geräuschvollen Leben der Menschen und Tiere. Die beiden letzten Strophen bringen in je einem Satz zwei Naturbilder. Vom mondhörnigen Rind spricht die dritte und vom Habicht, der die Lerchen wach rüttelt, die vierte Strophe.

Wir betrachten die Sprachbilder des Gedichts genauer. Eigenartig sind folgende Wendungen: „Der Tau der Frühe leckt aus den Eichen". Tiere lecken mit der Zunge. Kann auch der Tau aus den Eichen lecken? Lecken hat hier die Bedeutung von rinnen, durchlassen, durchsickern. Der Verfasser beobachtet scharf: Die vom Tau feuchten Blätter sehen aus, als seien die Eichen leck. „Das Laken des Mondes": damit ist das Mondlicht gemeint, das sich weiß wie ein Leintuch über die Wiesen breitet. „Mondhörnig schüttelt das Rind das Haupt": Das Horn des Rindes wird der Mondsichel oder dem Mondhorn verglichen. Huchel spricht nicht vom Kopf oder Schädel, sondern vom Haupt des Rindes. Das Rind wird durch diese Sprachbilder zu einem übergroßen Lebewesen. Auch das Eigenschaftswort „dunkel" deutet auf das Geheimnisvoll-Unheimliche hin. „Der Habicht rüttelt die Helle der Lerchen wach." Was meint der Verfasser damit? Erschreckt der Raubvogel die Lerchen? Kann man die Helle wachrütteln? Vielleicht die Helle des Lerchengesangs.

IV. Zusammenfassung. Nachdem wir Inhalt, Bauform und die Besonderheiten der Sprache untersucht haben, fragen wir, was das Gedicht aussagen will und wie es gesprochen werden soll. Die Kühnheit der Sprachbilder entspricht der Kühnheit der rhythmischen Bewegung. Das Gedicht lebt aus dem Gegensatz von Dunkel und Hell, Nacht und Tag. Stille und Lärm durchdringen sich. Eigentlich sind es alltägliche Vorgänge, die festgehalten werden, aber sie werden in der Sprache Huchels zu dramatischen Bildern. Das Gedicht muß kraftvoll, lebendig gesprochen werden. Der Vortrag soll den Vorgang des kraftvollen Tagesanbruchs, zugleich aber auch das Dunkle, Unfaßliche der Nacht und der Natur zum Ausdruck bringen.

Anmerkungen zu diesem ersten Versuch:

Erst am Ende der gemeinsamen Arbeit teilt der Lehrer den Terminus Sonett mit. Die Schüler lernen die Sache am Beispiel kennen, dann erst bezeichnen wir die Form durch den Fachausdruck. Wollen wir das Typische der Form die Schüler selbst finden lassen, so legen wir ihnen zwei Sonette vor und lassen sie das Gemeinsame aus den Beispielen ableiten.

Wesen und Problematik der Schulinterpretation läßt sich an dem vorliegenden Beispiel aufzeigen: Unsere Deutung muß kurz sein und nur das Wesentliche festhalten. Manche Fragen lassen wir offen. Im Anschluß an zwei oder drei gemeinsame Versuche verfassen die Schüler als Klassenaufsatz eine selbständige schriftliche Interpretation zu einem anderen Gedicht.

Anleitung zur schriftlichen Interpretation von Gedichten.
Ein Fragenkatalog als Arbeitshilfe für Schüler

I. Hinweise auf Art und Inhalt

Handelt es sich um ein Natur- (Frühlings-, Herbst-), Liebes-, lehrhaftes oder politisches Gedicht, um ein subjektives Erlebnisgedicht, Erzählgedicht oder um eine klassische Ballade? Was geschieht in dem Gedicht? Welche sachliche Mitteilung ist in dem Gedicht enthalten?

II. Die Bauform

Welches ist die Besonderheit des Metrums, der Strophenform und der rhythmischen Bewegung? Notiere das metrische Schema und erläutere es in wenigen Worten. Erkläre die Art des rhythmischen Sprechens und begründe sie.

III. Sprachuntersuchungen

Welches sind die auffallenden Sprachbilder (Metaphern, Vergleiche) und Leitbegriffe? Welche Wörter sind Stimmungs-, Gedanken- oder Symbolträger? Welche Wortarten (Verben, Adjektive, Konjunktionen) fallen dir auf, und welche Bedeutung haben sie? Welches ist die Eigenart des Satzbaus: Bevorzugt der Autor Ellipsen, Satzfetzen, kurze zwei- oder dreigliedrige Hauptsätze, Satzreihen oder Satzgefüge, und welche Wirkung geht davon aus? Wie ist das Verhältnis von Satzbau, Metrum und Strophenform? Erwähne nur Beobachtungen, die dir wichtig erscheinen.

IV. Aussageabsicht und Mittelpunkt des Gedichts

Bei vielen Gedichten kennzeichnet ein Wort, ein Satz oder ein Sprachbild die Aussageabsicht des Verfassers. Manchmal steht diese Hauptsache in der Überschrift, manchmal am Anfang, in der Mitte oder im letzten Vers. Prüfe, ob du eine solche Hauptsache entdeckst, von der aus eine Beziehung zwischen Inhalt, Bauform und Sprache hergestellt werden kann.

b) Das Gliederungsschema für die schriftliche Deutung von Balladen

Für die Ballade finden wir folgendes Gliederungsschema:

I. Kurze Inhaltsangabe

II. Die Personen und ihr Verhältnis zueinander: Verhaltensweisen der Spieler und Gegenspieler

…ltbetrachtung:

210–238, 239–260, 272 f.
261 ff, 269 ff

S. 272

III. Die Bauform: Bemerkungen zum Versmaß, zum Bau der Strophen, zur Gliederung des Ganzen

IV. Sprachuntersuchungen: Wortwahl, Satzbau, Sprachbilder und deren Bedeutung

V. Zusammenfassung: Aussageabsicht und Sprachform. Der Mittelpunkt der Ballade. Wie muß man die Ballade sprechen?

Dieses Schema entspricht dem der Kurzgeschichte; denn die Kurzgeschichte ist ein episches, die Ballade ein lyrisches Kurzdrama.

IV. Die Gefahr des Schematismus und die Mängel der Schülerarbeiten

a) Das Problem der 'explication de textes'

Der Interpretationsaufsatz bringt den Lehrer in einen Zwiespalt: Er muß dem Schüler Fragestellungen, Gesichtspunkte, Gliederungsschemata von allgemeiner Bedeutung an die Hand geben, ihn aber zugleich vor Schematismus bewahren; er soll das Handwerklich-Lehrbare des Texterläuterns vermitteln, aber diese Fähigkeit nur so weit üben, als der Sinn für das Verstehen ausgebildet wird. Einsicht in das Wesen der Gestalt ist mehr als nur eine ästhetische Analyse. Dieses „Mehr" ist nicht lehr- und nicht lernbar.

Die Gefahr des Schematismus beobachten wir in der „explication de textes" des französischen Gymnasiums. Bedenkenswert ist dabei, daß die französische Schule mit ihrer erfolgreichen literarischen Erziehung die „explication de textes" seit vielen Jahren pflegt, während die deutsche Schule sie kaum kennt. In der Fülle der theoretischen Äußerungen [1] französischer Methodiker lassen sich zwei Haupttypen der „explication de textes" erkennen:

T y p A — M é t h o d e d ' a n a l y s e : Sie wird an der französischen Schule und Universität am meisten gepflegt und stellt das 'klassische' Verfahren dar, das oft meisterhaft gehandhabt wird. Sie stammt aus der literaturwissenschaftlichen Tradition des 19. Jahrhunderts und ist historisierend-positivistisch ausgerichtet: Sacherläuterungen werden gegeben; der Text wird paraphrasiert und kommentiert; Formelemente werden analysiert; aber das Werk erscheint nicht als Gestaltganzheit. Man bezeichnet dieses Verfahren als „méthode d'analyse", denn die Analyse herrscht vor.

T y p B — M é t h o d e s y n t h é t i q u e : Sie ist die jüngere, fortschrittliche Methode. Der Historismus wird zurückgedrängt, das Kunstwerk soll als Ganzheit gedeutet werden. Dabei bedient man sich des hermeneutischen Verfahrens: Vom ersten Gesamteindruck über die Einzelanalyse zum Gesamtverständnis. Diesen hermeneutischen Zirkel nennt Leo Spitzer „cercle philologique".

---

[1] Hinweise hierauf verdanken wir Dr. Werner Arnold, Tübingen.

Beide Typen bedienen sich eines Gliederungsschemas:

Typ A 1. Teil

a) Explication contextuelle: Die Stellung eines Textabschnitts in einem größeren Werk oder eines Gedichts in einem Zyklus soll dargelegt werden.
b) Explication matérielle: Sachfragen werden geklärt, sprachliche Besonderheiten erläutert, der Inhalt wird paraphrasiert. In der Praxis stellt dieser Abschnitt den Hauptteil dar, oft besteht die Texterläuterung nur aus ihm.
c) Explication historique: Einordnung des Textes in ein vorgegebenes historisches oder biographisches Schema.

2. Teil

a) Explication formelle, structurelle, stylistique: Erläuterung des Aufbaues und der Sprachform.
b) Critique, jugement: Abschließende Würdigung.

Typ B

1. Stufe: Dégager dès le début les idées essentielles ou les sentiments dominants: Darstellung der Grundgedanken, der Grundhaltungen oder Grundstimmungen des Textes.

2. Stufe: Rechercher de quelle façon ces idées ou ces sentiments sont exprimés et rendus dans la composition, le style, le rythme, l'harmonie des vers et de la rime: Untersuchung der Frage, auf welche Weise die Grundgedanken, Grundhaltungen oder Grundstimmungen im Aufbau, im Stil, im Sprachrhythmus, im Vers und Reim ausgedrückt sind.

Dieser Typus B kommt unserem Gliederungsschema nahe. Er kennt jedoch nur zwei Teile, läßt also dem Schüler mehr Freiheit als das unsere, das eine größere Hilfestellung gibt. Wir vermeiden die Gefahr des Schematismus dadurch, daß wir einprägen:

1. Die Reihenfolge der fünf Punkte darf umgestellt werden.
2. Ein oder zwei Punkte dürfen ganz fehlen.
3. Jeder Schüler möge ein anderes, ihm gemäßes Gliederungsschema verwenden.

b) Typische Mängel beim Interpretationsaufsatz auf der Mittelstufe und Maßnahmen zu ihrer Behebung

Die nachstehende Liste typischer Mängel stützt sich auf eigene Erfahrungen wie auch auf die von Studienreferendaren:

1. Bei den meisten Schülern hinkt „das sprachliche Ausdrucksvermögen hinter dem Verständnis her“ [1], wie sich aus dem Vergleich der schriftlichen Leistungen mit der Mitarbeit im Unterricht ergibt. „Das Ergebnis der Aufsätze beweist die Dringlichkeit und Notwendigkeit, die Schreiberziehung [2] auf der Mittelstufe noch mehr in den Vordergrund zu stellen.“

[1] Fietz, S. 32 f.
[2] Fietz, S. 12 f.

2. Der 1. Teil des Interpretationsaufsatzes, die Inhaltsangabe, ist in der Regel zu lang und nicht selten eine Nacherzählung. Der Schreiber identifiziert sich noch mit der Hauptperson der Erzählung, statt Kerngedanken und Ablauf des Geschehens in wenigen Sätzen zu berichten. — Aus dieser Tatsache ergibt sich die Notwendigkeit, immer wieder, und zwar als Vorübung zur Interpretation, das Verfassen von Inhaltsangaben zu üben. Der Interpretationsaufsatz sollte aus der Inhaltsangabe organisch hervorwachsen.
3. „Wie die Aufsätze zeigen, liegt die Hauptschwierigkeit der formalen Analyse im Nichtloskommen von der Paraphrase. Stoffdenken und Inhalt stehen noch sehr im Vordergrund.“ [1] — „Das funktionale Ineinandergehen von Inhalt und Form muß immer wieder geübt werden. Selbst wenn dieses Prinzip gedanklich erfaßt ist, ist es zum eigenständigen Umgehenkönnen damit am konkreten Werk ein langer Weg, der auch von seiten des Lehrers viel Geduld erfordert.“ [1]
4. „Im Gegensatz zu der ebengenannten Schwierigkeit steht auch die Tatsache, daß häufig einzelne Formelemente einfach gesammelt, aber nicht in bezug zum Inhalt oder zur Aussageabsicht gesetzt werden.“ [2]
   Um den Schülern für den Aussagewert einzelner Formelemente die Augen zu öffnen, empfiehlt es sich, in der Klasse verschiedene Kurzgeschichten von Arbeitsgruppen auf den Wechselbezug von Inhalt und Form hin untersuchen zu lassen. Der Auftrag lautet: Prüft in zwanzig Minuten, ob ihr irgendwelche Zusammenhänge zwischen Inhalt, Aussageabsicht und Sprachform (Wort-, Satz-, Bildwiederholungen, Parataxe, Hypotaxe usw.) feststellen könnt.
5. Schüler können sehr schwer das Baugefüge einer Kurzgeschichte erkennen und sprachlich darstellen. Sie beschränken sich darauf, die einzelnen Abschnitte der Erzählung in Stichworten als mechanische Gliederung aneinanderzureihen. Dieses Vorgehen zeigt, daß sie das Wesen der Komposition, d. h. der organischen Gliederung eines Geschehensablaufs und eines geistigen Gebildes, noch nicht erfaßt haben. — Der Lehrer soll zwei oder drei gute Beispiele solcher organischen Gliederungen vorlesen. Anschließend versuchen die Schüler in Arbeitsgruppen von anderen Erzählungen Gliederungen zu entwerfen.

c) Regeln für das Lehren des Interpretationsaufsatzes auf der Mittelstufe

1. Auf der Mittelstufe ist nur eine Anleitung zum Interpretationsaufsatz möglich. Die Schüler können sich noch nicht sachgemäß und formrichtig über ein Werk äußern.
2. Wichtig ist das Schärfen des Blicks für das Wesentliche, für Grundfragen menschlichen Verhaltens, für die Grundform des Aufbaus, für Besonderheiten der Sprache.
3. Das stoffliche Interesse der Schüler am Inhalt darf und soll befriedigt werden; wir wählen daher spannende Kurzgeschichten, Anekdoten und Gedichte und verweilen höchstens acht bis zehn Stunden bei dieser Arbeitsform.
4. Der Interpretationsaufsatz ist nicht Selbstzweck, er motiviert die Beschäftigung mit Dichtung.

---

[1] Gebhardt, S. 62.
[2] Fietz, S. 12 f.

LITERATURVERZEICHNIS: Auswahlbibliographie

Fachzeitschriften

Blätter für den Deutschlehrer. Begründet von E. Kitzinger. Frankfurt (Diesterweg) 1956 ff. Abkürzung: BfDL

Der Deutschunterricht. Beiträge zu seiner Praxis und wissenschaftlichen Grundlegung. Begründet von R. Ulshöfer. Stuttgart (Klett) 1948 ff. Abkürzung: DU

Diskussion Deutsch. Zeitschrift für Deutschlehrer aller Schulformen in Ausbildung und Praxis. Frankfurt (Diesterweg) 1970 ff. Abkürzung: DD

Linguistik und Didaktik. München (Bayerischer Schulbuch Verlag) 1970 ff. Abkürzung: LuD

Praxis Deutsch. Zeitschrift für den Deutschunterricht. Velber bei Hannover (Friedrich Verlag) 1973 ff. Abkürzung: PD

Wirkendes Wort. Deutsche Sprache in Forschung und Lehre. Düsseldorf (Schwann) 1950 ff. Abkürzung: WW

1. Kapitel

Fachdidaktik

Vorbemerkung: spezielle Literatur zur Literaturdidaktik: 5./6. Kapitel in diesem Band; spezielle Literatur zur Sprachdidaktik: Band 3 dieser Methodik, Mittelstufe II, Neufassung 1974, 3. Kapitel

ALTENRICHTER, GERD u. a.: Zur Theorie des eigensprachlichen Unterrichts. (Fach Deutsch). Düsseldorf (Schwann) 1974

BEHR, KLAUS u. a.: Grundkurs für Deutschlehrer: Sprachliche Kommunikation. Analyse der Voraussetzungen und Bedingungen des Faches Deutsch in Schule und Hochschule. Weinheim (Beltz) [3]1975

BEHR, KLAUS u. a.: Folgekurs für Deutschlehrer: Didaktik und Methodik der sprachlichen Kommunikation. Begründung und Beschreibung des projektorientierten Deutschunterrichts. Weinheim (Beltz) 1975

BEISBART, ORTWIN/MARENBACH, DIETER: Einführung in die Didaktik der deutschen Sprache und Literatur. Donauwörth (Auer) 1975

BOUEKE, DIETRICH u. a. (Hrsg.): Bibliographie Deutschunterricht. Paderborn (Schöningh) [2]1974

BOUEKE, DIETRICH (Hrsg.): Deutschunterricht in der Diskussion. Forschungsberichte. Paderborn (Schöningh) 1974

Bremer Kollektiv: Grundriß einer Didaktik und Methodik des Deutschunterrichts in der Sekundarstufe I und II. Stuttgart (Metzler) 1974

BROWELEIT, VOLKER u. a.: Grundlagen der Reform des Deutschunterrichts. Köln (Kiepenheuer & Witsch) 1975

BÜNTING, KARL-DIETER/KOCHAN, DETLEF C.: Linguistik und Deutschunterricht. Kronberg/Ts. (Scriptor) [3]1975

Der Deutschunterricht: 23 (1971), Heft 1: Gegenwartsliteratur und das Problem der literarischen Bildung in der Schule
24 (1972), Hefte 2, 5: Politische Bildung im Deutschunterricht I, II

DINGELDEY, ERIKA/VOGT, JOCHEN (Hrsg.): Kritische Stichwörter zum Deutschunterricht. Ein Handbuch. München (Fink) 1974

ESSEN, ERIKA: Methodik des Deutschunterrichts. Heidelberg (Quelle & Meyer) [9]1972

HELMERS, HERMANN: Didaktik der deutschen Sprache. Einführung in die Theorie der muttersprachlichen und literarischen Bildung. Stuttgart (Klett) [9]1976

HENNING, PETER/SCHÖNEMEIER, KARL (Hrsg.): Fachdidaktik Deutsch. Diskussion, Neuansatz, Unterrichtsmodelle. Braunschweig (Westermann) 1975

IDE, HEINZ/LECKE, BODO (Hrsg. in Verbindung mit dem Bremer Kollektiv): Projekt Deutschunterricht. Bände 1 ff. Stuttgart (Metzler) 1971 ff.
IVO, HUBERT: Kritischer Deutschunterricht. Frankfurt (Diesterweg) [4]1974
IVO, HUBERT: Handlungsfeld Deutschunterricht. Argumente und Fragen einer praxisorientierten Wissenschaft. Frankfurt (Fischer) 1975
KOCHAN, DETLEF C./WALLRABENSTEIN, WULF (Hrsg.): Ansichten eines kommunikationsbezogenen Deutschunterrichts. Kronberg/Ts. (Scriptor) 1974
KOCHAN, DETLEF C.: Forschungen zum Deutschunterricht. Weinheim (Beltz) 1975
SOWINSKI, BERNHARD (Hrsg.): Fachdidaktik Deutsch. Köln (Böhlau) 1975
ULSHÖFER, ROBERT: Methodik des Deutschunterrichts
Band 1: Unterstufe. Stuttgart (Klett) [7]1976
Band 3: Mittelstufe II. Stuttgart (Klett) Neufassung 1974
ULSHÖFER, ROBERT: Politische Bildung im Deutschunterricht jenseits von Restauration und Revolution. Freiburg (Herder) 1975
ULSHÖFER, ROBERT (Hrsg.): Theorie und Praxis des kooperativen Unterrichts. Band I: R. Ulshöfer: Grundzüge der Didaktik des kooperativen Unterrichts. Stuttgart (Klett) [2]1975
ULSHÖFER, ROBERT/GÖTZ, THEO (Hrsg.): Politische Bildung — ein Auftrag aller Fächer. Ein neues fachübergreifendes Gesamtkonzept für die gesellschaftspolitische Erziehung. Freiburg (Herder) 1975
ULSHÖFER, ROBERT/GÖTZ, THEO (Hrsg.): Praxis des offenen Unterrichts. Das Konzept einer neuen kooperativen Didaktik. Freiburg (Herder) 1976
WOLFRUM, ERICH (Hrsg.): Taschenbuch des Deutschunterrichts. Grundfragen und Fragen der Sprach- und Literaturpädagogik. Esslingen (Burgbücherei Wilhelm Schneider) 1972
WOLFRUM, ERICH (Hrsg.): Kommunikation. Aspekte zum Deutschunterricht. Baltmannsweiler (Burgbücherei Wilhelm Schneider) 1975

Entwicklungspsychologie, Lernpsychologie, Sozialpsychologie

AEBLI, HANS: Psychologische Didaktik. Didaktische Auswertung der Psychologie von Jean Piaget. Stuttgart (Klett) [5]1973
AEBLI, HANS: Über die geistige Entwicklung des Kindes. Stuttgart (Klett) [4]1975
ALLPORT, GORDON W.: Gestalt und Wachstum in der Persönlichkeit. München (Hain) Neuauflage 1973
ANASTASI, ANNE: Differentielle Psychologie. Unterschiede im Verhalten von Individuen und Gruppen. Zwei Bände. Weinheim (Beltz) 1976
AUSUBEL, DAVID P.: Das Jugendalter. Fakten, Probleme, Theorie. München (Juventa) [4]1974
CATTELL, RAYMOND B.: Die empirische Erforschung der Persönlichkeit. Weinheim (Beltz) [2]1975
Funk-Kolleg Erziehungswissenschaft. Drei Bände. Hrsg. von W. Klafki u. a. Frankfurt (Fischer) 1975
Funk-Kolleg Pädagogische Psychologie. Zwei Bände. Hrsg. von F. E. Weinert u. a. Frankfurt (Fischer) 1975
GINSBURG, HERBERT/OPPER, SYLVIA: Piagets Theorie der geistigen Entwicklung. Stuttgart (Klett) 1975
HEINELT, GOTTFRIED: Kreative Lehrer — kreative Schüler. Wie die Schule Kreativität fördern kann. Freiburg (Herder) 1974
KNÖRZER, WOLFGANG: Lernmotivation. Ein interdisziplinärer Ansatz für eine Theorie der Lernmotivation. Weinheim (Beltz) 1976
KRAUSE, RAINER: Kreativität. Untersuchungen zu einem problematischen Konzept. München (Goldmann) 1972
LINNEWEH, KLAUS: Kreatives Denken. Techniken und Organisation innovativer Prozesse. Karlsruhe (Nadolski) 1973
MANN, LEON: Sozialpsychologie. Weinheim (Beltz) [3]1974
MÜHLE, GÜNTHER/SCHELL, CHRISTA (Hrsg.): Kreativität und Schule. München (Piper) [3]1973
NEBER, HEINZ (Hrsg.): Entdeckendes Lernen. Weinheim (Beltz) [2]1975

NEISSER, ULRIC: Kognitive Psychologie. Stuttgart (Klett) 1974
OERTER, ROLF: Psychologie des Denkens. Donauwörth (Auer) [3]1972
OERTER, ROLF: Moderne Entwicklungspsychologie. Donauwörth (Auer) [12]1973
PARREREN, CAREL FRAN: Lernen in der Schule. Weinheim (Beltz) [5]1974
PORTELE, GERHARD: Lernen und Motivation. Ansätze zu einer Theorie intrinsisch motivierten Lernens. Weinheim (Beltz) 1975
ROGGE, KLAUS-EKART (Hrsg.): Steckbrief der Psychologie. Heidelberg (Quelle & Meyer) [2]1974
ROTH, HEINRICH (Hrsg.): Begabung und Lernen. Ergebnisse und Folgerungen neuer Forschungen. Stuttgart (Klett) [9]1974
ROTH, HEINRICH: Kreativität lernen? In: Die Deutsche Schule 68 (1976), H. 3, S. 142 ff.
SCHIFFLER, HORST: Fragen zur Kreativität. Ravensburg (Otto Maier) 1973
SCHRAML, WALTER J.: Einführung in die moderne Entwicklungspsychologie. Für Pädagogen und Sozialpädagogen. Stuttgart (Klett) [3]1975
SCHULTZ, HANS JÜRGEN: Psychologie für Nichtpsychologen. Stuttgart (Kreuz Verlag) 1974
THOMAE, HANS: Persönlichkeit. Eine dynamische Interpretation. Bonn (Bouvier) [5]1973
ULMANN, GISELA: Kreativität. Weinheim (Beltz) [2]1970

Sprachtheorie, Psycholinguistik, Soziolinguistik

AMMON, ULRICH: Probleme der Soziolinguistik. Tübingen (Niemeyer) 1973
AMMON, ULRICH/SIMON, GERD: Neue Aspekte der Soziolinguistik. Weinheim (Beltz) 1975
BAYER, HANS: Sprache als praktisches Bewußtsein. Grundlegung einer dialektischen Sprachwissenschaft. Düsseldorf (Schwann) 1975
BERNSTEIN, BASIL: Studien zur sprachlichen Sozialisation. Düsseldorf (Schwann) [3]1974
BERNSTEIN, BASIL u. a.: Soziale Schicht, Sprache und Kommunikation. Düsseldorf (Schwann) 1973
BÜHLER, HANS/MÜHLE, GÜNTHER (Hrsg.): Sprachentwicklungspsychologie. Weinheim (Beltz) 1974
BÜHLER, KARL: Sprachtheorie. Stuttgart (Gustav Fischer) [2]1965
DITTMAR, NORBERT: Soziolinguistik. Exemplarische und kritische Darstellung ihrer Theorie, Empirie und Anwendung. Frankfurt (Fischer) 1973
ENGELKAMP, JOHANNES: Psycholinguistik. München (Fink) 1974
FRANCESCATO, GIUSEPPE: Spracherwerb und Sprachstruktur beim Kinde. Stuttgart (Klett) 1973
HÖRMANN, HANS: Psychologie der Sprache. Berlin (Springer) Neudruck 1970
KAINZ, FRIEDRICH: Psychologie der Sprache. Fünf Bände. Stuttgart (Enke) 1965 u. ö.
KEGEL, GERD: Sprache und Sprechen des Kindes. Reinbek (Rowohlt) 1974
KLEIN, WOLFGANG/WUNDERLICH, DIETER (Hrsg.): Aspekte der Soziolinguistik. Frankfurt (Fischer) 1973
LANG, WILHELM: Probleme der allgemeinen Sprachtheorie. Eine Einführung. Stuttgart (Klett) 1970
LAWTON, DENIS: Soziale Klasse, Sprache und Erziehung. Düsseldorf (Schwann) [3]1973
LEFEBVRE, HENRI: Sprache und Gesellschaft. Düsseldorf (Schwann) 1973
LEIST, ANTON (Hrsg.): Beiträge zur materialistischen Sprachtheorie. Kronberg/Ts. (Scriptor) 1974
McNEILL, DAVID: Der Spracherwerb. Psycholinguistische Untersuchungen. Düsseldorf (Schwann) 1974
MÜHLFELD, CLAUS: Sprache und Sozialisation. Hamburg (Hoffmann & Campe) 1975
OEVERMANN, ULRICH: Sprache und soziale Herkunft. Frankfurt (Suhrkamp) [2]1972
PRACHA, JAN: Sowjetische Psycholinguistik. Düsseldorf (Schwann) 1974
PRILLWITZ, SIEGMUND (Hrsg.): Der kindliche Spracherwerb. Ein psycholinguistischer Reader. Braunschweig (Westermann) 1975
RAMGE, HANS: Spracherwerb. Grundzüge der Sprachentwicklung des Kindes. Tübingen (Niemeyer) 1973
RAMGE, HANS: Spracherwerb und sprachliches Handeln. Düsseldorf (Schwann) 1976

SAPIR, EDWARD: Die Sprache. Eine Einführung in das Wesen der Sprache. München (Max Hueber) [2]1972

SCHLIEBEN-LANGE, BRIGITTE: Soziolinguistik. Eine Einführung. Stuttgart (Kohlhammer) 1973

SIMON, GERD: Bibliographie zur Soziolinguistik. Tübingen (Niemeyer) 1974

SLOBIN, DAN I.: Einführung in die Psycholinguistik. Kronberg/Ts. (Scriptor) 1974

UHLE, BARBARA (Hrsg.): Sprache und Schicht. Materialien zum Sprachbarrieren-Problem. Frankfurt (Diesterweg) 1973

WEBER, URSULA: Kognitive und kommunikative Aspekte der Sprachentwicklung. Düsseldorf (Schwann) 1975

WEISGERBER, LEO: Von den Kräften der deutschen Sprache. Vier Bände. Düsseldorf (Schwann) 1971 u. ö.

WHORF, BENJAMIN LEE: Sprache, Denken, Wirklichkeit. Beiträge zur Metalinguistik und Sprachphilosophie. Reinbek (Rowohlt) 1971

WYGOTSKI, LEW SEMJONOWITSCH: Denken und Sprechen. Frankfurt (Fischer) [5]1974

Hermeneutik

BETTI, EMILIO: Die Hermeneutik als allgemeine Methodik der Geisteswissenschaften. Tübingen (Mohr) [2]1972

BULTMANN, RUDOLF: Glauben und Verstehen. Gesammelte Aufsätze. Vier Bände. Tübingen (Mohr) 1965 u. ö.

DILTHEY, WILHELM: Die Entstehung der Hermeneutik (1906). In: Gesammelte Schriften. Band V. Göttingen (Vandenhoeck & Ruprecht) [6]1974

GADAMER, HANS GEORG: Wahrheit und Methode. Grundzüge einer philosophischen Hermeneutik. Tübingen (Mohr) [4]1975

GRIMM, REINHOLD/HERMAND, JOST (Hrsg.): Methodenfragen der deutschen Literaturwissenschaft. Darmstadt (Wissenschaftliche Buchgesellschaft) 1973

Hermeneutik. In: Das Fischer Lexikon. Literatur II, 1. Hrsg. von Wolf-Hartmut Friedrich und Walther Killy. Frankfurt (Fischer) 1968 u. ö.

INGARDEN, ROMAN: Vom Erkennen des literarischen Kunstwerks. Tübingen (Niemeyer) 1968

SCHLEIERMACHER, F. D. E.: Hermeneutik. Hrsg. von Heinz Kimmerle. Heidelberg (Carl Winter) [2]1974

STAIGER, EMIL: Die Kunst der Interpretation. Studien zur deutschen Literaturgeschichte. Zürich/Freiburg (Atlantis) [5]1967

ZMEGAC, VIKTOR (Hrsg.): Methoden der deutschen Literaturwissenschaft. Eine Dokumentation. Frankfurt (Fischer) 1972

2. Kapitel

BOETTCHER, WOLFGANG u. a.: Lehrer und Schüler machen Unterricht. Unterrichtsplanung als Sprachlernsituation. München (Urban & Schwarzenberg) 1976

CORDES, HERMANN: Vorschlag eines Interaktionsmodells ohne Lehrerdominanz für die Unterrichtspraxis. In: Projekt Deutschunterricht, hrsg. von Bodo Lecke in Verbindung mit dem Bremer Kollektiv. Band 10: Kommunikative Übungen — Sprachgebrauch. Stuttgart (Metzler) 1976, S. 19 ff.

Der Deutschunterricht: 21 (1969), Heft 6: Soziale Unterrichtsformen im Deutschunterricht

ELIADE, BERNARD: Offener Unterricht. Versuche zur kooperativen und kreativen Veränderung der Schulpraxis am „Collège d'Enseignement Technique" Dijon. Weinheim (Beltz) 1975

GAUDIG, HUGO: Die Schule der Selbsttätigkeit. Hrsg. von Lotte Müller. Bad Heilbrunn (Klinkhardt) [2]1969

HEIMANN, PAUL u. a.: Unterricht. Analyse und Planung. Hannover (Schroedel) [7]1970

HÖLSKEN, HANS-GEORG: Wir sprechen miteinander über Unterricht. In: PD 1976, H. 14, S. 51 ff.

INGENDAHL, WERNER (Hrsg.): Projektarbeit im Deutschunterricht. Theorie und Praxis einer lebenspraktisch orientierten Spracherziehung. München (List) 1974

KASSNER, PETER: Zum Projektunterricht. In: Westermanns Pädagogische Beiträge 27 (1975), H. 3, S. 135 ff.

KOCHAN, DETLEF C./WALLRABENSTEIN, WULF (Hrsg.): Ansichten eines kommunikationsbezogenen Deutschunterrichts. Kronberg/Ts. (Scriptor) 1974

KREFT, JÜRGEN: Entschultes Lernen durch Projekte? Zur Kritik der Projekt-Methode. In: Westermanns Pädagogische Beiträge 26 (1974), H. 12, S. 680 ff.

KRÜGER, RUDOLF: Projekt Lernen durch Lehren. Bad Heilbrunn (Klinkhardt) 1975

SCHLOTTHAUS, WERNER: Schülerbedürfnisse und -interessen im Curriculum des projektorientierten Deutschunterrichts. In: Westermanns Pädagogische Beiträge 26 (1974), H. 12, S. 651 ff.

TYMISTER, HANS JOSEF (Hrsg.): Projektorientierter Deutschunterricht. Vorschläge für Schüler und Lehrer. Düsseldorf (Schwann) 1975

ULSHÖFER, ROBERT: Schaffung eines demokratischen Unterrichtsstils durch kooperative Unterrichtsplanung. In: DU 21 (1969), H. 6, S. 5 ff.

ULSHÖFER, ROBERT (Hrsg.): Theorie und Praxis des kooperativen Unterrichts.
Band I: R. Ulshöfer: Grundzüge der Didaktik des kooperativen Unterrichts. Stuttgart (Klett) [2]1975
Band II, 2: Resultate und Modelle in den Fächern. Deutsch. Hrsg. von A. Kleiner und S. Weinmann. Stuttgart (Klett) 1971

ULSHÖFER, ROBERT (Hrsg.): Unterrichtsmodelle zu Arbeitsbuch Deutsch. Sekundarstufe II. Dortmund (Crüwell) 1973

ULSHÖFER, ROBERT/GÖTZ, THEO (Hrsg.): Praxis des offenen Unterrichts. Das Konzept einer neuen kooperativen Didaktik. Freiburg (Herder) 1976

WAGNER, ANGELIKA C. (Hrsg.): Schülerzentrierter Unterricht. München (Urban & Schwarzenberg) 1976

3. Kapitel

Vorbemerkung: Literatur zur Leseerziehung: Band 1 dieser Methodik, Unterstufe, [7]1976, 7. Kapitel

ASCHERSLEBEN, KARL: Einführung in die Unterrichtsmethodik. Stuttgart (Kohlhammer) 1974

BECKER, GEORG E. u. a.: Unterrichtssituationen I: Gespräch und Diskussion. München (Urban & Schwarzenberg) 1976

BÖDIKER, MARIE-LOUISE/LANGE, WALTER H.: Gruppendynamische Trainingsformen. Techniken, Fallbeispiele, Auswirkungen im kritischen Überblick. Reinbek (Rowohlt) 1975

BÖTTCHER, WINFRIED/ZIELINSKI, JOHANNES: Diskussionstechnik. Droste Kolleg programmiert. Düsseldorf (Droste) 1974

BOETTCHER, WOLFGANG u. a.: Lehrer und Schüler machen Unterricht. Unterrichtsplanung als Sprachlernsituation. München (Urban & Schwarzenberg) 1976

CHARLTON, MICHAEL u. a.: Innovation im Schulalltag. Arbeitsbuch für Lehrende und Lernende. Reinbek (Rowohlt) 1975

Der Deutschunterricht: 27 (1975), Heft 2: Logik, Rhetorik, Argumentationslehre I
28 (1976), Heft 4: Logik, Rhetorik, Argumentationslehre II

DINTER-SCHÖTTLER, MARIANNE: Gruppenunterricht versus Frontalunterricht. Zum Einfluß der Unterrichtsform auf das Sprachverhalten von Schülern. In: DD 6 (1975), H. 22, S. 128 ff.

DYCK, JOACHIM (Hrsg.): Rhetorik in der Schule. Kronberg/Ts. (Scriptor) 1974

ERDMANN, KARL OTTO: Die Kunst, Recht zu behalten. Methoden und Kunstgriffe des Streitens. Frankfurt (H. Haessel) [7]1969

FABIAN, GEORG: Diskutieren, debattieren. Ein Werkbuch der Gesprächsformen. München (J. Pfeiffer) [6]1973

Funk-Kolleg Erziehungswissenschaft. Drei Bände. Hrsg. von W. Klafki u. a. Frankfurt (Fischer) 1975
Funk-Kolleg Pädagogische Psychologie. Zwei Bände. Hrsg. von F. E. Weinert u. a. Frankfurt (Fischer) 1975
GEBHARD, ULRICH u. a.: Diskussionsleitung. In: PD 1976, H. 14, S. 54 ff.
GEISSNER, HELLMUT: Rhetorik. München (Bayerischer Schulbuch Verlag) 1973
GRELL, JOCHEN: Techniken des Lehrerverhaltens. Weinheim (Beltz) [5]1976
HEISTERKAMP, GÜNTER: Das Gruppengespräch im Klassenraum. In: Gruppendynamik. Forschung und Praxis. 5 (1974), H. 6, S. 410 ff.
HÖLLER, ERNST: Zur Theorie und Praxis des Schülergesprächs. München (Jugend und Volk) [4]1973
HÖLSKEN, HANS-GEORG: Wir sprechen miteinander über Unterricht. In: Westermanns Pädagogische Beiträge 1976, H. 14, S. 51 ff.
KASPAR, FRANZ: Gruppenpädagogische Unterrichtsverfahren für den Religionsunterricht. Eine schulpraktische Arbeitshilfe für Information, Kommunikation, Kooperation. Stuttgart (Calwer Verlag) [2]1971
KELBER, MAGDA: Fibel der Gesprächsführung. Opladen (C. W. Leske) [10]1972
KÖSEL, EDMUND: Sozialformen des Unterrichts. Ravensburg (Otto Maier) 1973
LUDWIG, OTTO/MENZEL, WOLFGANG: Diskutieren als Gegenstand und Methode des Deutschunterrichts. In: PD 1976, H. 14, S. 13 ff.
NAESS, ARNE: Kommunikation und Argumentation. Eine Einführung in die angewandte Semantik. Kronberg/Ts. (Scriptor) 1975
OCKEL, EBERHARD: Rhetorik im Deutschunterricht. Untersuchungen zur didaktischen und methodischen Entwicklung mündlicher Kommunikation. Göppingen (Kümmerle) 1974
Praxis Deutsch 1976, Heft 14: Diskutieren
RITZ-FRÖHLICH, GERTRUD: Verbale Interaktionsstrategien im Unterricht. Impuls — Denkanstoß — Frage. Ravensburg (Otto Maier) 1975
RÖSSNER, LUTZ: Gespräch, Diskussion und Debatte im Unterricht der Grund- und Hauptschule. Frankfurt (Diesterweg) [2]1971
SCHLÜTER, HERMANN: Grundkurs der Rhetorik. Mit einer Textsammlung. München (dtv) 1974
SCHWÄBSICH, LUTZ/SIEMS, MARTIN: Anleitung zum sozialen Lernen für Paare, Gruppen und Erzieher. Kommunikations- und Verhaltenstraining. Reinbek (Rowohlt) 1974
SPANGENBERG, KURT: Chancen der Gruppenpädagogik. Gruppendynamische Modelle für Erziehung und Unterricht. Weinheim (Beltz) [5]1974
TOULMIN, STEPHEN: Der Gebrauch von Argumenten. Kronberg/Ts. (Scriptor) 1975
ULSHÖFER, ROBERT (Hrsg.): Theorie und Praxis des kooperativen Deutschunterrichts.
Band I: R. Ulshöfer: Grundzüge der Didaktik des kooperativen Unterrichts. Stuttgart (Klett) [2]1975
Band II, 2: Resultate und Modelle in den Fächern. Deutsch. Hrsg. von A. Kleiner und S. Weinmann. Stuttgart (Klett) 1971
WINTGENS, HANS HERBERT: Pro und Contra. In: PD 1976, H. 14, S. 45 ff.

4. Kapitel

ABEGG, MAX: Filmen — klipp und klar. Winterthur (Gemsberg) [11]1974
ARNOLD, VOLKER: Überlegungen und Vorschläge zum kritischen Deutschunterricht. Mit zwei Unterrichtsbeispielen: „Sprachgebrauch der Wirtschaftsjournalistik in Tageszeitungen" und „Kommerzielle Werbung". In: DD 4 (1973), H. 11, S. 53 ff.
BAACKE, DIETER (Hrsg.): Mediendidaktische Modelle: Fernsehen. München (Juventa) 1973
BAACKE, DIETER: Kritische Medientheorien. Konzepte und Modelle. München (Juventa) 1974
BAACKE, DIETER (Hrsg.): Mediendidaktische Modelle: Zeitung und Zeitschrift. München (Juventa) 1973

BÄCHLIN, PETER: Der Film als Ware. Frankfurt (Fischer) 1976

BECHER, INGE u. a.: Hörfunknachrichten. In: PD 1975, H. 8, S. 46 ff.

BELKE, HORST: Literarische Gebrauchsformen. Düsseldorf (Bertelsmann) 1973

BEYER, RENATE: Poesie als Mittel zum Zweck? Zur kommunikativen Funktion poetischer Stilmittel in Konkreter Poesie und Texten der Anzeigenwerbung. In: Wolfrum, Erich (Hrsg.): Kommunikation. Aspekte zum Deutschunterricht. Baltmannsweiler (Burgbücherei Wilhelm Schneider) 1975, S. 474 ff.

BINDER, HARALD: Zum Verhältnis von verbaler und visueller Kommunikation in Werbebildern. In: LuD 6 (1975), S. 85 ff.

BÖDEKER, JOHANN DIETRICH: Sprache der Anzeigenwerbung. Dortmund (Crüwell) 1975. Reihe: Sprachhorizonte, H. 2

BUTZLAFF, WOLFGANG: Sprachbetrachtung und Sprachkritik mit Hilfe der Zeitung. In: DU 21 (1969), H. 4, S. 18 ff.

DAHLMÜLLER, GÖTZ u. a.: Kritik des Fernsehens. Handbuch gegen Manipulation. Darmstadt (Luchterhand) 1973

Der Deutschunterricht:
23 (1971), Heft 5: Theater — Hörspiel — Fernsehspiel in der Schule II
25 (1973), Heft 5: Mediendidaktik I

DICHANZ, HORST u. a.: Medien im Unterrichtsprozeß. Grundlagen, Probleme, Perspektiven. München (Juventa) 1974

DIEL, ALEX (Hrsg.): Kritische Medienpraxis. Ziele, Methoden, Mittel. Köln (DuMont Schauberg) 1974

DIETRICH, WOLF: Fernseh-Spots im Deutschunterricht. In: Westermanns Pädagogische Beiträge 23 (1971), H. 5, S. 233 ff.

EIGENWALD, ROLF: Überredungstechniken. Zum Sprachgebrauch in politischen, journalistischen und ökonomischen Texten. In: Projekt Deutschunterricht, hrsg. von Heinz Ide. Band 2: Sozialisation und Manipulation durch Sprache. Stuttgart (Metzler) 1972, S. 101 ff.

FEINÄUGLE, NORBERT: Aufgaben und Möglichkeiten einer Hörerziehung im Deutschunterricht. In: Westermanns Pädagogische Beiträge 25 (1973), H. 12, S. 657 ff.

FISCHER, HERMANN: Die Sprache der Anzeigenwerbung — appellative Texte im Deutschunterricht. In: Die Schulwarte 27 (1974), H. 3/4, S. 71 ff.

FLADER, DIETER: Strategien der Werbung. Ein linguistisch-psychoanalytischer Versuch zur Rekonstruktion der Werbewirkung. Kronberg/Ts. (Scriptor) 1974

FLUCK, HANS-RÜDIGER u. a.: Zur Sprache des Wirtschaftsteils von Tageszeitungen. Eine Unterrichtseinheit in der Berufsschule. In: LuD 6 (1975), H. 23, S. 165 ff.

FUNKE, JOST: Fernsehen im Unterricht. Zur Didaktik und Methodik der visuellen Erziehung. Stuttgart (Klett) [2]1974

FUNKE, WOLFGANG u. a.: Thema: Massenmedien. Comics, Fernsehen, Schallplatten, Kinder- und Schulbücher als Unterrichtsgegenstand. Düsseldorf (Pro Schule) 1974

GAST, WOLFGANG: Fernsehkonsum und Mediendidaktik. Unterhaltungsserien im Unterricht: Analysen, Materialien, Vorschläge. Hohengehren (Burgbücherei Wilhelm Schneider) 1974

GERTH, KLAUS: Die unterhaltende Nachricht: Prinz Philip und Tom Jones. In: PD 1974, H. 2, S. 43 f.

GRAMER, EGON: Spiel mit Werbung (!) Spiel Werbung mit (?). In: DU 25 (1973), H. 5, S. 121 ff.

GRIEGER, STEPHAN: Aufgaben und Möglichkeiten der Fernseherziehung im Rahmen des Deutschunterrichts. In: DU 21 (1969), H. 1, S. 28 ff.

GRÜNWALDT, JOACHIM: Analyse von Fernsehserien im Deutschunterricht. In: Projekt Deutschunterricht. Hrsg. von Heinz Ide in Verbindung mit dem Bremer Kollektiv. Band 5: Massenmedien und Trivialliteratur. Stuttgart (Metzler) 1973, S. 28 ff.

GÜNTHER, ROLF: Werbung. In: Dingeldey, Erika/Vogt, Jochen (Hrsg.): Kritische Stichwörter zum Deutschunterricht. Ein Handbuch. München (Fink) 1974, S. 431 ff.

GÜNTHER, ROLF (Hrsg.): Werbung. Materialien für den Deutschunterricht und die Gesellschaftslehre. Frankfurt (Diesterweg) 1975

GUMPERT, MARTIN: Aspekte zur visuellen Kommunikation und Entwurf eines Unterrichtsmodells am Beispiel der Anzeigen- und Plakatwerbung. In: Wolfrum, Erich (Hrsg.): Kommunikation. Aspekte zum Deutschunterricht. Baltmannsweiler (Burgbücherei Wilhelm Schneider) 1975, S. 561 ff.

HAUEIS, EDUARD: Massenmedien. In: Boueke, Dietrich (Hrsg.): Deutschunterricht in der Diskussion. Forschungsberichte. Paderborn (Schöningh) 1974, S. 194 ff.

HEBEL, FRANZ: Sprache der Wirtschaft. Eine kritische Leseübung in Klasse 10. In: DU 21 (1969), H. 4, S. 58 ff.

HELLER, KARL-JÜRGEN: Die Sprache der Parteienreklame./Die Sprache der Artikelwerbung — Forschungsprojekte für Schüler. In: Projekt Deutschunterricht, hrsg. von H. Ide. Band 2: Sozialisation und Manipulation durch Sprache. Stuttgart (Metzler) 1972, S. 60 ff.

HEYGSTER, ANNA-LUISE/STOLTE, DIETER (Hrsg.): Fernsehkritik. Kinder vor dem Bildschirm. Mainz (v. Hase & Koehler) 1974

HICKETHIER, KNUT: Nachricht. In: Dingeldey, Erika/Vogt, Jochen (Hrsg.): Kritische Stichwörter zum Deutschunterricht. Ein Handbuch. München (Fink) 1974, S. 259 ff.

HILBIG, NORBERT: Sprache der Werbung. Über die Möglichkeiten der Assoziation. In: PD 1975, H. 13, S. 2 ff.

HÖGY, TATJANA/WEISS, HORST (Hrsg.): Wirkungen von Massenmedien. Frankfurt (Diesterweg) 1974

HOFFMANN, HANS-JOACHIM: Werbepsychologie. Berlin (de Gruyter) 1972

HOLZER, HORST: Kinder und Fernsehen. Materialien zu einem öffentlich-rechtlichen Dressurakt. München (Hanser) 1974

ISERT, GERHARD: Filmideen — klipp und klar. Winterthur (Gemsberg) [4]1971

JENS, WALTER: Fernsehen — Themen und Tabus. München (Piper) 1973

KARCZOK, KURT: Filmregie — klipp und klar. Winterthur (Gemsburg) 1966

KLEINSCHMIDT, GERT: Grundlinien einer Didaktik der Funkmedien. In: PD 1975, H. 8, S. 16 ff.

KLOSE, WERNER: Didaktik des Hörspiels. Stuttgart (Reclam) 1974

KNILLI, FRIEDRICH (Hrsg.): Die Unterhaltung der deutschen Fernsehfamilie. Ideologiekritische Untersuchungen. München (Hanser) 1971

KOSZYK, KURT/PRUYS, KARL HUGO (Hrsg.): Wörterbuch zur Publizistik. München (dtv) 1969 u. ö.

KRAUSS, LUTZ/RÜHL, HANS: Werbung in Wirtschaft und Politik. Frankfurt (Europäische Verlagsanstalt) [2]1974

KÜBLER, HANS-DIETER: Überlegungen zu Stand und Aussicht der Mediendidaktik. In: DD 6 (1975), H. 25, S. 469 ff.

KÜNNEMANN, HORST: Kinder und Kulturkonsum. Überlegungen zu bewältigten und unbewältigten Massenmedien unserer Zeit. Weinheim (Beltz) [2]1974

LA ROCHE, WALTHER VON: Einführung in den praktischen Journalismus. München (List) 1975

LERMEN, BIRGIT: Das traditionelle und neue Hörspiel im Deutschunterricht. Strukturen, Beispiele und didaktisch-methodische Aspekte. Paderborn (Schöningh) 1975

MACKENSEN, LUTZ: Verführung durch Sprache. Manipulation als Versuchung. München (List) 1973

MATTHIAS, DIETER: Wie ein Film erzählt. Eine semiotische Analyse. In: PD 1975, H. 8, S. 55 ff.

MENGE, WOLFGANG: Der verkaufte Käufer. Die Manipulation der Konsumgesellschaft. Frankfurt (Fischer) 1974

METZ, CHRISTIAN: Sprache und Film. Frankfurt (Fischer) 1973

MITTELBERG, EKKEHART: Wortschatz und Syntax der Bild-Zeitung. Marburg (Elwert) 1970

MITTELBERG, EKKEHART/SEIFFERT, DIETER (Hrsg.): Probleme des Pressewesens. Materialien für den Deutschunterricht und die Gesellschaftslehre. Frankfurt (Diesterweg) 1974

PFAU, ERNST: Tonbandtechnik. Grundlagen, Technik, Praxis. Frankfurt (Fischer) 1973

PFEIFFER, KARL HEINZ: Der manipulierte Zuschauer. Wie uns das Fernsehen beeinflußt. Freiburg (Herder) 1975

Praxis Deutsch 1975, Heft 8: Funkmedien und Sprache

PROKOP, DIETER (Hrsg.): Massenkommunikationsforschung. Zwei Bände. Frankfurt (Fischer) 1972 u. ö.

RATHENOW, HANNS-FRED: Werbung. Didaktische Modelle. Band 1. Berlin (Colloquium Verlag) 1972

RÖBBELEN, INGRID: Nachrichtentexte: Skylab II landet. In: PD 1974, H. 2, S. 39 ff.

RÖMER, RUTH: Die Sprache der Anzeigenwerbung. Düsseldorf (Schwann) [2]1971

SCHAARSCHMIDT, PETER: Die Kindersendungen des Hörfunks. In: DU 27 (1975), H. 1, S. 101 ff.

SCHATZ, OSKAR: Die elektronische Revolution. Wie gefährlich sind die Massenmedien? Graz (Styria) 1975

SCHWARZ, REENT (Hrsg.): Didaktik der Massenkommunikation I. Manipulation durch Massenmedien — Aufklärung durch Schule? Eine Bestandsaufnahme. Stuttgart (Metzler) 1974

SCHWARZ, REENT (Hrsg.): Didaktik der Massenkommunikation II. Materialien zum Fernsehunterricht. Stuttgart (Metzler) 1976

SOMMER, ADELBERT/GROBE, HANS: Aggressiv durch Fernsehen? Überlegungen zur Medienerziehung von Kindern und Jugendlichen. Neuwied (Luchterhand) 1974

STAHLBERG, HELMUT: Gestalterische Versuche an selbstentworfenen Hörspielen. In: DU 21 (1969), H. 1, S. 39 ff.

TERN, JÜRGEN: Der kritische Zeitungsleser. München (Beck) 1973

ULSHÖFER, ROBERT: Anleitung der Schüler zum Gebrauch der Massenmedien. Eine Aufgabe des Deutschunterrichts. In: DU 21 (1969), H. 1, S. 5 ff.

WENZEL, RUDOLF: Fernsehen und Wirklichkeit. In: Projekt Deutschunterricht, hrsg. von H. Ide in Verbindung mit dem Bremer Kollektiv. Band 5: Massenmedien und Trivialliteratur. Stuttgart (Metzler) 1973, S. 1 ff.

ZOLL, RALF (Hrsg.): Manipulation der Meinungsbildung. Zum Problem hergestellter Öffentlichkeit. Opladen/Wiesbaden (Westdeutscher Verlag) [3]1974

5. und 6. Kapitel

ABELS, KURT u. a. (Hrsg.): Neue Wege im Deutschunterricht. Kreativer Umgang mit der Sprache. Literatur, Sprachverwendung, Sprachreflexion, Unterrichtsmodelle. Freiburg (Herder) 1975

ARNOLD, HEINZ LUDWIG: Das Lesebuch der 70er Jahre. Kritik und Neuentwurf. Köln (Kiepenheuer & Witsch) 1973

BARK, JOACHIM (Hrsg.): Einführung in die Literatursoziologie. Zwei Bände. Stuttgart (Kohlhammer) 1976

BAUMGÄRTNER, ALFRED CLEMENS (Hrsg.): Lesen. Ein Handbuch. Hamburg (Verlag für Buchmarktforschung) 1973

BAUMGÄRTNER, ALFRED CLEMENS: Leseunterricht heute. In: PD 1975, H. 13, S. 10 ff.

BECKER, HANS-WOLF/STOLL, RUDOLF (Hrsg.): Werkstatt Deutsch. Materialien zur Gebrauchssprache für weiterführende Schulen. München (Kösel) 1972

BEHRMANN, ALFRED: Einführung in die Analyse von Prosatexten. Stuttgart (Metzler) [4]1975

BELKE, HORST: Literarische Gebrauchsformen. Düsseldorf (Bertelsmann) 1973

BELKE, HORST: Literarische Gebrauchsformen. In: Boueke, Dietrich (Hrsg.): Deutschunterricht in der Diskussion. Forschungsberichte. Paderborn (Schöningh) 1974, S. 362 ff.

BERKER, KLAUS/RIEMENSCHNEIDER, HARTMUT: Literaturwissenschaft und Fachdidaktik. Methodische Prinzipien für den Unterricht. Düsseldorf (Schwann) 1973

DAHRENDORF, MALTE: Literaturdidaktik im Umbruch. Aufsätze zur Literaturdidaktik, Trivialliteratur, Jugendliteratur. Wiesbaden (Westdeutscher Verlag) 1975

DEHN, WILHELM (Hrsg.): Ästhetische Erfahrung und literarisches Lernen. Frankfurt (Fischer) 1974

DEMMER, MARIANNE/SCHMIDT, HELGA: Arbeiterliteratur im Unterricht. Eine Unterrichtseinheit in Klasse 9. In: DD 5 (1974), H. 18, S. 287 ff.

Der Deutschunterricht
18 (1966), Heft 4: Das Lesebuch I
20 (1968), Heft 6: Das Lesebuch II
26 (1974), Heft 5: Neue Tendenzen im Jugendbuch — Hinführung zur Privatlektüre I
27 (1975), Heft 1: Neue Tendenzen im Jugendbuch — Hinführung zur Privatlektüre II
27 (1975), Heft 5: Neue Tendenzen im Jugendbuch — Hinführung zur Prviatlektüre III

DINGELDEY, ERIKA: Der Kriminalroman im Deutschunterricht. In: Projekt Deutschunterricht. Hrsg. von H. Ide in Verbindung mit dem Bremer Kollektiv. Band 5: Massenmedien und Trivialliteratur. Stuttgart (Metzler) 1973, S. 156 ff.

DITHMAR, REINHARD (Hrsg.): Literaturunterricht in der Diskussion. Kronberg/Ts. (Scriptor) [2]1974

EIGENWALD, ROLF: Textanalytik. München (Bayerischer Schulbuch Verlag) 1974

FINGERHUT, KARLHEINZ: Affirmative und kritische Lehrsysteme im Literaturunterricht. Frankfurt (Diesterweg) 1974

FRIEDRICHS, REINER: Unterrichtsmodelle moderner Kurzgeschichten in der Sekundarstufe I. München (List) 1972

FROMMHOLZ, RÜDIGER: Lesebuchkritik. In: Boueke, Dietrich (Hrsg.): Deutschunterricht in der Diskussion. Forschungsberichte. Paderborn (Schöningh) 1974, S. 419 ff.

GEISSLER, ROLF/HASUBEK, PETER: Der Roman im Unterricht (5.—9. Schuljahr). Didaktische Erörterungen und Interpretationshilfen. Frankfurt (Diesterweg) [2]1972

GIEHRL, HANS E.: Der junge Leser. Einführung in Grundfragen der Jungleserkunde und der literarischen Erziehung. Donauwörth (Auer) [2]1972

GIESENFELD, GÜNTER: Trivialliteratur. In: Dingeldey, Erika/Vogt, Jochen (Hrsg.): Kritische Stichwörter zum Deutschunterricht. Ein Handbuch. München (Fink) 1974, S. 413 ff.

GÖBEL, HANS-DIETER (Hrsg.): Texte zur Literatursoziologie. Frankfurt (Diesterweg) 1971

GOETTE, JÜRGEN-WOLFGANG: Methoden der Literaturanalyse im 20. Jahrhundert. Ein Arbeitsbuch. Frankfurt (Diesterweg) 1973

HAAS, GERHARD: Textlinguistische Arbeitsformen im Schulversuch. In: Westermanns Pädagogische Beiträge 25 (1973), H. 12, S. 647 ff.

HAAS, GERHARD (Hrsg.): Kinder- und Jugendliteratur. Zur Typologie und Funktion einer literarischen Gattung. Stuttgart (Reclam) 1974

HAIN, ULRICH/SCHILLING, JÖRG: Zur Theorie und Praxis des Literaturunterrichts in der Sekundarstufe I. Essen (Neue Deutsche Schule) 1974

HASUBEK, PETER: Die Detektivgeschichte für junge Leser. Bad Heilbrunn (Klinkhardt) 1974

HASUBEK, PETER/GÜNTHER, WOLFGANG: Sprache der Öffentlichkeit. Informierende Texte und informatorisches Lesen im Unterricht in der Sekundarstufe. Düsseldorf (Schwann) 1973

HEBEL, FRANZ: Literatursoziologie. In: Dingeldey, Erika/Vogt, Jochen (Hrsg.): Kritische Stichwörter zum Deutschunterricht. Ein Handbuch. München (Fink) 1974, S. 233 ff.

HELMERS, HERMANN (Hrsg.): Die Diskussion um das deutsche Lesebuch. Darmstadt (Wissenschaftliche Buchgesellschaft) 1969

HELMERS, HERMANN: Geschichte des deutschen Lesebuchs in Grundzügen. Stuttgart (Klett) 1970

HELMERS, HERMANN (Hrsg.): Moderne Dichtung im Unterricht. Braunschweig (Westermann) [3]1973

HELMERS, HERMANN: Fortschritt des Literaturunterrichts. Modell einer konkreten Reform. Stuttgart (Metzler) 1974

HILDEBRANDT, KLAUS/MÖHRING, KLAUS: Texte aus der Arbeitswelt. In: Projekt Deutschunterricht. Hrsg. von H. Ide in Verbindung mit dem Bremer Kollektiv. Band 4: Sprache und Realität. Stuttgart (Metzler) 1973, S. 120 ff.

HUSSONG, MARTIN u. a.: Textanalyse optisch. Düsseldorf (Schwann) [2]1973

HUSSONG, MARTIN: Zur Theorie und Praxis des kritischen Lesens. Düsseldorf (Schwann) 1973

JAHN, GÜNTER: Detektivgeschichten. Dortmund (Crüwell) 1974. Reihe: Sprachhorizonte, H. 6

KOCHAN, BARBARA: Gebrauchstext und Textgebrauch. Materialien und Unterrichtsmodelle zur Leseerziehung in der Primarstufe und Sekundarstufe I. Kronberg/Ts. (Scriptor) 1976

KREIS, RUDOLF: Geschichten zum Nachdenken II: Parabeln. In: Projekt Deutschunterricht. Hrsg. von H. Ide und B. Lecke in Verbindung mit dem Bremer Kollektiv. Band 6: Kritischer Literaturunterricht. Stuttgart (Metzler) 1974, S. 1 ff.

KÜGLER, HANS: Literatur und Kommunikation. Modi literarischer Kommunikation im Unterricht. Ein Beitrag zur didaktischen Theorie und methodischen Praxis. Stuttgart (Klett) ²1975

LOTMAN, JURIJ M.: Die Analyse des poetischen Textes. Kronberg/Ts. (Scriptor) 1975

NENTWIG, PAUL: Die moderne Kurzgeschichte im Unterricht. Interpretationen und Hinweise. Braunschweig (Westermann) ⁴1974

OOMEN, URSULA: Linguistische Grundlagen poetischer Texte. Tübingen (Niemeyer) 1973

Praxis Deutsch 1975, Heft 13: Lesen

RIEBE, HARALD: Arbeitswelt und Literatur. Dortmund (Crüwell) 1973. Reihe: Sprachhorizonte, H. 18

RIEMENSCHNEIDER, HARTMUT: Ansätze zu einem kritischen Literaturunterricht in der Sekundarstufe. Düsseldorf (Schwann) 1972

RÖTTGER, BRIGITTE: Literaturdidaktik und Literaturwissenschaft. Wandlungen fachdidaktischer Theoriebildung. In: Boueke, Dietrich (Hrsg.): Deutschunterricht in der Diskussion. Forschungsberichte. Paderborn (Schöningh) 1974, S. 36 ff.

SCHEMME, WOLFGANG: Trivialliteratur als Gegenstand des Literaturunterrichts. Die gegenwärtige Forschungslage als Basis einer didaktischen Theorie. In: WW 24 (1974), H. 5, S. 291 ff.

SCHERNER, MAXIMILIAN: Wie Texte das Verstehen steuern. Eine Einführung in die Textlinguistik für Sekundarstufe I. Dortmund (Crüwell) 1975. Reihe: Sprachhorizonte, H. 24

STANZEL, FRANZ K.: Typische Formen des Romans. Göttingen (Vandenhoeck & Ruprecht) ⁷1974

STOCKER, KARL: Praxis der Arbeit mit Texten. Zur Behandlung von Texten der Gebrauchs- und Alltagssprache. Donauwörth (Auer) 1974

THIEMERMANN, FRANZ-JOSEF: Kurzgeschichten im Deutschunterricht. Texte, Interpretationen, methodische Hinweise. Bochum (Kamp) ¹⁰1975

ULSHÖFER, ROBERT: Didaktische Grundsätze zum Aufbau des Lesebuchs. In: DU 18 (1966), H. 4, S. 19 ff.

ULSHÖFER, ROBERT: Methodik des Deutschunterrichts. Band 1: Unterstufe. 9. Kapitel: Lesebuch und Ganzschrift auf der Unterstufe. Stuttgart (Klett) ⁷1976

VOGT, JOCHEN: Aspekte erzählender Prosa. Düsseldorf (Bertelsmann) 1973

VOGT, JOCHEN: Korrekturen. Versuche zum Literaturunterricht. München (Boorberg) 1974

WATZKE, OSWALD/FRIEDRICHS, REINER: Umgang mit Texten in der Sekundarstufe I. München (List) 1975

WAWRZYN, LIENHARD: Methodenkritik des Literaturunterrichts. Darmstadt (Luchterhand) 1975

WEBER, ALBRECHT: Grundlagen der Literaturdidaktik. München (Ehrenwirth) 1975

WIESE, BENNO VON: Novelle. Stuttgart (Metzler) ⁶1975

WILKENDING, GISELA: Ansätze zur Didaktik des Literaturunterrichts. Darstellung — Analyse. Weinheim (Beltz) ³1974

ZIMMERMANN, WERNER: Deutsche Prosadichtungen unseres Jahrhunderts. Interpretationen für Lehrende und Lernende. Neufassung in zwei Bänden. Düsseldorf (Schwann) 1974

7. Kapitel

ASMUTH, BERNHARD: Aspekte der Lyrik. Düsseldorf (Bertelsmann) 1972

BACHEM, ROLF: Experimente mit einer Zeichenschrift zur Verdeutlichung des Rhythmus von Gedichten. In: DU 22 (1970), H. 1, S. 21 ff.

BECKER, HANS JÜRGEN: Mittelhochdeutsche Lyrik und Epik im 5. bis 8. Schuljahr. Dortmund (Crüwell) 1973. Reihe: Sprachhorizonte, H. 19

BEHRENDT-EICHLER, GERDA: Eine 10. Realschulklasse erarbeitet und verfaßt politische Lyrik. In: DU 24 (1972), H. 2, S. 19 ff.

BINDER, ALWIN: Kategorien zur Analyse politischer Lyrik. In: DU 24 (1972), H. 2, S. 26 ff.

BINDER, ALWIN u. a.: Einführung in Metrik und Rhetorik. Kronberg/Ts. (Scriptor) 1974

BINDER, ALWIN/SCHOLLE, DIETRICH: Ça ira. Deutsche politische Lyrik vom Mittelalter bis zum Vormärz. Teil I: Unterrichtsmodelle und Analysen. Teil II: Text- und Arbeitsbuch. Frankfurt (Hirschgraben) 1975

Der Deutschunterricht: 1 (1948), Heft 2/3 und 2 (1950), Heft 3: Wege zum Gedicht I, II
5 (1953), Hefte 3 und 4; 6 (1954), Heft 6; 14 (1962), Heft 3; 17 (1965), Heft 4: Lyrik der Gegenwart in der Schule I—V
19 (1967), Heft 6: Produktives Denken und schöpferisches Gestalten

DOMIN, HILDE: Wozu Lyrik heute? Dichtung und Leser in der gesteuerten Gesellschaft. München (Piper) [3]1975

FINGERHUT, KARL-HEINZ/HOPSTER, NORBERT (Hrsg.): Politische Lyrik. Arbeitsbuch. Mit einer Einführung in Verfahren zur Erarbeitung politischer Gedichte. Frankfurt (Diesterweg) 1972

FRITSCH, GEROLF: Das soziale Gedicht. Fünf Gedichte von Brentano bis Enzensberger. Ein didaktisches Modell. In: Projekt Deutschunterricht. Hrsg. von B. Lecke in Verbindung mit dem Bremer Kollektiv. Band 8: Politische Lyrik. Stuttgart (Metzler) 1974, S. 47 ff.

HAAS, GERHARD: Textkombination als Form der Interpretation. Überlegungen zur Gedichtbehandlung in der Schule. (I) In: Westermanns Pädagogische Beiträge 23 (1971), H. 9, S. 473 ff.

HAAS, GERHARD: Interpretation durch Schreibgestaltung. Überlegungen zur Gedichtbehandlung in der Schule. (II) In: Westermanns Pädagogische Beiträge 23 (1971), H. 10, S. 540 ff.

HELMERS, HERMANN (Hrsg.): Moderne Dichtung im Unterricht. Braunschweig (Westermann) [3]1973

HERMANNS, ANNE u. a.: Protestsongs — Thesen zu einem Unterrichtsprojekt. In: DD 5 (1974), H. 17, S. 199 ff.

JAHN, GÜNTER: Moderne Lyrik im 5. bis 10. Schuljahr. Dortmund (Crüwell) 1974. Reihe: Sprachhorizonte, H. 3

KAYSER, WOLFGANG: Kleine deutsche Versschule. München/Bern (Francke) [16]1974

KILLY, WALTHER: Wandlungen des lyrischen Bildes. Göttingen (Vandenhoeck & Ruprecht) [6]1971

KILLY, WALTHER: Elemente der Lyrik. München (Beck) [2]1972

KLEIN, ULRICH: Lyrik nach 1945. Einführung in die Decodierung lyrischer Texte vorwiegend aus der BRD. München (Ehrenwirth) 1972

KLEINER, ANNEMARIE: Eine Untertertia erarbeitet und verfaßt moderne Gedichte. Einführung in die Lyrik in Verbindung mit der Landschaftsschilderung. In: DU 19 (1967), H. 6, S. 39 ff.

KÖNIG, HARTMUT: Analyse eines Protestsongs und ihre didaktischen Konsequenzen für die Planung einer Unterrichtseinheit (7.—10. Schuljahr/Sekundarstufe I). In: DD 7 (1976), H. 28, S. 193 ff.

LECKE, BODO: Politische Lyrik in didaktischer Absicht. In: Projekt Deutschunterricht. Hrsg. von B. Lecke in Verbindung mit dem Bremer Kollektiv. Band 8: Politische Lyrik. Stuttgart (Metzler) 1974, S. 1 ff.

LIEDE, ALFRED: Dichtung als Spiel. Studien zur Unsinnspoesie an den Grenzen der Sprache. Berlin (de Gruyter) 1963

MENZEL, WOLFGANG/BINNEBERG, KARL: Modelle für den Literaturunterricht. Entwurf einer Elementarlehre Lyrik. Braunschweig (Westermann) 1972

PIELOW, WINFRIED: Das Gedicht im Unterricht. Wirkungen — Chancen — Zugänge. München (Kösel) [3]1970

Praxis Deutsch 1975, Heft 11: Lyrische Texte
RIEMENSCHNEIDER, HARTMUT: Moderne Lyrik. In: Boueke, Dietrich (Hrsg.): Deutschunterricht in der Diskussion. Forschungsberichte. Paderborn (Schöningh) 1974, S. 291 ff.
RÜCKERT, GERHARD/SCHULER, REINHARD: Konkrete Poesie im 5. bis 10. Schuljahr. Dortmund (Crüwell) 1974. Reihe: Sprachhorizonte, H. 21
URBANEK, WALTER (Hrsg.): Begegnung mit Gedichten. 60 Interpretationen. Bamberg (C. C. Buchner) ²1970
WEINZIERL, KLAUS: Vorurteil: Gedicht. Didaktik und Methodik der Benutzung moderner Gedichte im Unterricht. München (Oldenbourg) 1971

8. Kapitel

BAUMGÄRTNER, ALFRED C.: Ballade und Erzählgedicht im Unterricht. Ein Beitrag zur literarischen Erziehung. München (List) ²1972
BINDER, ALWIN u. a.: Einführung in Metrik und Rhetorik. Kronberg/Ts. (Scriptor) 1974
BRÄUTIGAM, KURT: Die deutsche Ballade. Wege zu ihrer Deutung auf der Mittelstufe. Frankfurt (Diesterweg) ⁵1971
Der Deutschunterricht: 8 (1956), Heft 4: Die Ballade in der Schule
GRAEFE, HEINZ: Das deutsche Erzählgedicht im 20. Jahrhundert. Darmstadt (Thesen Verlag Vowinckel) 1972
HERMANNS, ANNE u. a.: Protestsongs — Thesen zu einem Unterrichtsprojekt. In: DD 5 (1974), H. 17, S. 199 ff.
HINCK, WALTER: Die deutsche Ballade von Bürger bis Brecht. Kritik und Versuch einer Neuorientierung. Göttingen (Vandenhoeck & Ruprecht) ²1972
KÖNIG, HARTMUT: Analyse eines Protestsongs und ihre didaktischen Konsequenzen für die Planung einer Unterrichtseinheit (7.—10. Schuljahr/Sekundarstufe I). In: DD 7 (1976, H. 28, S. 193 ff.
KÖPF, GERHARD: Die Ballade. Probleme, Analysen, Materialien. Kronberg/Ts. (Scriptor) 1975
MÜLLER, HARRO: Formen des neuen Erzählgedichts. In: DU 21 (1969), H. 2, S. 96 ff.
PETZOLD, LEANDER: Bänkelsang. Vom historischen Bänkelsang zum literarischen Chanson. Stuttgart (Metzler) 1974
PFLÜGER, ELISABETH: Probleme der Volksballadenforschung. Darmstadt (Wissenschaftliche Buchgesellschaft) 1975
RIHA, KARL: Moritat, Bänkelsang, Protestballade. Zur Geschichte des engagierten Liedes in Deutschland. Frankfurt (Fischer) 1975
ZIMMERMANN, HANS DIETER (Hrsg.): Lechzend nach Tyrannenblut. Ballade, Bänkelsang und Song. Colloquium über das populäre und das politische Lied. Berlin (Gebrüder Mann) 1972

9. Kapitel

BEHRMANN, ALFRED: Einführung in die Analyse von Prosatexten. Stuttgart (Metzler) ⁴1975
BLANKE, GUSTAV H.: Einführung in die semantische Analyse. München (Hueber) 1973
EIGENWALD, ROLF: Textanalytik. München (Bayerischer Schulbuch Verlag) 1974
ENDERS, HORST (Hrsg.): Die Werkinterpretation. Darmstadt (Wissenschaftliche Buchgesellschaft) 1967
FRIEDRICHS, REINER: Unterrichtsmodelle moderner Kurzgeschichten in der Sekundarstufe I. München (List) 1972
GOETTE, JÜRGEN-WOLFGANG: Methoden der Literaturanalyse im 20. Jahrhundert. Ein Arbeitsbuch. Frankfurt (Diesterweg) 1973
GRIMM, REINHOLD (Hrsg.): Zur Lyrik-Diskussion. Darmstadt (Wissenschaftliche Buchgesellschaft) ²1974

HERMAND, JOST: Synthetisches Interpretieren. Zur Methode der Literaturwissenschaft. München (Nymphenburger) [4]1973
HIRSCH, E. D.: Prinzipien der Interpretation. München (Fink) 1972
HOMBERGER, DIETRICH: Textanalyse unter literatursoziologischem Aspekt. In: DU 24 (1972), H. 6, S. 5 ff.
HUSSONG, MARTIN u. a.: Textanalyse optisch. Düsseldorf (Schwann) [2]1973
LEIBFRIED, ERWIN: Interpretation. München (Bayerischer Schulbuch Verlag) 1973
LOTMAN, JURIJ M.: Die Analyse des poetischen Textes. Kronberg/Ts. (Scriptor) 1975
MAREN-GRISEBACH, MANON: Methoden der Literaturwissenschaft. München (Francke) [2]1972
MEGGLE, Georg: Interpretationstheorie und Interpretationspraxis. Kronberg/Ts. (Scriptor) 1975
SOWINSKI, BERNHARD: Deutsche Stilistik. Frankfurt (Fischer) 1973
STOCKER, KARL: Praxis der Arbeit mit Texten. Zur Behandlung von Texten der Gebrauchs- und Alltagssprache. Donauwörth (Auer) 1974
VOGT, JOCHEN: Aspekte erzählender Prosa. Düsseldorf (Bertelsmann) 1972
WATZKE, OSWALD/FRIEDRICHS, REINER: Umgang mit Texten in der Sekundarstufe I. Eine Einführung anhand von Unterrichtsmodellen. München (List) 1975

REGISTER

Zu folgenden Autoren und Texten finden sich methodische Hinweise:

Inhaltsübersichten der Bände

METHODIK DES DEUTSCHUNTERRICHTS 1
UNTERSTUFE

1. Der Bildungsgang des Deutschlehrers
2. Die psychologischen und anthropologischen Grundlagen des Unterstufenunterrichts
3. Grundsätze der Didaktik
4. Unterricht als Regieführung. Grundformen des Unterrichts
5. Der verbundene Deutschunterricht: Hörspiel-Arbeit unter Verwendung des Tonbandes
6. Das Gedicht auf der Unterstufe
7. Erziehung zum rhythmischen Lesen von Prosatexten
8. Der Grammatikunterricht
9. Lesebuch und Ganzschrift auf der Unterstufe
10. Erziehung zum Schreiben
11. Das Verfertigen und Untersuchen von Fabeln
12. Lustige Geschichten: Lügenmärchen, Schildbürgerstreiche, Eulenspiegel- und Spitzbubengeschichten, Reineke Fuchs
13. Die Erarbeitung von Sagen und Legenden
14. Comics. Einführung in elementare Fragen der literarischen Wertung im 5. bis 7. Schuljahr

METHODIK DES DEUTSCHUNTERRICHTS 3
MITTELSTUFE II NEUFASSUNG 1974

1. Grundzüge der kommunikativen Didaktik des Deutschunterrichts im Zeitalter der sozialen Demokratie
2. Anleitung zum Sprechen und Reden. Einführung in Logik und Rhetorik. Argumentationslehre auf Sekundarstufe I
3. Schriftliche Kommunikation. Anleitung zum Schreiben
4. Einführung in Elementarakte und Grundformen dramatischer Produktion und gestisch-mimischer Darstellung
5. Das Verfertigen von Anekdoten, Kurzgeschichten, Fabeln, dramatischen Spielen und Features auf Sekundarstufe I
6. Reflexion über Sprache: Sprachtheorie und Grammatikunterricht auf Sekundarstufe I
7. Erfolgskontrolle beim kooperativen Unterricht